XBJPJC

高等中医药院校西部精品教材(第二轮规划教材)

U0741638

中西医临床耳鼻咽喉科学

(第2版)

(供中西医临床医学及相关专业使用)

主　编　田　理　张燕平

副主编　陈隆晖　贾德蓉　张　雄

编　者　(以姓氏笔画为序)

王铁军(贵州中医药大学)

田　理(成都中医药大学)

刘翔毅(甘肃中医药大学)

陈祖琨(云南中医药大学)

陈隆晖(西南医科大学附属中医医院)

张　勉(广西中医药大学)

张　雄(陕西中医药大学)

张铁英(陕西中医药大学)

张燕平(贵州中医药大学)

周　立(成都中医药大学)

赵　宇(四川大学华西医院)

贾德蓉(成都中医药大学)

郭兆刚(云南中医药大学)

梁方琪(成都中医药大学)

雷　蕾(广西中医药大学)

中国健康传媒集团

中国医药科技出版社

内容提要

  本教材为"高等中医药院校西部精品教材（第二轮规划教材）"之一，系根据本套教材的编写指导思想和原则要求，结合专业培养目标和本课程的教学目标、内容与任务要求编写而成。全书由鼻科学、耳科学、咽喉科学、耳鼻咽喉肿瘤科学四篇组成。内容紧密结合临床，全面、系统地介绍了中西医关于耳鼻咽喉解剖生理特点、病因病理，常见病、多发病的诊断、鉴别诊断、治疗与预防基本知识、一般检查方法、诊疗常规、治疗操作技术、最新发展动态及特殊检查手段等。本教材为书网融合教材，即纸质教材有机融合电子教材，教学配套资源（PPT、微课、视频等），题库系统，数字化教学服务（在线教学、在线作业、在线考试）。

  本教材主要供中西医临床医学及相关专业使用，也可作为基层医务工作者、青年教师的主要参考书。

图书在版编目（CIP）数据

中西医临床耳鼻咽喉科学 / 田理，张燕平主编 .—2 版 .—北京：中国医药科技出版社 , 2019.7
高等中医药院校西部精品教材（第二轮规划教材）
ISBN 978-7-5214-0986-4

Ⅰ . ①中⋯　Ⅱ . ①田⋯ ②张⋯　Ⅲ . ①耳鼻咽喉病 – 中西医结合疗法 – 中医学院 – 教材Ⅳ . ① R760.5
中国版本图书馆 CIP 数据核字 (2019) 第 112198 号

美术编辑　陈君杞
版式设计　友全图文

出版　**中国健康传媒集团** | 中国医药科技出版社
地址　北京市海淀区文慧园北路甲 22 号
邮编　100082
电话　发行：010-62227427　邮购：010-62236938
网址　www.cmstp.com
规格　889 × 1194mm $\frac{1}{16}$
印张　19 $\frac{1}{2}$
字数　420 千字
初版　2012 年 7 月第 1 版
版次　2019 年 7 月第 2 版
印次　2019 年 7 月第 1 次印刷
印刷　北京市密东印刷有限公司
经销　全国各地新华书店
书号　ISBN 978-7-5214-0986-4
定价　**52.00 元**

获取新书信息、投稿、为图书纠错，请扫码联系我们。

数字化教材编委会

主　编　田　理　张燕平
副主编　陈隆晖　贾德蓉　张　雄
编　者　（以姓氏笔画为序）
　　　　王　艺（云南中医药大学）
　　　　王铁军（贵州中医药大学）
　　　　田　理（成都中医药大学）
　　　　刘翔毅（甘肃中医药大学）
　　　　杜进涛（四川大学华西医院）
　　　　李　菁（陕西中医药大学）
　　　　邹　剑（四川大学华西医院）
　　　　张　勉（广西中医药大学）
　　　　张　雄（陕西中医药大学）
　　　　张铁英（陕西中医药大学）
　　　　张顺利（甘肃中医药大学）
　　　　张燕平（贵州中医药大学）
　　　　周　立（成都中医药大学）
　　　　陈隆晖（西南医科大学附属中医医院）
　　　　周兴玮（西南医科大学附属中医医院）
　　　　秦　琼（云南中医药大学）
　　　　贾德蓉（成都中医药大学）
　　　　高　阳（广西中医药大学）
　　　　梁方琪（成都中医药大学）
　　　　傅　黎（成都中医药大学）

出版说明

"高等中医药院校西部精品教材"自2012年由中国医药科技出版社陆续出版以来得到了各院校的广泛好评。为了更新知识、优化教材品种，使教材更好地服务于院校教学，同时为了更好地贯彻落实《国家中长期教育改革发展规划纲要（2010—2020年）》和《中医药发展战略规划纲要（2016—2030年）》等文件精神，培养传承中医药文明，具备行业优势的复合型、创新型高等中医药院校中西医临床医学专业人才，在教育部、国家药品监督管理局的领导下，在上一版教材的基础上，中国医药科技出版社组织修订编写了"高等中医药院校西部精品教材（第二轮规划教材）"。

本轮教材建设，旨在适应学科发展的新要求，进一步提升教材质量，更好地满足教学需求。本轮教材吸取了目前高等中医药教育发展成果，体现了中西医临床医学的新进展、新方法、新标准；旨在构建具有西部特色、符合医药高等教育人才培养要求的教材建设模式，形成"政府指导、院校联办、出版社协办"的教材编写机制，最终打造我国高等中医药院校中西医临床专业核心教材、精品教材。

本轮教材包含18门，其中14门教材为新修订教材（第2版），主要特点如下。

一、顺应当前教育改革形式，突出西部特色

教育改革，关键是更新教育理念，核心是改革人才培养体制，目的是提高人才培养水平。教材建设是高校教育的基础建设，发挥着提高人才培养质量的基础性作用。教材建设应以服务人才培养为目标，以提高教材质量为核心，以创新教材建设的体制机制为突破口，以实施教材精品战略、加强教材分类指导、完善教材评价选用制度为着力点。为适应不同类型高等学校教学需要，需编写、出版不同风格和特色的教材。西部地区作为国家"西部大开发"战略要地，对创新型、复合型、知识技能型人才的需求更加旺盛和迫切。本轮教材是具有西部行业特色的规划教材，有利于培养高素质应用型、复合型、创新型人才，是西部高等医药院校教育教学改革的体现，是贯彻落实《国家中长期教育改革发展规划纲要（2010—2020年）》的体现。

二、树立精品意识，强化实践技能培养，体现中医药院校学科发展特色

本轮教材建设对课程体系进行科学设计，整体优化；对上版教材中不合理的内容框架进行适当调整；内容（含法律法规、临床标准及相关学科知识、方法与技术等）上吐故纳新，实现了基础学科与专业学科紧密衔接，主干课程与相关课程合理配置的目标。编写内容注重突出西部中医药院校特色，适当融入中医药文化及知识，满足复合型人才培养的需要。

参与教材编写的专家以科学严谨的治学精神和认真负责的工作态度，以建设有特色的、教师易用、

学生易学、教学互动、真正引领教学实践和改革的精品教材为目标，严把编写各个环节，确保教材建设质量。

三、坚持"三基、五性、三特定"的原则，与执业标准有机结合

本轮教材修订编写将培养高等中医药院校应用型、复合型中西医临床医学专业人才必需的基本知识、基本理论、基本技能作为教材建设的主体框架，将体现教材的思想性、科学性、先进性、启发性、适用性作为教材建设的灵魂，并在教材内容上设立"要点导航"模块对其加以明确，使"三基、五性、三特定"有机融合，相互渗透，贯穿教材编写始终，并且与《国家执业医师资格考试考试大纲》紧密衔接，避免理论与实践脱节、教学与实际工作脱节。

四、书网融合，使教与学更便捷、更轻松

本轮教材为书网融合教材，即纸质教材与数字教材、配套教学资源、题库系统、数字化教学服务有机融合。通过"一书一码"的强关联，为读者提供全免费增值服务。按教材封底的提示激活教材后，读者可通过电脑、手机阅读电子教材和配套课程资源（PPT 等），并可在线进行同步练习，实时反馈答案和解析。同时，读者也可以直接扫描书中二维码，阅读与教材内容关联的课程资源（"扫码学一学"，轻松学习 PPT 课件；"扫码练一练"，随时做题检测学习效果），从而丰富学习体验，使学习更便捷。教师可通过电脑在线创建课程，与学生互动，开展布置和批改作业、在线组织考试、讨论与答疑等教学活动，学生通过电脑、手机均可实现在线作业、在线考试，提升学习效率，使教与学更轻松。

本轮教材的编写修订，得到了全国知名专家的精心指导和各有关院校领导与编者的大力支持，在此一并表示衷心感谢！希望以教材建设为核心，为高等医药院校搭建长期的教学交流平台，对医药人才培养和教育教学改革产生积极的推动作用。同时精品教材的建设工作漫长而艰巨，希望各院校师生在教学过程中，及时提出宝贵的意见和建议，以便不断修订完善，更好地为中医药教育事业的发展服务！

中国医药科技出版社
2019 年 3 月

高等中医药院校西部精品教材（第二轮规划教材）

建设指导委员会

贺丰杰（陕西中医药大学附属医院）

袁维真（贵州中医药大学）

曹永芬（贵州中医药大学）

常　克（成都中医药大学）

董正华（陕西中医药大学）

谢春光（成都中医药大学）

谭龙旺（陕西中医药大学）

樊效鸿（成都中医药大学）

戴恩来（甘肃中医药大学）

前言
preface

　　本教材为"高等中医药院校西部精品教材（第二轮规划教材）"之一，编写以实用性为基础，以培养中西医结合耳鼻喉科应用型人才为目标，坚持继承与创新相结合，充分吸收上一版教材优点，在继承传统精髓保持中医学特色基础上，择优吸收现代研究成果，切实做到理论与实践相结合。注重专业知识的完整性、系统性、科学性。在编写上首先实施"精品战略"：注重文字、内容精炼，在疾病的病因病机、鉴别诊断、证型方面采用了图表形式，使知识点一目了然；其次注重"传承与创新相结合"：在解剖学、疾病辨证分型及治疗原则等方面以继承为主，另外根据临床需要在以往中西医结合教材的基础上补充了嗓音保健、耳鸣等章节，在解剖学及耳鼻咽喉检查法部分内容中增加了一些临床实用性强的图谱，并将肿瘤学列入专篇进行系统论述；最后本教材注重突出"临床实用性"：本教材主编、副主编均由资深的中西医临床专家担任，所有参编人员均为临床医生，推荐的治疗方法临床实用性强。

　　本教材从规划到编写都有计划、有步骤实施，层层把关，步步强化，使"精品意识""质量意识"贯彻全过程。按出版社要求，结合学生需求及编者教学经验，教材的编写大纲、样稿、全稿，都经历了编写会、审稿会、定稿会的反复论证，不断完善。在写作方法上，大胆创新，图文并茂，使教材内容更利于学生系统掌握基本理论、基本知识和基本技能。

　　本教材主要由耳科学、鼻科学、咽喉科学、耳鼻咽喉肿瘤四篇及附录组成。紧密结合临床，系统、全面地介绍中西医关于耳鼻咽喉解剖生理特点、病因病理，常见病、多发病的诊断、鉴别诊断、治疗与预防基本知识、一般检查方法、诊疗常规、治疗操作技术、最新发展动态及特殊检查手段等。本书主要供高等中医药院校五年、七年制学生，以及耳鼻咽喉科临床工作者使用。本教材在编审过程中先后得到成都中医药大学、甘肃中医药大学、云南中医药大学、陕西中医药大学校领导的大力支持，在此一并致以衷心的感谢！

　　本次修订增加了绪论部分，就本学科概念、研究范围、形成历史、发展概况、学术进展等进行了说明，以帮助学生对本学科历史、现状和未来有较全面和系统地了解。同时结合学科研究进展和临床实际需要，将"第二十二章耳聋"，修改为"耳鸣耳聋"，并增加了"第四节 耳鸣"内容。同时，本次修订增加了数字化教学资源，包括 PPT 课件、教学视频和模拟试题。

　　由于编者水平所限，不足之处，祈望读者见谅，并不吝赐教！

编　者

2019 年 3 月

第二篇　耳科学

第三篇　咽喉科学

第四篇　耳鼻咽喉肿瘤科学

绪　论

一、中西医临床耳鼻咽喉科学的研究范围

中西医临床耳鼻咽喉科学是运用中西医基本理论和方法，认识耳鼻咽喉生理、病理特点，研究耳鼻咽喉疾病现象及其防治的一门临床学科。

耳鼻咽喉诸器官位居头面，有司呼吸、嗅觉、味觉、听觉及平衡等功能，是言语器官所在地，与脑、眼、食管、气管等重要脏器相毗邻，具有解剖结构精细、生理与反射调节功能特殊、病理变化复杂等特点，同时与全身脏腑和自然环境都有着不可分割的紧密联系，在生理上互相依存，病理上相互影响。随着社会发展，耳鼻咽喉疾病谱的改变，临床需要以不同于单一中医学或西医学的方法与手段从事耳鼻咽喉领域的健康维护研究及疾病防治。中西医临床耳鼻咽喉科学坚持继承与创新相结合，在继承传统精髓，保持中医学特色基础上，择优吸收现代研究成果，取长补短，优势互补，以满足认识和防治耳鼻咽喉疾病的需要。

二、中医耳鼻咽喉科学发展简史

中医耳鼻咽喉科学有着悠久的历史，是一门古老而新兴的学科，经过一代又一代人的不懈努力，经历了从无到有，从原始到成熟，从萌芽到学科建立的发展历程。

（一）学科发展历程

在我国，最早对耳鼻咽喉疾病的描述见于公元前 13 世纪的夏商时期，如夏商殷墟甲骨卜辞中就记载有"疾耳""疾自（鼻）""疾言"。自西周出现五官科医生雏形，如《史记·扁鹊仓公列传》记载："扁鹊过雒阳，闻周人爱老人，即为耳、目、痹医"。到了春秋战国时期，将正式分化的"耳目痹医"，冠为医学八科之一。晋·葛洪的《肘后备急方》和隋·巢元方的《诸病源候论》将耳鼻咽喉口齿科学内容设专卷论述；唐代朝庭设立了太医署，是世界上最早的高等医科学校，学制 4 年，下设有耳目口齿科，考试合格后准许行医；它们是古代耳鼻咽喉口齿科学基本形成的两个重要标志。宋代出现了口齿兼咽喉科，元代则将口齿与咽喉分开，对专科的发展更加适宜。而到了清代又缩减科目，将口齿与咽喉再度合并。

新中国成立后，党和政府十分重视中医药事业的发展。1956 年以后，大部分省市相继创建中医学院，并设立五官科教研室，先后编写和修订出版《中医喉科学讲义》《五官科学》和《中医耳鼻喉科学》等教材，2003 年修订出版的规划教材将《中医耳鼻喉科学》改为《中医耳鼻咽喉科学》。

（二）学科理论体系的形成与发展

中医耳鼻咽喉科学是在中医"辨证施治""整体观念"及脏腑经络学说等理论的基础上，结合本学科的特性逐渐演变发展形成自身的特有理论体系，如官窍脏腑相关论和清窍清阳学说。

官窍脏腑相关学说起源于春秋战国时期，多部古代医籍都记载了对人体及其诸窍器官发生学的认识，并在《黄帝内经》中得到了进一步的发展。其后历代不断充实发展，指导着耳鼻咽喉疾病的防治，现已发展成由整体结构论、功能协调论、病证归属论及脏腑证治论等相关学说构成的系统理论。

清窍清阳相关学说源于金元时代，该学说在《黄帝内经》有关胃气、清阳及清阳出五窍等认识的基础上逐步成形，后经历代医家的不断充实拓展，以及现代系统的整理研究，构建出了清阳出上窍论、清阳升降失调论、升清降浊论等清窍清阳学说的基本观点。

（三）学科内治体系的形成与发展

5000 多年以来随着医药方面的不断进步，对耳鼻咽喉疾病的诊疗、防治能力也不断提高，并拓展出很多专方、专药。自《周礼》时代医学分科制度出现，就开始采用九窍变化诊察脏腑疾病。如《山海经》《礼记·月令》《左传》《五十二病方》均有耳鼻咽喉疾病的诊疗及医方记载，并在《黄帝内经》和《难经》中进行系统的理论总结。我国最早的医药专著《神农本草经》就记载有耳鼻咽喉疾病专科用药 53 种。张仲景的《伤寒杂病论》创立比较系统的理法方药辨证施治方法，对中医耳鼻咽喉科产生了深远的影响，首创"梅核气"一病，并载有治疗咽喉疾病的经典方半夏厚朴汤、桔梗汤、甘草汤、半夏散及汤等，为历代医家所重视，现仍是治疗咽喉疾病的常用方。《济生方》中的苍耳子散等专科名方，至今仍是鼻科常用方。隋代《诸病源候论》是我国现存最早的一部病因病理学专著，其设专卷论述耳鼻咽喉口腔疾病 69 候，相关病证 130 多候，首次描述类似耳源性颅内并发症的病机病状。唐代孙思邈的《备急千金要方》将耳鼻咽喉口齿疾病称为七窍病；王焘的《外台秘要》卷二十二设专篇论述耳鼻咽喉疾病。汉以后至金元时期，主要是以耳鼻咽喉口齿科临床经验的积累为特点，如陈言《三因极一病证方论》卷十六所云"夫喉以候气，咽以咽物，咽接三脘以通胃，喉通五脏以系肺""诸脏热则肿，寒则缩，皆使喉闭，风燥亦然；五脏久嗽则声嘶，嘶者喉破也，非咽门病。咽肿则不能吞，干则不能咽，多因饮啖辛热，或复呕吐烙伤，致咽系干枯之所为也，与喉门自别"等形象的描述咽与喉的解剖部位、生理功能及病理变化。刘完素在《素问玄机原病式》中最早描述了似单纯性鼻炎的症状特点为"鼻窒，窒，塞也""侧卧上窍通利，下窍窒塞"的特点，并指出"热"为鼽嚏。朱丹溪倡导养阴学说，提出喉痹的虚火病机等。

明清两代出现许多理论与实践结合的总结性论述，如《景岳全书》首载喉梅毒及瘟疫病，《医宗金鉴科·心法要诀》对头颈肿瘤的诊治做了系统介绍，此外《外科大成》《外科证治》《外科证治全书》及《疡科心得集》等倡导的清热解毒、活血化瘀、祛痰散结、滋补扶正的肿瘤诸治法，至今在临床仍具有重要指导意义。王清任的通窍活血汤、会厌逐瘀汤也仍为当代临床广泛应用。史上最大方书《普济方》则用 18 卷篇幅总结了明以前有关耳鼻咽喉科学的成就。

清代曾四度大流行白喉、疫喉痧等传染病，促进了喉科学的快速发展，在对疫喉病的研究中，形成了一套比较完整的理论与治疗方法，出现不少咽喉科学专著，并发展了一些喉科专用检查器械。如《喉科指掌》记载压舌板检查法，《喉科心法》描绘压舌板图形，《喉科秘要》有与现今耳鼻咽喉科所用的额镜反光原理相近的光源临床应用的描述，提出"于患者脑后先点巨蜡，再从迎面用灯照看，则反光而患处易见矣"。在对疫喉的治法方面，不少专著主张用辛凉透表、苦寒泄热、甘寒救液的治疗法则，并强调忌用辛温升托的方法。

此外，在对耳鼻咽喉疾病的预防保健上，《本草纲目》提出耳鼻咽喉口腔疾病的预防保

健措施,《保生秘要》详细论述导引、运动之法在耳鼻咽喉科的临床应用。

(四)学科外治体系的发展

《黄帝内经》为本学科的发展奠定了坚实的基础,其理论推动了本学科外治方法的形成,历代医家通过不断的学习、继承与发挥,发展壮大了本学科的中医外治方法体系,创新出了许多至今仍在临床推广应用的中医外治特色疗法,临床实践表明,外治与内治相结合,可显著提高临床疗效。如《灵枢·刺节真邪》篇最早描述咽鼓管自行吹张法;《淮南子·论训》更有部分手术禁忌证记述,指出"喉中有病,无害于息,不可凿也";华佗首创的麻沸散,推动了外科学的发展。此后,张仲景《金匮要略》介绍滴耳、滴鼻及吹鼻法的临床应用;郭洪《肘后备急方》最早记载外耳道异物、气道异物和食管异物的处理方法,提出生吞韭菜以治食管鱼骨;《备急千金要方》介绍用膏剂或油剂涂鼻以疗鼻疾,还介绍了含咽法、湿贴法、热敷法、吹喉法、含漱法、吹耳法及塞耳法;《千金翼方》记载烧灼法治疗咽喉疾病;《外台秘要》载火烙法,传统的喉核烙治法和啄治法至今仍在临床应用。《梦溪笔谈》云"世人以竹木牙骨之类为叫子,置入喉中,吹之能作人言,谓之颡叫子。尝有病喑者,为人所苦,烦冤无以自言,听讼者试取叫子,令颡之作声,如傀儡子,粗能辨其一二,其冤获申",其方法开"人工喉"应用之先河。《儒门事亲》介绍的以纸卷筒置口中,再以筷缚小钩,钩取误咽之铜钱,更创了"内镜"下取异物的原始方法;《扁鹊心法》《疮疡经验全书》记载切开排脓治疗咽喉痛;《洪氏集验方》提出压迫颈动脉止鼻衄的方法;《景岳全书》提倡鼓膜按摩治耳闭;《保生秘要》详细地描述咽鼓管自行吹张法;《证治准绳》对耳鼻咽喉外伤的诊疗方法做了系统阐述,记载外伤后的一些原始整复方法,如气管吻合术、耳郭整形术及唇舌整形术等;《外科正宗》介绍鼻息肉摘除方法,载"用细铜箸二根,箸头钻一小孔,用丝线穿孔内,二箸相离五分许,以二箸头直入鼻痔根上,将著线绞紧,向下一拔,其痔自然拔落",并于息肉表面或绞除息肉后之基部施放药散以望根治,还介绍取食管异物的方法;《经验喉科紫珍集》记载了用川乌、草乌、细辛、南星等10味中药研细末,制成"麻药方",咽喉手术时,将其吹、喷入咽喉,麻醉咽喉黏膜;《疫痧草》创制了"贴喉异功散"贴颈部,治咽喉肿胀不利。

总之,中医耳鼻咽喉科学是一门古老而不断进步的学科,是祖国医学的重要组成部分。其发展过程大致分为以下四个时期。①萌芽奠基时期:从夏商至秦汉,这一时期发展的主要特点是专科知识的初步积累和学科的起源,并随着祖国医学基本理论的形成,同时也形成耳鼻咽喉学科的基础理论,主要有官窍脏腑相关论,以及其后产生的清窍清阳学说。此外,汉代张仲景著的《伤寒杂病论》开创了临床医学辨证施治的先河,对耳鼻咽喉科有较大的影响。②形成发展期:汉以后至金元时期,是耳鼻咽喉科学基本形成,并不断发展和充实的重要历史时期,这期的特点主要表现在对耳鼻咽喉疾病临床经验的积累,开始将《黄帝内经》的理论与耳鼻咽喉科的临床实践相结合,并产生了不少新的学术观点,但有些还不够完善,与临床实际有一定差距。③鼎盛时期:明清两代其显著特点是将理论与临床、辨证与治疗紧密地结合起来,涌现出许多以理论和实践结合的总结性论述,使本学科系统的辨证施治方法基本形成;另外到清代,还形成了一套比较完整的认识和治疗疫喉病的理论和方法,出现了大量的咽喉科专著。④学科建立期:新中国成立以后,随着全国各高等中医院校的相继成立,耳鼻咽喉科在教学、临床及科研方面都得到了发展,加之中西医结合的开展,人才梯队的壮大,标志着古老的中医耳鼻咽喉科学进入崭新发展时期。

三、科技的进步为中西医临床耳鼻咽喉科学提供发展空间

耳鼻咽喉科学是在人类与疾病抗争的过程中产生和发展起来的，由于中、西文化差异，中医耳鼻咽喉科学和西医耳鼻咽喉科学这两个不同的理论体系在相当长的时间内均独自发展，互不交融。但随着科学技术的飞速发展及中西文化的广泛交流，中医耳鼻咽喉科学与西医耳鼻咽喉科学已有逐渐融合趋势。

19 世纪中叶随着西方医学传入我国，耳、鼻、咽喉合并成为独立的临床学科。而到了1911 年左右，我国大型医院才开始开设耳鼻咽喉专科。新中国成立后，我国的耳鼻咽喉科学得到迅速发展，并取得了长足的进步。

西方医学充分利用现代科学技术，更容易被患者理解和接受。近半个世纪以来随着内镜和显微镜在耳鼻咽喉专科的广泛应用，西医耳鼻咽喉科学的发展尤为迅速。如在导航技术和高清显微镜的帮助下，对解剖结构的辨认更加精确，为疾病的诊断和精准治疗提供了前提；完善的急救措施为急重症患者带来了福音；麻醉、手术和抗生素的使用让大量顽疾得到有效治疗；此外，放化疗的应用可迅速抑制体内肿瘤细胞的生长等等。

然而，临床实践表明西方医学在飞速发展的同时，也暴露出了其无法克服的自身观念、理论的局限性。主要表现在：忽略局部与整体的相互关系和相互作用；对发病机理不清楚的疾病，治疗盲目性较大；虽然现今提倡微创手术，但手术对器官的组织损伤及功能损害也显然易见，而修复问题却困难不少；抗生素的不良反应及耐药现象与日俱增等。这些存在的困局，使得西医需要从传统中医中获得支持。

中、西医都各自存在其优缺点，所以充分采纳中医和现代医学的优势，以各自之长克服各自之短，是中西医临床耳鼻咽喉科学未来的发展方向。

四、中西医临床耳鼻咽喉学科的主要学术进展

（一）生理学方面

根据中医的脏腑经络学说、阴阳学说等理论，将脏腑功能与系统生理学相联系，发展了官窍相关理论和清窍清阳相关理论；并以此为指导开展了鼻肺相关、耳鼻相关等基础理论的研究，发现了其中包括超微结构、激素、微量元素及免疫机能等在内的一些相互联系。

（二）病因学方面

将西医的特异性致病因子与中医的体质学说相联系，辨证认识内因与外因的相互关系，发展了病因学理论，用于指导疾病的防治。这一观点在鼻咽癌的防治研究中表现较为突出，从患鼻咽癌人群的流行病学调查中，得出了气虚质及气虚兼夹质为主要病理体质的结论，结合这类人群 EB 病毒感染活性特征，提出了"气虚染毒"的病因病机观点，并进行了相应的动物实验验证。

（三）病理学方面

将西医病理与中医病机相联系，整体情况与局部变化相结合，以充分认识疾病本质。如提出了变应性鼻炎的肺脾肾三脏气阳虚衰的病机论，并进行了鼻黏膜微循环研究，发现气虚血瘀等病机伴有血液流变学指标的增高及鼻黏膜固有层血管病变；慢性咽炎阴虚证表现为交感神经功能亢进，阳虚证则表现为副交感神经功能亢进，提示了自主神经功能平衡状态与脏腑阴阳盛衰有关联；声带小结患者多有甲周微循环瘀滞表现，梅尼埃患者球结膜微

循环明显不畅等。通过长期的临床观察和实验研究，提出了耳鼻咽喉慢性疾病多脏腑亏虚（以肺脾肾三脏的阳气亏虚为主），或阴精不足，寒邪湿浊留滞清窍，官窍失养的病机观点。

（四）诊断学方面

在中医的整体观念、辨证论治思想的指导下，将辨病与辨证相结合，是公认的中西医结合研究成果；将整体辨证与局部辨证相结合，充分利用现代检查仪器为辨证分型提供依据；宏观辨证与微观辨证相结合，是中西医临床耳鼻咽喉科学的一大特点，有助于提高辨证诊断及精准水准。

（五）治疗学方面

大力提倡中西医优势互补，指导临床的用药及治疗，显著提高了临床疗效。如在围手术期中西医结合的处理，嗓音病和感音神经性聋的治疗，耳鼻咽喉头颈肿瘤放化疗过程中的减毒增效和放化疗后的康复，鼻咽及喉部癌前病变的阻逆，以及其他耳鼻咽喉疑难病及慢性病的治疗，均已初显中西医结合疗法的优势所在。近年来，对中西医结合防治感音神经性耳鸣的研究渐显其优势特色，展示了良好的发展前景。

五、学习中西医临床耳鼻咽喉科学的基本要求

中西医临床耳鼻咽喉科学作为一门成长中的临床学科，是以培养中西医结合耳鼻咽喉科应用型人才为目标，综合应用结合医学手段有效解决该领域器官的健康维护和疾病防治等实际问题为目的，坚持继承与创新相结合，理论与实践相结合，这就需要针对性的学习方法去解决相关问题。

1. 要充分认识掌握中、西医两种理论体系和方法的重要性。在临床熟练运用其基本理论、基本知识和基本技能。

2. 要不断强化整体观念，这种观念包含两个层面，即局部器官与整体的相互作用，耳鼻咽喉各器官之间以及与邻近器官之间的相互影响等。

3. 耳鼻咽喉的器官多属于狭小细长弯曲幽深的腔道，诊疗难以直达病所。这就要求从业者不仅要拥有精巧熟练的手术操作技能，还应具备双手操作的高超技巧，以适应耳鼻咽喉临床工作的需要，只有加强实践技能锻炼方能达到此境界。

（田　理　张燕平　贾德蓉）

第一篇
鼻科学

第一章　鼻应用解剖学及生理学

扫码"学一学"

☞要点导航

1. **掌握**　固有鼻腔的主要解剖结构及意义。

2. **熟悉**　外鼻的解剖结构，皮肤及静脉循行特点，熟悉鼻窦的解剖位置，毗邻关系及其临床意义。

3. **了解**　鼻的生理功能。

第一节　鼻应用解剖学

鼻（nose）由外鼻、鼻腔和鼻窦三个部分组成。外鼻位于面部正中，其后方为鼻腔。鼻腔的两侧、上方及后上方共有4对鼻窦，分别为上颌窦、额窦、筛窦和蝶窦。

一、外鼻

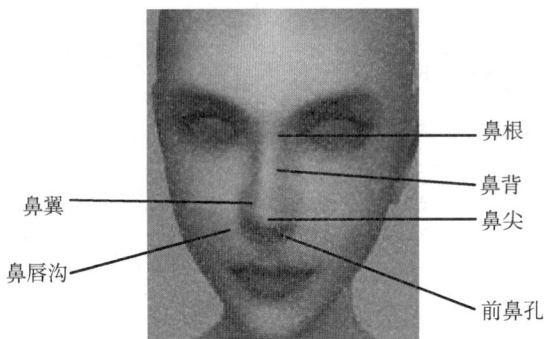

图1-1　外鼻的标志

外鼻（external nose）由骨及软骨构成支架，外覆软组织与皮肤（图1-1）。外鼻皮肤含有较多腺体，上部皮肤汗腺较多，下部皮肤皮脂腺较多，以鼻尖和鼻翼最明显，该处是痤疮、疖肿及酒渣鼻的好发部位。面部静脉无瓣膜，血液可上下流通，当鼻面部发生感染（如疖肿形成）时，若治疗不当或用力挤压，可导致海绵窦血栓性静脉炎或其他颅内并发症。临床上将鼻根部与上唇三角形区域称为"危险三角区"。

（一）外鼻的形状及标志

外鼻外观如三棱锥体，前棱上端位于两眶之间，与额部相连，称为鼻根（nasal root）；中份为鼻梁（nasal bridge），鼻梁的两侧为鼻背（nasal dorsum）；下端为鼻尖（nasal apex），鼻尖两侧呈半圆形隆起区域称为鼻翼（alae nasi）。鼻翼向外侧有一浅沟称为鼻唇沟（nasolabial fold）。三棱锥体底部为鼻底（basis nasi），鼻底被鼻中隔软骨的前下缘及大翼软骨的内侧脚所构成的鼻小柱（columella nasi）分成左、右两个前鼻孔（anterior nares）。

（二）外鼻的支架

外鼻的骨性支架由正中的鼻骨（nasal bone）、两侧的上颌骨额突及上方额骨的鼻部构成；外鼻软骨支架主要由隔背软骨和大翼软骨组成（图1-2），其他数目不等的小软骨则借

助于致密的结缔组织附着在梨状孔边缘。

1. **鼻骨**（nasal bone） 成对，其下缘、上缘及外侧缘分别与鼻外侧软骨上缘、额骨和上颌骨额突连接，鼻骨后面的鼻骨嵴与额嵴、筛骨垂直板和鼻中隔软骨连接。鼻骨上端窄而厚，下端宽而薄，故临床上的鼻骨骨折多数发生在下 2/3 处，若鼻骨下端发生塌陷，可造成鞍鼻。

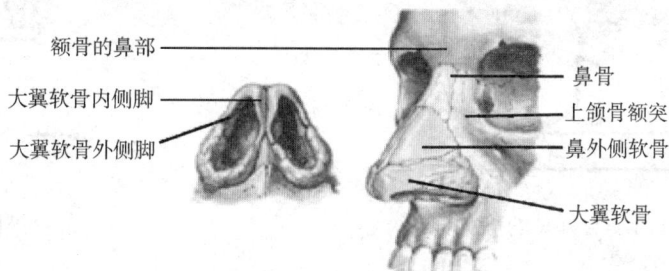

图 1-2 外鼻的支架

2. **梨状孔**（pyriform aperture） 由鼻骨下缘、上颌骨额突内缘和上颌骨腭突游离缘围成（图 1-3）。

3. **隔背软骨**（septodorsal cartilage） 中间为鼻隔板（septal nasal plate），即鼻中隔软骨（septal cartilage）；两侧翼为鼻背板，即鼻外侧软骨（lateral nasal cartilage）。

4. **大翼软骨**（greater alar cartilage） 呈马蹄形，分为内侧脚与外侧脚。其中外侧脚构成鼻翼支架，左右内侧脚夹住鼻中隔软骨前下缘构成鼻小柱支架。

5. **小翼软骨**（lesser alar cartilage）**和籽状软骨**（sesamoid certilage） 统称为鼻副软骨，充填于鼻外侧软骨和大翼软骨之间。

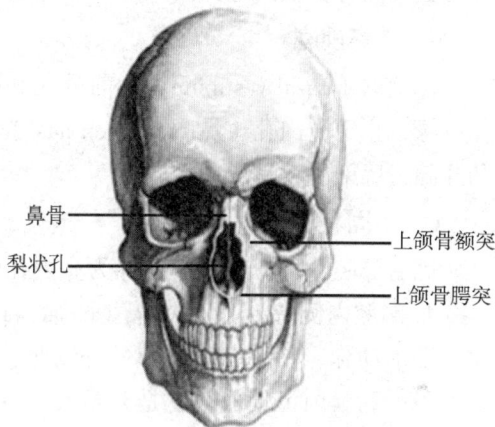

（三）外鼻的神经

主要由三叉神经及面神经分支支配（图 1-4）。眼神经的末梢神经鼻睫神经与上颌神经的分支眶下神经共同构成感觉神经。面神经颞支为主要的运动神经，支配鼻部运动。

（四）外鼻的血管

1. **动脉** 主要血供为鼻背动脉、筛前动脉、额动脉、面动脉、上唇动脉、眶下动脉的分支。

2. **静脉**（图 1-5） 分别经内眦静脉、面前静脉汇入颈内静脉。内眦静脉可经眼上、下静脉与海绵窦相通。

（五）外鼻的淋巴（图 1-6）

外鼻的淋巴管汇合于下颌下淋巴结、耳前淋巴结和腮腺淋巴结。

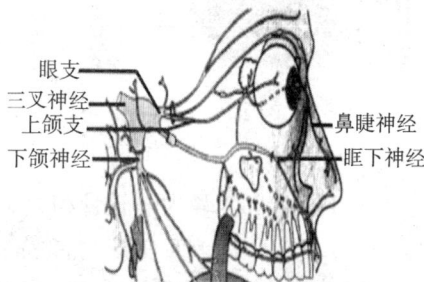

图 1-3 梨状孔

图 1-4 外鼻的神经分布

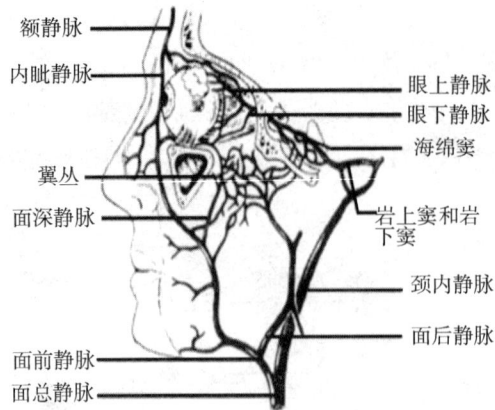

图 1-5 外鼻的静脉分布

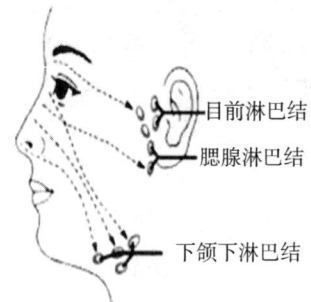

图 1-6 外鼻淋巴回流方向

二、鼻腔

鼻腔（nasal cavity）由鼻中隔一分为二，前起于前鼻孔，后止于后鼻孔，每侧鼻腔分为鼻前庭和固有鼻腔两部分。

（一）鼻前庭

鼻前庭（nasal vestibule）为前鼻孔和固有鼻腔之间的间隙（图 1-7）。鼻前庭起于前鼻孔鼻缘，止于鼻内孔（鼻阈，limen nasi）。鼻前庭被覆皮肤，有鼻毛生长，内含丰富皮脂腺和汗腺，感染后较易形成疖肿。

（二）固有鼻腔

固有鼻腔简称鼻腔，其前界为鼻内孔，后界为后鼻孔，由内、外、顶、底四壁构成。

1. 鼻腔内侧壁 即鼻中隔（nasal septum），分为软骨部和骨部（图 1-8）。颈内动脉分支（筛前动脉、筛后动脉）和颈外动脉分支（蝶腭动脉、腭大动脉、上唇动脉）在鼻中隔前下份的黏膜内汇集成丛，是儿童及青少年鼻出血最常见部位，故亦称易出血区或利氏动脉区（little area）。

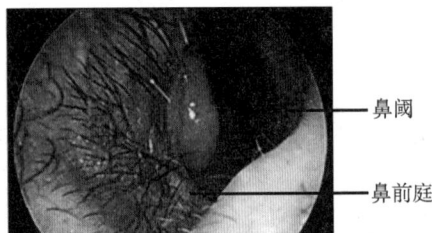

图 1-7 鼻前庭

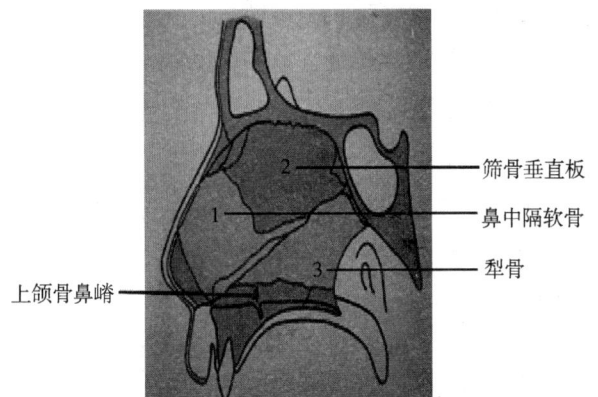

图 1-8 鼻中隔构成

（1）软骨部为鼻中隔软骨和大翼软骨内侧脚。

（2）骨部为筛骨垂直板（lamina plate of ethmoid bone）和犁骨（vomer）、上颌骨鼻嵴。

2. 鼻腔外侧壁 骨性支架由前向后为：鼻骨、额骨、上颌骨、泪骨、下鼻甲骨、筛骨的内壁、腭骨垂直板及蝶骨翼突。外侧壁上有突出于鼻腔中的三个呈阶梯状排列的骨性组

织，自上而下分别为上鼻甲、中鼻甲与下鼻甲（图1-9）。鼻甲与外下方的间隙，称为鼻道，依次为上、中、下三鼻道，各鼻甲与鼻中隔之间的共同狭窄腔隙称总鼻道。

（1）上鼻甲（superior turbinate）与上鼻道（superior meatus）上鼻甲属于筛骨的一部分，位于鼻腔外侧壁后上方。后组筛窦开口于上鼻道。上鼻甲后上方有一凹陷称蝶筛隐窝（sphenoethmoidal recess），为蝶窦的开口。

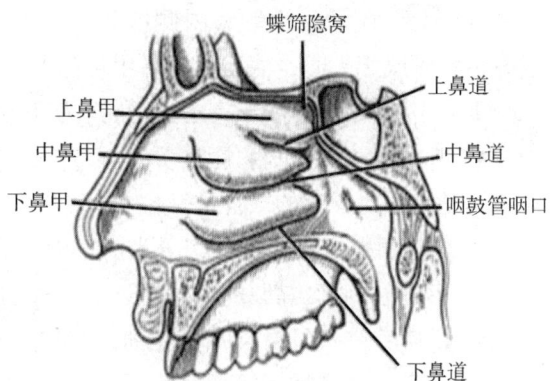

（2）中鼻甲（middle turbinate）中鼻道（middle meatus）中鼻甲亦属筛骨的一部分，分成前后两部分，分别为垂直部及水平部，中鼻甲前端附着于筛窦顶壁和筛骨水平板（horizontal plate of ethmoid bone）连接处的前颅底，下端游离垂直向下。中鼻甲后端延续到筛窦之下方，与颅底无直接

图1-9　鼻腔外侧壁

的骨性连接。中鼻甲后部在向后延伸中，逐渐向外侧转向，附着在纸样板后部，并向上连接于前颅底，称为中鼻甲基板（lamella of middle turbinate），是支撑和固定中鼻甲的一个重要结构。鼻甲基板将筛窦分成前组筛窦和后组筛窦。中鼻道（middle meatus）位于中鼻甲之外下侧，为前组鼻窦的开口引流所在，中鼻道及其附近的区域解剖结构的异常和病理改变与鼻窦炎的发病最为密切，这一区域称为窦口鼻道复合体。该区域重要结构包括：钩突（uncinate process）、筛泡（ethmoid bulla）、半月裂（semilunar hiatus）、筛漏斗（ethmoidal infudibulum）、额隐窝（frontal recess）（图1-10）。

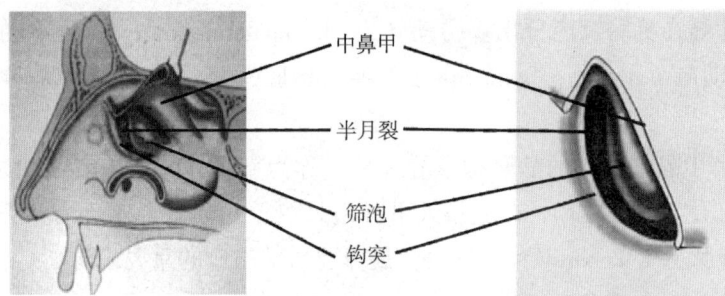

图1-10　钩突、筛泡及半月裂

1) 钩突及筛泡：中鼻道外侧壁上有两个隆起，前下隆起为钩突（uncinate process）；后上隆起为筛泡（ethmoid bulla）。

2) 半月裂：在两个隆起之间有一半月状裂隙，称为半月裂（semilunar hiatus）。

3) 筛漏斗：钩突为内界，筛泡为外界，向内经半月裂、中鼻道与鼻腔相通，前界为盲端。

4) 额隐窝：额窦引流口开放于此，其后为前组筛窦开口，最后为上颌窦开口。

5) 窦口鼻道复合体（ostiomeatal complex，OMC）（图1-11）：它是以筛漏斗为中心的附近区域，包括：筛漏斗、钩突、筛泡、半月裂、中鼻道、中

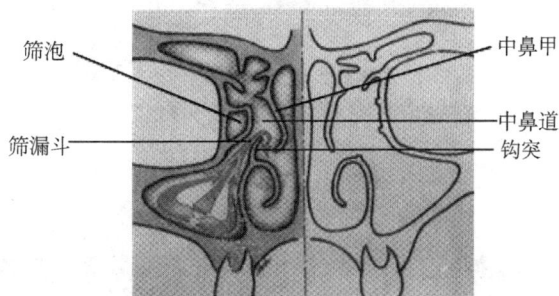

图1-11　窦口鼻道复合体

鼻甲、前组筛房、额窦口及上颌窦自然开口等一系列结构。该区域解剖结构的异常和病理改变均会影响前组鼻窦的通气和引流，导致鼻窦炎的发生。

（3）下鼻甲（inferior turbinate）与下鼻道（inferior meatus） 下鼻甲骨为独立呈水平状卷曲的薄骨，附着于上颌骨内侧壁和腭骨垂直板，下鼻甲后端距咽鼓管咽口1~1.5cm，故下鼻甲肿胀或肥大时，病变的下鼻甲可影响咽鼓管鼻咽开口，导致咽鼓管功能障碍。

下鼻甲和鼻腔外侧壁之间腔隙为下鼻道，下鼻道呈穹隆状，其顶端有鼻泪管（nasolacrimal duct）开口，距前鼻孔3~3.5cm。距离下鼻甲前端1~2cm的下鼻甲外侧壁骨质较薄，是上颌窦穿刺的最佳进针位置。

3. **鼻腔顶壁** 呈穹隆状，分为前、中、后三段。筛板（cribriform plate）位于鼻腔顶壁中段，薄而脆，嗅区黏膜的嗅丝通过，在外伤或手术时易发生损伤，导致脑脊液鼻漏。

4. **鼻腔底壁** 即硬腭的鼻腔面，与口腔相隔。前3/4由上颌骨腭突（palatine process of maxilla），后1/4由腭骨水平部（horizontal process of palate bone）组成。

（三）鼻腔黏膜

鼻腔黏膜广泛分布于鼻腔各壁和鼻道，与鼻咽部、鼻窦和鼻泪管黏膜连续，按各部位组织学构造和生理功能不同，分为嗅区黏膜和呼吸区黏膜两部分。

（四）鼻腔的血管、神经和淋巴

1. **动脉（图1-12）** 主要来自颈内动脉的分支眼动脉和颈外动脉的分支上颌动脉。

（1）眼动脉入眶后分出筛前动脉（anterior ethmoidal artery）和筛后动脉（posterior ethmoidal artery），分别穿过相应的筛前孔和筛后孔进入筛窦，筛前动脉颅底附着处为额隐窝的后界，是鼻内镜额窦手术的重要解剖标志。

（2）上颌动脉在翼腭窝内分出蝶腭动脉（sphenopalatine artery）、眶下动脉（infraorbital artery）和腭大动脉（greater palatine artery）供应鼻腔，其中蝶腭动脉是鼻腔的主要供血动脉。

2. **静脉** 鼻中隔前下部的静脉构成静脉丛，称为克氏静脉丛（Kiesselbach plexus），为鼻部常见出血部位（图1-13）。在老年人下鼻道外侧壁后部近鼻咽部有扩张的鼻后侧静脉丛，称为鼻咽静脉丛（Woodruff's plexus），是鼻腔后部出血的重要来源。

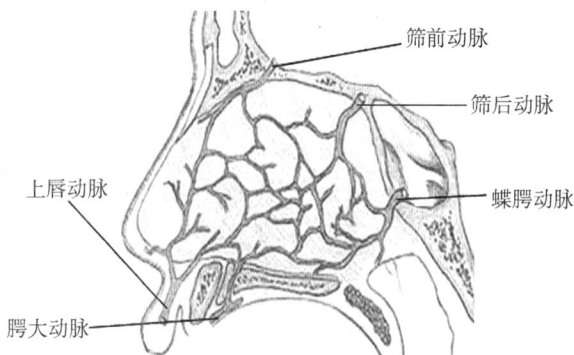

图1 12 鼻腔动脉分布　　　　图1-13 克氏静脉丛

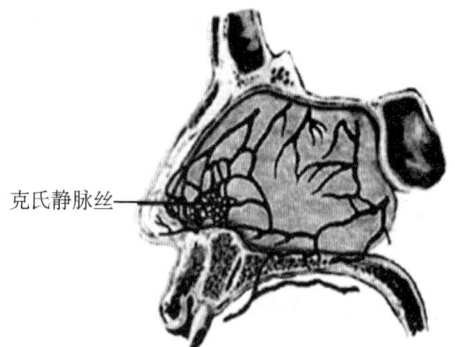

3. **神经** 广泛分布于鼻腔各壁和鼻道，与鼻咽部、鼻窦和鼻泪管黏膜连续。鼻腔的神经包括三类，分别为嗅神经、感觉神经和自主神经。嗅神经（olfactory nerve）分布于嗅区

黏膜，嗅神经中枢突汇集成嗅丝，经筛孔到达嗅球。感觉神经为三叉神经之眼神经和上颌神经的分支。自主神经主管鼻黏膜血管的舒缩，分别为交感神经和副交感神经。交感神经主管鼻黏膜血管收缩，副交感神经主管鼻黏膜血管扩张和腺体分泌。

4. 淋巴（图 1-14） 鼻腔前 1/3 的淋巴管与外鼻淋巴管相连，汇入耳前淋巴结（anterior auricular lymph nodes），腮腺淋巴结（parotid lymph nodes）及颌下淋巴结（submandibular lymph nodes）。鼻腔后 2/3 的淋巴汇入咽后淋巴结（retropharyngeal lymph nodes）和颈深淋巴结上群。

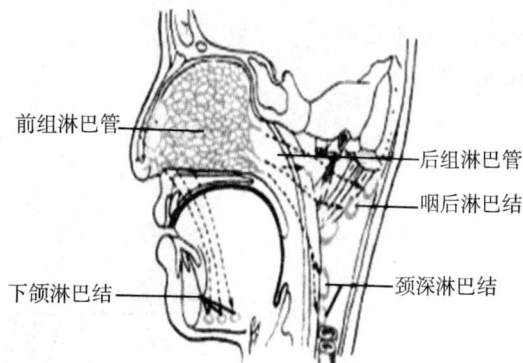

图 1-14 鼻腔淋巴回流方向

三、鼻窦

鼻窦（nasal sinuses）是鼻腔周围颅骨中的一些含气空腔，左右成对，共有 4 对，依其所在颅骨命名，称为上颌窦、筛窦、额窦和蝶窦（图 1-15）。依照窦口引流的位置、方向和鼻窦的位置，又将鼻窦分为前组鼻窦和后组鼻窦。前组鼻窦包括上颌窦、前组筛窦、额窦，窦内引流至中鼻道，后组鼻窦包括后组筛窦和蝶窦，后组筛窦引流至上鼻道，蝶窦引流至蝶筛隐窝。

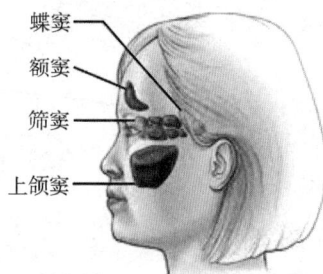

图 1-15 鼻窦体表投影

（一）上颌窦

上颌窦（maxillary sinus）为 4 对鼻窦中最大者，有 5 个壁。

1. 前壁（图 1-16） 中央薄而凹陷，称为尖牙窝（canine fossa）。行上颌窦 Caldwell-Luc 手术时经此进入上颌窦腔。在尖牙窝上方，正对瞳孔有一骨孔称眶下孔。眶下神经和同名血管从此分出。

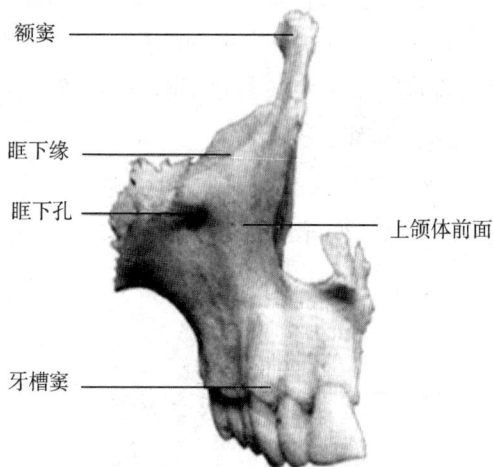

2. 后外壁 与翼腭窝及颞下窝毗邻，上颌窦肿瘤破坏此壁时，可侵犯翼内肌，导致张口受限。在严重鼻出血时，可经此壁结扎上颌动脉。

3. 内壁（图 1-17） 上颌窦内侧壁有一骨性裂孔，前界为下鼻甲的泪突和泪骨下端，后界为腭骨垂直板，上界是与筛窦连接

图 1-16 上颌窦前壁

的上颌窦顶壁，下界为下鼻甲附着处。此骨性窦口被钩突和下鼻甲的筛突呈十字形的连接分割成四个象限。其中前上象限是真正的上颌窦自然开口，其余三个象限被双层黏膜和致密结缔组织封闭，称为鼻囟门。经鼻内镜上颌窦自然口扩大时，可通过寻找钩突尾

部的后上方，或者下鼻甲中部上缘上方的后囟门来定位、扩大上颌窦口。

4. 上壁 为眼眶的底部。

5. 底壁 相当于上颌牙槽突，常低于鼻腔底部，为上颌突各骨壁中骨质最厚者，与上列第二尖牙及第一、二磨牙根部有密切关系。牙根尖感染容易侵入窦内，引起牙源性上颌窦炎。

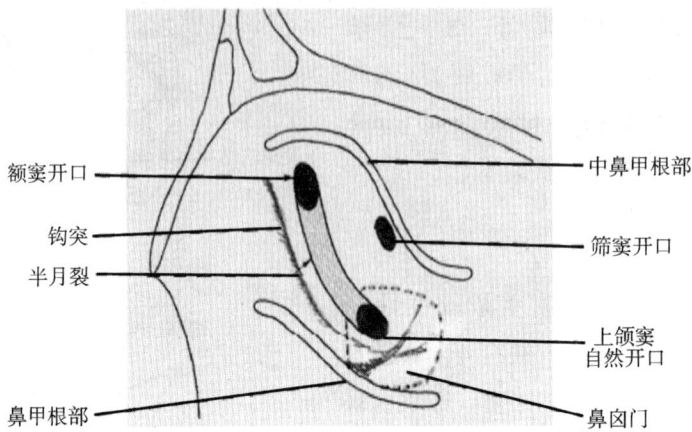

图 1-17 上颌窦内壁

（二）额窦

额窦（frontal sinus）位于额骨的内、外两层骨板之间，额窦通过额窦口与额隐窝相通（图 1-18）。根据钩突上端的附着位置不同，其内界和外侧界的构成不同，如钩突附着在纸样板，则钩突上端和部分纸样板成为额隐窝的外侧界，如附着在颅底、中鼻甲和钩突上端分茬，则钩突上端和部分中鼻甲的上端组成额隐窝的内侧界。由此可见，钩突上端的附着方式决定了额隐窝的引流状态，通过判断钩突上端的附着方式，寻找额窦口的位置。

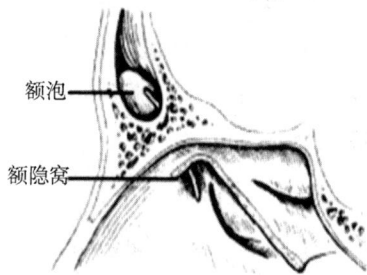

图 1-18 额窦矢状面图

（三）筛窦

筛窦（ethmoid sinus）位于鼻腔外上方筛骨内，呈蜂窝状气房结构，为4对鼻窦中解剖关系最复杂、变异最多、与毗邻器官联系最密切的解剖结构。

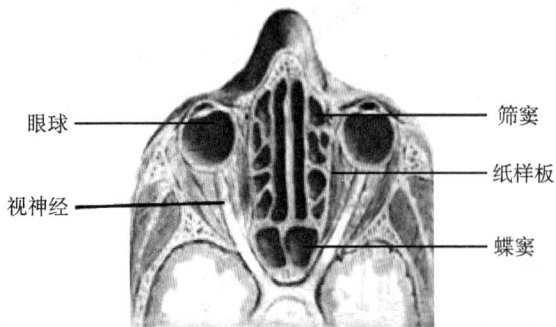

图 1-19 筛窦水平位图

1. 外侧壁（图 1-19） 筛窦的外侧壁为眼眶的内侧壁，由泪骨和纸样板（lamina papyracea）组成。鼻内镜手术时，如果损伤纸样板，容易导致眶筋膜破裂和眶脂肪脱出于筛窦内，术后眼眶青紫，严重时有损伤眼内直肌导致眼球活动障碍和复视，视神经损伤导致严重视力下降和失明。

2. 内侧壁 筛窦内侧壁为鼻腔外侧壁之上部，附有上鼻甲和中鼻甲。

3. 顶壁 内侧与筛骨水平板连接，外侧与眶顶延续，筛顶上方为前颅窝。

4. 下壁 为中鼻道上部结构，如筛泡、钩突、鼻丘气房等。

5. 前壁 由额骨筛切迹、鼻骨迹和上颌骨额突组成（图 1-20）。

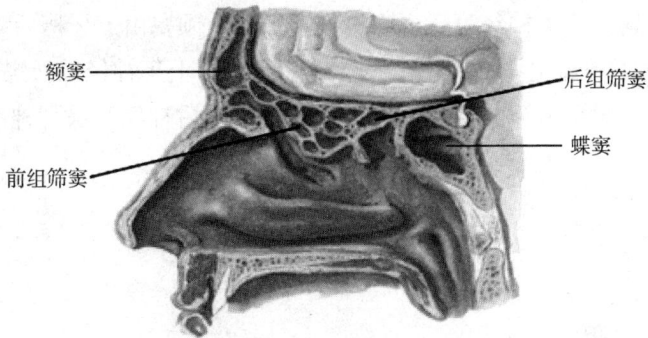

图 1-20 筛窦矢状位图

6. 后壁 与蝶窦毗邻，后组筛窦变异极大，如果最后组筛窦气化到蝶窦上方，称为蝶上筛房。

（四）蝶窦

蝶窦（sphenoid sinus）位于蝶骨体内，居鼻腔最上后方（图 1-21）。由于气化程度不一，大小和形态极不规则。

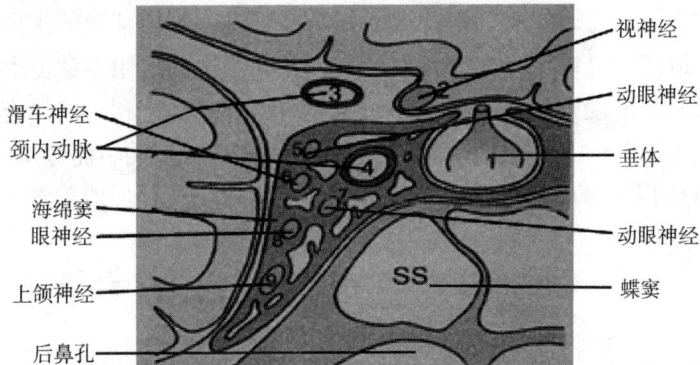

图 1-21 蝶窦示意图

1. 外侧壁 结构复杂，与海绵窦、视神经管、颈内动脉毗邻。

2. 顶壁 上方为颅中窝的底壁，呈鞍型，称为蝶鞍。蝶鞍上方为脑垂体。

3. 前壁 参与构成鼻腔顶壁的后份和筛窦的后壁，上方有蝶窦开口，前壁的前方有中鼻甲的后端附着。

4. 后壁 骨质较厚，毗邻枕骨斜坡。

5. 下壁 为后鼻孔上缘和鼻咽顶，翼管神经位于下壁外侧的翼突根部。

（五）鼻窦的血管、淋巴和神经

1. 血管 上颌窦由鼻后外侧动脉、上颌牙槽后动脉（posterior superior alveolartery）和眶下动脉等供应；静脉回流入蝶腭静脉（sphenopalatine vein）。筛窦由筛前、筛后、眶上和鼻后外侧等动脉供应，静脉回流入筛前、筛后静脉，亦可回流到硬脑膜的静脉和嗅球、额叶的静脉丛。

额窦由筛前、眶下和鼻后外侧等动脉供应，静脉回流入筛前静脉，亦有经板障静脉、硬脑膜的静脉入矢状窦。蝶窦由颈外动脉的咽升动脉（hscending pharyngeal atery），上颌动脉咽支和蝶腭动脉的小分支等供应，静脉回流入蝶腭静脉，并有静脉与海绵窦相通。

2. **淋巴**　鼻窦内淋巴毛细管不多，可能汇入咽后淋巴结和颈深淋巴结上群。

3. **感觉神经**　均由三叉神经第一、第二支主司。上颌窦由上牙槽后支（posteriorsllperior alveolar nerve）及眶下神经主司；筛窦由筛前、筛后、眶上等神经以及蝶腭神经的鼻后上外侧支和眼眶支主司；额窦由筛前神经主司；蝶窦则由筛后神经和蝶腭神经眼眶支主司。

第二节　鼻生理学

一、鼻腔的生理

鼻腔主要有呼吸、嗅觉功能，另外还有共鸣、反射、吸收和排泄泪液等功能。外界空气经过鼻腔处理后，才适合人体的生理需求，否则易引起呼吸道不适。

（一）呼吸功能

主要有以下几个方面。

1. **气体交换作用**　鼻腔吸入的空气在鼻内孔处受到阻力后便分为两股气流，即层流（laminar flow）和紊流（turbulent flow）。层流从鼻内孔朝后上方向弧形流向后鼻孔再散开，为鼻腔气流的大部分，与通气量关系甚大，亦是肺部进行气体交换的主要部分。层流与鼻腔黏膜接触面积最广，可以充分发挥鼻腔调节湿度和温度的作用。紊流形成于鼻内孔的后方，系呈旋涡状而又不规则的气流，为吸入空气的小部分，有利于气体充分汇合，增加气体与鼻腔黏膜之间的相互接触，可使鼻腔更有效地发挥对气体的引流作用。

2. **温度调节作用**　鼻腔可以将吸入鼻腔的外界空气调节到近似正常体温，以保护下呼吸道黏膜不受损害。

3. **湿度调节作用**　鼻黏膜中含有大量的腺体，在24小时呼吸期间分泌约1000ml液体，其中70%用以提高吸入空气的湿度，少部分向后流入咽部。

4. **过滤及清洁作用**　鼻前庭的鼻毛由四周伸向前鼻孔中央，对空气中较粗大的粉尘颗粒及细菌有阻挡和过滤作用。较小的尘埃颗粒吸入鼻腔后可随气流的紊流部分沉降，或随层流散落在鼻黏膜表面的黏液毯中，不能溶解的尘埃和细菌随鼻黏膜的纤毛摆动到达后鼻孔，进入咽腔，被吐出或咽下。

5. **黏膜纤毛系统的作用**　人类鼻腔、鼻窦黏膜大部分为假复层柱状黏膜上皮，每个柱状上皮细胞有250~300根纤毛。纤毛的表面覆盖了一层黏液毯，较细的尘粒和细菌附着在黏液毯上，借助于上皮纤毛运动，向后排至鼻咽部，为鼻腔的第一道防御线。鼻黏液中含有"溶菌酶"，具有抑菌和溶解细菌的作用，加上白细胞的噬菌作用，称为鼻腔的第二道防御线。

（二）嗅觉功能

嗅觉功能主要依赖于鼻腔嗅区黏膜和嗅细胞，嗅觉起到识别、报警、增加食欲和影响情绪的作用。

（三）发声共鸣功能

鼻腔在发声时起共鸣作用，使得声音悦耳动听，鼻音为语音形成的重要部分。鼻腔阻

塞出现闭塞性鼻音，腭裂出现开放性鼻音。

（四）鼻的反射功能

鼻腔内神经分布丰富，当鼻黏膜遭受到机械性、物理性或化学性刺激时，可引起广泛的呼吸和循环方面的反应。鼻腔最重要的反射有鼻肺反射（nasopulmonary reflex）和喷嚏反射（sneeze reflex）。鼻肺反射以鼻黏膜三叉神经为传入支，鼻肺反射是鼻部刺激性疾病引起支气管病变的原因之一。喷嚏反射的传入支为三叉神经，当鼻黏膜三叉神经末梢受到刺激时，发生一系列的反射动作，声门突然开放，气体从鼻腔急速喷出，借以清除鼻腔中的异物和刺激物。

（五）鼻黏膜的其他功能

1. 免疫功能 鼻黏膜是局部黏膜免疫系统的重要组成部分，黏膜内的免疫活性成分在上呼吸道黏膜防御方面起着重要的作用。

2. 吸收功能 人类鼻腔黏膜表面积约 $150cm^2$，呼吸区黏膜表层上皮细胞约有许多微绒毛，可增加吸收的有效面积，鼻黏膜上皮下层有丰富毛细血管、静脉窦、动 - 静脉吻合支，以及淋巴毛细管交织成网，使吸收的药物可迅速进入血液循环。

3. 排泄泪液功能 泪液通过泪小点、泪小管、泪总管、泪囊和鼻泪管到达下鼻道的顶部。

二、鼻窦生理学

鼻窦增加呼吸区黏膜面积，对吸入的空气起湿润和加温作用；对声音的共鸣作用；减轻头颅重量；吸收压力，保护重要器官。

（赵 宇 周 立）

扫码"练一练"

第二章 中医鼻科学概论

1. **掌握** 鼻与脏腑的关系；鼻病主要症状辨证。
2. **熟悉** 鼻病常用治法。
3. **了解** 鼻病常见病因病机；鼻与经络的关系。

第一节 鼻与脏腑经络的关系

鼻居面部正中，属阳中之阳位，古有"明堂"之称。《灵枢·邪气脏腑病形篇》谓："十二经脉，三百六十五络。其血气皆上于面而走空窍……其别气走于耳而为听。"十二经脉中，诸阳经脉多循于鼻及鼻旁。鼻属肺系，为呼吸之门户，清阳之气入经于鼻，所以，鼻属清窍之一。

鼻属五官之一，虽为局部器官，但通过经络气血，与五脏六腑有着广泛的联系。其中，与肺、脾胃、心、肾、肝胆等关系尤为密切。

一、鼻与脏腑的关系

1. **鼻与肺** 肺主气，肺气贯通肺系上达鼻窍，以濡养鼻窍，只有肺气充沛，上达鼻窍，鼻窍才通利，功能才健旺。正如《灵枢·脉度篇》所谓："肺气通于鼻，肺和则鼻能知香臭矣。"鼻为肺之窍，为肺之官，居肺系之首，乃呼吸气体出入之门户，协助肺完成呼吸功能。鼻之通气与否直接影响肺气，若鼻窍阻塞，则呼吸不利。鼻既为呼吸之门户，也为邪气犯肺的通道。六淫之邪常经鼻窍入侵于肺。因鼻与肺在生理病理上关系密切，通过诊察鼻的气色，形态改变，可以协助肺病变的诊断，故称"鼻为肺之外候"。

2. **鼻与脾胃** 脾统血，主运化，乃气血生化之源，其化生的气血奉养全身，鼻赖其气血之濡养，方能维持正常的生理功能。若脾失健运，气血衰少，鼻失濡养或脾不化湿，水湿犯鼻，或脾失统摄，血不循经均可引起鼻病。

脾胃互为表里，经脉互相络属，足阳明胃经循行于鼻部。故鼻与胃有一定联系。若胃热炽盛循经上扰或迫血妄行可引起鼻部生疮或鼻出血。

《医学心悟·卷五》谓："鼻准属脾土"，临床上，可以通过观察鼻部的变化来测知脾胃病变。如《素问·刺热论》指出："脾热病者，鼻先赤"。

3. **鼻与肝胆** 肝胆互为表里，两者与鼻有一定联系。肝主疏泄，性喜调达，疏泄正常，气机调畅，则鼻窍功能正常。若肝失疏泄，气郁化火，上逆鼻窍，则鼻衄；胆为中清之腑，

胆之经气上通于脑，脑通于颎，颎下为鼻，若胆热移脑，下犯鼻颎，则鼻流浊涕。

4. 鼻与肾　肾为阳气之根，为阴液之本，全身阳气和阴液皆源于肾，肾与肺金水相生。肾阳虚衰，不能充实肺卫，则风寒异气易伤于鼻，致鼻出现为欠为嚏之病症，正如《素问·宣明五气论》所谓："五气所病，……肾为欠为嚏。"肾阴虚损，鼻失滋润，则鼻内干燥，黏膜萎缩而发病。

5. 鼻与心　心主神明，主宰人体一切精神思维活动。鼻司呼吸、主嗅觉的功能，均需在心之神明主宰下方能完成，故《难经·四十难》指出："心主嗅，故令鼻知香臭"。

二、鼻与经络的关系

人体有多条经络循行于鼻及鼻旁，故鼻的生理功能及病理变化与经络有密切关系。循行于鼻及鼻旁的经脉多为阳经，但阴经通过与阳经经气相通，与鼻间接发生联系；部分奇经通过自身的循行与鼻相通。

1. 手阳明大肠经　其支者，入缺盆上颈，贯颊，入下齿中；还出挟口，交人中，左之右，右之左，上挟鼻孔。

2. 手太阳小肠经　其支者，从缺盆循颈上颊，至目锐眦，却入耳中，其支者别颊上出页，抵鼻。

3. 足太阳膀胱经　起于目内眦，上额交巅，循行于鼻周围；足太阳之筋"结于鼻"。

4. 足阳明胃经　起于鼻，交额中，下循鼻外，入上齿中，还出挟口还唇。

5. 奇经八脉　督脉沿前额下行鼻柱。任脉上行环唇绕口，经过鼻旁，进入目眶下；阳跷脉和阴跷脉都从鼻旁经过，至目内眦。

第二节　鼻病病因病理概述

鼻科疾病的发生，外因多为风、寒、湿、燥、火等六淫侵袭，内因多为肺、脾胃、肝胆、肾、心等脏腑功能失调。其病因病机主要为以下几个方面。

一、六淫疫疠侵袭

六淫之中，风、寒、湿、燥、热，均可引起鼻病。

1. 风邪侵袭　风为百病之长，常挟寒挟热入侵于鼻；或经皮毛犯肺，致肺气不宣，肺失清肃引起风热或风寒鼻病，表现为鼻塞、流涕、鼻痒、喷嚏、鼻痛、鼻部生疮等。

2. 燥邪侵袭　燥为阳邪，易伤肺津，所致鼻病多表现为鼻干、灼热、结痂、皮肤皲裂等。

3. 热邪侵袭　热为阳邪，其性炎上，鼻居人体上部，易受热邪侵袭而致鼻部生疮、鼻出血、流脓涕等。

4. 湿邪侵袭　湿为阴邪，黏滞而重着。湿浊聚结鼻部，常引起鼻涕、鼻黏膜肿胀、鼻息肉等。

5. 疫疠侵袭　疫疠侵袭，常引起鼻出血、鼻塞等。

二、脏腑热盛

1. 肺经蕴热 肺经素有蕴热，或因起居不慎，风热邪毒侵袭，蕴结于肺；肺经蕴热上攻鼻窍则鼻部生疮，蒸灼鼻窦则鼻流浊涕。

2. 胃火炽盛 嗜食肥甘厚味，辛辣炙煿之物，以致胃火炽盛，火毒结聚，循经上攻，则鼻部生疮；迫血妄行，则鼻出血。

3. 肝火上炎 恼怒愤郁，情志不舒，肝气郁结，气郁化火，肝火上逆，蒸迫鼻窍脉络，则鼻出血。

4. 心火亢盛 情志之火内发，或六气郁而化火，热入于心，心火亢盛，迫血妄行，发为鼻衄。

三、脏腑虚损

1. 肺气虚弱 久咳久喘耗伤肺气，肺气虚弱，卫表不固，风邪侵袭，则鼻塞、流涕、嗅觉减退；正不胜邪，邪毒滞留，水湿停聚则鼻塞、流涕反复难愈。

2. 脾气虚弱 久病脾虚，或思虑过度或劳倦伤脾；或饮食不节，损伤脾胃，脾气虚弱，气血不足，鼻失濡养，则黏膜萎缩变薄；水湿不化，停聚鼻窍，则鼻流涕、生息肉；统血失司，气不摄血，血不循经则鼻出血。

3. 肝肾阴虚 久病伤阴，或房劳过度；或禀赋不足，素体阴虚，肝肾不足，鼻失濡养则鼻干燥、萎缩；虚火上炎，伤及鼻之脉络，则鼻出血。

4. 肺阴虚损 燥热伤肺，阴津受损或久病不愈，耗伤阴液，鼻窍失养，或虚火内生，蒸灼鼻窍，则鼻干、黏膜萎缩或鼻出血。

5. 肾阳亏虚 素体阳虚，年老肾亏，或房劳伤肾，肾阳亏虚，肺失温煦，卫表不固，风寒异气侵袭或摄纳无权，或寒水上犯则鼻塞、清涕难敛。

6. 鼻部外伤 跌仆、金刃等可致鼻部瘀肿、骨折易位、鼻衄等。

7. 异物入鼻 小儿好奇，或手术大意，或外伤可致异物入鼻而引起鼻病。

第三节 鼻病辨证要点

鼻科疾病的辨证，是将四诊收集的资料进行系统综合归纳分析得出疾病的诊断，为疾病的治疗提供依据。鼻科疾病的辨证方法较多，本节主要介绍症状辨证，其要点如下。

一、辨鼻塞

鼻塞是因鼻黏膜肿胀、鼻分泌物、鼻异物、赘生物、新生物等堵塞鼻窍致鼻通气受阻而引起的鼻病常见症状。辨鼻塞主要应根据鼻塞发生的时间、程度，单侧或双侧，伴随症状等辨明其所属疾病以及病因、病位、病性等。

新病鼻塞，鼻黏膜充血、鼻甲肿大，全身有风热表证者，为风热外袭；鼻黏膜淡红或淡白、水肿，双下鼻甲肿大，全身有风寒表证者，为风寒外侵；久病鼻塞，鼻干、结痂、鼻黏膜变薄、鼻甲缩小者，为肺脾气虚或肺肾阴虚，鼻窍失养；鼻塞时轻时重，或双侧交

替性鼻塞，鼻黏膜淡红，鼻甲肿大伴咳嗽、气短、乏力、纳差等症者，多为肺脾气虚；鼻塞持续不减，鼻黏膜暗红，鼻甲肥大者，多为气滞血瘀；鼻窍内有息肉者，为湿浊内阻；鼻塞呈阵发性发作，鼻黏膜苍白、水肿，鼻窍内较多清稀分泌物者，多为肺、脾、肾阳气虚损，寒邪凝滞；鼻塞呈进行性加重者，多为鼻息肉、鼻、鼻咽部肿瘤等所致。此外，鼻外伤、鼻部异物、结石、鼻中隔偏曲等也可引起鼻塞。

二、辨鼻涕

鼻涕为五液之一，是脏腑功能失调，津液化生、输布、排泄障碍的产物。辨鼻涕应根据鼻涕的量、色、质、气味等辨明其所属脏腑及寒热虚实等。

鼻流清涕，新病者，多属风寒表证；久病者，多为肺、脾、肾脏气虚寒证；若鼻流稠涕，色黄、味臭，属实热证；鼻流稠涕，色白、无臭、量多，属脾虚不运证；鼻流稠涕，色黄绿，带痂壳，味臭，多为肺脾虚损，邪滞鼻窍；鼻涕带血，时间短，伴风热表证者，为风热外袭；鼻涕带血，伴鼻干，涕中有痂壳者，多为肺肾阴虚，邪毒滞留。其他如外伤、肿瘤、异物、放疗后也可见鼻涕带血。

三、辨头痛

头痛为鼻病的常见伴随症状，根据发病缓急、病程长短、头痛部位、性质以及伴随的全身情况可辨明其证属虚实、病变所在脏腑或经络。

若起病急，病程短，伴恶寒发热，身痛、咽痛，苔薄、脉浮者，多为外感风邪；起病缓，病程长，头昏痛、闷痛或隐隐作痛，劳累时加重，伴乏力、倦怠、气短、失眠多梦者，多属气血亏虚；头痛日久，胀痛或刺痛，鼻黏膜暗红，表面凹凸不平，触之硬实者，多为气滞血瘀；两侧太阳穴（少阳经）或头顶部（厥阴经）痛，伴鼻涕黄稠，口苦咽干，目赤生眵，心烦，舌红，苔黄，脉弦，多为肝胆郁热；前额（阳明经）头痛，伴鼻涕黄稠量多，口臭牙痛，面颊压痛，便秘，舌红苔黄，脉洪数，多为脾胃湿热蕴结；枕后（膀胱经）头痛，伴恶寒发热，身痛咽痛，苔薄脉浮，多为外感表证。

四、辨鼻衄

鼻衄即指鼻出血。是鼻部疾病的常见症状，也是某些全身疾病在鼻部的反映。辨鼻衄应根据出血量的多少、血色的深浅、起病的缓急以及伴随症状，辨明其病位、病势、虚实。

一般起病急，病程短、出血量多、血色深红、出血前出现口鼻干燥、周身烘热、面鼻焮红等症状者，多为实证；起病缓慢、病程长、时作时止、出血量较少、血色淡红者，多为虚证；出鼻血时面色苍白、汗多肢冷、四肢厥逆或神昏、脉微欲绝者，为阴血大耗，气随血脱之重证。

第四节 鼻病治法概要

鼻病的治疗方法较多，包括内治法、外治法、针灸、穴位注射、穴位埋线、按摩、导引等。

一、内治法

临床运用最多的是内治法。详述如下。

1. 疏风宣肺法　用于鼻病初起,邪在肺卫者。证见鼻塞、流涕、嗅觉减退,伴恶寒发热、头昏头痛,舌苔薄、脉浮等。常用具有疏风宣肺,解表散邪作用的药物组成方剂,如银翘散、桑菊饮、麻黄汤等。常用药物如银花、连翘、薄荷、桔梗、杏仁、麻黄、荆芥、防风、苏叶等。

2. 芳香通窍法　用于治疗多种鼻病所致的鼻塞、嗅觉减退、耳堵塞感等。常用具有芳香辛散、宣通鼻窍作用的药物组成方剂,如苍耳子散。可以单用本法,也可与其他方法合用。常用药物如苍耳子、藿香、薄荷、辛夷、石菖蒲等。

3. 除涕排脓法　用于湿浊停聚或热壅气血,化腐成脓证。证见鼻涕量多或鼻涕黄稠,嗅觉减退,伴头昏头重,胸闷纳呆、四肢困倦等。常用具有祛痰化湿,排脓除涕作用的药物组成方剂,如温胆汤、清金化痰汤等。常用药物如陈皮、半夏、栝楼、竹茹、薏苡仁、桔梗、白芷、天花粉、皂角刺等。

4. 清热解毒法　用于治疗热毒上炎,搏结鼻窍所致的鼻病。证见鼻部红赤肿痛、疔疮痈疖、口干口渴、大便秘结、小便黄赤、脉洪或数等。常用具有清热泻火,解毒消肿作用的药物组成方剂,如黄连解毒汤、五味消毒饮等。常用药物:金银花、连翘、黄芩、黄连、栀子、夏枯草、野菊花、蒲公英等。

5. 行气活血法　用于治疗气血瘀阻所致的鼻病。证见持续性鼻塞、嗅觉减退、耳部闭塞、鼻甲暗红、肥大、烦躁易怒、舌质瘀斑、瘀点、脉弦数等。常用具有理气行气,活血化瘀作用的药物组成方剂,如通窍活血汤、逍遥散等。常用药物:桃仁、红花、郁金、枳壳、香附、柴胡等。

6. 益气固表法　用于治疗肺气虚弱,卫表不固所致的鼻病。证见鼻塞、鼻痒、清涕、喷嚏、易感冒、自汗、畏风寒、气短懒言、舌淡、苔薄白、脉细弱等。常用具有补肺益气,实卫固表作用的药物组成方剂,如玉屏风散等。常用药物:黄芪、白术、防风、白芍、大枣等。

7. 凉血止血法　用于治疗热邪上炎、迫血妄行所致的鼻出血。证见:鼻出血发病急骤、量多、色深红、鼻气烘热、口鼻干燥、舌红、苔黄,脉洪数等。常用具有清热泻火,凉血止血作用的药物组成方剂,如犀角地黄汤等。常用药物如犀角、生地、丹皮、赤芍、白茅根、侧柏叶、栀子、黄芩等。

8. 健脾益气法　用于脾气虚弱所致的鼻病。证见:鼻塞、鼻胀、鼻流清涕、量多、嗅觉减退、纳差、腹胀便溏、头昏头胀、四肢倦怠、舌淡、苔白、脉缓弱等。常用具有健脾益气,理中温阳作用的中药组成的方剂,如补中益气汤、参苓白术散、苓桂术甘汤等。常用药物如:党参、白术、茯苓、泽泻、山药、扁豆、莲米、芡实、干姜等。

9. 滋阴补肾法　用于肺肾阴虚,鼻窍失养所致的鼻病。证见:鼻干、结痂、鼻部灼热、鼻出血、鼻黏膜萎缩、潮热、手足心热、颧红、舌红苔少或无苔、脉细数等。常用具有滋阴补肾,润燥生津作用的药物组成方剂,如知柏地黄汤、养阴清肺汤等。常用药物如:熟地、知母、白芍、玄参、麦冬、花粉、玉竹、石斛、枸杞子、山萸肉等。

10. 祛痰散结法　用于痰浊结聚引起的鼻病。证见:鼻阻、鼻涕黏稠、鼻生息肉或鼻黏膜息肉样变、鼻甲肥大、嗅觉减退、胸闷、头昏胀,说话鼻音等。常用具有祛痰散结作用

的中药组成方剂，如贝母栝楼散等。常用药物如制南星、法半夏、浙贝母、栝楼、夏枯草、昆布、海藻等。

二、外治法

1. **滴鼻法**　将具有清热、通窍、滋润作用的药物制成药液，滴入鼻腔，用于治疗鼻部疾病。证见：鼻塞、鼻干、流脓涕、鼻黏膜红肿等。

2. **喷鼻法**　将药物制成药粉或药液，放入喷雾器内喷入鼻窍，以达到治疗鼻病的目的。

3. **蒸气吸入法**　将药物加水煎煮，用鼻吸入其蒸气，以达治疗鼻病的目的。用于除肿瘤、异物、息肉之外的鼻病所致的鼻塞、嗅觉减退等。

4. **雾化吸入**　将药液放入特制的雾化器（如氧气雾化器、超声雾化器）内，通过雾化作用，使药液成雾状喷入鼻窍以达治疗鼻病的目的。

5. **鼻窍冲洗法**　用生理盐水或温开水或中药药液冲洗鼻窍，以治疗鼻渊、鼻槁、鼻疳所致的鼻涕黏稠、鼻生痂壳、鼻气臭秽等。

6. **涂敷法**　将药物涂敷于患部，用以治疗鼻部皮肤疖痈、鼻黏膜糜烂、鼻病所致颌下瘰核等。如金黄散、紫金锭等。

7. **止鼻血法**　用以治疗鼻出血，常用的方法有冷敷法、导引法、指压法、填塞法（参见第十章鼻出血）等。

三、针灸疗法

1. **体针**　常取手阳明大肠经、手太阴肺经、足阳明胃经、足少阳胆经、足太阳膀胱经及督脉、奇经等穴或局部穴位治疗多种鼻病。常用穴如：合谷、曲池、迎香、足三里、印堂、百会等。

2. **耳针**　常用耳穴压丸法。多取内鼻、肾上腺、肺、内分泌等。多用以治疗鼻塞、清涕、喷嚏、嗅觉减退等鼻病。

3. **艾灸**　在针刺治疗鼻病的同时，可配合艾灸治疗。常用以治疗鼻部虚寒性疾病。其方法有直接灸、隔姜灸、悬灸等。常用穴位如百会、上星、足三里、三阴交、涌泉等。

四、穴位注射

常用活血化瘀的中药针剂如丹参注射液、当归注射液、红花注射液或维生素 B_1、维生素 B_{12} 等注射于穴位以治疗鼻病。如取足三里治疗鼻槁等。`

五、穴位埋线

可取印堂、迎香、合谷、足三里等穴，在严格无菌操作下用羊肠线埋于穴位中以治疗鼻鼽、鼻渊、鼻槁等。

六、按摩法

将双手鱼际互相摩擦至发热后按于鼻部两侧，沿鼻根至迎香穴，往返摩擦至局部发红，有热感为止。每日 2~3 次，可疏通面部经络，促进血液循环以改善鼻塞。

扫码"练一练"

（贾德蓉　田　理）

第三章 鼻部检查法

扫码"学一学"

☞ **要点导航**

1. **掌握** 额镜的使用。掌握外鼻、鼻腔、鼻窦的一般检查法。
2. **熟悉** 鼻科检查所需的一般设备器械。
3. **了解** 鼻特殊检查法。

第一节 鼻部一般检查法

一、常用器械简介

（一）常用检查器械

1. 光源 为专用的 100W 聚光灯（图 3-1）。检查时应置于与额镜相同的一侧，即受检者耳的后外方，较受检者耳郭水平稍高，两者相距 10~20cm。

2. 额镜 为中央有一视孔的凹面镜，借助一双球关节与额带相连，使用时可调节其松紧程度及方向。凹面镜的焦距约 25cm（图 3-2）。

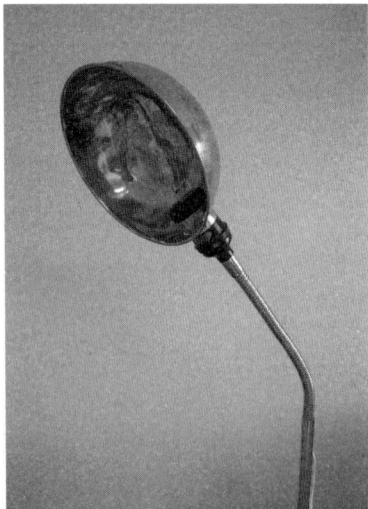

图 3-1 耳鼻咽喉科专用光源

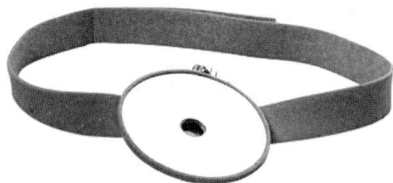

图 3-2 额镜

3. 其他常用检查器械 如图 3-3 所示。

（二）耳鼻咽喉科综合诊疗台

该系统将耳鼻咽喉科基本设备、常用器械整合为一体，并可配置专科内窥镜系统、图像采集和显示系统、信息处理系统。目前，该系统已为国内各级医院广泛使用。下面配合

图示简单介绍如下（图3-4）。

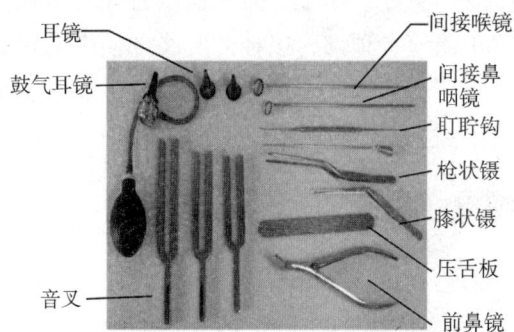

图3-3 耳鼻咽喉科常用器械

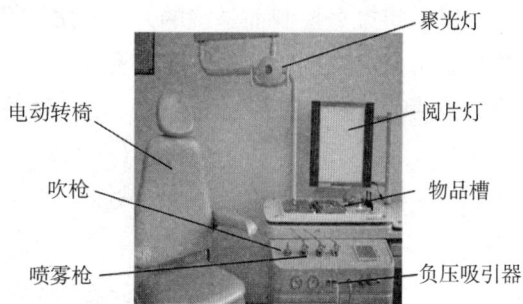

图3-4 耳鼻咽喉科综合诊疗台结构图

1. 主体 配置有喷雾器、吹枪、吸引器、自动加温器、聚光灯、阅片灯、污物区以及可供放置常用器械和药品的器械槽。

2. 电动诊疗椅 可调控高度和角度，以方便医师根据需要调整患者检查姿势。

二、额镜使用法

（一）步骤

首先，调节双球关节松紧度，以保证可以灵活调节镜面的位置和角度，又能保持于该位置而不松脱；调节额带内径，以适宜检查者佩戴。然后，将额镜戴于检查者头部，调节镜面使之与额面平行，视孔平对检查者的眼睛。最后调整光线，使光源朝向镜面，而后调整镜面角度，使光线反射并汇聚于受检部位，确保检查者的眼睛通过视孔能看清受检部位（图3-5）。

（二）使用额镜注意事项

（1）保持眼睛、视孔、反射光斑在同一直线，反射光斑恰好投在需要检查部位上。

（2）检查姿势务必端正，不可弯腰、转头来迁就光源。

（3）单眼观察，即用镜面所在侧眼睛观察，但另眼不闭。

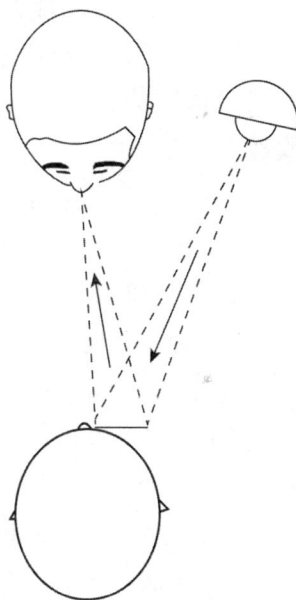

三、外鼻检查法

图3-5 额镜对光原理

患者正坐，腰直，上身稍向前倾斜，双手置于膝上，双眼向前平视。

1. 视诊 观察外鼻形态，以了解有无畸形，如蛙鼻、前鼻孔狭窄、鼻翼塌陷等；观察皮色是否正常，有无肿胀、皮肤缺损等。

2. 触诊 用拇指、食指触压外鼻，了解有无畸形、压痛、皮肤增厚、骨摩擦感等。

3. 听诊 听患者发音，以了解有无开放性或闭塞性鼻音。

四、鼻腔检查法

1. 鼻前庭检查 受检者头略后仰，调整额镜将反射光投射至鼻前庭。观察鼻前庭皮肤有无红肿、溃烂、皲裂、鼻毛脱落、新生物等。

2. 前鼻镜检查法　左手持前鼻镜，以拇指、食指捏住其关节（图3-6A）；或拇指置于关节，食指置于受检者鼻尖（图3-6B）。将前鼻镜一柄置于掌心，另一柄以另外三个手指握持，以手指握力控制前鼻镜的开合。另一手置于受检者顶部，以控制其头部使之随检查需要变动头位。使用时，先闭合前鼻镜两叶，平行于鼻底置入鼻前庭，不可超越鼻阈。张开前鼻镜两叶以扩大鼻前庭，并按以下三种头位顺序检查鼻腔各部（图3-7）。

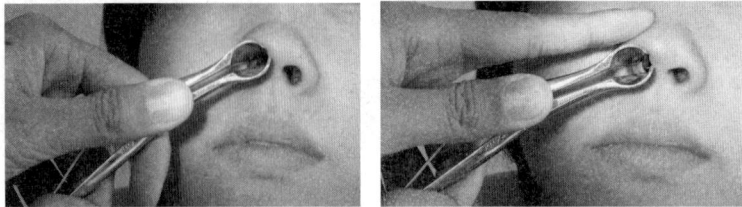

图 3-6　前鼻镜使用方法

第一头位：受检者头略低于水平面，由下至上顺序观察鼻底、下鼻甲、下鼻道、鼻中隔前下部。

第二头位：受检者头后仰30°角，观察中鼻甲、中鼻道、鼻中隔中部及嗅裂。

第三头位：受检者头后仰至60°角，观察鼻中隔上部、鼻丘、中鼻甲前端、中鼻道前下部及嗅裂。

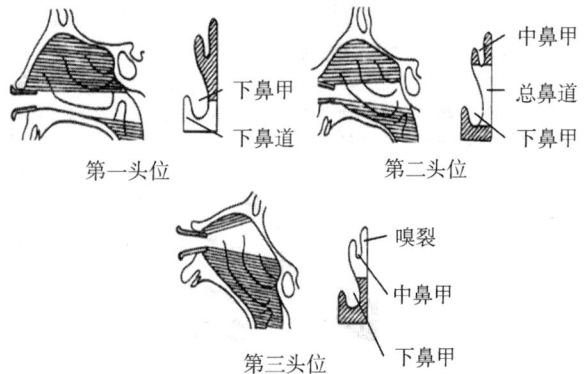

检查过程中应视情况将受检者头部

图 3-7　前鼻镜检查的三种头位

左右偏转，以便能全面窥视鼻腔内、外侧壁。观察内容：鼻腔黏膜颜色、湿润度；鼻甲大小、弹性；各鼻道有无分泌物积聚，分泌物的量及性质；鼻腔大小，有无新生物或异物；鼻中隔有无偏曲、出血点、糜烂、穿孔等。正常情况下，鼻黏膜呈粉红色，湿润、表面光滑，以卷棉子轻触鼻甲，黏膜柔软富有弹性，鼻底及各鼻道无分泌物积聚。病理情况下可见：鼻甲充血、肿胀、肥厚或萎缩；鼻甲息肉样变；鼻底、中鼻道或嗅裂有分泌物积聚；鼻中隔偏曲、穿孔、糜烂、出血等。如下鼻甲大，可用1%麻黄碱生理盐水收缩后再进行检查。

检查结束后，先将前鼻镜两叶稍收拢而后退出，切勿闭合两叶，以免钳夹鼻毛。

3. 后鼻镜检查法　使用间接鼻咽镜经口咽检查鼻腔后部结构，检查后鼻孔、鼻甲及鼻道后部形态，有无分泌物、占位性病变等。检查方法详见间接鼻咽镜检查法。

五、鼻窦检查

（一）视诊和触诊

1. 视诊　观察眉根、内眦及眶下面颊部皮肤有无红肿，局部有无隆起，眼球是否移位、活动障碍。

2. 触诊　触压眉根、内眦及眶下面颊部，检查有无压痛，以定位病变鼻窦。方法如下。

（1）上颌窦　检查者双手置于受检者两侧耳后以固定头部，将拇指分别置于双侧眶下

面颊部向后按压。

（2）额窦　检查者双手置于受检者两侧耳后以固定头部，左右拇指置于眶上缘内侧向后上按压。或一手扶持受检者枕部，另一手拇指和食指置于眶上缘内侧向后上按压。

（3）筛窦　检查者双手置于受检者两侧耳后以固定头部，左右拇指分别置于鼻根与内眦之间向后按压。

触压过程中注意询问受检者有无压痛，以及出现压痛的侧别。

（二）鼻镜检查法

利用前鼻镜或间接鼻咽镜进行检查，方法如前鼻镜检查法及间接鼻咽镜检查法所述。需要注意的是，前鼻镜及间接鼻咽镜均无法直接窥及鼻窦，只能通过观察鼻腔内有无鼻窦炎发生的间接征象，以获取初步印象。如：前组鼻窦炎者，脓性分泌物积聚于中鼻道；后组鼻窦炎者，可见嗅裂有脓性分泌物积聚，且常向后鼻孔引流入咽部，咽部可见脓性分泌物黏附；慢性鼻窦炎患者可伴有鼻息肉，故应注意观察各鼻道有无息肉，各鼻甲黏膜有无息肉样变。

（三）上颌窦穿刺冲洗法

用于上颌窦炎的诊断及治疗，具体方法如下。

第一步：麻醉。先将浸有1%麻黄碱的棉片置于患侧鼻腔以收缩下鼻甲及中鼻道黏膜，再将浸有1%丁卡因（内含少量0.1%肾上腺素，以减少穿刺时的出血）的棉签置入下鼻道前段（距下鼻甲前端约1~1.5cm的下鼻甲附着处），麻醉时间10~15分钟。

第二步：穿刺。一手持上颌窦穿刺针针柄，穿刺针尾端紧贴掌心。在前鼻镜窥视下，将上颌窦穿刺针尖端引入下鼻道，置于距下鼻甲前端约1~1.5cm的下鼻甲附着缘（图3-8），另一手固定患者头部。针头斜面朝向鼻中隔，针的方向指向患侧耳郭上缘，稍用力钻动即可穿入上颌窦内，穿通骨壁时有"落空感"。

第三步：冲洗。拔出针芯，接上注射器，先回抽检查有无空气或脓液，以判断针尖是否位于窦腔内。如抽出脓液，立即送细菌培养及行药敏试验。证实针尖确于窦腔后，拔出针芯，用温生理盐水进行冲洗，同时嘱患者低头稍前倾，观察有无脓液自鼻腔流出。待洗出液变清后，可向窦腔内灌注庆大霉素，以局部抗感染。洗毕，抽出穿刺针。

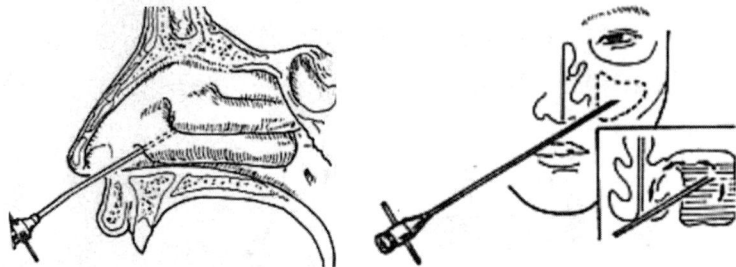

图3-8　上颌窦穿刺冲洗示意图

（四）体位引流法

怀疑鼻窦炎而前鼻镜检查过程中鼻道未发现脓液者，可先用浸有1%麻黄素棉片收缩鼻腔黏膜，使窦口开放。怀疑上颌窦炎者，取健侧卧位，头稍低；若怀疑额窦或筛窦炎者，取正坐位。15分钟后再次行前鼻镜检查，如此时中鼻道有脓液积聚，则为前组鼻窦炎；若

嗅裂有脓液积聚，则考虑后组鼻窦炎。

第二节 鼻部特殊检查法

一、鼻功能检查

（一）鼻阻力检查

1. **鼻测压法** 包括前鼻测压法、后鼻测压法及联合测压法等，其原理是通过测量鼻腔气流速度及气压变化，来测量鼻腔阻力大小。

2. **鼻声反射测量** 自1989年Hilberg等学者首创将声反射技术用于鼻腔测量以来，该技术已成为评价鼻阻力较理想的方法之一。鼻声反射仪由脉冲声源、鼻腔探头、压电麦克风以及模拟数字转换计算机等部件组成。向鼻腔内发出声波，由于鼻腔各部的截面积各异，其声导抗也不同，从而造成反射声波的差异。采用特殊软件对反射声波进行分析，转换成面积－距离函数，从而反映鼻腔容积及通气状态。

（二）嗅觉检查

1. **简易法** 将香精、煤油、醋、樟脑油等不同的气味试剂放置于大小和颜色相同的小瓶中，嘱受检者随意选瓶，用手指封闭一侧前鼻孔，以另一侧鼻孔嗅之，并说明气味的性质，逐一测试。本法只能判断有无嗅觉功能，适于集体检查。

2. **嗅谱图法** 将花香、醚类、麝香、樟脑、薄荷、辛辣、腐臭七种嗅素的试剂，按照不同嗅觉单位配制成70瓶。分别测出这七种嗅剂的最低辨别阈，以7×10的小方格图标出，称之为嗅谱图（图3-9）。对某一嗅素缺失时，图上代表某一嗅剂的方格会出现一条黑色带，表示对该溴素失嗅。

此外，还有标准微胶囊嗅功能检查法、嗅觉诱发电位检测等其他方法。

二、鼻内窥镜检查

鼻内窥镜检查操作系统包括内窥镜、光源、图像采集系统、显示器、信息处理系统（图3-10）。临床常用硬性鼻内镜，包括0°、30°、70°、90°和120°五种，前三种临床较为常用。通过对所观察的部位放大并摄像或录像，能清晰地显示鼻腔内的解剖结构、病变部位、病变情况，并能精确引导病变组织活检及鼻腔功能手术。目前，该项技术已广泛用于鼻部检查与手术。

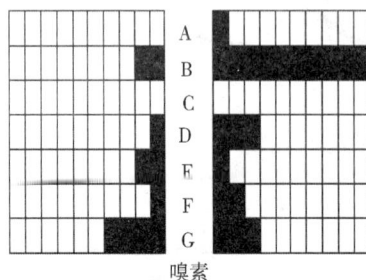

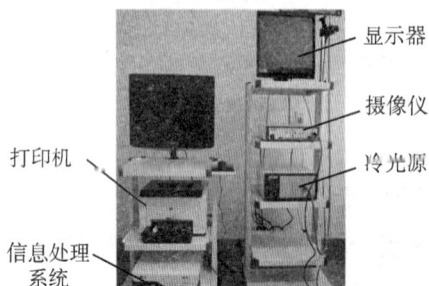

图3-9 嗅谱图　　　　　图3-10 鼻内窥镜检查操作系统

三、鼻部影像学检查

（一）X 线平片检查

1. **鼻骨侧位片**　可以观察鼻骨骨折部位，以及塌陷、移位情况。

2. **鼻颏位（又称华特氏位）**　主要用于检查上颌窦、额窦、鼻腔，也可显示筛窦、眼眶。

3. **鼻额位（又称 Caldwell 位）**　主要显示额窦、筛窦，也可显示上颌窦、鼻腔、眼眶。

通过 X 线检查，主要了解鼻腔、鼻窦发育情况，窦腔大小、形状，有无积液、黏膜增厚、占位性病变或骨质破坏等。但由于鼻部与颅面骨重叠，X 线平片检查不能很好显示鼻腔、鼻窦的情况，现已逐渐被 CT 扫描所取代。

（二）计算机体层成像（CT）

计算机体层成像技术（CT）于 20 世纪 70 年代诞生，通过 X 线对人体进行连续层面扫描，并经计算机处理重建而获得图像，密度分辨率远大于 X 线成像。利用 CT 扫描技术对鼻腔、鼻窦进行层面扫面，可清晰显示鼻腔、鼻窦各部的结构关系、病变情况。临床常用轴位（也称水平位，图 3-11）或冠状位扫描（图 3-12），多排螺旋 CT 机可行矢状位图像重建。

（三）磁共振成像（MRI）

磁共振成像原理是向位于强磁场中的人体发射射频脉冲，以激发体内氢原子核（^{1}H 质子）产生磁共振，停止射频脉冲后，氢原子核（^{1}H 质子）恢复原始状态。在恢复的过程中，^{1}H 质子将所吸收的能量以电磁波（即 MR 信号）的形式释放。根据对 MR 信号的计算分析，可以获得各组织的空间分布图像，并构建任意方向的断层图像。

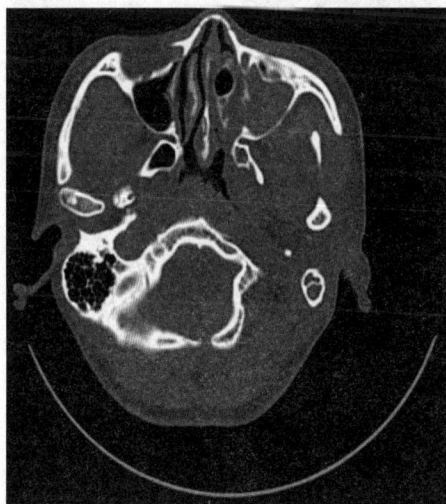

图 3-11　鼻窦水平 CT

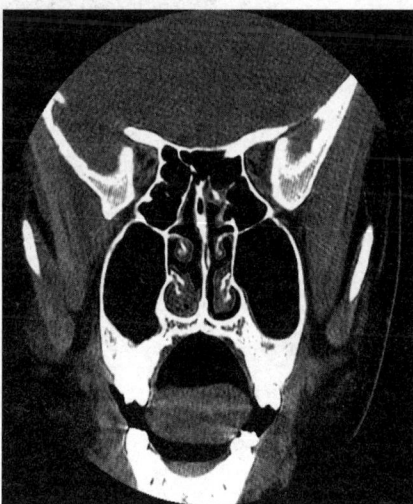

图 3-12　鼻窦冠状位 CT

鼻部 MRI 检查中，常用轴位（图 3-13）、冠状位（图 3-14）及矢状位（图 3-15）。可根据需要选择增强扫描，常规做 T1WI 和 T2WI。一般而言，MRI 对软组织的显示优于 CT，而 CT 对骨骼或钙化病变的显示优于 MRI。

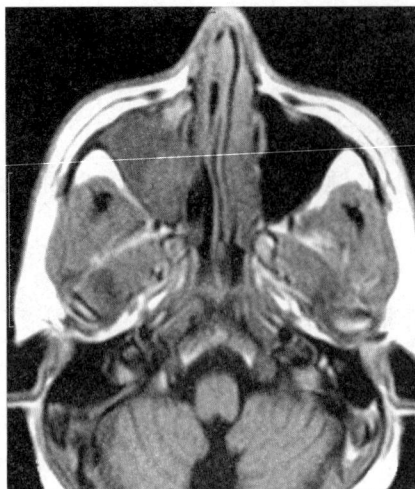
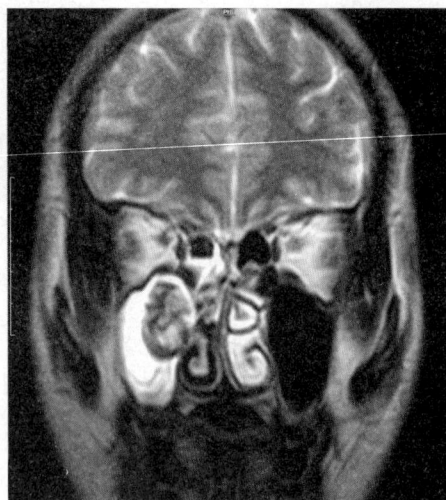

图 3-13　鼻窦水平位 MRI　　　　　　图 3-14　鼻窦冠状位 MRI

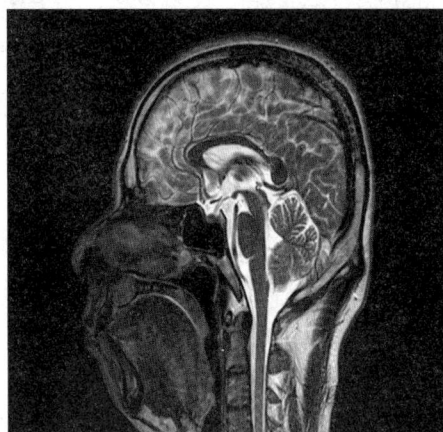

图 3-15　鼻窦矢状位 MRI

（刘翔毅）

扫码"练一练"

第四章 鼻骨骨折及鼻腔异物

要点导航

1. **掌握** 鼻骨骨折及鼻腔异物的诊断。
2. **熟悉** 鼻骨骨折的手术复位方法、中医分期治疗及鼻腔异物的取出方法。
3. **了解** 鼻骨骨折及鼻腔异物的发病原因。

第一节 鼻骨骨折

鼻骨骨折（fracture of nasal bone）是因鼻部遭受撞击、跌碰损伤等所致。鼻骨骨折程度依外力的强度及方向而异，骨折多为塌陷性骨折，或一侧隆起，对侧下陷。有的同时合并鼻中隔骨折及眶内壁骨折。

本病属中医学"鼻损伤"范畴。古代医籍中无鼻骨骨折病名，在《伤科补要·卷二》中有"鼻梁骨折"的论述。

【病因病理】

一、西医病因病理

鼻部受锐器或钝力等外力作用，引起鼻骨骨折。同时伴随软组织挫伤，皮下淤血或皮肤裂伤、鼻出血，见鼻梁塌陷、鼻中隔骨折移位、血肿，重者则造成颜面部骨折、鼻窦骨折、脑脊液鼻漏等，甚至引发休克。

二、中医病因病机

外力损伤，气滞血瘀。

【诊断】

一、临床表现

1. **病史** 有鼻部外伤史。
2. **症状** 鼻局部疼痛、肿胀，或鼻出血，或鼻塞。
3. **体征** 鼻梁歪曲或塌陷，皮下青紫。局部触痛，可感到两侧鼻骨不对称，有时有骨摩擦感或骨摩擦音。如伴有鼻腔黏膜撕裂，则擤鼻后可出现鼻部皮下气肿，触之有捻发感。

二、实验室及其他检查

（1）X线鼻骨正、侧位摄片可以确诊。

（2）疑有鼻中隔血肿或脓肿时，可做穿刺抽吸确诊。

三、中医辨证要点

根据病程长短，辨其证属虚属实。初期为气滞血瘀，经络气血不通之实证，中期为气虚血瘀之虚实夹杂证，后期为脾肾虚损，气血不足之虚证。

【鉴别诊断】

鼻骨 X 线正侧位摄片可明确诊断。

【治疗】

一、治疗原则

以手法整复为主，纠正畸形，避免错位骨痂形成；同时配合中医辨证论治，活血化瘀止痛，促进骨折痊愈。

二、西医治疗

1. **清创缝合** 外鼻有伤口者，须先止血，后做缝合，术后注射破伤风抗毒素。

2. **骨折复位** 鼻骨骨折有移位者，须在确诊骨折的部位及类型后选择适宜的手术方法进行复位。最迟不得超过 7 天，以免骨痂形成或错位愈合。

清理鼻腔后，以 2 % 地卡因加 1∶1000 肾上腺素棉片麻醉鼻腔。儿童患者可用全身麻醉。用鼻骨复位钳，亦可用手术刀柄。血管钳套上乳胶管，伸入鼻腔，置于塌陷的鼻骨下方（勿超过两侧内眦的连线，以免损伤筛板），将鼻骨稳健地向外上抬起，另一手拇指可按在相应的鼻梁部协助复位，若听到轻微"咔嚓"声，示鼻骨已复位。复位时应注意使两侧鼻骨对称。若双侧骨折者，可两侧鼻腔同时复位。复位后行紧密堵塞两侧鼻腔，以起到支撑和止血的作用，外鼻贴胶布固定。或用白铝片或用石膏做成鞍状夹板盖于鼻梁上，贴以胶布固定，一周后取除。

3. **药物治疗** 使用抗生素，预防感染。

三、中医治疗

以外治为主，兼以药物治疗。中医认为该病的基本病机为气滞血瘀，经络气血不通，其治疗应活血祛瘀，消肿止痛。中后期宜扶正祛邪，通畅经络，调和气血。

1. **外治** 骨折复位。（见前）

2. **内治**

（1）初期 活血祛瘀，消肿止痛。所谓"血不活则瘀不去，瘀不去则骨不接。"用桃红四物汤（《医宗金鉴》）加减。出血者加仙鹤草、白及、栀子炭之类。推荐中成药：七厘散、云南白药胶囊。

（2）中期 行气活血，和营生新。正骨紫金丹（《医宗金鉴》）加减。推荐中成药：接骨丸、伤科接骨片。

（3）后期 补气养血，坚骨壮筋。人参紫金丹（《医宗金鉴》）加减。推荐中成药：人参固本丸、补气养血丸。

【预防与调护】

（1）有创口者，应注意保持局部清洁，以免感染。

（2）瘀肿者，勿用力揉擦患处，以免加重损伤，或引起出血。

（3）骨折刚复位者，切勿碰撞、揉鼻部，以免骨折移位，形成畸形。

【预后与转归】

鼻骨骨折治疗得当可在两周内康复，复位不当可致鼻骨畸形。

第二节 鼻腔异物

鼻腔异物（foreign body in the nose cavity）是因各种异物误入鼻腔，致一侧鼻塞、流涕，甚则同侧头痛等为主要表现的鼻病。常见异物有植物性、动物性和非生物性。本病小儿和精神异常者多见。

中医古籍中无鼻腔异物这一病名，隋·巢元方《诸病源候论·卷二十九》有"食物因气逆者，误落鼻内"的记载。

【病因病理】

（1）儿童因玩耍时，误将细小异物如豆类、果核、玻璃球、橡皮球、纸卷、纽扣等塞入鼻孔内。

（2）进食不慎或呕吐时，食物经咽部进入鼻腔。

（3）野外饮生水、沐浴者或露宿者，水蛭、昆虫等爬入鼻内，多发生在热带、亚热带地区。

（4）碎石、木块、弹片等经面部进入鼻腔、鼻窦等处，多发生于意外事故时。

（5）医疗中，纱条、棉片、器械断端等遗留在鼻腔或鼻窦内。

【诊断】

一、临床表现

1. **病史** 多有异物入鼻病史。

2. **症状** 根据异物性质、大小及滞留时间长短而有不同。多有单侧鼻塞，流黏脓涕或脓血涕且有臭气，或伴有同侧头痛。生物性异物（如水蛭）可致反复衄血，日久可导致贫血和营养不良。

3. **体征** 先用1%麻黄碱收缩鼻黏膜，清除分泌物。经前鼻镜检查多能发现异物。若异物存留时间过长已被肉芽组织包埋者，可用探针触诊。有时异物存留于鼻咽部或鼻腔后段，须用鼻内窥镜检查方能发现。

二、实验室及其他检查

疑为金属异物者，可用 X 线检查确诊。

【鉴别诊断】

	鼻腔异物	慢性鼻炎	鼻窦炎	鼻出血
鼻塞	有，为单侧	有，可为双侧或单侧	有，可为双侧或单侧	或有，为单侧
脓涕	有	可有	有	无
鼻腔检查	鼻黏膜红肿	鼻甲肥大色红	鼻甲肥大色红	有出血点，或见糜烂、出血区
鼻腔异物	有	无	无	无
鼻窦 X 线检查	无需做	无异常	可以确诊	无需做

【治疗】

一、治疗原则

取出异物，并给予对症处理。

二、西医治疗

（1）细小异物，可用取嚏法，刺激鼻腔，将异物喷出。

（2）质软或条状异物，如纸团、纱条、海绵等，可用镊子取出。

（3）对圆形异物如豆类、珠子等，应用弯针或异物钩伸入鼻腔，超过异物，由后向前拨出，不可用钳、镊直接挟取，以免将异物推向深处，甚或向后滑入鼻咽部，随吸气或吞咽进入气管或食管，造成危险。

（4）异物经前鼻孔难以取出时，可令患者取仰卧头低位，再将异物推向鼻咽部，经口取出。

（5）小儿不合作患者，可考虑在全麻下取出。

（6）异物取出后见局部黏膜糜烂，宜滴用 1% 麻黄碱，以防鼻腔粘连；如已有粘连者，可分离后塞入凡士林纱条。应使用抗生素预防或控制感染。

三、中医治疗

以外治为主，视异物情况采用不同的方法取出。有脓血分泌物者，可配合五味消毒饮（《医宗金鉴》）加鱼腥草、败酱草等煎服，以清热解毒排脓。

【预防与调护】

（1）教育儿童不要将异物塞入鼻腔。

（2）鼻部手术后，医务人员在取出鼻腔填塞物后，应仔细检查鼻腔是否还有所遗留。

【预后与转归】

清除鼻腔异物后，可在　周内康复。

扫码"练一练"

第五章　外鼻炎性疾病

扫码"学一学"

> **要点导航**
>
> 1. **掌握**　鼻前庭炎、鼻疖的概念、临床表现及中西医常用治法。
> 2. **熟悉**　鼻疖并发症中海绵窦血栓性静脉炎的诊断及治则。
> 3. **了解**　鼻疖的常见病因。

第一节　鼻前庭炎

鼻前庭炎（nasal vestibulitis）是发生在鼻前庭皮肤的弥漫性炎症，分急性和慢性，多双侧发病。急性鼻前庭炎以鼻前庭皮肤红肿、疼痛为特点。慢性鼻前庭炎以干痒、结痂、鼻毛脱落为主要表现，有经久不愈，反复发作的特点。本病好发于儿童，长期在粉尘（如水泥、石棉、皮毛、烟草等）环境中工作，易诱发或加重，无地域性、季节性。

本病属中医学"鼻疮"范畴。又称其为"赤鼻""鼻疳"等，为外感风热邪毒或阴虚血燥所致。鼻疮之名始见于《养生方·导引法》。

【病因病理】

一、西医病因病理

（一）病因

（1）急、慢性鼻炎，鼻窦炎及变应性鼻炎等疾病鼻分泌物的刺激。

（2）挖鼻等不良习惯反复损伤鼻前庭皮肤。

（3）长期接触有害气体及粉尘。

（二）病理

鼻前庭及上唇皮肤充血，增厚，表皮脱落，血浆渗出，形成浅层溃疡，覆有干痂。

二、中医病因病机

证型	病因病机
肺热上蒸证	肺经蕴热，复受风热邪毒外袭；或因鼻疾涕液浸渍鼻孔；或挖鼻损伤，病邪乘虚侵袭，内热外邪壅滞鼻窍，熏蒸鼻孔肌肤发为病
阴虚血燥证	鼻疮日久不愈，郁热久蕴，阴血暗耗，血虚生燥，燥热久蒸鼻孔，肌肤失养而为病

【诊断】

一、临床表现

1. 症状　急性者以鼻前孔及上唇部瘙痒疼痛为主要症状；慢性者鼻部皮肤常有灼热、

干痒、异物感等异常感觉。

2. 体征 急性者鼻前庭皮肤红肿，潮红、溃烂、积结痂块或皲裂，有压痛，严重者可延及上唇。慢性者鼻前庭部皮肤增厚、皲裂或盖有鳞屑样痂皮；病程日久者，常有鼻毛脱落或稀少。

二、中医辨证要点

1. 辨虚实 首先根据病程长短，症状、体征等辨明其证属虚属实。一般急性期多为实证，慢性期多为虚证。

2. 辨脏腑病机 本病基本病机为外感风热邪毒或阴虚血燥所致。涉及脏腑主要有肺、脾、肝。

【鉴别诊断】

	鼻前庭炎	鼻前庭湿疹
皮肤瘙痒、疼痛症状	有	剧烈
皮肤瘙痒、疼痛部位	鼻前孔及上唇部	可伴全身其他部位
水疱、渗液、糜烂	轻	重
过敏因素	不明显	明显

【治疗】

一、治疗原则

针对局部病变，中西医结合内服、外用。积极防治诱因。

二、西医治疗

（1）急性期 局部湿热敷或红外线照射，全身酌情使用抗生素。皮肤糜烂或皲裂者可用10%~30%硝酸银烧灼，并涂抗生素软膏。

（2）慢性期 用3%过氧化氢溶液除痂皮和脓液，局部涂1%黄降汞软膏或5%白降汞软膏等；渗出较多者，可用5%氧化锌软膏涂擦。

三、中医治疗

中医认为该病的基本病机为外感风热邪毒或阴虚血燥。与脏腑受邪，脏腑功能失调相关，其治疗应清热解毒，滋阴润燥为主。

1. 辨证施治

证型	肺热上蒸证
证候	鼻前部灼热疼痛，触之痛甚，鼻部皮肤瘙痒；鼻前庭及其与上唇交界处皮肤有弥漫性红肿，或皲裂，鼻毛上覆有脓痂；全身症状一般不明显，舌红，苔黄，脉数
治法	清肺泻热，疏风解毒
主方	黄芩汤（《医宗金鉴》）加减
加减	（1）热毒壅盛，灼热痛甚者，可加黄连、丹皮 （2）鼻息灼热，患处燥裂，或大便干结，可加石膏、知母、大黄
推荐中成药	银黄口服液、黄连上清丸

证型	阴虚血燥证
证候	鼻前孔处干燥刺痒，微痛，异物感；患处皮肤干红粗糙、皲裂或有结痂，鼻毛脱落，清除痂皮可见皮肤潮红、微有出血；全身一般无症状
治法	滋阴清热，养血润燥
主方	四物消风饮（《外科证治全书》）加减
加减	（1）肌膜干红、燥裂明显者，可加玄参、麦冬、知母 （2）痒甚者，可加防风、白鲜皮 （3）痛甚者，可加金银花、蒲公英
推荐中成药	复方阿胶浆、桑葚膏

2. 局部治疗

（1）清除局部痂皮或脓液，保持患部清洁。

（2）用内服药渣再煎，取汁热敷患处。如灼热疼痛者，用辰砂定痛散（《医宗金鉴》）以麻油调敷患处，清热消肿止痛；红肿糜烂者，用明矾10g、生甘草25g煎水清洗，再以青蛤散（《杂病源流犀烛》）或鼻疳散（《医宗金鉴》）调敷患处，以清热燥湿消肿；干燥疼痛者，用黄连膏（《医宗金鉴》）、玉露膏（经验方）外涂患处，清热解毒，润燥止痛；皮肤粗糙、刺痒、增厚、皲裂者，用紫连膏（经验方）外涂患处，以润燥生肌止痒。

【预防与调护】

（1）戒除挖鼻、拔鼻毛等不良习惯。

（2）积极治疗原发鼻病，如过敏性鼻炎、急性鼻炎、慢性鼻炎、鼻窦炎等。

（3）注意鼻部清洁卫生，经常接触有害气体及粉尘等职业者，尤应注意鼻腔清洁。

（4）戒烟酒，忌食辛辣食品。保持大便通畅。

鼻前庭炎治疗得当，消除诱发病因，可完全康复。

典型病案

张某，男，11岁，1996年8月2日初诊。

鼻子作痒，已两年。痒而不嚏，涕屎呈痂皮样，曾作过过敏性治疗，无效。有时痂皮中有血迹。

问诊所得，鼻痒阵作，严重时还痛。鼻腔外口结痂。痂多即通气不好。

检查：两侧鼻前庭被大量痂皮覆盖，清除后，见皮肤粗糙角化，部分新鲜肉芽充血。两下甲瘦削，鼻道（－）。两颌下扪到3~4颗淋巴结肿。不粘连，无压痛。舌苔薄，脉（未诊）。

医案：童年血气方刚，则其气必盛。气盛有余则肺经积热，循经上犯，鼻腔首当其冲，前庭之炎，亦当然应运而生矣。儿童纯阳之体，清肺泄热治之。

桑白皮10g、黄芩3g、马兜铃5g、银花10g、丹皮6g、赤芍6g、豨莶草6g、白鲜皮10g，7剂煎服。

加味黄连膏1盒，外擦，每天2~3次。

二诊，1996年8月18日诊。

药后，痒息痛止，分泌物减少。

检查：创面充血消失，干净（因用油膏而致）。颌下淋巴结同上诊。舌薄苔，脉（未诊）。

医案：常见病常规方，有所好转，事属必然。仍取原旨唯苦寒品向甘寒品倾转。

桑白皮 10g、黄芩 3g、银花 10g、丹皮 6g、赤芍 6g、豨莶草 6g、白鲜皮 10g、绿豆衣 10g，用维持量（隔 1 天进 1 剂）。

加味黄连膏，续用。

三诊，1996 年 9 月 20 日诊。

已不痒不痛，痂皮已无，但有些灼热感。

检查：肉芽已为新生皮肤覆盖，基本上已接近正常。舌薄苔，脉（未诊）。

医案：单纯小病，一药而愈。扫尾求其巩固，再进几剂足矣。

桑白皮 10g、黄芩 3g、银花 10g、连翘 6g、绿豆衣 10g、白鲜皮 10g，7 剂煎服，用维持量。

按：这是小病、常见病，故而方药也以常规方应付。

摘自《中国百年百名中医临床家丛书－干祖望》。

第二节 鼻疖

鼻疖（nasal furuncle）是鼻尖、鼻翼和鼻前庭等部毛囊、皮脂腺或汗腺发生的局限性急性化脓性炎症。该部位于"危险三角区"，若误行挤压或处理不当，可引起严重的颅内并发症——海绵窦血栓性静脉炎，甚则危及生命。

本病属中医学"鼻疔""鼻内生疮"范畴。多因肺经火毒上攻鼻窍而致，其特点为局部红肿，呈粟粒状突起、坚硬、胀痛、有脓点。汉代《中藏经·论五丁状候》中的"白疔"是本病最早的名称，古代文献关于本病的论述颇多，清代《医宗金鉴·外科心法要诀》谓："此症生于鼻孔内，鼻窍肿塞，胀痛引脑门，甚则唇腮具作浮肿。由肺经火毒凝结而成。"

【病因病理】

一、西医病因病理

（一）病因

（1）挖鼻、拔鼻毛或外伤造成鼻前庭皮肤损伤，继发细菌感染而成。

（2）继发于慢性鼻前庭炎。

（3）糖尿病或全身抵抗力低者易患此病，且反复发作。

（二）病理

毛囊或皮脂腺周围出现急性炎性反应，毛细血管中血液凝固，大量炎性细胞浸润，其中心逐渐坏死，化脓。

二、中医病因病机

证型	病因病机
风热犯鼻证	因挖鼻、拔鼻毛损伤鼻窍肌肤，风热邪毒乘虚侵袭，致生疔疮
热毒攻鼻证	恣食肥甘厚味、辛辣炙煿之品，致肺胃积热，热毒结聚，循经上灼鼻窍而发本病
邪毒内陷证	若失治、误治，妄行挤压，或鼻疔火毒势猛；或气血亏虚，正不胜邪，疔毒乘势走窜，入侵营血，内陷心包，则变为疔疮走黄之症

【诊断】

一、临床表现

（一）病史

有挖鼻、拔鼻毛损伤鼻部病史，或慢性鼻前庭炎、糖尿病史。

（二）症状

（1）外鼻或鼻前庭局部灼热肿痛或跳痛，偶可伴周身不适或发热。

（2）病情严重者，可出现同侧上唇、面颊和下睑红肿热痛，常伴有恶寒、高热、头痛、全身不适等症，应考虑蜂窝织炎或海绵窦血栓性静脉炎。

（三）体征

病初起时，患处可见丘状隆起，周围发红发硬；疔肿成熟后，顶部出现黄白色脓点，继而溃破，脓液流出。疔肿多为1个，偶尔出现多个。

二、实验室及其他检查

可见外周血白细胞总数增多，中性比例升高。

三、中医辨证要点

1. 辨表里　本病为热证，要根据病程长短，症状轻重、疔肿是否成熟等辨表里。疔肿未成熟者，多为风热表证；疔肿成熟者，多为里热证；见高热、头痛、全身不适，甚至神昏者为热毒内陷。

2. 辨脏腑病机　本病为肺经火毒上攻鼻窍而致。涉及脏腑主要是肺，涉及胃、心。

【鉴别诊断】

	鼻疔	鼻前庭炎	鼻前庭湿疹
鼻前孔及上唇部症状	灼热肿痛	瘙痒、疼痛	瘙痒、疼痛
鼻前孔及上唇部体征	1个或多个疔肿、周围发红发硬	无丘状隆起，皮肤潮红、增厚、渗液、结痂	无丘状隆起，皮肤潮红、水疱、糜烂、结痂
全身症状	周身不适，或发热、恶寒、头痛	无	瘙痒
血象	白细胞总数增多，中性粒细胞比例升高	正常	正常

【治疗】

一、治疗原则

清热解毒，消肿排脓。视脓成熟否，给予恰当的局部对症治疗。切忌挤压、碰撞、早期切开。伴有发热、恶寒等全身症状者，配合抗感染治疗。

二、西医治疗

（1）消炎镇痛　予抗生素。发热、痛甚者可予解热镇痛药。

（2）理疗　局部热敷、氦氖激光局部照射、超短波、透热疗法等，促使炎症消散。

（3）10%鱼石脂软膏外敷，可促其成脓穿溃。

（4）脓已成熟，在无菌操作下以刀尖或针头挑破脓头后，再以小镊子钳出脓栓。

三、中医治疗

中医认为该病的基本病机为肺经火毒上攻鼻窍而致，治疗宜清热、解毒、消肿。

1. 辨证施治

证型	风热犯鼻证
证候	病初起，外鼻或鼻前庭处轻微疼痛，灼热，或麻或痒；患处局限性焮红，如粟粒状隆起，形小，根脚坚硬；咽燥，发热，头痛，舌质略红，苔薄，脉浮弦数等肺卫风热证
治法	疏风清热，解毒消肿
主方	五味消毒饮（《医宗金鉴》）加荆芥、白芷
加减	（1）疼痛甚者，加赤芍、当归等 （2）发热，头痛者，加青蒿、柴胡
推荐中成药	银翘解毒丸、羚翘解毒片

证型	热毒攻鼻证
证候	患处肿痛甚，或呈跳痛；外鼻或鼻前庭处疔肿高突，表面有黄白色脓点；病重者，同侧上唇、面部、下睑处肿胀发红；或伴发热，口干渴，咽喉肿痛，大便秘结，舌质红，苔黄，脉数等热毒壅盛证
治法	泻火解毒，消肿止痛
主方	大黄扫毒汤（《医学衷中参西录》）加减
加减	（1）热甚者加黄连、黄芩、黄柏 （2）发热者加荆芥、柴胡、生石膏 （3）口干渴，咽喉肿痛者加牛蒡子、天花粉
推荐中成药	甘露解毒口服液、清开灵口服液

证型	邪毒内陷证
证候	面鼻高肿或红肿，两目合缝；患处疮头紫暗，顶陷无脓，根脚散漫；伴壮热寒战，头剧痛，烦躁口渴，呕吐、便秘、尿赤，甚者神昏谵语、脊强背直、搐搦；舌质红绛，苔厚黄燥，脉洪数或滑数。此属疗疮走黄之证
治法	泻火解毒，清营凉血
主方	黄连解毒汤（《外科正宗》）合犀角地黄汤（《备急千金要方》）加减
加减	（1）神昏谵语者，加服安宫牛黄丸（《温病条辨》） （2）脊强背直、搐搦者，加钩藤、羚羊角、地龙
推荐中成药	安宫牛黄丸、紫雪丹、新雪丹

2. 局部治疗

（1）以内服煎药渣再煎取汁，湿热敷患处。

（2）用黄连膏（《医宗金鉴》）、玉露膏（经验方）搽患处。

（3）野菊花、仙人掌、芙蓉叶、苦地胆、鱼腥草等，捣烂外敷患处。

3. 针灸

（1）体针法　取身柱、合谷、温溜、灵台、迎香、委中，泻法，每天1次。

（2）耳针法　神门、下屏间、鼻、肺。每日1次或隔日1次。

（3）放血法　取同侧耳垂，以三棱针刺，挤出血10滴，每天1次。

【预防与调护】

（1）治疗过程中严禁挤压、触碰、局部灸治及早期切开，以免邪毒扩散。

（2）忌辛辣香燥、醇酒厚味之品，宜多食蔬菜、水果，保持大便通畅。

（3）戒除挖鼻、拔鼻毛的不卫生习惯，保持鼻部清洁卫生，提高机体抗病能力。

（4）有并发症者立即收住院治疗。

【预后与转归】

治疗得当，可在一周内康复，治疗不当，妄加挤压，过早切开，可致邪毒内陷，导致严重的颅内外感染性并发症。

（陈祖琨）

扫码"练一练"

第六章　鼻腔炎症性疾病

要点导航

1. **掌握**　急性鼻炎、慢性鼻炎、萎缩性鼻炎的概念、诊断及中西医治法。

2. **熟悉**　急性鼻炎、慢性鼻炎、萎缩性鼻炎的病因病理、慢性肥厚性鼻炎与单纯性鼻炎的鉴别诊断。

3. **了解**　慢性肥厚性鼻炎、萎缩性鼻炎的手术名称。

第一节　急性鼻炎

急性鼻炎（acute rhinitis）是由病毒感染引起的鼻黏膜急性炎性疾病，俗称"伤风""感冒"。四季可发，多发于冬、春季节，具有一定的传染性。无性别、年龄的差别，由于气候变化和所感病邪、体质强弱、感邪轻重不同，病情有轻重之分。

本病属中医学"伤风鼻塞"范畴。由脏腑失调，外邪侵犯所致。古代文献论述颇多。《黄帝内经》所论鼻塞不利、鼻窒、鼽窒等均与本病有关。金元时代李东垣最早将其称为伤风，如《内外伤辨惑论·卷上》说："伤风则决然鼻流清涕，其声嗄，其言响如从瓮中出。"

【病因病理】

一、西医病因病理

（一）病因

本病为病毒感染，常见的病毒有鼻病毒、腺病毒、冠状病毒、流感和副流感病毒等。当机体抵抗力降低或鼻黏膜的防御功能降低时，病毒通过呼吸道侵入机体，原已潜藏于上呼吸道的细菌也生长繁殖，毒力增强，使本病在原发的病毒感染的基础上，合并继发性细菌感染。主要的诱因有受凉、过劳、烟酒过度、维生素缺乏、内分泌失调、全身慢性疾病等全身因素以及鼻腔疾病，口腔、咽部的感染病灶等局部因素。

（二）病理

初期黏膜血管痉挛，腺体分泌减少，继之充血、水肿，腺体及杯状细胞分泌增加，有单核及多形核白细胞浸润；鼻涕初为水样，逐渐变为黏液性。以后黏膜中中性粒细胞增多，渗出黏膜表面，脱落于分泌物中，鼻涕变为黏液脓性。恢复期上皮新生，黏膜逐渐恢复正常。

二、中医病因病机

证型	病因病机
风寒袭鼻证	起居不慎，冷热失常，烦劳过度，致腠理疏松，卫表不固，风寒之邪乘机外袭，肺清肃失常，邪毒上犯鼻窍而致本病
风热袭鼻证	风热之邪，从口鼻而入，内犯于肺，或风寒之邪久郁化热犯肺，肺失治节，邪毒停聚鼻窍而致本病

【诊断】

一、临床表现

1. **病史**　多有受凉、外感病史。

2. **症状**　早期：鼻内及鼻咽部干燥、灼热感，鼻痒、喷嚏，伴有发热、微恶寒、周身不适等症。中期：病情发展，鼻塞加重，鼻内发胀，清涕增多，嗅觉减退，讲话时呈闭塞性鼻音。伴头痛头昏，或出现发热。后期：鼻塞逐渐减轻，分泌物渐转为黏脓性。若无并发症，则各种症状逐渐减轻消退。

3. **体征**　鼻腔黏膜充血、肿胀，鼻甲肿大色鲜红。鼻腔中可有黏液性或黏脓性分泌物积留。

4. **并发症**　由于感染蔓延，或处理不当，感染可向邻近器官扩散，可致急性鼻窦炎、急性中耳炎、急性咽炎、急性喉炎、气管炎和支气管炎、肺炎等各种并发症。

二、中医辨证要点

本病为感受风邪而致的表证，而风邪常挟寒或热侵犯肺系。辨证要点在于辨寒热，可根据症状性质、恶寒或恶风、舌脉等辨明其为风寒还是风热。

【鉴别诊断】

	急性鼻炎	变态反应性鼻炎	流行性感冒
鼻塞、喷嚏、流清涕	重	呈阵发性发作	较轻
恶寒发热，头身疼痛	轻	不明显	重
鼻腔检查	黏膜充血、肿胀	黏膜水肿，色淡白	黏膜充血、肿胀
传染性	弱	无	强

【治疗】

一、治疗原则

中医辨证施治为主，西医以支持、对症治疗，预防并发症。

二、西医治疗

1. **全身治疗**　大量饮水，饮食清淡，疏通大便，注意休息。口服解热镇痛剂、抗病毒药。如合并细菌感染者，宜用抗生素。

2. 局部治疗　以通利鼻窍为目的，可用如1%麻黄碱生理盐水、呋喃西林麻黄素滴鼻液等药滴鼻。

三、中医治疗

中医认为该病的基本病机为腠理疏松，卫表不固，风邪外袭而致。其治疗应疏风散邪，宣通鼻窍。

1. 辨证施治

证型	风寒袭鼻证
证候	鼻塞，鼻痒，喷嚏，流清涕，鼻音重浊；鼻黏膜充血，鼻甲肿大；恶寒发热，无汗，头痛，全身酸痛，口不渴，咳嗽痰多清稀；舌淡，苔薄白，脉浮紧
治法	散寒解表，辛温通窍
主方	辛夷散（《重订严氏济生方》）加减
加减	（1）鼻塞重者，加苍耳子、王不留行 （2）恶寒甚者，加麻黄、紫苏 （3）咳嗽痰多者，加半夏、陈皮、杏仁
推荐中成药	辛芩颗粒、风寒感冒冲剂、通宣理肺片等

证型	风热袭鼻证
证候	鼻塞，鼻气热，喷嚏，涕黏；鼻黏膜充血，色鲜红，鼻甲肿大，鼻道有脓涕积留；发热，恶风，微汗出，头痛或咽痛，咳嗽痰黏，口微干，舌红，苔薄白或微黄，脉浮数
治法	疏风清热，辛凉通窍
主方	银翘散（《温病条辨》）加减
加减	（1）头痛甚者，加蔓荆子、菊花 （2）咳嗽痰黄稠者，加瓜蒌、黄芩、鱼腥草 （3）咽痛甚者，加玄参、射干
推荐中成药	桑菊感冒片、香菊片、鼻渊舒口服液

2. 局部治疗　用内服中药蒸气吸入鼻腔，或用柴胡注射液、鱼腥草注射液、板蓝根注射液等药物经超声雾化吸入或蒸气雾化吸入鼻腔，每次15~20分钟，每日1~2次。

3. 针灸

（1）体针　鼻塞者取迎香、印堂，头痛者加合谷、太阳、风池，发热者加大椎、曲池，每次2~3穴，强刺激，留针10~15分钟。

（2）耳针　取内鼻、肺、神门、肾上腺、内分泌、皮质下等，每次取3~5穴，针刺或压穴。

（3）灸法　如涕清稀量多，鼻塞者，取迎香、上星穴等，用艾条悬灸至局部发热为度，每次20~30分钟，每日1~2次。

【预防与调护】

（1）不宜强行擤鼻，以免引发耳病。

（2）保持鼻腔清洁卫生，清除鼻中积涕，以利鼻窍通畅。

（3）保持室内温、湿度适宜，空气新鲜。

（4）加强锻炼，增强抵抗力。避免受凉受湿。

（5）禁食烟、酒、辛辣、腥臭之品。

【预后与转归】

急性鼻炎预后良好，一般在一周内痊愈，治疗不当，可迁延为慢性鼻炎，或引起急性鼻窦炎、中耳炎、急性咽炎、气管炎等疾病。

典型病案

王某，男，29 岁。1992 年 2 月 1 日初诊。伤风第三天，昨天起有寒热，头痛，畏寒，鼻塞不通，清涕淋下。稍有痰咳。

检查：鼻黏膜充血，两下甲肥大，鼻腔内有不少浆液性分泌物。咽峡极轻度充血。体温 37.8℃，舌薄白苔，脉浮数。

医案：急性鼻炎，乃伤风感冒之亚流。治主疏风辛解，常规处理。

荆芥 10g、防风 6g、薄荷 6g、桑叶 6g、白芷 6g、杏仁 10g、象贝 10g、元参 10g、桔梗 6g，3 剂煎服。

呋麻液 1 支，滴鼻，每天 3~4 次。休息 3 天。

二诊，1992 年 2 月 5 日诊。

凛寒消失，头痛接近消失，鼻子通气改善。涕量减少，由清白而转为稠厚带黄。

检查：鼻腔接近正常，咽峡（－）。舌薄苔，脉平。

医案：外邪一撤，诸病去安，再扫残余，去疾务尽之意也。

桑叶 6g、菊花 10g、银花 10g、连翘 6g、杏仁 10g、陈皮 6g、元参 10g、辛夷 6g、白芷 6g、甘草 3g，3 剂煎服。

按：这等常见小病，只需常规方法处理，无有不应手而愈的。从处方中见有辛夷、白芷，则可知有预防鼻窦炎的意识。

摘自《中国百年百名中医临床家丛书－干祖望》。

第二节　慢性鼻炎

慢性鼻炎（chronic rhinitis）是鼻黏膜及黏膜下组织的慢性炎症，包括慢性单纯性鼻炎和慢性肥厚性鼻炎。以鼻塞、鼻甲肿大或肥大为主要临床表现，男女老幼均可发病，无季节性及地域差别。

本病属中医学"鼻窒"范畴。中医认为本病病程迁延，因脏腑失调，邪滞鼻窍而成。金·刘完素在《素问玄机原病式·六气为病》中最早描述了本病特征，曰："鼻窒，窒，塞也。"

【病因病理】

一、西医病因病理

（一）病因

（1）局部原因　主要由急性鼻炎反复发作或迁延日久转化而来；邻近的炎性病灶、鼻中隔

偏曲、鼻腔粘连、滥用血管收缩剂、长期受有害气体及粉尘的刺激等，可引发本病。

（2）全身因素　贫血、结核、糖尿病、风湿病、心肝肾慢性疾病、便秘、营养不良、过劳、烟酒过度、维生素缺乏、内分泌失调等易发本病。

（二）病理

（1）慢性单纯性鼻炎　鼻黏膜深层动脉呈慢性扩张，下鼻甲海绵状组织也呈慢性扩张，血管和腺体周围有淋巴细胞及浆细胞浸润，杯状细胞增多，腺体分泌增强，但无黏膜组织增生病变。

（2）慢性肥厚性鼻炎　一般由慢性单纯性鼻炎发展而来，黏膜固有层中动静脉扩张，静脉及淋巴管周围有淋巴细胞及浆细胞浸润。静脉及淋巴回流受阻，以致血管显著扩张，通透性增强，黏膜固有层水肿，继而发生纤维组织增生，使黏膜肥厚，骨膜增殖，甚则鼻甲骨增生。

二、中医病因病机

证型	病因病机
肺经郁热证	伤风鼻塞余邪未清，或屡感风邪郁而化热，客于肺经，肺失肃降，经脉郁滞，郁热上犯，结于鼻窍
肺脾气虚证	肺气不足，清肃无力；脾气虚弱，运化失健，清阳不升，浊阴上泛，病邪滞留，壅阻鼻窍
气滞血瘀证	邪毒滞留鼻窍，日久深入脉络，阻碍气血流通，瘀血阻滞鼻窍脉络，鼻窍窒塞不通

【诊断】

一、临床表现

（一）慢性单纯性鼻炎

1. **症状**　鼻塞多为间歇性和交替性，活动时减轻，静息时加重。鼻涕增多，或有嗅觉减退，头痛头昏，闭塞性鼻音等症。

2. **体征**　鼻黏膜肿胀，色暗红，鼻甲肿大，表面光滑柔软，富有弹性，用血管收缩剂后反应敏感；鼻腔中可有黏液性或黏脓分泌物积留。

（二）慢性肥厚性鼻炎

1. **症状**　鼻塞较重，多为持续性。有闭塞性鼻音，可伴有嗅觉减退。涕少黏稠不易擤尽。或见头痛，头晕，失眠，健忘，耳闷，耳鸣，听力减退等症。

2. **体征**　鼻黏膜鼻甲肥大，表面粗糙、凹凸不平，弹性差，对血管收缩剂反应不敏感。鼻腔中可有黏液性或粘脓分泌物积留。

二、中医辨证要点

1. **辨表里**　首先根据病程长短、症状轻重、有无恶寒发热、鼻塞流涕等辨明其证属表属里。

2. **辨脏腑病机**　本病基本病机为邪毒滞留鼻窍，气血不畅，鼻窍不利而发为本病。涉及脏腑主要有肺、脾胃、肝胆。

【鉴别诊断】

	慢性鼻炎	变态反应性鼻炎	慢性鼻窦炎
鼻塞	重	呈阵发性	鼻塞以单侧为主
喷嚏	不多	较多	不多
鼻涕	有黏涕	清涕量多	浊涕量多
头痛，头晕	轻，或无	不明显	明显
鼻腔检查	鼻甲肿大、色红	黏膜水肿，色白	黏膜充血、肿胀
鼻窦X线检查	无异常	无需做	可以确诊

【治疗】

一、治疗原则

中医辨证施治，消除致病因素，局部治疗以恢复鼻腔通气功能为主。在药物治疗无效时，可手术治疗。

二、西医治疗

1. 病因治疗　消除致病因素，如矫正鼻中隔畸形、治疗慢性化脓鼻窦炎等。加强锻炼，增强抵抗力。

2. 局部治疗

（1）血管收缩剂　用0.5%~1%麻黄素生理盐水滴鼻。

（2）封闭　用0.25%~0.5%普鲁卡因作迎香和鼻通穴位封闭，或行鼻丘、下鼻甲前端黏膜内封闭，每次1~1.5ml，隔日1次，5次为一个疗程。

（3）下鼻甲黏膜下注射法　常用药物有80%甘油、5%石炭酸甘油、5%鱼肝油酸钠、50%葡萄糖等。表面麻醉后，将注射针自下鼻甲前端向后刺入黏膜下，至接近下鼻甲后端处，然后将针头缓缓退出，边退边注射，注射量为1ml左右。根据下鼻甲收缩情况，2~10天后可重复注射，一般3次为一个疗程。

（4）激光、电凝治疗、低温等离子消融术。

3. 手术治疗　慢性肥厚性鼻炎可用下鼻甲部分切除术、下鼻甲粘–骨膜下切除术、中鼻甲部分切除术等。

三、中医治疗

中医认为该病的基本病机为脏腑失调，邪滞鼻窍。其治疗应祛邪扶正，调和气血，宣肺通窍。

1. 辨证施治

证型	肺经蕴热，邪壅鼻窍证
证候	鼻塞以间歇性或交替性为主，涕少，黏稠，鼻内灼热干燥，或有嗅觉减退；或见口干渴，小便黄，大便干；鼻黏膜肿胀，以下鼻甲为甚，色暗红，表面光滑柔软，富有弹性；舌红，苔薄黄，脉数
治法	清肺泻热，宣通鼻窍

续表

证型	肺经蕴热，邪壅鼻窍证
主方	辛夷清肺饮（《医宗金鉴》）加减
加减	（1）鼻塞重者，加石菖蒲、路路通 （2）咳嗽痰黄者，加川贝母、瓜蒌、桔梗 （3）咽干甚者，加玄参、天花粉、生地 （4）大便燥结者，加火麻仁、郁李仁
推荐中成药	辛夷鼻炎丸、鼻炎片、鼻通宁滴剂

证型	肺脾气虚，邪滞鼻窍证
证候	鼻塞，呈交替性或时轻时重，受寒时鼻塞尤甚，涕白黏浊，嗅觉减退；头昏沉重，神疲乏力；鼻黏膜肿胀，淡红，下鼻甲肿大，表面光滑柔软，富有弹性；舌淡红，苔薄白，脉缓弱
治法	补益肺脾，宣通鼻窍
主方	温肺止流丹（《疡医大全》）加减
加减	（1）鼻塞重者，加白芷、石菖蒲、苍耳子 （2）肺气虚明显者，加黄芪、五味子 （3）脾气虚明显者，加山药、茯苓、白术
推荐中成药	参苓白术散合辛夷鼻炎丸、补中益气丸

证型	邪毒久留，气滞血瘀证
证候	持续性鼻塞，涕黏稠，嗅觉迟钝，讲话时鼻音重；或见头痛头昏、耳鸣；鼻黏膜色暗，鼻甲肿胀、硬实呈桑葚样；脉弦细或涩，舌质暗红或有瘀点
治法	行滞化瘀，宣通鼻窍
主方	当归芍药汤（药验方）加减
加减	（1）嗅觉减退严重者，加丹参、通草、王不留行 （2）头痛头昏甚者，加白芷、藁本、刺蒺藜 （3）鼻黏膜淡暗无泽，久治不愈者，加黄芪、附子、肉桂
推荐中成药	千柏鼻炎片合复方丹参片、辛夷鼻炎丸合脉络通片

2. 局部治疗

（1）滴鼻　以芳香通窍药为主。如滴鼻灵、辛夷滴鼻液、复方苍耳子滴剂等滴鼻，每次 2~3 滴，每日 3~4 次。

（2）熏蒸、雾化　用内服中药蒸气吸入鼻腔，或用黄芪注射液、丹参注射液、当归注射液等药物经超声雾化吸入或蒸气雾化吸入鼻腔，每次 15~20 分钟，每日 1~2 次。

（3）穴位、下鼻甲注射　选用毛冬青注射液、当归注射液、复方丹参注射液、川芎嗪注射液等，做双侧迎香穴注射，每次每侧 1ml；或作双下鼻甲注射，方法：常规鼻腔黏膜表面麻醉后，取 4ml 注射液，每侧下鼻甲注射 2ml，每星期 2 次，7 次为 1 个疗程。

【预防与调护】

（1）加强锻炼，增强抵抗力，防治急性鼻炎。

（2）戒除烟酒、饮食卫生和环境保护，避免粉尘的长期刺激。

（3）鼻塞严重，鼻涕较多时，不宜强行擤鼻，以免引发耳病。

（4）根治邻近病灶。

【预后与转归】

慢性鼻炎治疗得当，可痊愈。治疗不当，可引起鼻窦炎、分泌性中耳炎、咽炎等疾病。

典型病案

余某，女，6 岁。1991 年 7 月 12 日初诊。

鼻多脓涕，时近两年，入冬加重。今年倒例外，入夏不瘥。通气时佳时塞，一般夜间严重。清除潴涕后，通气可改善。左耳有憋气之感。

检查：左鼻腔有脓性分泌物潴留。舌薄苔，脉平。

医案：胆热移脑，症隶鼻渊。治以龙胆泻肝汤合苍耳子散。盖前者求其效而后者图治其本。

龙胆草 3g、山栀 10g、黄芩 3g、柴胡 3g、苍耳子 10g、当归 10g、辛夷 6g、白芷 6g、鸭跖草 10g、桔梗 10g，5 剂煎服。

二诊，1991 年 7 月 19 日诊。

药进 5 剂，涕量减少，稠黏者转稀，黄者转白，左耳憋气减轻。

检查：右鼻腔无分泌物，左侧有少量。舌薄苔，脉平。

医案：久病已虚，取用峻药，只可一而不可再。

夏枯草 10g、鸭跖草 10g、黄芩 3g、山栀 10g、苍耳子 10g、鸡苏散 12g、辛夷 6g、白芷 6g、鹅不食草 10g、藿香 10g，7 剂煎服。

三诊，1991 年 8 月 2 日诊。

这两天可能受凉，涕量稍又多些，色黄。

检查：鼻腔（－）。舌薄苔，脉平。

医案：古谚"水无风不波，人无邪不病"，涕多一病告瘥途中，酷暑受凉，涕又多些，事属无疑。再予清养。

鸭跖草 10g、鱼腥草 10g、辛夷 6g、山栀 10g、太子参 10g、苍耳子 10g、山药 10g、藿香 10g、夏枯草 10g、鸡苏散 12g，7 剂煎服。

摘自《中国百年百名中医临床家丛书－干祖望》。

第三节　萎缩性鼻炎

萎缩性鼻炎（atrophic rhinitis）是一种发展缓慢的鼻腔萎缩性炎症，以鼻内干燥、鼻腔黏膜、骨膜和骨质发生萎缩为特征，严重而伴有典型恶臭者，称臭鼻症。

本病属中医学"鼻槁"范畴。因脏腑亏虚，津液不能上濡鼻窍所致。鼻槁一词最早见于《黄帝内经》，《灵枢·寒热病》说："皮寒热者，不可附席，毛发焦，鼻槁腊，不得汗，取三阳之络，以补手太阴。"

【病因病理】

一、西医病因病理

（一）病因

可分为原发性和继发性两种。

1. 原发性 目前病因不十分清楚，认为可能与维生素缺乏、内分泌紊乱、遗传等因素有关。

2. 继发性 由于鼻腔慢性炎症或特异性感染（如鼻结核、鼻麻风等），或有害粉尘、气体及干燥、高温环境刺激，黏膜破坏较重，逐步萎缩所致；也见于鼻腔多次手术和手术不当鼻腔组织切除过多的患者。

（二）病理

病变早期，鼻黏膜仅呈慢性炎症改变，继而发展为进行性萎缩。黏膜与骨部血管逐渐发生闭塞性动脉内膜炎和海绵状静脉丛炎，血管壁结缔组织增殖，管腔缩小或闭塞，血液循环不良，导致黏膜、腺体、骨膜及骨质萎缩、纤维化，甚至蝶腭神经节亦可发生纤维变性；假复层柱状纤毛上皮化生为无纤毛的鳞状上皮。

二、中医病因病机

证型	病因病机
燥热外犯证	燥热伤津，或久病伤阴，灼伤肺津，鼻失濡养
肺阴亏虚证	郁热日久，肺肾阴虚，虚火上炎，阴津亏损，鼻失濡养，肌膜枯萎
湿热熏鼻证	因肺脾虚弱，土不生金，鼻失濡养，重感湿热，熏蒸鼻窍，灼腐结痂

【诊断】

一、临床表现

1. 症状 主要症状为鼻及鼻咽干燥感，鼻塞，无涕或少涕，或鼻气腥臭，鼻腔有脓痂。伴有嗅觉减退或消失，时发鼻衄，头痛、头昏等症。起病缓慢，病程较长，症状逐渐加重。

2. 体征 鼻黏膜干燥，鼻甲萎缩，鼻腔空旷，鼻腔内可有大块痂皮，或可闻及特殊恶臭。自幼发病者，可有鞍鼻畸形，见鼻梁平塌凹陷。

二、中医辨证要点

1. 辨虚实 本病常虚实夹杂，一般根据鼻黏膜及鼻腔特征，有无浊涕、脓痂，全身症状和舌脉等情况辨明虚实。

2. 辨脏腑病机 本病基本病机为因脏腑亏虚，津液不能上濡鼻窍所致。涉及脏腑主要有肺、脾、肾。

【鉴别诊断】

	萎缩性鼻炎	鼻梅毒	鼻麻风
鼻涕	无涕或少涕	脓涕或血涕	脓涕
鼻梁下塌	无，或自幼发病有	有	有
鼻中隔穿孔	无	有	有
康-华氏反应	无异常	可确诊	无异常
麻风杆菌检查	无异常	无异常	可确诊

【治疗】

一、治疗原则

中医辨证论治改善全身状况，配合针灸、熏鼻、滴鼻等局部治疗以清除鼻腔痂皮，保持鼻腔清洁和湿润。忌用血管收缩剂滴鼻。

二、西医治疗

目前尚无特殊治疗，宜局部和全身综合治疗。

1. 全身治疗 ①维生素疗法：维生素 A、维生素 B、维生素 C、维生素 D、维生素 E 都可选用。②微量元素疗法：可选用镁、锌、铜、铁、磷制剂。

2. 局部治疗 ①鼻腔冲洗：用温热生理盐水或高锰酸钾（1:2000~5000）冲洗。滴鼻：用 1% 链霉素液，或 1% 复方薄荷樟脑油、清鱼肝油、石蜡油，或 25% 葡萄糖甘油，或 50% 葡萄糖等滴鼻。②涂鼻：用 1% 新斯的明、0.5% 己烯雌酚油涂鼻。

3. 手术治疗 鼻腔黏-骨膜下埋藏术、鼻腔外侧壁内移加固定术、前鼻孔闭合术。

三、中医治疗

内外兼治，补益气血、润燥通窍。

1. 辨证施治

证型	燥热外犯证
证候	鼻干无涕，时发鼻衄；伴口渴喜饮，小便短黄，大便干燥；鼻黏膜干燥，鼻腔宽大，或有痂皮；舌红，苔黄燥，脉细数
治法	清肺泻热，润燥散邪
主方	清燥救肺汤（《医门法律》）加减
加减	（1）鼻衄者，加黄芩炭、丹皮炭 （2）大便秘结者，加麻仁、桃仁 （3）口苦咽干，烦躁易怒，加龙胆草、栀子、柴胡
推荐中成药	雪梨膏、养阴清肺丸（膏）

证型	肺阴亏虚证
证候	鼻腔干燥，嗅觉减退；或伴干咳少痰，口干，午后潮热、头昏、手足心热；鼻甲萎缩或有脓涕痂皮积留；舌红，苔薄，脉细数
治法	养阴清热，润肺生津
主方	百合固金汤（《医方集解》）加减
加减	（1）大便秘结者，加玉竹、麻仁、蜂蜜 （2）腰膝酸软，加牛膝、山茱萸、杜仲
推荐中成药	百合固金丸、河车大造丸

证型	湿热熏鼻证
证候	鼻内干燥感，涕浊腥臭，如浆如酪，色微黄浅绿，痂皮量多，嗅觉减退或丧失；头昏头痛；鼻甲萎缩较甚，鼻腔见筒状结痂，痂皮下有脓性分泌物；舌质偏红，苔微黄腻，脉细濡数或细滑
治法	清热升津，化浊通窍
主方	甘露消毒丹（《温热经纬》）加减
加减	（1）黄绿浊涕量多，口苦烦躁者，加龙胆草、鱼腥草、蒲公英 （2）头痛头昏甚者，加白芷、藁本、羌活 （3）倦怠纳差，苔腻者，去熟地、生地，加黄芪、白术、神曲
推荐中成药	藿胆片、湿毒清胶囊

2. 局部治疗

（1）滴鼻　用养阴润燥药物的煎汁，或苁蓉滴鼻液、蜂蜜、芝麻油加冰片、复方薄荷油等滴鼻。

（2）熏蒸、雾化　用内服中药蒸气吸入鼻腔，或用黄芪注射液、丹参注射液、当归注射液等药物经超声雾化吸入或蒸气雾化吸入鼻腔，每次15~20分钟，每日1~2次。

（3）下鼻甲注射　用复方丹参注射液作双下鼻甲注射，每次每侧1~2ml，每星期2次，连续5~10周。

3. 针灸

（1）体针　取迎香、禾髎、素髎等穴，补法。

（2）耳针　取内鼻、内分泌、皮质下、肺、肾、脾，每次3~4穴，以王不留行籽贴压。

（3）迎香穴埋线　常规消毒，局部麻醉，用埋线针将羊肠线埋入迎香穴皮下。

【预防与调护】

（1）保持鼻腔清洁湿润，清除鼻内积涕或痂皮。

（2）防治全身慢性疾患，加强营养，少吃辛辣炙煿的食物。

（3）加强锻炼，增强体质，防治各种急慢性鼻部疾病。

（4）注意劳动保护，加强卫生管理，减少粉尘吸入。

（5）鼻部慢性炎症的患者，应注意适当使用血管收缩剂，以免鼻黏膜长期受药物的刺激，使黏膜的营养发生障碍而萎缩。

【预后与转归】

萎缩性鼻炎积极调治可康复。治疗不当，可引起鼻窦炎、萎缩性咽炎等疾病或致嗅觉丧失。

扫码"练一练"

第七章 鼻变应性疾病及鼻息肉

☞ **要点导航**

1. **掌握** 变应性鼻炎的概念、诊断和中西医治法；鼻息肉的诊断、鉴别诊断。
2. **熟悉** 变应性鼻炎的常用检测手段。
3. **了解** 变应性鼻炎的发病机制；鼻息肉的发病原因及手术名称。

第一节 变应性鼻炎

变应性鼻炎（allergic rhinitis）为变态反应性鼻炎的简称，是发生在鼻腔的 I 型变态反应性疾病。以反复发作阵发性鼻痒、喷嚏、流大量清涕和发作时鼻黏膜苍白为特点。呈季节性发作者称为季节性变态反应性鼻炎，常年性发作者称为常年性变态反应性鼻炎。为鼻科常见病、多发病，无性别及年龄差异。

本病属中医学"鼻鼽"范畴。是因禀质特异，肺卫气虚，不耐风寒异气所致。鼻鼽之名出自《素问·脉解》，《医学纲目》将其作为病名。古代文献论述丰富，如明·戴思恭《秘传证治要诀及类方·卷十》说："清涕者，脑冷肺寒所致，宜细辛、乌、附、干姜之属。"

【病因病理】

一、西医病因病理

（一）病因

1. 吸入性变应原 屋尘、螨、昆虫的鳞屑、分泌物及排泄物、羽毛、动物的上皮、分泌物及排泄物、真菌、枕垫料及床垫料、化学物质等，多引起常年性发作；蒿属、豚草，及云杉、柏树、杨柳等植物花粉引起者，多为季节性发作。

2. 食物性变应原 面粉、奶、蛋、鱼虾、豆类甚至某些水果等；某些药品，如磺胺类药物、奎宁、抗生素等。

3. 接触性变应原 如化妆品及涂料等。

（二）发病机制

变应性鼻炎属 IgE 介导的 I 型变态反应，亦称超敏反应。变应原进入人体后，经巨噬细胞等抗原呈递细胞处理后，产生 IgE 抗体，附着于肥大细胞等的细胞膜上，因而使鼻黏膜致敏。当变应原再次进入体内时，与 IgE 结合，使肥大细胞膜变构，释放出大量生物活性介质如组胺、白细胞三烯、激肽、嗜酸粒细胞趋化因子、前列腺素类、血小板活化因子等，引发变应性鼻炎的各种临床表现。

· 53 ·

（三）病理

鼻黏膜组织间隙水肿、毛细血管扩张、通透性增高、腺体分泌增加、嗜酸粒细胞聚集等。组胺等炎性介质引起毛细血管扩张，腺体分泌增加，使大量渗出液在结缔组织内存留，压迫表浅血管，使黏膜呈现苍白色。上述改变在缓解期可恢复正常，如多次反复发作，可引起上皮层增殖性改变，导致黏膜肥厚及息肉样变。

二、中医病因病机

证型	病因病机
肺虚感寒证	肺气亏虚，卫外不固，腠理疏松，营卫失调，风寒异气乘虚侵袭，宣降失调，发为鼽嚏；肺虚气弱，气不摄津，清涕下注
脾气虚弱证	脾虚气血生化不足，清阳不升，肺失所养，卫表不固，易感外邪侵袭；脾虚运化失职，津液壅滞于鼻
肾阳亏虚证	肾阳不足，肺失温煦，卫表不固，易感外邪侵袭；又肾阳不足，命门火衰，不能温化固摄水液，寒水上犯

【诊断】

一、临床表现

1. **症状**　反复阵发性突发鼻痒、喷嚏频作、鼻涕清稀，量多、鼻塞。部分患者伴有眼痒、咽痒，或其他过敏疾病（如哮喘病）的发作。有反复发作的病史，可有家族史。

2. **体征**　鼻腔黏膜水肿苍白，鼻腔内大量清水样分泌物潴留。间歇期鼻黏膜可为苍白、淡紫、暗红或正常。

二、实验室检查

皮肤试验阳性或黏膜激发试验阳性；血清 IgE 升高。

三、中医辨证要点

本病是因禀质特异，肺卫气虚，不耐风寒异气所致，为本虚标实证。涉及脏腑主要有肺、脾、肾。

【鉴别诊断】

	变态反应性鼻炎	急性鼻炎
鼻塞	呈阵发性发作	持续发作
喷嚏、流清涕	较多	不多
恶寒发热，头身疼痛	不明显	明显
鼻腔检查	黏膜水肿，色白	黏膜肿胀、色红
皮肤试验或黏膜激发试验	阳性	阴性
血清 IgE 检测	升高	正常

【治疗】

一、治疗原则

中医辨证施治，配合抗变态反应药物内服；避免接触致敏原；局部治疗以缓解症状，改善鼻腔通气为主。

二、西医治疗

1. 避免接触致敏原　对于已明确的变应原，应尽可能脱离接触。

2. 药物治疗

（1）抗组胺药　氨苯那敏（扑尔敏）、特非那定（敏迪）、氯雷他定（克敏能）等。肥大细胞膜稳定剂：色甘酸二钠等。

（2）皮质激素类　常用曲安奈德（康宁克通 –A）及二丙酸倍氯米松（气雾剂），以局部应用为主。

（3）减充血剂　1% 麻黄素滴鼻液。

（4）抗白三烯。

3. 免疫治疗　免疫疗法又称脱敏疗法、减敏疗法，通过皮肤试验或其他实验室方法确定患者的致敏原，选用一种或数种最相关的变应原制成系列稀释的浸液，皮下注射，达到改变患者的免疫反应性和减轻临床症状的效果。

4. 手术治疗　必要时可选用手术治疗，如鼻中隔偏曲矫正术，针对下鼻肥大的下鼻甲部分切除术，以及筛前神经切除术等。

三、中医治疗

中医治疗应益气温阳，疏风散邪，改善过敏体质。

1. 辨证施治

证型	肺虚感寒证
证候	阵发性鼻痒，喷嚏，流清涕，鼻塞不通，常因感受风冷异气而发；恶风寒，面白，气短，咳嗽，咯痰色白；鼻黏膜淡白水肿；舌淡，苔薄白，脉浮紧
治法	补益肺气，祛散风寒
主方	玉屏风散（《世医得效方》）和苍耳子散（《济生方》）加减
加减	（1）喷嚏多者，加蝉蜕、干地龙 （2）清涕多者，加诃子、五味子
推荐中成药	补中益气丸、参苏丸

证型	脾气虚弱证
证候	阵发性鼻痒，喷嚏，清涕量多，鼻胀塞较重；四肢乏力，纳差，大便溏薄；鼻黏膜淡红，水肿；舌淡或淡胖，苔白，脉细弱
治法	健脾益气，固表止嚏
主方	玉屏风散（《世医得效方》）和补中益气汤（《脾胃论》）加减
加减	（1）鼻黏膜肿胀较甚者，加桂枝、干姜 （2）肢凉畏寒而见肾阳不足者，加附片、淫羊藿
推荐中成药	补中益气丸、四君子丸、参芪膏

证型	肾阳亏虚证
证候	鼻痒不适，喷嚏频作，连连不已，清涕难敛，早晚较甚；畏寒肢冷，精神不振，小便清长；鼻黏膜苍白、水肿；舌淡，苔白，脉沉细
治法	补肾益气，温阳固表
主方	金匮肾气汤（《金匮要略》）加减
加减	（1）平时有涕者，加苍耳子、乌梅 （2）鼻流清涕不止者，加浮小麦、糯米根 （3）鼻塞较重，鼻黏膜苍白者，加细辛、桂枝、川椒
推荐中成药	金匮肾气丸、右归丸

2. 局部治疗 ①滴鼻：葱白滴鼻液（将葱白打汁，过滤，用生理盐水配成 40% 溶液）滴鼻，每次 1~2 滴，每日 3~4 次。②吹鼻：用荜拨粉或碧云散（《医宗金鉴》）吹入鼻中，以通鼻窍。③用薄荷锭由鼻吸入，每日 2~3 次。

【预防与调护】

（1）加强锻炼，增强抵抗力，防止受凉。

（2）加强劳动保护及个人防护，避免或减少花粉、粉尘等刺激。

（3）忌食腥臭易过敏之品。

【预后与转归】

一般预后良好。治疗不当，可引发鼻窦炎，哮喘等疾病。

临床病案

苏××，男，36 岁。

每当吹风着凉之后，即鼻塞不通，鼻孔发痒，喷嚏连连，流出清涕不已，此病起已三年，久治不效，曾在某医院诊为过敏性鼻炎。体常畏寒，口不渴，脉不数，舌苔白。

辨证：卫阳不固，素禀不耐，外邪易侵，病属鼻鼽。

治法：益卫阳，祛风寒。

方药：玉屏风散合桂枝汤治之。

生芪 15g、防风 6g、白术 10g、桂枝 5g、党参 10g、诃子肉 10g、炙甘草 3g、生姜 3 片、红枣 5 枚。

上方连服 13 剂，其病痊愈。两年后又作，仍以原法投之，亦应手而效。

摘自《许履和外科医案医话集》。

【评按】

鼻鼽的病名，初见于《素问·金匮真言论》，即鼻流清涕。系因肺气虚亏，卫气失固，感受寒邪所致。本案病已三年，使用玉屏风散益卫阳，桂枝汤散风寒、和营卫，诃子肉敛肺气。藩篱固则外邪无可乘之机，此亦安内攘外之法。

摘自《现代名中医类案选》。

第二节 鼻息肉

鼻息肉（nasal polyp）是指鼻内生有肉样赘生物，状若荔肉，妨碍呼吸的一种鼻病。它是由于鼻黏膜长期炎性反应引起组织水肿的结果，其好发于筛窦、中鼻甲游离缘、中鼻道内之钩突、筛泡和上颌窦窦口等处。

中西医学对此病的称谓相同，中医又称为鼻痔，因寒热湿浊之邪壅结鼻窍所致。鼻息肉一名首见于《黄帝内经》，《灵枢·邪气脏腑病形》说："肺脉……微急为肺寒热……若鼻息肉不通"。古代文献关于鼻息肉的资料较丰富。

【病因病理】

一、西医病因病理

1. **病因** 引起本病的病因仍不清楚，现多认为上呼吸道慢性感染、鼻窦炎、变态反应，是引起鼻息肉的主要原因。

2. **病理** 息肉组织呈肥厚及极度水肿现象，其间有淋巴细胞、浆细胞及嗜酸粒细胞浸润。表面为复层柱状上皮覆盖，常无纤毛。无神经支配，仅有少许血管分布。

二、中医病因病机

证型	病因病机
湿热熏鼻证	外感风寒、风热，久蕴于肺，或饮食不节，脾胃受损，湿热内生，循经上蒸鼻窍，结聚日久，变生息肉
寒湿聚鼻证	素体阳气虚弱，卫外不固，寒湿之邪侵袭，搏于血气，津液壅遏，停蓄于鼻，结聚日久，变生息肉

【诊断】

一、临床表现

1. **症状** 单侧或双侧渐进性持续性鼻塞；涕多，呈黏脓性或脓性；嗅觉障碍；或伴有头痛，听力下降等症。

2. **体征** 鼻腔内有单个或多个息肉，可发生于一侧或两侧鼻腔，息肉表面柔软、光滑、带蒂活动。若息肉增大，可塞满整个鼻腔，引起鼻外形改变，形成蛙鼻；若息肉向内生，可伸展至鼻咽部。

二、中医辨证要点

1. **辨寒热** 本病系湿浊之邪为患，有寒、热之不同，可根据症状、鼻塞等辨明其证属寒湿属湿热。

2. **辨虚实** 湿热熏鼻者多为实证，寒湿聚鼻者，常虚实夹杂，根据局部及全身症状和舌脉，可以辨明。

3. 辨脏腑病机 本病基本病机为寒热湿浊之邪壅结鼻窍，经络气血不通，结聚日久，变生息肉。涉及脏腑主要有肺、脾、胃。

【鉴别诊断】

	鼻息肉	鼻腔恶性肿瘤	鼻腔内翻性乳头状瘤
病史	鼻炎、鼻窦炎	不明显	不明显
鼻塞	有	有	有
肿物性质	光滑、淡白、柔软	粗糙、晦暗、溃疡	表面小颗粒若杨梅状
触之出血	不易出血	易出血	出血
病理活检	可确诊	可确诊	可确诊

【治疗】

一、治疗原则

息肉初发或较小者，可非手术治疗；息肉较大者以手术切除为主，同时根除病因，加强对症处理。术后辨证施治可减少复发。

二、西医治疗

（1）药物治疗 适用于鼻息肉初发或较小者，以皮质类固醇激素气雾剂鼻内喷雾，可阻止息肉发展或使其缩小。

（2）手术摘除 行单纯鼻息肉切除术或鼻内筛窦切除术。

（3）用 YAG 激光、CO_2 激光，微波等使鼻息肉收缩、脱水、凝固、炭化直至汽化。

（4）治疗鼻窦炎、变应性鼻炎等疾病。免疫学及抗过敏治疗，以减少复发。

三、中医治疗

该病的基本病机为寒热湿浊之邪壅结鼻窍，其治疗应除湿消肿，祛痰散结。

1. 辨证施治

证型	湿热熏鼻证
证候	鼻塞，涕多黄稠；头晕、头痛；鼻腔黏膜肿胀色红，息肉色淡红或暗红，表面光滑或不太光滑，触之稍硬，可出血；舌质红胖，苔黄腻，脉滑或滑略数
治法	清肺胃热，利湿散结
主方	辛夷清肺饮（《医宗金鉴》）加减
加减	（1）头昏头痛者，加白芷、蔓荆子 （2）黄浊涕多者，加鱼腥草、苍耳子
推荐中成药	清胃黄连丸、鼻窦炎口服液

证型	寒湿聚鼻证
证候	持续性鼻塞，嗅觉障碍，涕白浊；头昏、头胀痛，容易感冒，倦怠乏力；鼻甲黏膜肿胀色白或淡，鼻腔有白色稀黏分泌物，息肉表面光滑，呈荔枝肉状，色灰白，半透明，触之柔软，不易出血；舌质淡，苔白，脉虚弱
治法	温肺升阳，散寒解凝

续表

证型	寒湿聚鼻证
主方	温肺汤（《证治准绳》）加减
加减	（1）脾肾气虚者，加党参、白术、附片 （2）脾虚湿盛者，加茯苓、半夏、泽泻
推荐中成药	参芪膏、蛤蚧补肾丸

2.局部治疗

（1）用硇砂散（《医宗金鉴》），以麻油或水调和，放于棉片上，敷于息肉根部或表面，每天1次，7~14天为1个疗程。

（2）取丁香、甘遂各18g，青黛、草乌、枯矾各3g，共研末，麻油调和，点涂息肉，每日1次。

（3）用瓜蒂、细辛各等分，共研末，每用少许吹息肉处。

【预防与调护】

（1）锻炼身体，增强抵抗力，预防伤风感冒，以免加重症状。

（2）积极治疗鼻窦炎、变应性鼻炎等疾病，防止并发本病。

（3）忌食辛辣厚味，预防术后息肉再复发。

【预后与转归】

鼻息肉一般预后良好，手术摘除后，部分患者有复发倾向，极少发生恶性转变。

（郭兆刚）

扫码"练一练"

第八章 鼻－鼻窦炎

要点导航

1. **掌握** 鼻－鼻窦炎的概念、诊断及中西医治法。
2. **熟悉** 急性化脓性鼻窦炎的发病原因；上颌窦穿刺冲洗术及置换疗法。
3. **了解** 急性化脓性鼻窦炎的常见并发症；经典鼻窦根治术和功能性内窥镜鼻窦手术。

鼻窦炎（sinusitis）通常指化脓性鼻窦炎（suppurative sinusitis），是耳鼻喉科的常见病、多发病，以鼻流脓涕较多为主要特征。有急、慢性之分。急性鼻窦炎多发生在一个鼻窦；慢性鼻窦炎则可累及多个鼻窦，甚至一侧或两侧所有鼻窦，导致全鼻窦炎。

本病属中医学"鼻渊"范畴。因邪犯鼻窦，湿热蕴积，酿成痰浊所致。鼻渊名称最早见于《黄帝内经》。《素问·气厥论》说："胆移热于脑，则辛頞鼻渊。鼻渊者，浊涕下不止也。"

第一节 急性鼻窦炎

急性鼻窦炎即急性化脓性鼻窦炎（acute suppurative sinusitis）是鼻窦黏膜的一种急性化脓性感染；常继发于急性鼻炎。

本病属中医学"急鼻渊"范畴。多因六淫侵袭，热邪壅盛，蒸灼鼻窍所致。多为实证、热证。《素问·至真要大论》说："少阴之复，懊热内作……甚则入肺，咳而鼻渊"。陈实功《外科正宗·卷四》说："脑漏者，又名鼻渊，总因风寒凝入脑户与太阳湿热交争乃成。"

【病因病理】

一、西医病因病理

（一）病因

其致病菌以化脓性球菌为多见，如肺炎双球菌、链球菌、葡萄球菌，其次为杆菌如大肠杆菌、变形杆菌及流感杆菌等。由牙病引起者，多属厌氧菌感染。

1. 局部因素

（1）阻碍鼻窦通气的各种鼻病 急（慢）性鼻炎、鼻中隔偏曲、鼻腔异物、鼻肿瘤、鼻外伤等。

（2）其他因素 邻近器官的感染、鼻腔填塞物留置过久、气压急剧改变等。

2. 全身因素 过度疲劳，受凉受湿，维生素缺乏，营养不良，生活、工作环境不卫生等因素，导致全身抵抗力下降。急性传染病，特别是急性上呼吸道感染时，更易诱发。

（二）病理

1. 卡他期 黏膜血管扩张充血，上皮肿胀，固有层水肿，炎性细胞浸润，纤毛运动迟缓，分泌亢进。

2. 化脓期 上皮坏死，纤毛脱落，小血管出血，分泌物呈脓性。

3. 并发症期 炎症侵及骨质，或经血管扩散引起骨髓炎或眶内、颅内并发症。

二、中医病因病机

证型	病因病机
风热犯鼻证	风热袭肺，或风寒化热，肺失清肃，风热上干，灼腐窦窍
胆腑郁热证	外感热邪或湿热之邪，内传肝胆，或胆腑积热，循经上蒸于鼻，灼腐窦窍
脾胃湿热证	外感热邪入里，湿热内蕴，内传阳明，脾胃湿热，循经上蒸，灼腐窦窍

【诊断】

一、临床表现

1. 病史 多有急性鼻炎或上呼吸道感染病史。

2. 症状

（1）全身症状 多有恶寒、发热，周身不适，食欲不振等症。儿童患急性鼻窦炎全身症状较重。

（2）局部症状

1）鼻塞：多为患侧持续性鼻塞。如双侧同时患病，则有两侧持续性鼻塞。可伴有嗅觉暂时性减退或丧失。

2）脓涕：前鼻孔流多量脓性或黏脓性分泌物，难以擤尽，分泌物中可带少许血液。厌氧菌或大肠杆菌感染者脓涕恶臭（多为牙源性上颌窦炎）。脓涕流至咽部产生刺激，可引起咽痒、恶心、咳嗽、吐痰等症状。

3）头痛与局部疼痛：有明显的头痛和患窦局部疼痛。前组鼻窦炎引起的头痛多在额部和颌面部，后组鼻窦炎的头痛多位于颅底或枕部。

3. 体征

（1）与鼻窦部位相应的体表局部压痛，可伴有红肿。

（2）鼻腔检查见鼻黏膜明显充血、肿胀，尤以窦口附近为著，以中鼻甲和中鼻道黏膜为甚。鼻腔内有大量黏脓或脓性鼻涕积留，用1%麻黄碱收缩鼻黏膜后，若为前组鼻窦炎者，可见中鼻道有脓性分泌物积留；若为后组鼻窦炎，则在嗅裂可见脓性分泌物积留。

二、实验室及其他检查

1. X线片 鼻窦黏膜增厚、模糊；若有积脓则见窦腔密度增高，上颌窦积脓者可见液平面。

2. 实验室检查 血液化验白细胞总数及中性粒细胞升高。

三、中医辨证要点

1. **辨表里**　首先根据病程长短，症状轻重、有无恶寒发热、周身不适等辨明其证属表属里。不论表证里证皆为热证。

2. **辨脏腑病机**　本病基本病机为火热上亢，肺、胆、脾三经热盛，循经蒸灼鼻窦黏膜所致。

【鉴别诊断】

	急性鼻窦炎	眶下神经痛	三叉神经痛	眼部疾病
疼痛部位	头和患窦局部	局限，与神经分布走向有关	该神经支配区域，阵发性痛	头和眼部
鼻塞	有	无	无	无
恶寒、发热	有	无	无	或有
脓涕	多	无	无	无
鼻腔检查	黏膜充血、肿胀	正常	正常	正常
鼻窦 X 线检查	可以确诊	无异常	无异常	无需做

【治疗】

一、治疗原则

中西医结合治疗，消除病因，控制感染；配合局部用药促进鼻窦的通气引流。

二、西医治疗

1. 全身治疗

（1）一般治疗　注意卧床，半流质清淡饮食，多饮水；对症处理，如头痛或局部疼痛剧烈时，可使用镇痛剂等。

（2）抗感染治疗　根据细菌培养和药敏试验，选用足量的青霉素类抗生素，或其他广谱抗生素。

2. 局部治疗　可用 1% 麻黄素滴鼻。上颌窦穿刺。超声雾化、蒸气吸入、红外线照射、超短波电疗、局部热敷等。

三、中医治疗

中医认为该病的基本病机为邪热上蒸，肺、胆、脾三经热盛，循经上犯，蒸灼鼻窦黏膜。应予清热祛邪、散通窍法治疗。

1. 辨证施治

证型	风热犯鼻证
证候	鼻塞，嗅觉减退，鼻流黏涕，或白或黄，量多，头痛，恶寒发热，咳嗽，咽痛等；鼻黏膜充血肿胀，中鼻甲肿大，中鼻道或嗅沟有脓液；舌红，苔薄黄，脉浮数
治法	疏风清热，宣肺通窍

续表

证型	风热犯鼻证
主方	银翘散（《温病条辨》）和苍耳子散（《济生方》）加减
加减	（1）太阳穴痛者，加柴胡 （2）巅顶头痛者，加藁本、蔓荆子 （3）枕部后项痛者，加葛根 （4）咳嗽痰黄者，加黄芩、瓜蒌 （5）咽痛盛者，加射干、丹皮、紫草
推荐中成药	银翘解毒片、辛夷鼻炎丸、鼻窦炎口服液

证型	胆腑郁热证
证候	鼻涕黏稠如脓，色黄，腥臭或带血丝，不易擤出，头痛较剧而持久，烦躁易怒，口苦等；鼻黏膜充血肿胀，中鼻甲肿大，中鼻道或嗅沟积脓；舌红，苔黄，脉数
治法	清泄肝胆，开郁通窍
主方	龙胆泻肝汤（《医方集解》）加减
加减	（1）涕黄量多者，加败酱草、马勃、鱼腥草 （2）鼻涕带血者，加丹皮、茜草、白茅根 （3）头痛重者，加白芷、蔓荆子 （4）发热者，加青蒿、荆芥 （5）便结溲黄者，加全瓜蒌、生大黄
推荐中成药	藿胆片、龙胆泻肝片、清热解毒丸

证型	脾胃湿热证
证候	持续性鼻塞，嗅觉消失，鼻流浊涕，色黄，量多，头胀痛，肢体困倦，脘腹胀满等；鼻腔积脓，鼻黏膜红肿，中鼻甲肿大；舌红，苔黄腻，脉滑数
治法	清脾泻热，利湿祛浊
主方	甘露消毒丹（《温热经纬》）加减
加减	（1）湿偏甚而热不重者，用三仁汤（《温病条辨》）加减 （2）鼻塞甚者，加苍耳子、辛夷 （3）涕黄量多者，加金银花、蒲公英、败酱草 （4）头昏者，加菊花、刺蒺藜 （5）纳差者，加谷芽、麦芽、鸡内金
推荐中成药	清胃黄连丸、甘露消毒丸、湿毒清胶囊

2. 局部治疗 用内服药渣煎水或苍耳子散煎水，熏鼻，每日熏 5~7 次。用滴鼻灵（经验方）、葱白滴鼻液（将葱白打汁，过滤，用生理盐水配成 40% 溶液）、鱼腥草滴鼻液（中成药）等，每次 2~3 滴，每天 3~4 次。用冰连散、吸鼻散、肃窦散吹入鼻腔，每次适量，每日 3~4 次。

3. 针灸按摩

（1）体针 取列缺、合谷、迎香、鼻通、印堂、少商、阴陵泉、风池、太阳等，每次 2~3 穴，每日 1 次，7~10 次为 1 个疗程。

（2）耳针 主穴取内鼻、额、鼻眼净点、上颌，配穴取肺、胃、肝、胆，每次选主穴 2 穴、配穴 1~3 穴，捻转，留针，每日 1 次，7~10 次为 1 个疗程。

（3）穴位注射 选肺俞、迎香、合谷或上述体针穴 1~2 穴，选用鱼腥草注射液、银黄注射液或复合维生素 B_1 注射液、丹参注射液等，每穴 0.2~0.5ml，隔日 1 次，3~5 次为 1 个

疗程。

（4）按摩　取迎香、合谷穴，自我按摩，每次 5~10 分钟，每日 1~2 次。或用两手大鱼际，沿鼻梁两侧至迎香穴上下按摩至发热，每日数次。

【预防与调护】

（1）注意休息，大量饮水。

（2）加强锻炼，增强体质，预防感冒。

（3）忌食烟、酒、辛辣、肥厚之品，以防湿热内蕴。

（4）不宜强行擤鼻，以免鼻涕逆行进入耳咽管，阻塞其管道而引发耳病。

（5）患上呼吸道感染时，要积极治疗，以免并发本病。

【预后与转归】

急性鼻窦炎治疗得当，可在一周内康复。治疗不当，可迁延成为慢性鼻窦炎，可并发急性咽炎、气管炎等上呼吸道感染。

第二节　慢性鼻窦炎

慢性鼻窦炎即慢性化脓性鼻窦炎（chronic suppurative sinusitis），是鼻窦黏膜的慢性化脓性感染，多因急性化脓性鼻窦炎反复发作，迁延不愈所致。

本病属中医学"慢鼻渊"范畴。具有病程长，症状时轻时重，反复发作，缠绵难愈等特点。清·陈士铎《辨证录·卷三》说："夫脑漏者即鼻渊也，原有寒热二症，不止胆热而成之也……盖涕臭者热也，涕清而不臭者寒也。热属实热，寒属虚寒。兹但流清涕而不腥臭，正虚寒之病也。"清·许克昌《外科证治全书·卷二》说："鼻流浊涕，经年累月不止，当别寒热……涕清不臭觉腥者，属虚寒，用八味地黄丸加川芎、升麻、苍耳子，所以用肾药者，脑属肾也。"

【病因病理】

一、西医病因病理

（一）病因

多因急性化脓性鼻窦炎治疗不当，以致反复发作，迁延不愈而转为慢性。其致病菌及诱发因素在许多方面与急性化脓性鼻窦炎基本相似。

（二）病理

慢性化脓性鼻窦炎按其上皮层及固有层病理变化的特点，可分为以下诸型。

1. 乳头状增生型　表现为黏膜上皮的移行性病变，即由假复层柱状上皮变为无纤毛的复层鳞状上皮，表皮增厚突起呈乳头状。

2. 水肿型　又称肥厚型或息肉型，表现为黏膜固有层剧烈水肿并增厚，伴中度或重度圆细胞浸润。水肿日久可呈息肉样变，甚至形成假性囊肿。

3. 纤维型　又称瘢痕型或硬化型，表现为动脉管壁增厚，其周围的纤维组织增生，末

稍血管阻塞，黏膜营养障碍，黏膜固有层中有坚实的纤维组织形成。

4.腺体型　表现为腺体增生或腺管阻塞，后者可形成囊肿或因感染进而成为脓囊肿。

5.滤泡型　在黏膜的固有层内因淋巴细胞聚集而形成滤泡。

二、中医病因病机

证型	病因病机
肺气虚弱证	肺气亏虚，失于清肃，邪毒滞留窦窍
脾气虚弱证	脾胃亏虚，清阳不升，浊阴上干扰久滞鼻窍为患
气血瘀阻证	病情迁延日久，气滞血瘀，邪毒羁留而成

【诊断】

一、临床表现

1.病史　多有急性鼻窦炎病史，病程在 3 个月以上。

2.症状

（1）全身症状　头晕，易倦，纳差，耳鸣，记忆力减退、注意力不集中等症状。

（2）局部症状

1）流脓涕：为本病的特征性症状，色黄绿或灰绿。前组鼻窦炎的脓涕易从前鼻孔溢出，部分可流向后鼻孔；后组鼻窦炎的脓涕量不多时，易从后鼻孔流向鼻咽部，再经口咯出或咽入胃中。

2）鼻塞：多呈持续性，患侧为重，擤涕后可暂时改善通气。鼻塞的程度随病变的轻重而有波动。

3）嗅觉障碍：多为暂时性嗅觉减退，少数为永久性。

4）头痛：或有或无，多为钝痛或闷痛。前组鼻窦炎者，多在前额部痛，后组鼻窦炎者多在枕部痛。

3.体征　鼻腔检查可见鼻黏膜充血、肿胀或肥厚，中鼻甲或下鼻甲肥大，甚或呈息肉样变；中鼻道或嗅裂、鼻腔底有脓性分泌物。

二、实验室及其他检查

1.X 线片检查　鼻颏位可见患侧鼻窦模糊，黏膜水肿增厚，有时可显示液平面。

2.纤维镜或鼻内窥镜检查　可进一步查清鼻腔和窦口鼻道复合体病变性质范围与程度。

三、中医辨证要点

1.辨虚实　本病以虚证居多，且常虚实夹杂，一般根据鼻涕的量、色、质，鼻黏膜、鼻甲的色泽及肿胀或肥厚情况，结合全身症状和舌脉，可以辨明。

2.辨脏腑病机　本病基本病机为急鼻渊反复发作，耗伤正气，正不胜邪，余邪滞留鼻窍而致。或因急鼻渊治不彻底，病情迁延日久，邪毒羁留而成。其病因病机以肺、脾两脏虚损为主。

【治疗】

一、治疗原则

中西医结合，内外同治；治疗主要针对窦口阻塞、炎症感染、变态反应等因素，恢复窦腔引流和鼻腔正常生理功能；若效果不佳，则可手术治疗。

二、西医治疗

1. 全身治疗

（1）一般治疗

1）消除病因：积极治疗变应性鼻炎，鼻中隔偏曲，鼻息肉，牙根感染，慢性扁桃体炎等。

2）增强体质：加强营养，注意休息，锻炼身体，去除全身性慢性疾病。

（2）药物治疗　抗生素用于急性发作或脓性分泌物较多者。

2. 局部治疗

（1）鼻腔用药　可用1%麻黄素生理盐水滴鼻，促进鼻窦的通气引流。

（2）负压置换　用负压吸引法促进鼻窦引流，并将药液带入窦内，以达到治疗目的。

（3）上颌窦穿刺冲洗　每周1~2次。

（4）手术治疗。

三、中医治疗

中医认为该病的基本病机为急鼻渊反复发作，耗伤正气，正不胜邪，余邪滞留鼻窍，与脏腑受邪，经络气血不通，脏腑功能失调相关，其治疗应补益肺脾为主。

1. 辨证施治

证型	肺气虚弱证
证候	鼻流黏涕，色白或黄，或鼻塞时轻时重，嗅觉减退，每遇风冷时加重，头昏，气短乏力，咳嗽痰多；鼻黏膜淡红、肿胀，中鼻甲肿大；舌淡，苔薄白，脉弱
治法	温补肺脏，疏风散寒
主方	温肺止流丹（《疡医大全》）加减
加减	（1）涕多者，加杏仁、瓜蒌仁、冬瓜仁 （2）头痛头昏者，加川芎、藁本、白芷 （3）恶风者，加荆芥、防风
推荐中成药	补中益气丸、玉屏风散、参芪膏

证型	脾气虚弱证
证候	鼻流黏涕，色白或微黄，量多，无臭味，鼻塞较重，嗅觉明显减退；头昏头胀重，体倦，纳差，腹胀；鼻黏膜淡红，中鼻甲肿大，或息肉样变，中鼻道有分泌物；舌淡，苔白，脉缓弱
治法	健脾益气，除湿化浊
主方	参苓白术散（《太平惠民和剂局方》）加减

续表

证型	脾气虚弱证
加减	（1）鼻涕量多者，加芡实、诃子 （2）中鼻甲肿大，息肉样变者，加泽泻、猪苓 （3）头痛闷胀者，加石菖蒲、葛根、苍术、白蔻仁 （4）鼻甲肿胀、瘀紫者，加丹参、郁金、赤芍 （5）湿郁化热，涕黄腥臭者，加黄芩、银花、败酱草、鱼腥草
推荐中成药	参苓白术丸、六君子丸、人参健脾丸

证型	气血瘀阻证
证候	鼻流浊涕，经久不愈，鼻阻塞，嗅觉失灵；耳内堵塞，或有耳鸣，语音不清；鼻黏膜暗红，中鼻甲肥大，或中鼻道有息肉，色暗红；舌暗红，脉涩
治法	活血通窍，清热利湿
主方	通窍活血汤（《医林改错》）加减
加减	（1）鼻生息肉者，加浙贝母、夏枯草 （2）耳鸣甚者，加石菖蒲、香附
推荐中成药	复方丹参片、失笑散、脉络通

2. 局部治疗

（1）滴鼻　鱼腥草滴眼液（中成药）滴鼻，每日 3~4 次。

（2）上颌窦冲洗灌注　常用鱼腥草注射液、银黄注射液等于上颌窦穿刺后灌注冲洗。

3. 针灸按摩

（1）体针　取手阳明及督脉经穴，如迎香、百会、上星、合谷，配肺俞、太渊、足三里等，每次选主穴 2~3 穴，配穴 1~2 穴。

（2）耳针　主穴取内鼻、额、鼻眼净点、上颌，配穴取肺、胃、肝、胆。

（3）穴位注射　取迎香、合谷穴，每次注入鱼腥草注射液 0.5ml。隔日 1 次。

（4）灸法　灸囟会、前顶、迎香、上星穴，悬灸至患者焮热，局部皮肤潮红为度。

（5）按摩　取迎香、合谷，自我按摩，每次 5~10 分钟，每日 1~2 次。或用双手大鱼际沿鼻梁两侧至迎香穴上下按摩至发热，每日数次。

【预防与调护】

（1）增强体质，加强体育锻炼。

（2）积极防治急性鼻窦炎，防止病情迁延，发为本病。

（3）忌食烟、酒、辛辣、肥厚之品，以防湿热内蕴。

（4）不宜强行擤鼻，以免鼻涕逆行进入耳咽管，阻塞其管道而引发耳病。

【预后与转归】

预后良好。若治疗不当，迁延日久，可致鼻息肉。极少数患者因抵抗力较差，鼻窦骨质遭腐蚀破坏，可引发颅内外感染。

临床病案

王××，男，49 岁。

经常头痛，鼻塞流清涕，气味臭秽，每日须更换手帕数块。经××医院检查，确诊为慢性鼻窦炎。近增咳呛气急，两胁引痛。

辨证：新邪外袭，痰热内蒸。

治法：疏散风邪，化痰泄热。

方药：前胡10g、牛蒡子10g、荆芥6g、防风6g、土藿香10g、辛夷6g、苍耳子10g、炒白芷5g、制半夏10g、竹茹10g、陈皮10g、桔梗5g、茯苓12g、杏仁9g、焦芩10g，另用鼻渊散塞鼻。

鼻渊散处方（黄氏经验方）：土藿香15g、苍耳子15g、青木香15g、鱼脑石15g、辛夷15g、鹅不食草9g共研细末塞鼻用。

二诊：经内服煎剂，外搐鼻渊散后，头痛鼻塞较松，每日仅换手帕一块，咳喘胁痛消失。再循前方加减，拟以疏风利窍，清化痰热。

细辛1.2g、荆芥6g、防风6g、苍耳子9g、辛夷6g、炒白芷3g、制半夏9g、陈皮6g、茯苓12g、薄荷3g、焦芩9g、竹茹9g、白蒺藜9g。

服药3剂后，诸症减轻。原方续进3剂，头脑清醒，鼻通神宁，浊涕全无，病得痊愈。迄今数年未见复发。

摘自《黄一峰医案医话集》。

【治按】

鼻渊系指以浊涕如渊的病证。也称"脑漏"。如《素问·气厥论》云"鼻渊者，浊涕下不止也。"相当于西医的慢性鼻窦炎。多因风热（或风寒化热）久蕴肺鼻，窍道不利，抑遏成涕，而致漏下不止。此证属新邪外袭，痰热内蒸，治以疏散风邪，化痰泄热，除内服药外，尚配合黄氏经验方塞鼻，局部与整体治疗相结合，效果良好。

摘自《现代名中医类案选》。

扫码"练一练"

第九章　鼻中隔偏曲

扫码"学一学"

> **要点导航**
>
> 1. **熟悉**　鼻中隔偏曲的临床表现。
> 2. **了解**　鼻中隔矫正术的适应证及手术方法。

鼻中隔偏曲（deviation of nasal septum），是以鼻中隔偏离中线或呈不规则的偏曲，引起鼻塞、鼻出血，或头痛等为主要表现的鼻病，因外伤或发育异常所致。

中医古代无本病的明确记载，现代中医学称此病为"鼻柱偏曲"、"鼻隔不正"。

【病因病理】

1. **鼻外伤**　多因儿童时期鼻部外伤，以后逐渐发育成鼻隔偏曲。成人鼻部外伤亦可导致鼻中隔偏曲。

2. **发育异常**　先天不足或后天失养，以及邻近器官病变（如儿童腺样体肥大），以致鼻窍生长发育异常而成。

3. **其他**　鼻腔肿瘤、息肉、异物滞留日久，推挤鼻中隔致偏曲。

【诊断】

一、症状

1. **鼻塞**　为常见症状，多呈持续性。偏向一侧（如 C 型弯曲）者，常为单侧鼻塞；偏向双侧（如 S 型弯曲）者，可致两侧鼻塞。

2. **头痛**　偏曲部位压迫下鼻甲或中鼻甲，引起同侧神经反射性头痛。

3. **鼻出血**　多发生于偏曲之凸面或嵴突部，此处黏膜薄，常因气流和尘埃刺激容易发生糜烂而出血。

4. **邻近器官症状**　因鼻腔阻塞致引流不畅，可继发鼻窦炎；因长期张口呼吸和鼻内炎性分泌物积蓄，容易引起上呼吸道感染，并可在睡眠时发生严重鼾声。

二、体征

前鼻孔镜检查见鼻中隔呈 C 型或 S 型，或鼻中隔有嵴突、矩状突。呈 C 型弯曲者，可伴凹侧下鼻甲代偿性肥大而出现双侧鼻塞。

【治疗】

以手术矫正为主，鼻出血者，按鼻衄辨证论治。

【预防与调护】

（1）勿用力揉擦鼻部，以免发生鼻出血。

（2）加强劳动保护，防止鼻部外伤。

【预后与转归】

严重偏曲者，可继发鼻炎、鼻窦炎。鼻中隔偏曲手术不当，可致鼻中隔穿孔。

第十章 鼻出血

扫码"学一学"

☞ 要点导航

1. **掌握** 鼻出血的应急处理及中医辨证施治。
2. **熟悉** 鼻出血的常见原因。

鼻出血（epistaxis）是临床常见的症状之一，可由鼻病引起，亦可由全身疾病所致。鼻出血多为单侧，亦可为双侧；可反复；出血量多少不一，轻者仅为涕中带血，重者可引起失血性休克。反复出血可导致贫血。小儿及青少年鼻出血大多在鼻前部，鼻中隔前下方易出血区，称利特尔区；而40岁以上的中年人或老年人鼻出血则多发生在鼻腔后部。

本病属中医学"鼻衄"范畴，多由邪热上蒸，迫血妄行或脾不统血所致。历代医家对本病论述很多，鼻衄之名出自《诸病源候论》。《黄帝内经》最早论述鼻衄，《灵枢·百病始生》认为衄的病理基础为"阳络伤则血外溢，血外溢则衄血"。《金匮要略》有"心气不足，吐血衄血，泻心汤主之"的论述。

【病因病理】

一、西医病因病理

1. **局部原因** 鼻黏膜溃疡、糜烂，鼻、鼻窦的急性感染，外伤，肿瘤。

2. **全身原因** 头颈部静脉压力增高，血管壁脆性增加，遗传性毛细血管扩张，凝血机制障碍，气压急变化，风湿热、急性高热性传染病、甲状腺功能亢进、月经性鼻出血、药物性鼻出血等。

二、中医病因病机

证型	病因病机
肺经热盛证	外感风热或风寒化热，肺热内盛，冲逆于上，损伤窍络，血溢清道为衄
胃火炽盛证	外感、内伤，脏腑失调，热入于阳明，冲逆于上，损伤阳络致衄
肝火上逆证	肝气久郁化火，循经上逆；或暴怒伤肝，肝阳上亢，迫血妄行为衄
肝肾阴虚证	肝肾阴虚，虚火上炎，灼伤脉络而致衄。
脾不统血证	脾胃亏虚，气血生化不足，气虚不能摄血，血失统摄，溢脉外发为鼻衄。

【诊断】

一、临床表现

1. **症状** 鼻孔出血。常为一侧出血，亦有两侧鼻腔同时出血者。反复多量出血可引起

贫血，突然大量出血可致休克。可能有导致鼻衄的病史，如发热、鼻塞，鼻腔干燥，高血压等，以及突然喷嚏、弯腰低头、揉鼻、月经期临近等诱因。

2.**检查** 鼻腔有出血点，或见糜烂、出血区。

二、中医辨证要点

1.**辨虚实** 本病多为里证，常虚实夹杂，一般根据鼻黏膜特征，出血的量、色、质，结合局部及全身症状和舌脉，可以辨明。

2.**辨脏腑病机** 本病基本病机为邪热上蒸，迫血妄行，或血失统摄，溢于脉外。涉及脏腑主要有肺、脾、肝、肾、胃。

【治疗】

一、治疗原则

先治标，后治本。即首先及时止血，然后循因施治，可同时配合中医辨证论治。必要时施以手术治疗。

二、西医治疗

1.**局部处理**

（1）局部止血药物 用棉片浸以 1% 麻黄素、1‰肾上腺素、巴曲酶等，或用明胶海绵塞入鼻腔压迫出血点。

（2）烧灼法 在表面麻醉下，用棉签蘸少许 50% 硝酸银或 30% 三氯醋酸烧灼出血点至局部变白为度；或用激光、微波凝固出血部位。

（3）冷冻法 在表面麻醉下，用咽鼓管导管端置于出血点，将液氮自管内连续注入约 1 分钟，待复温后取出导管。

（4）鼻腔填塞术 以无菌凡士林纱条先压于鼻腔底部，然后绕至中鼻甲前上方，再由上而下反复叠填塞于鼻腔保持一定压力，24~48 小时后取出，如仍有出血可再行填塞。现有许多改良的方法，如止血套填塞术、气囊或水囊压迫止血术。

（5）后鼻孔填塞术 以小号导尿管从出血侧鼻腔插入咽部，以血管钳从口腔拉出头端，其尾端留于前鼻孔外；将预制的锥形凡士林球尖端上的两根粗线缚于导尿管头端，纱球随之经口腔进入鼻咽部，最后堵塞于后鼻孔。纱球上的双线引出鼻外，结扎固定于放置在前鼻孔的纱布卷上；纱球另一端所系的丝线留于口内固定在口角，以便以后取出纱球。留置时间一般在 24~48 小时。

（6）其他 低温等离子止血、鼻咽填塞术、血管造影下动脉内栓塞术等。

（7）手术治疗。

2.**全身治疗** 半坐位卧床休息，注意营养；失血严重者，须予输血、输液。给予足够的维生素 C、维生素 K、维生素 P 等。静脉注射高渗葡萄糖注射液、钙剂，以促进凝血。适当应用止血剂，如酚磺乙胺（止血敏）、卡巴克洛（安络血）、巴曲酶（立止血）等。

扫码"看一看"

三、中医治疗

1. 辨证施治

证型	肺经热盛证
证候	鼻孔干燥，鼻出血，血色鲜红，血量较少，点滴而出，咳嗽痰少，口干身热；或见鼻塞，流涕黄浊，咽喉疼痛，或兼有发热恶风寒，头痛等；舌质红，苔薄白而干，脉数
治法	清肺泻热，止血凉血
主方	黄芩汤（《医宗金鉴》）加减
加减	（1）口渴者，加天花粉、玉竹 （2）大便秘结者，加大黄、瓜蒌仁
推荐中成药	清热凉血膏、黄连上清丸、上清丸

证型	胃火炽盛证
证候	鼻衄量多，血色深红，鼻燥口干口臭，烦渴引饮，大便燥结，小便短赤；或见齿龈肿胀，糜烂出血，胃脘不舒，嘈杂胀满，嗳气吞酸；舌质红，苔黄，脉滑数
治法	清胃泻火，止血凉血
主方	调胃承气汤（《伤寒论》）合清胃散（《兰室秘藏》）加减
加减	（1）失血过多，面色苍白者，加黄精、首乌、桑葚子 （2）口渴引饮者，加玄参、麦冬、天花粉
推荐中成药	复方牛黄清胃丸、清胃黄连丸、一清胶囊

证型	肝火上逆证
证候	鼻出血量较多，血色深红，不时举发，头痛头晕，口苦咽干，胸胁苦满；或见烦躁易怒，梦多不寐，耳鸣耳聋等；舌红，苔黄，脉弦数
治法	清肝泻火，降逆止衄
主方	龙胆泻肝汤（《医方集解》）加减
加减	（1）血量多者，加白茅根、仙鹤草、藕节 （2）热甚者，加羚羊角、生石膏、黄连 （3）口干甚者，加麦冬、知母、葛根
推荐中成药	芩连片、龙胆泻肝片、当归龙荟丸

证型	肝肾阴虚证
证候	鼻衄血色淡红，时作时止，口干津少，五心烦热；或头晕眼花，耳鸣健忘，心悸烦热，潮热盗汗等；舌质红或红绛少津，苔少，脉细数
治法	滋养肝肾，养血止血
主方	知柏地黄丸（《医宗金鉴》）加减
加减	（1）出血者，加旱莲草、藕节、侧柏叶 （2）出血甚者，加胶艾四物汤（《太平惠民和剂局方》）
推荐中成药	知柏地黄丸、大补阴丸、七宝美髯颗粒

证型	脾不统血证
证候	鼻衄渗渗而出，时衄时止；面色无华，神疲乏力，语声低弱；或食少纳呆，便溏等；舌淡，脉细弱
治法	健脾益气，补血止血
主方	归脾汤（《济生方》）加减
加减	（1）反复出血而血虚者，加阿胶、白芨、仙鹤草 （2）纳差者，加神曲、麦芽
推荐中成药	参芪五味子片、归脾膏、人参归脾丸

2. 局部治疗　用云南白药等具有止血作用的药粉吹入鼻腔出血处。或用棉球蘸云南白药等具有止血作用的药粉塞于鼻腔出血处。

【预防与调护】

（1）鼻衄患者，情绪多较紧张，恐惧不安，接诊医生须镇静而不慌乱，并安慰患者，使之安定，迅速制止出血。

（2）积极寻找衄血病因，进行对因治疗。

【预后与转归】

鼻出血治疗得当，可痊愈。治疗不当，可反复发作，导致贫血。出血量大可致失血性休克。

临床病案

孙某，男，17岁。1992年1月21日初诊。南京炼油厂。反复鼻衄已一年多，量也较多，曾输过400ml血。近3天来出过血。曾做过5次冷冻，也未能控制。近来发现耳鸣。

检查：右侧立氏区大面积及较深的溃疡1个，上有血痂。舌薄苔，质淡白，脉大而数。

医案：周年大衄，营血之亏，已不言而喻，同时立氏区溃疡如此之深，亦属罕见。宗中医"见血不治血"论点，取峻剂扶正，当然所谓扶正者，亦气血两补也。

黄芪10g、紫河车10g、党参10g、山药10g、苏子10g、酸枣仁10g、当归10g、白芍6g、阿胶10g、甘草3g，7剂煎服。

二诊，1992年1月28日诊。

在此一周中，未见出血。耳鸣暂息，胃纳依然木然。

检查：右立氏区溃疡已浅许多；左侧也有些粗糙。舌薄黄苔，脉平。

医案：匝旬不衄，当然属佳事。但立氏区病灶未除，病根依然存在，未可额手过早。

（内服）黄芪10g、党参10g、白术6g、酸枣仁10g、茯苓10g、远志6g、山药10g、苏子10g、木香3g、甘草10g，7剂煎服。

（外用）黄芩油膏，外用涂鼻腔，每日2次。

二诊，1992年2月21日诊。

时历 20 多天，天天进药不辍，故而一直没有出血，唯鼻腔有干燥感。

检查：立氏区右侧尚有浅在性溃疡，左侧粗糙。舌薄苔映黄，脉平。

医案：鼻血已止，乃症状之改善无疑。立氏区之粗糙，为病患之未愈无讳，改用清金乃鼻科之常规。稍参补脾，效疡科之"溃疡首重脾胃"之旨耳。

桑白皮 10g、黄芩 3g、金银花 10g、党参 10g、白扁豆 10g、茯苓 10g、山药 10g、丹皮 6g、赤芍 6g、连翘 6g，7 剂煎服。

摘自《中国百年百名中医临床家丛书 – 干祖望》。

扫码"练一练"

第十一章　鼻部囊肿

第一节　鼻前庭囊肿

鼻前庭囊肿（nasal vestibular cyst）是在鼻前庭底部皮下、梨状孔前外方，上颌骨牙槽突浅面软组织内，以一侧鼻孔处呈半球形隆起为主要表现的鼻病。

本病属中医学"鼻孔痰包"范畴，由痰浊流注鼻孔所致。

【病因病理】

一、西医病因病理

（1）因鼻腔底的黏液腺腺管阻塞，分泌物潴留面成。

（2）从胚胎期外胚上皮细胞的残留发展而成。

二、中医病因病机

脾胃蕴热生痰，痰热互结，循经流注凝结于鼻窍。若痰热久郁化火生毒，或痰包处理不当，复染邪毒，可变为痈肿之症。

【诊断】

一、临床表现

1. **症状**　早期无症状。囊肿长大以后，可致患侧鼻孔处阻塞，微有胀痛，在咀嚼时明显。偶见上颌部或额部反射性疼痛。若痰包染毒化脓，则出现局部红肿热痛等症。

2. **体征**　囊肿多发于一侧，鼻孔处球形隆起，鼻唇沟饱满变浅，触之不痛，有囊性感，穿刺可抽出半透明淡黄色液体。抽液后隆起消失，但数小时后或数日内又复隆起如故。若继发感染则肿处迅速肿大触痛明显。穿刺可抽出脓性分泌物。

二、实验室及其他检查

X线摄片可排除其他病变，囊肿造影可显示其形状、大小及位置。

【治疗】

一、治疗原则

一般以手术切除治疗为主，合并囊肿感染者，先行抗感染治疗。

二、西医治疗

（1）穿刺抽液后，注入5%鱼肝油酸钠，或消痔灵注射液，每周1次，连续5次左右。

（2）手术治疗，彻底切除囊肿包膜，以免复发。

三、中医治疗

1.**证候** 鼻前孔处痰包隆起，肤色不变，按之不痛，穿刺有淡黄色液体；舌质红胖，苔微黄腻，脉缓有力或滑。

2.**治法** 清热除痰，散结消肿。

3.**方药** 黄连温胆汤（《六因条辨》）合消瘰丸（《医学心悟》）加薏苡仁。

4.**加减**

（1）继发感染，红肿触痛，加连翘、蒲公英、败酱草。

（2）囊肿日久加路路通、赤芍、地龙。

5.**推荐中成药** 消瘰丸、消瘿顺气散、礞石滚痰丸。

【预防与调护】

穿刺抽液时，应严格消毒，防止囊肿感染。

【预后与转归】

手术得当，可痊愈。囊肿包囊切除不彻底，可复发。

第二节 鼻窦囊肿

鼻窦囊肿是指发生于鼻窦的囊肿，可分为鼻窦黏液囊肿、鼻窦浆液性囊肿和含牙囊肿。中医古代无本病的明确记载。

鼻窦黏液囊肿

【病因病理】

黏液囊肿（mucocele）多发于筛窦、额窦，多系鼻窦自然开口堵塞，窦内分泌物潴留引起，亦有窦口通畅，因窦腔黏膜分泌物内蛋白含量过高而产生一系列生物化学和免疫反应所致。

【诊断】

囊肿发展缓慢，早期可无症状，一旦鼻窦骨壁破坏，其发展速度增快，可侵及鼻窦邻近器官，如鼻腔、眼眶、颅内，出现相应临床症状。

1. **眼部症状** 侵及眼眶，出现眼球突出、移位、复视、溢泪、视力障碍。

2. **面部症状** 囊肿增大到一定程度颜面局部变形。局部隆起部皮肤色泽正常，触之硬，如骨质被吸收变薄，按压时有乒乓球感。若感染，隆起处皮肤红肿、压痛。

3. **鼻部症状** 筛窦囊肿中鼻道隆起，中鼻甲或筛泡受压移位；额窦囊肿鼻腔顶部膨隆；上颌窦囊肿鼻腔外侧壁内移。若囊肿自行溃破，则鼻内间歇性大量黏液排出。囊肿较大时可出现鼻塞、流涕、嗅觉减退等症状。

4. **脑部症状** 囊肿压迫附近的脑神经，可出现头痛、头晕等症状。

5. **穿刺** 于隆起处穿刺抽出黏液，可明确诊断。

6. **影像检查** X线拍片、CT检查对囊肿诊断、定位极为重要。X线片多显示病变窦腔扩大、骨质变薄，肿物呈圆形，密度均匀，边缘光滑之阴影，邻近骨质有受压吸收现象，但无明显浸润性破坏。

【鉴别诊断】

筛窦额窦囊肿应与内眦皮样囊肿及泪囊、眼眶和鼻根肿瘤鉴别，上颌窦囊肿应与上颌窦恶性肿瘤、牙源性囊肿鉴别。蝶窦囊肿应与脑垂体瘤、脑膜瘤、神经胶质瘤等鉴别。

【治疗】

手术切除为主。

【预后与转归】

手术得当，可痊愈。囊肿包囊切除不彻底，可复发。

鼻窦浆液囊肿

浆液囊肿（serous cyst）多发于上颌窦内，系上颌鼻窦窦腔黏膜腺体分泌物在腺泡内滞留形成浆液或黏液囊性变，囊壁极薄。

【诊断】

（1）早期无临床症状，往往在行X线鼻窦拍片中偶然发现。

（2）偶有头痛，或间歇从鼻腔中流出黄色液体。

（3）上颌窦穿刺可抽出浆液。

【治疗】

一般不需治疗，囊肿较大或有明显症状者，可行上颌窦根治术摘除。

含牙囊肿

含牙囊肿（dentigerous cyst）多见于青年人，为牙发育异常所致。

【诊断】

（1）一侧面颊部隆起，按压时有乒乓球感。鼻塞，眼球向上移位。

（2）常见同侧有一牙缺如，多为尖牙、双尖牙或切牙。

（3）穿刺囊肿可抽出液体，内含胆固醇。

（4）X线摄片显示囊肿阴影中有完整的牙齿或牙冠。

【治疗】

行上颌窦手术，保留黏膜，切除囊肿。

（陈祖琨） 扫码"练一练"

第二篇
耳科学

第十二章 耳应用解剖学及生理学

要点导航

1. 掌握 外耳、中耳的结构及意义。
2. 熟悉 内耳的解剖、面 N 的分布以及耳的生理。
3. 了解 耳的血液供应和淋巴回流。

第一节 耳应用解剖学

耳是人体重要的感知器官，司听力和平衡，其结构精密而复杂。耳分为外耳、中耳和内耳三个部分（图 12-1）。

一、外耳

外耳包括耳郭和外耳道（图 12-1）。

（一）耳郭

耳郭突出于头颅两侧，耳郭的下部耳垂为脂肪和结缔组织构成，中上部为弹性软骨构成支架，覆以软骨膜和皮肤。耳郭背面较平而微凸，前面凹凸不平，形成耳轮、对耳轮、耳屏、对耳屏、耳甲艇、耳甲腔等解剖标志（图 12-2）。皮肤与软骨膜贴合较紧，皮下组织少，外伤后形成的血肿不易吸收，感染后易发生软骨膜炎。耳郭皮肤薄，血管不丰富，并且没有足够的脂肪层起保护作用，皮肤菲薄，因而在特别寒冷的天气里容易发生冻伤。耳郭与外耳道连续，故当外耳道发炎时，牵拉耳郭或压迫耳屏可使疼痛加剧。

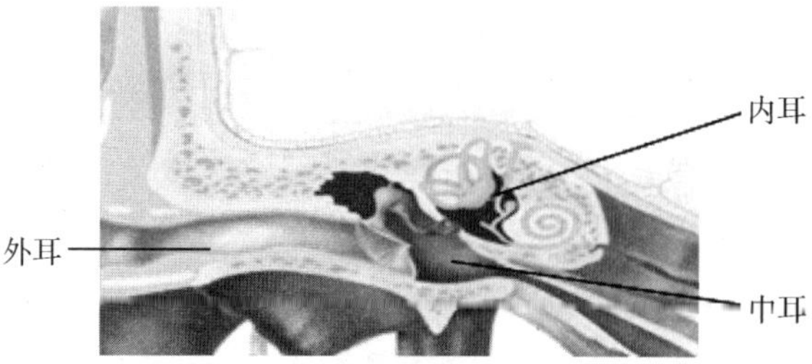

图 12-1 耳的分部

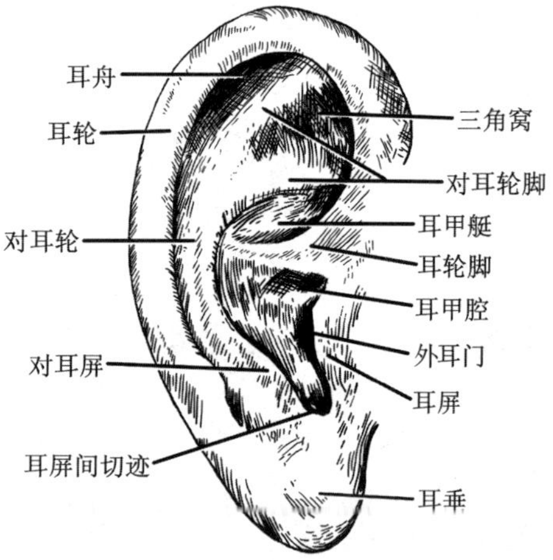

图 12-2 耳郭的标志

（二）外耳道

外耳道起自耳甲腔的外耳门，止于鼓膜，成人外耳道长 2.5~3.5cm。外 1/3 为软骨部，内 2/3 为骨部。软骨部皮肤有皮脂腺，耵聍腺和毛囊，外伤后易感染形成疖。由于皮肤与软骨附着较紧，故感染肿胀时易使神经末梢受压引起剧痛。软骨部和骨部交接处，软骨部前下壁常有 2~3 个由结缔组织充填的垂直裂隙，称 Santorini 裂，它可增加耳郭的活动性，这个间隙可为外耳道与腮腺之间感染互为影响的途径。骨部与乳突前壁、颅中窝及颞颌关节相邻，外伤或感染时可相互影响。骨性外耳道中部是外耳道最狭窄的部位，称作外耳道峡部，易于嵌顿异物、耵聍等。

外耳道略呈 S 形弯曲，外段向内向前而微向上，中段向内向后，内段向内向前而微向下。故在检查外耳道深部或鼓膜时，需将耳郭向后上提拉，使外耳道轴心成一直线，便于窥见。婴儿的外耳道软骨部与骨部尚未完全发育，故外耳道短而狭窄，鼓膜接近水平，检查鼓膜时，须将向后下方牵拉耳郭。

（三）外耳的神经

外耳的神经主要有二：下颌神经的耳颞支，分布于外耳道的前半部，故当牙痛或咽痛时可传至外耳道；迷走神经的耳支，分布于外耳道的后半部，故当刺激外耳道后份皮肤时，可引起反射性咳嗽。另有耳大神经、枕小神经、面神经、舌咽神经的分支支配。

（四）外耳的血管和淋巴

动脉来自颈外动脉的耳后动脉、颞浅动脉和上颌动脉。颞浅动脉和耳后动脉主要分别供应耳郭的前、后面，且两者间有细小分支相吻合。上颌动脉的耳深动脉经外耳道骨部与软骨部交界处供应外耳道及鼓膜外面。静脉与同名的动脉伴行，汇流至颈外静脉，部分回流至颈内静脉，耳后静脉可经乳突导血管与乙状窦相通。

外耳的淋巴引流至耳前、耳后、耳下、颈浅和颈深淋巴结上群。

二、中耳

中耳包括鼓室、咽鼓管、鼓窦和乳突四部分。

（一）鼓室

鼓室由颞骨岩部、鳞部、鼓部及鼓膜围绕而成，是位于鼓膜和内耳外侧壁之间的一腔隙结构，容积约 1~2ml。以鼓膜紧张部上下边缘为界线，可将鼓室分为三部分：鼓膜紧张部上缘平面以上的鼓室腔称为上鼓室，又叫鼓室上隐窝；鼓膜紧张部上下缘之间的鼓室腔为中鼓室；鼓膜紧张部下缘平面以下为下鼓室。上鼓室的内外径约为 6mm，中鼓室鼓膜脐部与鼓岬的距离只有约 2mm，下鼓室内外径约 4mm。鼓室近似于一立方体，共有六个壁（图 12-3）。

1. 鼓室（6 壁）

（1）外壁　由膜部及骨部两部分组成。骨部由上鼓室的外壁和骨性鼓环组成。膜部即鼓膜，为鼓室外侧壁的主要组成部分（图 12-4）。鼓膜为椭圆形半透明薄膜，上下径约 9mm，前后径约 8mm，厚约 0.1mm。鼓膜分为紧张部与松弛部两部分。紧张部为鼓膜的主要部分，呈浅漏斗状，周边借纤维软骨环附于鼓沟中。松弛部位于紧张部之上，略呈三角形，直接附着于鼓切迹处。鼓膜的组织学结构分三层，即外侧的上皮层，与外耳道皮肤相连，覆以复层鳞状上皮；中间为纤维层，内侧为黏膜层，与鼓室的黏膜相延续。外伤或感染后愈合的鼓膜因缺乏纤维层而显菲薄。鼓膜的标志：鼓膜的中心部最凹处相当于锤骨柄的尖端，称之为脐部。在锤骨柄的前下方可见一锥形反光区，称之为光锥。鼓膜内陷变形

时，光锥可变形、散漫、缩短或消失。为便于描述和定位，沿锤骨柄作一假想线，再经鼓膜脐作一与之垂直的假想线，将鼓膜分为前上、前下、后上、后下四个象限。

（2）内壁 鼓室内壁为内耳的外壁，上有鼓岬、前庭窗（卵圆窗）、蜗窗（圆窗）、面神经水平段骨管部、外半规管隆突、匙突（鼓膜张肌腱附着处）等重要结构。鼓岬系耳蜗底周所在处，其表面有舌咽神经的鼓室支 Jacobson 神经分布。鼓岬的后上方有一椭圆形凹陷，窝底有一近似椭圆形的窗孔向内通内耳的前庭，称为前庭窗或卵圆窗，由镫骨底板及环韧带封闭。鼓岬的后下方有一圆形凹陷，其内有一通向耳蜗鼓阶起始部的圆形窗孔，称之为蜗窗或圆窗，由圆窗膜封闭，又称第二鼓膜。面神经管的水平部走行于前庭窗的上方，外半规管位于面神经管凸的后上方。前庭窗前上方鼓膜张肌的附着处滑车形成匙突，鼓膜张肌的肌腱绕过匙突向外达锤骨柄上部的内侧。

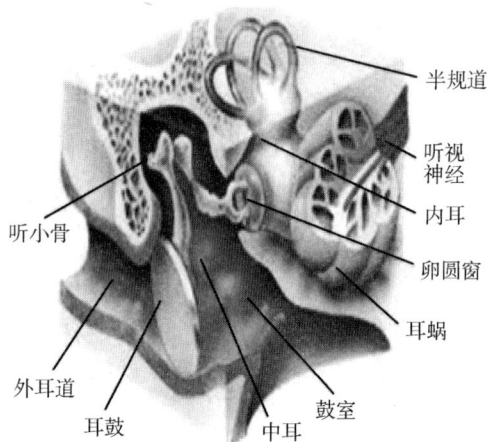

图 12-3 中耳鼓室

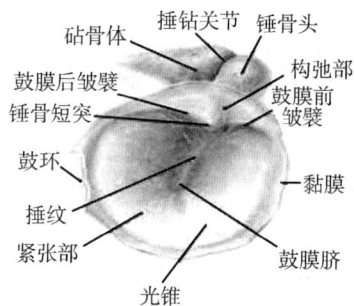

图 12-4 鼓膜标志

（3）前壁 即颈动脉壁，其下部以极薄的骨板与颈内动脉相隔，上部有鼓膜张肌半管的开口与咽鼓管鼓口。

（4）后壁 即乳突前壁，面神经垂直段通过此壁的内侧。上方为鼓窦与乳突相通。鼓窦入口的底部有砧骨窝，入口的内侧为外半规管隆凸。鼓窦入口、砧骨短脚、外半规管隆凸均是术中定位面神经的重要解剖标志。

（5）上壁 即鼓室盖分隔鼓室与颅中窝，上有岩鳞缝，是耳源性颅内感染的传播途径。

（6）下壁 又称颈静脉壁，为一菲薄的骨板，将鼓室与颈内静脉和静脉球分隔。

2.鼓室的内容物 包括听小骨、肌肉、韧带及神经（图12-5）。

（1）听小骨 即锤骨、砧骨和镫骨，是人体最小的一组骨头，借韧带悬吊于鼓室腔，并以关节相连，称为"听骨链"。其中锤骨的锤骨柄夹在鼓膜层间，砧骨居三者之间，镫骨的镫骨底板与前庭窗相连。听骨链构成一个完美的悬挂系统，将鼓膜振动的能量传入内耳。

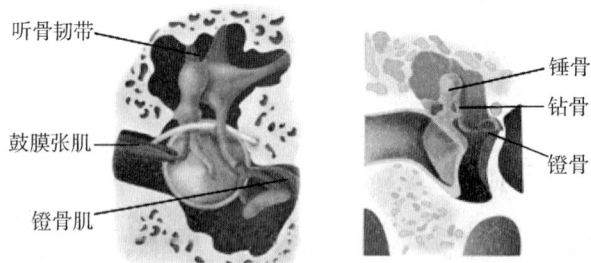

图 12-5 鼓室内容物

（2）肌肉 鼓室的肌肉有鼓膜张肌和镫骨肌，两者的功能都是防声作用。鼓膜张肌收缩可借拉紧锤骨而增加鼓膜紧张度，使

鼓膜及听骨链振动幅度减小，防止强声对鼓膜及内耳的损伤；镫骨肌是人体最小的一块肌肉，镫骨肌收缩可使镫骨底板以其后端为支点向后外离开前庭窗，也起到保护内耳及鼓膜的作用。

（3）韧带　连接听骨的韧带有六条，即锤骨上、前和外侧韧带、砧骨上和后韧带、镫骨环韧带。几条韧带将听骨链固定成振动传递效率很高的悬挂系统。

（4）神经　鼓岬表面有舌咽神经的鼓室支 Jacobson 神经分布，另外面神经分支的鼓索神经也走行于鼓室内，跨过鼓室后与舌神经合并，司同侧舌前 2/3 的味觉。

（二）咽鼓管

咽鼓管是沟通鼓室与鼻咽部的通道，成人大约 3.5mm 长，由外 1/3 的骨部和内 2/3 的软骨部构成。咽鼓管的鼓室端称为鼓口，位于鼓室前壁，咽端口位于鼻咽侧壁、咽隐窝之前，距下鼻甲后端 1.0~1.5cm 处。鼓室口高于咽口 2~2.5cm，于水平面约成 40°，利于中耳液体排出并预防感染。

小儿的咽鼓管接近水平位，平直，短，管腔大，而且处于开放状态，故小儿的咽部感染易经此管传入鼓室，常导致中耳炎。支配咽鼓管的肌肉有腭帆张肌、腭帆提肌和咽鼓管咽肌，当张嘴、吞咽、哈欠时上述肌肉收缩，使咽鼓管咽口开放，起到调节鼓室气压平衡的作用。咽鼓管功能异常，通气功能下降是形成分泌性中耳炎的主要原因（图 12-6）。

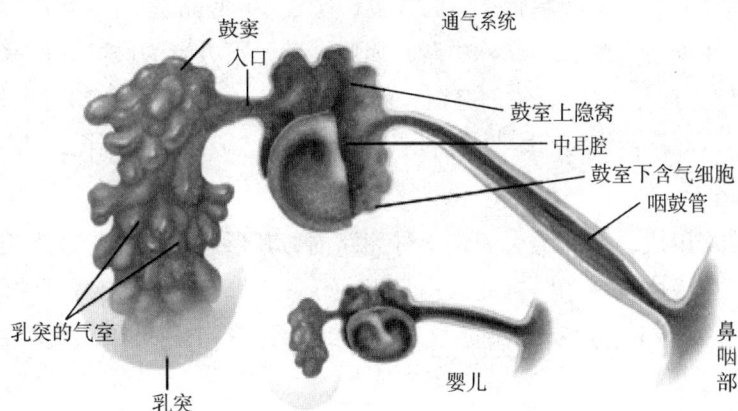

图 12-6　中耳通气系统

（三）鼓窦

鼓窦是介于上鼓室与乳突气房之间一个较大的形状不规则的骨性气房，是鼓室与乳突气房相通的要道，在鼓窦的前下壁有一狭窄通道，称之为鼓窦入口或鼓道，与上鼓室相通，鼓窦和鼓窦入口是中耳乳突手术的重要解剖标志及入路。

（四）乳突

乳突位于颞骨的后下部，内含有许多相互交通的、有黏膜被覆的、大小不等的乳突气房。根据气房发育的情况，可将乳突分为四型，即气化型，气房发育完全；板障型，气房发育不良，小，数量少；硬化型，乳突气房近乎未发育；混合型，为以上三型任何两型或三型的同时存在。正常情况以气化型最为多见。由于鼓室，乳突窦和乳突小房的黏膜相连续，故中耳炎可蔓延至乳突窦和乳突小房。乳突小房与乳突窦仅以一薄骨板与颅中窝相隔，如乳突小房炎症侵蚀此骨质时，则可引起颅内感染。

三、内耳

内耳又称迷路，位于颞骨岩部，内含听觉及位置感受器官。从解剖学角度看，内耳可分

为耳蜗、前庭和半规管三部分，从组织学角度看，内耳由骨迷路、膜迷路和淋巴液组成。骨迷路是内耳的骨性包裹，膜迷路包含在骨迷路之中，骨迷路与膜迷路之间的间隙称之为外淋巴隙，内含外淋巴液，膜迷路内含有内淋巴液，两种淋巴系统互不相通。

（一）骨迷路

骨迷路由致密的骨质构成。包括前庭，骨半规管，耳蜗（图12-7）。

1. 前庭   位于耳蜗及半规管之间，容纳椭圆囊及球囊。外壁既为鼓室内壁。上有前庭窗和窝窗。

2. 骨半规管   由外（水平），前（上垂直），后（垂直）三个半圆形的管道构成，其中上和后半规管共用一只脚，叫总脚。故三个半规管共有5孔通入前庭。管内充满外淋巴液，这些半规管可以感知各个方向的加速度，起到感知运动和体位，调节身体平衡的作用。

图 12-7   骨迷路

3. 耳蜗   位于前庭的前面，形似蜗牛壳而得名。主要由中央的蜗轴和周围的骨蜗管组成。骨蜗管（蜗螺旋管）旋绕蜗轴2.5~2.75周，全长30~32mm，骨蜗管内共有3个腔，上方者为前庭阶，中间者为蜗管，又称中阶，属膜迷路，下方者为鼓阶。前庭阶，鼓阶内充满外淋巴液，且互通。前庭阶始于前庭窗，前庭窗上有一层薄黏膜，镫骨底板附于黏膜内，这样听骨链上的运动就转化为前庭阶内外淋巴液的振动。鼓阶始于圆窗，为圆窗膜所封闭。

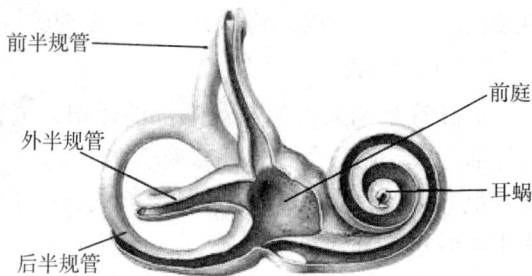

（二）膜迷路

由膜管和膜囊组成，借纤维束固定于骨迷路内，其形态基本与骨迷路相似，但管径较小，悬浮于外淋巴液中，膜迷路内充满内淋巴液。膜迷路分为4部分：椭圆囊，球囊，膜半规管及膜蜗管，各部互相沟通，形成一密闭的管道，容纳内淋巴。膜窝管与听觉有关，其他与平衡觉相关（图12-8）。

1. 椭圆囊   位于前庭内，有膜半规管的5个开口，囊壁有椭圆形，较厚的感觉上皮区，即椭圆囊斑，亦称位觉斑，感受位觉。球囊：位于前庭内，内壁有球。

2. 囊斑   亦感受位觉。椭圆囊和球囊均为平衡觉感受器，不仅能感受静止时的位置变化，还能感受直线变速运动时位置变化的刺激。

3. 膜半规管   借5管与椭圆囊相通，能感受旋转变速运动时位置变化的刺激。

4. 膜蜗管（图12-9）   又名中阶或蜗管，位于前庭阶及鼓阶之间，上壁为前庭膜与前庭阶相隔，不互通。外含外淋巴液，内含内淋巴液，下壁为基底膜与鼓阶相隔。基底膜是螺旋器的根据地。基底膜上有支持细胞，内外毛细胞和胶状盖膜组成的螺旋器，又称Corti器。毛细胞是听觉细胞，盖膜是一种胶状物质，内侧附在支柱细胞上，其余部分覆盖毛细胞。淋巴液的波动使盖膜产生起伏运动，带动毛细胞，转化为神经冲动，由毛细胞内含的听神经末梢传导上行神经冲动，在大脑皮质听觉中枢产生听觉。

毛细胞为听觉的感觉器，内毛细胞约有3500个，外毛细胞有12000个以上。毛细胞底部含有神经末梢，多根神经纤维组成螺旋神经节，并集结形成耳蜗神经，前庭神经和耳蜗神经共同组成前庭蜗神经（听神经，第8对脑神经），其中95%的神经纤维与内毛细胞相连，只有5%与鼻毛细胞相连。

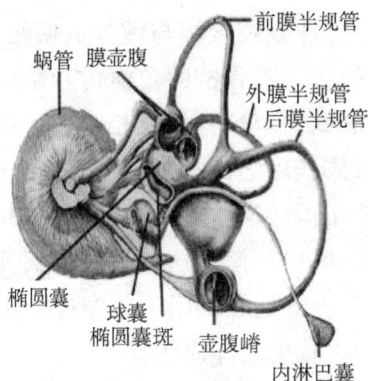

图 12-8 膜迷路

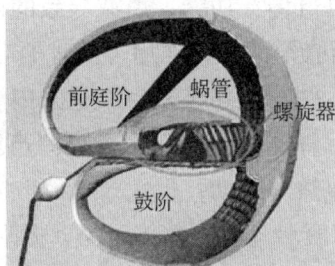

图 12-9 膜蜗管

（三）内耳的血供

内耳的血供主要来自小脑前下动脉或基底动脉分出的迷路动脉，少数来自耳后动脉的茎乳动脉的分支。从迷路动脉分出耳蜗总动脉和前庭动脉，进而由耳蜗总动脉分出耳蜗主动脉和前庭耳蜗动脉，由前庭耳蜗动脉再分出前庭后动脉和耳蜗支，由此可见内耳的供血动脉十分纤细，属于终末动脉，是临床易于因血管因素引起内耳损伤的解剖学基础。内耳的静脉汇成迷路静脉，导入岩上窦或岩下窦与侧窦。

第二节 耳生理学

一、外耳生理

外耳包括耳郭和外耳道。外耳的主要功能是将自由声场的声波传播到鼓膜。耳郭可收集声波汇入外耳道。耳郭的前面凹凸不平，不仅集音，而且将过大的声音进行折射，起到保护耳朵的作用。两侧耳郭的协同作用，可以辨别声源方向。因此耳郭缺如，不仅影响美观，还可引起一定程度的听力减退。

外耳道是声波传导的通路，具有传递声波及扩音作用。其一端开口，另一端为鼓膜所封闭。根据物理学原理，充气的管道可与波长 4 倍于管长的声波产生最大的共振增压作用。以外耳道 2.5 厘米长度计算，它作为一个共鸣腔的最佳共振频率在 3800Hz 左右，这样的声音由外耳道传到鼓膜时，其强度可以增强 10~20dB。此外，外耳道尚有保护耳的深部结构免受损伤及保持耳道深部温度恒定的作用。

二、中耳生理

鼓膜为椭圆形的薄膜，形如斗笠、尖顶向内，周围固定于骨上，将外耳与中耳分隔。鼓膜能随音波振动而振动，停止而停止，故能如实地把声波刺激传导到中耳。中耳的主要功能是传音、阻抗匹配作用和增压效应。将进入外耳道内空气的声能向内耳传递，在此过程中中耳通过声阻抗匹配作用，使内耳淋巴液的高声阻抗与空气的低阻抗得到匹配，使声能高效地传入内耳。这种声波增益作用是通过鼓膜和听骨链的功能来完成的。鼓膜

的有效振动面积约 55mm² 是镫骨足板面积的 3.2 mm² 的 17 倍，所以作用于鼓膜的声压传导前庭窗膜时，单位面积压力增加了约 17 倍。另外鼓膜振幅与锤骨柄振幅之比是 2∶1，所以鼓膜的弧形杠杆作用可使声压提高 1 倍。鼓膜 – 听骨链的单窗传音系统保证了声波对前庭窗的单窗传音功能，声波导致的前庭窗和蜗窗膜位移为反相时，可使耳蜗听觉敏感度提高。听骨链的杠杆作用（锤骨柄与砧骨长脚长度之比是 1.3∶1，故当声波传至前庭窗时可增益 1.3 倍）。声波从空气进入内淋巴液，因阻抗不同，能量衰减约 30dB，而中耳通过鼓膜与听骨连的增压作用可提高声能约 30~40dB，使得这一损失得到补偿。正常情况下，听骨连整体移动，但大于 150db 时，由于镫骨足板的阻力（摩擦力）及砧镫关节的缓冲作用，听骨连不再整体运动，振幅变小，以减少内耳损伤。

圆窗与前庭窗形成声波的相位差，减少声波的抵消作用。正常情况下声波振动鼓膜，使鼓室空气振动，再振动圆窗；而前庭窗通过听骨链传导振动。听骨链的固体传导快于鼓室空气传导的 4 倍，所以正常人同一声波到达前庭窗早于圆窗，产生相位差。正常情况下因中耳增压作用使得前庭窗的声压比圆窗大 22 倍，相位变化对听力的影响就显得很小，但当中耳增压作用消失时，声波同时到达两窗，产生抵消，对听力影响就较大。

咽鼓管的作用包括：维持中耳内外的压力平衡，引流中耳的分泌物，防止经鼻咽部的逆行性感染，阻声和消声作用。

三、内耳生理

内耳迷路中可分为耳蜗、前庭器官两部分，耳蜗与听觉有关，前庭器官与位置（平衡觉）有关。

1. **内耳听觉生理** 声波经外耳道到达鼓膜，引起鼓膜的振动。鼓膜振动又通过听小骨而传达到前庭窗（卵圆窗），使前庭窗膜内移，引起前庭阶中外淋巴振动，从而蜗管中的内淋巴、基底膜、螺旋器等也发生相反的振动。封闭的蜗窗膜也随着上述振动而振动，其方向与前庭膜方向相反，起着缓冲压力的作用。基底膜的振动使螺旋器与盖膜相连的毛细胞发生弯曲变形，产生与声波相应频率的电位变化（称为微音器效应），进而引起听神经产生冲动，经听觉传导道传到中枢引起听觉。听觉传导道的第一级神经元位于耳蜗的螺旋神经节，其树突分布于耳蜗的毛细胞上，其轴突组成耳蜗神经，入脑桥止于延髓和脑桥交界处的耳蜗核，更换神经元（第二级神经元）后，发出纤维横行到对侧组成斜方体，向上行经中脑下丘交换神经元（第三级神经元）后上行止于丘脑后部的内侧膝状体，换神经元（第四级神经元）后发出纤维经内囊到达大脑皮层颞叶听觉中枢。当冲动传至听觉中枢则产生听觉。另外，耳蜗核发出的一部分纤维经中脑下丘，下行终止于脑干与脊髓的运动神经元，是听觉反射的反射弧。

此外，声音传导除通过声波振动经外耳、中耳的气传导外，尚可通过颅骨的振动，引起颞骨骨质中的耳蜗内淋巴发生振动，引起听觉，称为骨传导。骨传导极不敏感，正常人对声音的感受主要靠气传导。

2. **内耳平衡觉生理** 人体维持平衡，主要依靠前庭系、视觉系及本体感觉系相互协调来完成。前庭系各部分生理功能如下。

（1）半规管主要感受正、负角加速度的刺激。当头部受角加速度作用时，膜半规管的内淋巴发生反旋转方向的流动，刺激壶腹嵴产生神经冲动，传入各级前庭中枢，引起综合反应，以维持身体的动态平衡。

（2）椭圆囊斑和球囊斑两者几乎互相垂直，感受直线加（减）速度的刺激，这种刺激产生的神经冲动，经前庭神经传入各级前庭中枢，感知各种头位变化，维持身体静态平衡。

（3）前庭神经核不仅能传导神经冲动，也与许多传导束有密切的联系，故在平衡功能紊乱时，会产生眩晕、眼球震颤、恶心、呕吐、面色苍白、心悸等症状。

当前庭器官受到过强过长时间的刺激时，常会引起恶心、呕吐、眩晕、皮肤苍白等症状，称之为前庭自主神经性反应。有些人前庭功能非常敏感，前庭器官受到轻微刺激就可引起不适应反应，严重时称为晕动病，如晕车、晕船、航空病等。

（赵　宇　周　立）

扫码"练—练"

第十三章　中医耳科学概论

第一节　耳与脏腑经络的关系

　　耳部居头面两侧，属阳位，是清阳之气上通之处，故称"清窍"。《灵枢·口问篇》谓："耳者，宗脉之所聚。"《灵枢·邪气脏腑病形篇》又谓："十二经脉，三百六十五络。其血气皆上于面而走空窍…其别气走于耳而为听。"说明全身各大经络或主要经络均直接循行或有分支汇聚于耳，其经气皆上注于耳，使耳与全身脏腑密切联系。

一、耳与脏腑的关系

　　1. **耳与肾**　耳为肾之官，为肾之窍。肾为藏精之脏，受五脏六腑之精而藏之，《素问·阴阳应象大论》谓："肾主耳"。即指耳窍有赖肾精的濡养，其听觉功能和平衡功能与肾精的盛衰密切相关。肾精充盛，上濡耳窍则听觉灵敏，步履稳健；若肾精亏虚，则听力减退，耳鸣，眩晕；耳为肾之外候，肾脏的病理变化可反映于耳。如《医学心悟·卷一》所谓："耳者，肾之窍。察耳之枯润，知肾之强弱。"

　　2. **耳与心**　耳为心之寄窍。《素问·金匮真言论》谓："南方色赤，入通于心，开窍于耳。"《证治准绳·杂病》谓："心在窍为舌，以舌非孔窍，因寄窍于耳，则是肾为耳窍之主，心为耳窍之客。"心主血藏神，心血输注于耳，濡养耳窍，使耳能发挥正常的生理功能。若心虚血耗，耳窍失养，则听力下降；心属火，肾属水，心肾相交，水火既济，则耳窍聪敏。若心肾不交，水火不济，则听力失聪，耳鸣，眩晕。心主神明，精神思维活动由心所主，人之听觉，亦为心所主。故前人有："心和能辨识五音"之说。

　　3. **耳与脾胃**　脾主运化而升清，胃主受纳而主降，两者互为表里，合称"后天之本""气血生化之源"，全身五脏六腑，四肢百骸，皆赖脾胃化生的水谷精微的濡养。若脾胃健旺，气血充足，耳窍得养，则功能正常，反之，则功能失常。脾主升清，清气上升以滋润耳窍，清气不升，水湿停聚则耳窍闭阻。

　　4. **耳与肝胆**　肝主疏泄，其性升发，疏泄适度，清阳得升，耳窍得养，则功能正常，若升发太过，气机逆乱，则清窍壅塞而为病；肝藏血，肾藏精，肝肾同源，精血互生，共

同维持耳的生理功能；肝与胆互为表里，经脉互相络属，两者在生理病理上，均与耳有一定的联系。

5. 耳与肺　肺主气，自然之清气经肺呼吸上贯耳窍，脾胃化生的水谷精气，经肺输布，上濡耳窍，使耳窍得养，耳窍内外之气均衡，则耳之听力灵敏而无病。反之则耳病。

二、耳与经络的关系

手足之阳经络均直接与耳有联系，或入耳中，或分布于耳周。手足三阴经主要通过经别合于手足三阳经而间接与耳相通，无论何经产生病变都可影响到耳。

足少阳胆经，系耳后，出耳上角，其支者入耳中，出走耳前。

手少阳三焦经，系耳后，出耳上角，支者入耳中，出走耳前。

手太阳小肠经，其支者出缺盆，循颈上颊，至目锐眦，入耳中。

足阳明胃经，循颊车，上耳前；过客主人。

手阳明别络，入耳合于宗脉。

此外，奇经中阴跷脉、阳跷脉入耳后，阳维脉循头入耳，均对耳的生理、病理产生影响。

第二节　耳病病因病理概述

耳位居头面两侧，外与周围环境直接接触，内与脏腑经络、气血密切相关，易受体内外各种致病因素的损害而发病。所以，引起耳病的原因很多，也很复杂。其主要病因病机可归纳为以下几个方面。

一、六淫侵袭

1. 风邪侵袭　临床上，单由风邪所致的耳病很少，每多见风寒、风热、风湿热邪合而致病。表现为耳窍胀闷、堵塞、听力突然减退，或耳痒、耳部生疮、流黄水或眩晕。

2. 寒邪侵袭　寒属阴邪，其性凝涩，寒冬之时，耳部护理不当，易受寒邪侵袭，气血凝滞而生冻疮。

3. 湿邪侵袭　湿为阴邪，其性类水，黏腻重滞。久居湿地，或沐浴污水入耳或脏腑失调，内生之湿犯耳，可致耳窍积液、流水缠绵难愈，若湿聚化热，湿热蒸灼耳窍，则耳痛、皮肤红肿、耳膜穿孔、耳流脓。

4. 火热侵袭　外感六淫化火，或脏腑失调，情志过极化火，上犯耳窍，灼腐肌膜，壅滞气血则耳部红、肿、热、痛；溃腐化脓则发生疖痈或耳流脓。

二、脏腑热盛

1. 肝胆火盛　外感热邪，内犯肝胆，或肝郁化火，循经蒸灼耳窍，则耳暴鸣、卒聋或红肿热痛，或流脓黄稠。

2. 脾胃湿热　嗜食辛辣肥甘厚味，或饮酒过度，或脾失健运，湿聚化热，湿热内蕴，熏蒸耳窍，则耳部皮肤红肿、灼热、糜烂、耳流黄稠脓液。

三、脏腑虚损

1. 肝肾阴虚　肝藏血，肾藏精，肝肾同源，精血互生，若七情内伤，或劳伤精血，或久病耗伤肝肾之阴，肝肾阴虚，耳失濡养，或水不涵木，虚阳上扰则耳鸣耳聋、眩晕。

2. 肾阳虚衰　久病伤阴，阴虚及阳，或年老肾衰，耳失温养，或阳虚水泛则耳鸣、耳聋、眩晕。

3. 脾虚失运　饮食不节，或久病失养，脾气虚弱，气血不足，耳失所养，则耳鸣耳聋，眩晕；脾失健运，水湿停聚，上犯耳窍，则耳部积液、流水、流脓清稀等。

4. 心脾两虚　脾气虚弱，气血生化不足，或忧思过度，阴血暗耗，耳失濡养则耳鸣耳聋，眩晕。血虚生风化燥，则耳部皮肤粗糙，干痛脱屑。

四、气滞血瘀

情志不舒，肝气郁结，气滞血瘀，或外伤气血瘀阻，经脉不通，则耳鸣耳聋、耳部皮肤青紫、瘀肿。

五、痰火郁结

脾虚失运，或嗜食辛辣肥甘厚味，或饮酒过度，痰湿停聚，聚湿为痰，痰郁化火，痰火上扰耳窍则耳鸣、耳聋、眩晕。

此外，外伤、异物可致气血瘀阻，耳窍闭塞而发生耳病。

第三节　耳病辨证要点

耳科疾病的辨证，是通过对四诊收集的耳部资料进行综合分析，归纳，以辨明耳病的病因、病性、病位及其与脏腑、经络、气血津液的内在联系，从而为耳病的治疗提供依据。耳病的辨证方法较多，本节仅讨论临床常用的耳病主要症状辨证。

一、辨耳痛

一般根据耳痛的性质、程度、病程长短及伴随症状进行辨证。

耳病初起，耳微痛，耳道皮肤微红，微肿或耳膜微红，耳堵塞感，伴鼻塞，流涕等，为风热表证；耳痛，咀嚼或牵拉耳郭时加重，耳道焮红，多为火热邪毒上攻耳道；耳痛剧烈，呈跳痛或刺痛，甚至影响患侧头面部，并伴发热，为湿热壅盛酿脓之证；耳病日久，耳微痛或胀塞，或兼耳鸣，无流脓，多为肝肾不足或脾气虚弱；耳微痛，有流脓或耳膜穿孔，多为脾虚湿聚；耳痛较剧，耳周或耳道皮肤有疱疹，或伴口眼歪斜或耳鸣耳聋等多为风热侵袭或肝胆湿热蒸灼耳窍；耳痛剧烈，耳流脓后，耳痛不减，反见剧烈头痛，高热，寒战，呕吐项强，神昏谵语等为火毒内盛，邪陷心包之重症；耳痛剧烈，持续不休，伴耳流脓血，或口眼歪斜，耳鸣耳聋，形体消瘦，多为痰浊瘀阻，气血凝滞之耳肿瘤；耳痛尚可见于外伤、异物入耳、颞颌关节不利、耳神经痛等。

二、辨耳流脓

应根据流脓时间的长短，脓液的量、色、质、气味以及伴随症状等进行辨证。

新病，耳流脓，脓液色微黄，不臭或微腥者，多属风热湿邪为病；脓液稠黄，味臭，多为肝胆火热；若脓液黄而量多，多属脾经湿热上蒸；久病脓液清稀，量多者，为脾虚有湿，量不多者，为肾虚、虚火上炎；脓液带血者，新病多为火毒内炽，损伤血络，久病多为虚火内盛，灼伤血络；若脓液中带豆腐渣样物，伴特殊臭味者，多为肾元亏虚，湿热邪毒腐蚀骨质之正虚邪实证；脓液锐减，耳痛剧烈，伴头痛、寒战、高热者，多为脓毒内陷之证。

三、辨耳痒

耳痒常为风之见证，有风寒、风热之分，内风、外风之别。

耳痒，皮肤色白，受冷则发或加重者，多为风寒证；耳痒，皮肤微红，见热而生或加重者，多为风热证；若耳痒、皮肤干燥粗糙，脱屑者，为风邪挟燥热；若皮肤潮红、水疱、糜烂、流脂水者，多为风邪挟湿热；年老体虚者出现耳痒，耳郭干瘪，皮肤粗糙脱屑者，多为气血亏虚，化燥生风之证；冬季耳痒，耳郭红肿生疮者，多为寒邪侵袭，气血不畅之证；蚊虫、臭虫、跳蚤等叮咬耳部，虫毒入侵，也可出现耳痒。

四、辨耳衄

耳衄，即耳出血。临床相对少见，但病情往往较重，应引起足够重视。

一般根据出血的量、色、质及病史、病程、伴随症状等辨证。耳出血，伴耳痛、流脓、口苦咽干者，为肝胆火热，损伤脉络之证；耳出血，色鲜红，量多，伴耳痛、口眼歪斜、耳鸣耳聋者，多为外伤或手术伤，脉络受损，患者多有外伤或手术史；耳出血，量少，伴长期耳流脓，耳鸣耳聋、腰酸腿软者，多为肾阴亏损，虚火灼伤脉络证；耳出血，伴持续性耳剧痛，流脓臭秽者，多为气血瘀滞，痰浊凝结之重证。

五、辨耳鸣耳聋

耳鸣指无外界声源刺激的情况下，耳内主观上感觉有声音。耳聋指不同程度的听力下降。耳鸣可以影响听力，且常常与耳聋并见。一般根据耳鸣耳聋的起病缓急、病程长短，耳聋程度、鸣声大小、音调高低、持续性或间歇性、伴随症状等辨明耳鸣耳聋证之虚实。

耳鸣耳聋卒发，病程短，耳聋重，鸣声大，音调低，持续不断者，多为实证、热证；伴风热表证者，多为风邪侵袭；若因情志激动而发，伴面红目赤，口苦咽干等，为肝胆火热证；若体型肥胖，胸闷纳呆、耳胀闷者，为痰火郁结证；若因爆震所致，或舌暗红有瘀斑瘀点；或无其他全身症状者，多为气滞血瘀证。耳鸣耳聋渐发，病程长，鸣声细小，音调高，间歇性发病者，多为虚证；若耳鸣夜间尤甚，或伴面色潮红，腰膝酸软，头晕眼花，齿发脱落者，为肝肾阴虚证；若耳鸣耳聋遇劳而发或加重，面色㿠白，失眠多梦，心悸气短，倦怠纳差者，为气血虚弱证。

六、辨眩晕

眩晕可见于多种疾病，原因颇多，此指因耳窍疾病所致之眩晕，故称耳眩晕。

眩晕伴恶寒发热，鼻塞头痛，脉浮者，多为外感风邪所致；眩晕伴头额胀重，胸闷不舒，呕吐恶心，痰涎多者，为痰浊阻滞；眩晕发作与情绪波动有关，并见头痛，烦躁，口苦者，多为肝阳上亢；眩晕经常发作，面色苍白，神疲嗜睡，唇甲不华，纳差懒言，动则气短者，多为气血虚弱；经常眩晕伴高调耳鸣，耳聋，腰膝酸软者，多属肾精亏损。

第四节　耳病治法概要

耳病的治疗方法较多，包括内治法、外治法、针灸按摩、穴位注射、穴位埋线等。

一、内治法

1. **宣肺通窍法**　用于风热袭肺，邪热上炎，壅遏耳窍所致的耳病。证见：耳窍胀闷堵塞感，耳鸣声低，听音不清，自听增强，鼻塞流涕，恶寒发热，头身疼痛，苔薄白，脉浮数等；常用具有疏风解表，宣肺通窍作用的药物组成方剂，如银翘散、桑菊饮等。常用药物如银花、连翘、薄荷、桔梗、杏仁、荆芥、苍耳子、石菖蒲等。

2. **泻火解毒法**　用于热毒入里，上攻耳窍所致的耳病。证见：耳痛、流脓黄稠，耳部红肿生疮，疱疹、耳鸣声大，耳聋，伴发热、口苦，大便秘结，小便黄赤，舌红，苔黄，脉数。常用具有清热泻火，解毒消肿作用的药物组成方剂，如银花解毒汤、五味消毒饮、龙胆泻肝汤等。常用药物如：栀子、黄芩、黄连、龙胆草、夏枯草、蒲公英等。

3. **利水渗湿法**　用于湿邪外侵或湿浊内生，上犯耳窍所致的耳病。证见：耳胀闷堵塞，耳鸣耳聋，耳窍积水，流脓，眩晕，胸闷头重，四肢困倦，纳呆腹胀，恶心呕吐，舌苔腻，脉滑等。常用具有利水渗湿，除湿祛痰的药物组成方剂，如温胆汤、清气化痰丸等。常用药物如陈皮、半夏、茯苓、竹茹、南星、泽泻、猪苓等。

4. **补益肝肾法**　用于肝肾阴虚，耳窍失养所致的耳病。证见：耳鸣如蝉，耳聋，眩晕，耳流脓带血，腰膝酸软，手足心热，潮热盗汗，口燥咽干，舌红少苔或无苔，脉细数。常用具有补益肝肾，滋阴润燥作用的药物组成方剂，如六味地黄汤、耳聋左磁丸等。常用药物如：熟地、知母、山茱萸、山药、枸杞子、菟丝子、淮牛膝等。

5. **散瘀排脓法**　用于因热毒壅聚、气滞血瘀所致的耳部痈疮疖肿、耳流脓等。常用具有清热解毒，活血化瘀，消痈排脓作用的药物组成方剂，如仙方活命饮等。常用药物如穿山甲、皂角刺、蒲公英、金银花、桔梗、薏苡仁、白芷等。

6. **行气通窍法**　用于因情志不畅，气机阻滞耳窍所致的耳病。证见：耳胀闷、堵塞，低调耳鸣、耳聋，心烦易怒，胸胁胀满等。常用具有疏肝解郁，理气通窍作用的药物组成方剂，如柴胡疏肝散、通气散等。常用药物如柴胡、川芎、郁金、香附、枳壳、白芍等。

7. **益气养血法**　用于气血亏虚，耳失濡养所致的耳病。证见：耳鸣耳聋、头昏眩晕、失眠多梦、倦怠懒言，毛发脱落，舌淡，苔白，脉细弱。常用具有益气养血作用的药物组成方剂。如八珍汤、归脾汤等。常用药物如党参、黄芪、白术、茯苓、山药、熟地、赤芍、川芎等。

8. **健脾益气法**　用于脾气虚弱，中气不足，耳窍失养所致的耳病。证见：耳聋，耳内

虚鸣，耳流脓清稀，反复发作，头晕，乏力。舌淡，苔白，脉缓弱。常用具有健脾益气作用的药物组成方剂。如补中益气汤、参苓白术散等。常用药物如党参、白术、茯苓、扁豆、泽泻、薏苡仁等。

二、外治法

1. **清洁法**　用具有清热解毒，收敛祛湿作用的药物煎水清洗耳部，用于治疗耳流脓、皮肤糜烂的耳病。

2. **滴耳法**　用具有清热解毒，收敛祛湿，辟邪止痛的药液滴入耳部，用以治疗耳痛、耳内流脓、耳痒等耳病。

3. **吹药法**　用具有清热解毒，收敛生肌作用的药物制成极细粉末，吹入耳部，用以治疗耳痛、流脓流血、耳部疮痈、耳周溃烂、溃口不愈等耳病。

4. **涂敷法**　用具有清热解毒，消肿止痛作用的药物制成粉剂、散剂、膏剂、糊剂等，用以治疗耳部疮痈、皮肤糜烂、颈部瘰核等。

5. **塞耳法**　用具有疏风清热，除湿消肿的药物研极细末，撒于消毒绵球上或用消毒纱布包裹，塞于耳内，用以治疗耳痒、渗液、红肿等耳病。

6. **冲洗法**　用生理盐水装入注射器内，冲洗耳道，用以治疗外耳道细小异物或耵聍。

7. **切开排脓法**　用尖刀、注射针、三棱针刺破患部，用以治疗耳部疖痈、脓肿等。

三、针灸疗法

1. **体针**　常取足少阳胆经、手少阳三焦经、足阳明胃经、手阳明大肠经、手太阳小肠经、足太阴脾经、足少阴肾经、足太阳膀胱经、足厥阴肝经、督脉等穴治疗耳病。常用穴位耳门、翳风、听宫、听会、颊车、下关、足三里、三阴交、太溪、照海、太冲、内关等。

2. **耳针**　常用耳穴压丸。常用穴位：肾、神门、内耳、内分泌、心、脾等。用以治疗耳鸣耳聋、眩晕等。

3. **艾灸**　艾灸常用以治疗耳部虚寒性疾病。其方法有直接灸、隔姜灸、悬灸等。常用穴位有翳风、百会、中脘、足三里、三阴交、涌泉、肝俞、肾俞、关元、气海等。

四、穴位注射法

常用穴位：耳门、翳风、听宫、足三里等。常用药物有：复方丹参注射液、川芎注射液、天麻注射液、维生素 B_1、维生素 B_{12} 注射液等。用以治疗耳鸣耳聋、耳胀耳闭等。

五、捏鼻鼓气法

用以治疗耳闭、耳鸣耳聋。其法如《保生秘要·卷三》记载："定息以坐，塞兑，咬紧牙关，用脾肠二指捏紧鼻窍，睁二目，使气串耳通窍内，觉哄哄有声，行之二三日，窍通为度。"但应注意鼻部、鼻咽部有异常分泌物及鼻出血时忌用，以免加重病情。

六、鼓膜按摩法

用于治疗耳闭、耳鸣耳聋。其法如《景岳全书·卷二十七》谓："以中指置于耳窍中轻轻按捺，随按随放，随放随捺，或轻轻摇动，以引其气，按捺数次，其气必至，气至则窍

自通矣。"按摩前应洗手、剪指甲。耳道红肿疼痛或眩晕者不宜使用此法。

七、鸣天鼓法

用于预防和治疗耳鸣耳聋等。其法如《灵剑子导引子午记·击探天鼓》中记载："天鼓者，耳中声也，以两手心紧按耳门，以指击其脑户，常欲其声壮盛，相续不散。"

（贾德蓉　田　理）

扫码"练一练"

第十四章　耳部检查法

☞**要点导航**

1. **掌握**　耳部一般检查法。
2. **熟悉**　听功能检查法。
3. **了解**　前庭功能及耳部影像学检查。

第一节　耳部一般检查法

一、耳郭及耳周检查

1. **视诊**　耳郭外形、大小、位置，双侧是否对称。注意耳郭及其周围有无瘘口、赘生物、局限性隆起，皮肤有无红肿等。

2. **触诊**　触摸耳郭，了解有无压痛、增厚、皮下肿物等；触压鼓窦和乳突区，有无压痛，耳周淋巴结有无肿大、压痛等，注意两侧对比。

二、外耳道及鼓膜检查

患者侧坐位，受检耳朝向检查者。调整额镜及光源，将反射光线投射至受检耳。根据具体需要选择以下方法进行检查。

（一）徒手检查法

1. **双手法**　检查者一手以拇指和食指捏住耳郭后上部将其往后、上、外方牵拉，另一手食指置于耳处将其往前方推（图14-1）。注意动作轻柔，避免引起疼痛。

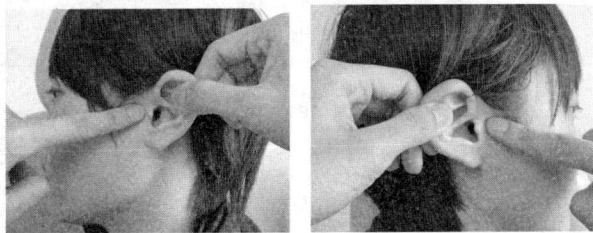

图14-1　双手法检查外耳道

2. **单手检查法**　（图14-2）检查左耳时，左手从耳郭下方，以拇指和中指捏住耳郭后部将其往后上方牵拉，食指置于耳屏将其往前方推；检查右耳时，左手从耳郭上方同上法进行操作。本法适用于需要用右手进行器械操作的情况下。

（二）耳镜检查法

1. **双手检查法**　检查者左手牵拉耳郭，右手持耳镜轻轻放入外耳道内，不要超过软骨部与骨部交界处，调整耳镜轴向与外耳道长轴一致（图14-3）。

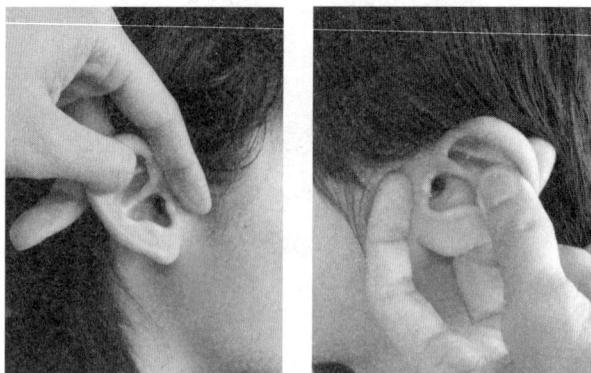

图 14-2　单手法检查外耳道

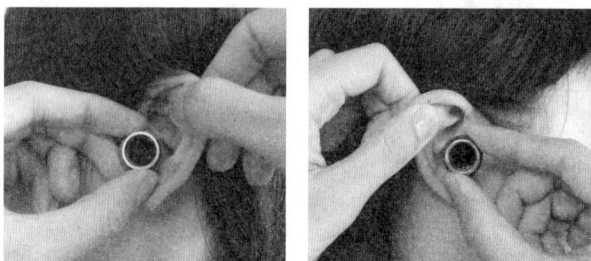

图 14-3　双手法耳镜检查

2. **单手检查法**　检查左耳时，左手中指抵于耳甲艇处将耳郭往后上方推，拇指和食指持耳镜并将其置入外耳道内；检查右耳时，左手中指和无名指夹持并牵拉耳郭，拇指和食指持耳镜并放入外耳道内（图14-4）。

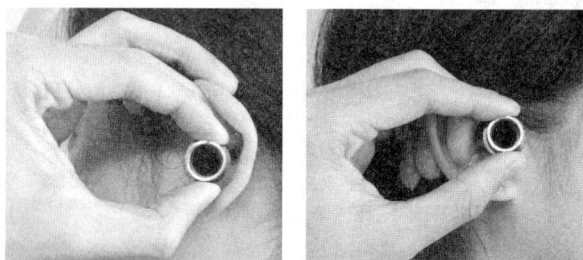

图 14-4　单手法耳镜检查

3. **电耳镜检查法**　电耳镜配有光源及放大镜（图14-5），可窥察鼓膜的细微病变，适用于卧床患者及婴幼儿。使用之前，先进行徒手检查，清除外耳道内的分泌物，避免影响观察。

4. **鼓气耳镜检查法**　调整光源及额镜，使反射光投射至外耳道内，一手持大小适宜的鼓气耳镜置入外耳道内，紧贴外耳道内壁，以形成一个密闭空间。另一手反复挤压－放松橡皮球，使外耳道内交替产生正、负压，通过鼓气耳镜上的放大镜观察鼓膜情况，诸如活动度、穿孔等。

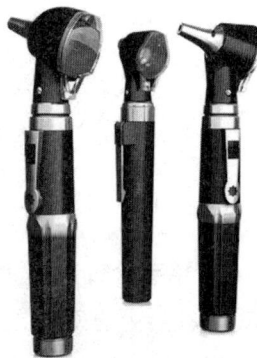

图 14-5　电耳镜

正常情况下，挤压皮球使外耳道产生正压时，鼓膜向内凹陷，放松皮球使外耳道产生负压时，鼓膜向外膨出。当鼓膜穿孔、鼓室内积液或负压时，鼓膜活动度下降；咽鼓管异常开放或鼓膜菲薄时，鼓膜活动度则异常增大。

三、咽鼓管功能检查

（一）咽鼓管吹张法

1. 吞咽试验法 方法一，将听诊管的两端分别插入检查者及受检者的外耳道口，嘱受检者吞咽。如受检之咽鼓管功能正常，检查者即可从听诊管内听到一个短促而柔和的"嘭"的声响；方法二，嘱受检者吞咽，同时观察其鼓膜活动情况，如鼓膜随着吞咽而向外活动，则表明该侧咽鼓管功能正常。

2. 波利策法 将听诊管的两端分别插入检查者与受检者的外耳道口，嘱受检者含一口水，检查者将波氏球前端的橄榄头塞入受检者一侧前鼻孔内，同时用手指将另一侧前鼻孔压紧。请受检者将水咽下，在吞咽的瞬间，检查者迅速挤压波氏球囊（图14-6）。咽鼓管功能正常者，检查者通过听诊管可听到一个短促而柔和的鼓膜振动音。

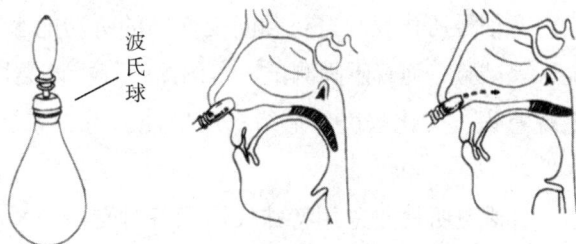

图 14-6 波利策法

3. 咽鼓管导管吹张法 患者取坐位，清洁鼻腔分泌物后，将听诊管的两端分别插入检查者与受检者的外耳道口。将咽鼓管导管弯头朝下沿鼻底徐徐插入鼻腔，达鼻咽后壁时转向外侧90°，然后略向前拉，使导管越过咽鼓管圆枕而滑入咽鼓管口处，再将导管向外上方旋转45°（图14-7）。一手固定导管，另一手持吹张球经导管注入空气，同时经耳听诊管听音。如咽鼓管通畅，则可闻及轻柔的吹风样"嘘–"音以及鼓膜振动声。如咽鼓管狭窄，则可闻及断续的"呲–"声，无鼓膜振动声。如咽鼓管闭塞，则无声音。

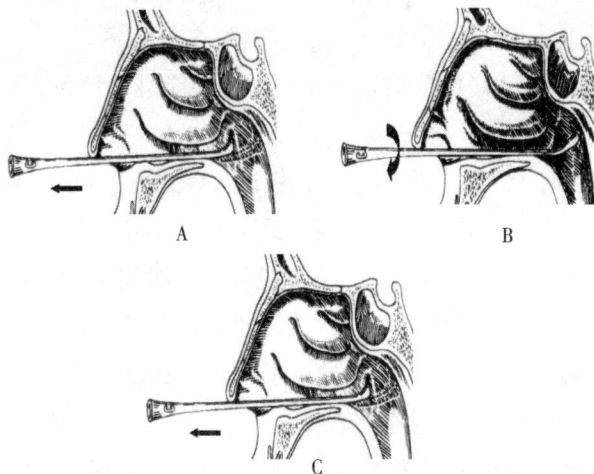

图 14-7 咽鼓管导管吹张法

A. 置入鼻咽部；B. 旋转90° 并略向前进入咽鼓管口；C. 继续旋转 45°

（二）声导抗测试

使用声导抗仪测试鼓室导抗图及鼓室内压，间接反映咽鼓管功能，此法无创、客观。详见第二节耳的特殊检查法。

第二节　耳部特殊检查法

一、听功能检查

临床听力学检查分为主观测听法和客观测听法两大类。主观测听法是依据被检者对刺激声音信号所作反映进行判断受检耳的听功能水平，亦称为行为测听。主要包括：音叉试验、表试验、纯音听阈测试、言语测听等。该类检查因需要被检者配合，易受被检者年龄、主观意识、文化程度、情绪、反应能力等因素影响，故不能完全反映被检者实际听功能水平。

客观测听法是采用特殊仪器设备对受检者耳部或听觉通路进行测试，将所测得信号经计算机分析，最终做出评判。此类检查无须受检者的行为配合，不受其主观影响，测试结果较为客观、可靠，但会受测试人员的经验、水平及操作过程是否规范等因素的影响。检测方法有：声导抗测试、镫骨肌反射、电反应测听、耳声发射检查等。

（一）音叉试验

为门诊常用基本听力检查方法。一套音叉有 128Hz、256 Hz、512 Hz、1024 Hz、2048 Hz 五个倍频程频率音叉构成，常用 256 Hz 和 512Hz 的音叉。检查者一手持音叉柄，将音叉振动臂末端敲击另一手鱼际部使其产生振动（力度适当以避免产生泛音）。检查气导听力（air conduction，AC）时，将振动的音叉振动臂末端置于外耳道口外约 1cm 处，三点呈一线。检查骨导听力（bone conduction，BC）时，首先敲击音叉振动臂使其振动，随即将音叉柄末端紧压于鼓窦区或颅面骨上。

采用以下方法逐一进行测试，根据结果对受检耳听功能进行评价，可初步判断耳聋性质，但无法判断耳聋程度。

1. 林纳试验（Rinne test，RT） 也称气骨导比较试验。方法：如图 14-8，敲击音叉使振动臂振动，将音叉柄末端紧压于受检耳鼓窦区测其骨导听觉时间，直至声音消失时，立即测其气导听觉时间（也可以先测气导听觉时间，再测骨导听觉时间）。通过比较同侧耳气导和骨导时间，判断其耳聋性质。如气导听觉时间大于骨导听觉时间（AC>BC），则为阳性（+）。如气导等于骨导（AC=BC），则为（±）。如气导小于骨导（AC<BC），则为（-）。一般而言，用 256Hz 音叉进行测试时，气导时间约为骨导的 2 倍。

2. 韦伯试验（Weber test，WT） 也称骨导偏向试验。方法：敲击音叉后，将音叉柄末端紧压于颅面中线上任一点（多取额部或颏部），请受检者辨别声音偏向侧别。以"→"表明偏向侧，以"="表示声音位于中间。如："="表示双耳听力正常或相同程度感音神经性聋；偏向耳聋侧，则患耳为传导性聋；偏向健耳，则患耳为感音神经性聋（图 14-9）。

骨导　　听神经

气导

骨导偏向患侧　　　骨导偏向键侧

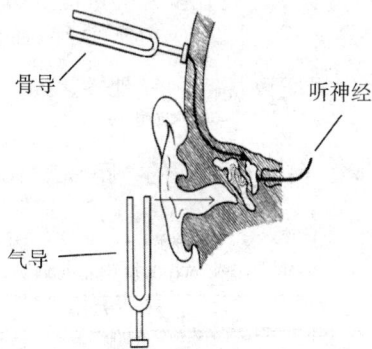

图 14-8　林纳试验　　　　　图 14-9　韦伯试验

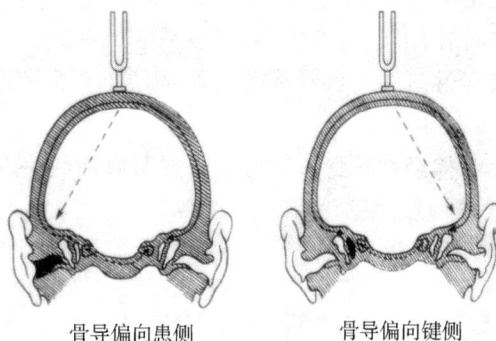

3. 施瓦巴赫试验（Schwabach test，ST） 也称骨导比较试验。方法：先检查正常人骨导听力，当听不到声音时，迅速将音叉移到受检耳鼓窦区继续测试。同法，先测受检耳，而后移至正常人继续测试之。如受检耳骨导较正常人延长，以"（＋）"表示，提示受检耳为传导性聋；如受检耳骨导较正常人缩短，以"（－）"表示，提示受检耳为感音神经性聋；如受检耳骨导与正常人相似，以"（±）"表示，提示受检耳听力正常。

音叉试验结果的判断见表 14-1。

表 14-1　音叉试验结果评价

试验方法	传导性聋	感音神经性聋
林纳试验（RT）	（－），（±）	（＋）
韦伯试验（WT）	→患耳	→健耳
施瓦巴赫试验（ST）	（＋）	（－）

4. 盖莱试验（Gelle test，GT） 本法用于检查鼓膜完整者镫骨活动情况。方法：将鼓气耳镜紧密置于外耳道内，通过反复挤压－放松橡皮球，使外耳道内交替产生正、负压。同时，将振动音叉的叉柄底部紧压于鼓窦区。如受检耳镫骨活动正常，所闻音叉声呈强弱波动，以"（＋）"表示；如耳硬化或听骨链固定，则所闻音叉声无强弱波动，以"（－）"表示。

（二）纯音听阈测试

纯音听阈测试是利用听力计对患者不同频率纯音的听阈进行测试，以了解其听力损失程度，并初步判断耳聋类型及病变部位的一种主观测试方法。

普通纯音听力计能发生 125~10000Hz 的纯音，同时可以对每种频率纯音进行强度（dB）调控。听阈是足以引起听觉的最低声强，听阈提高即表示听力下降。

测试项目包括纯音气导听阈和骨导听阈测试，所测结果以听力图的形式记录。图中，横坐标表示频率（Hz），纵坐标表示声级（dB）。将所测气、骨导听阈以特定符号描记而后连线（一般而言，气导听阈用实线连接，骨导听阈不连或用虚线相连），又称为听阈曲线。如某测试频率在最大声强仍无反应时，则在该声强处以"↓"描记，其与相邻频率符号不连线。

正常情况下，气导和骨导听阈曲线位于 25dB 范围内，同一频率气骨导听阈差距小于 10dB。如听阈曲线下移，即为听力下降。1997 年世界卫生组织制定的耳聋分级标准，以 500Hz、1000Hz、2000Hz、4000Hz 的气导平均听阈为准，共分为 4 个等级：听力损失

26~40dB 为轻度耳聋，41~60dB 为中度，61~80dB 为重度，大于 81dB 为极重度。以下是纯音听阈测试结果的分析。

1. 传导性耳聋 各频率骨导听阈位于正常范围，气导听阈提高，气骨导之间的差距大于 10dB（图 14-10）。

2. 感音神经性耳聋 气导、骨导听阈曲线一致下降，气骨导之间的差距小于 10dB（图 14-11）。

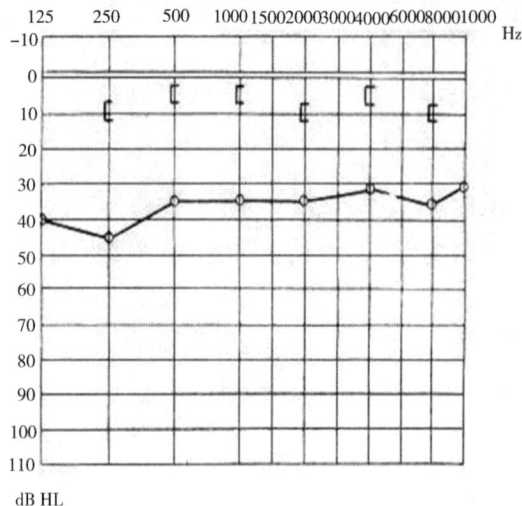

图 14-10　传导性耳聋纯音听阈图

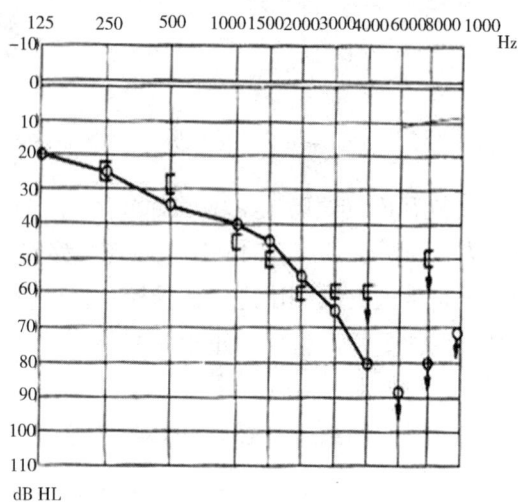

图 14-11　感音神经性耳聋纯音听阈图

3. 混合性耳聋 气导和骨导听阈曲线均有下降，但两者间存在一定差距，即同时具有传导性和感音神经性耳聋的特点（图 14-12）。

（三）声导抗测试

声导抗是声阻抗和声导纳的总称。声波在一种媒介中传播过程中，为克服其介质分子位移所遇到的阻力称为声阻抗。声导纳则反映一种媒介或传音结构对声波接纳并传导的难易程度，是声阻抗的倒数。声导抗测试是利用声阻抗仪，根据等效容积原理，在外耳道产生 +2000 至 -4000（或 -6000）Pa 的气压变化，在此过程中向外耳道依次发出强度于 40~125dB 的 250 Hz、500 Hz、1000 Hz、2000 Hz、4000 Hz 的纯音、白噪声及窄带噪声，通过记录并分析由鼓膜反射回的声能来计算中耳传音结构的声顺值，反映其传音能力（图 14-13）。

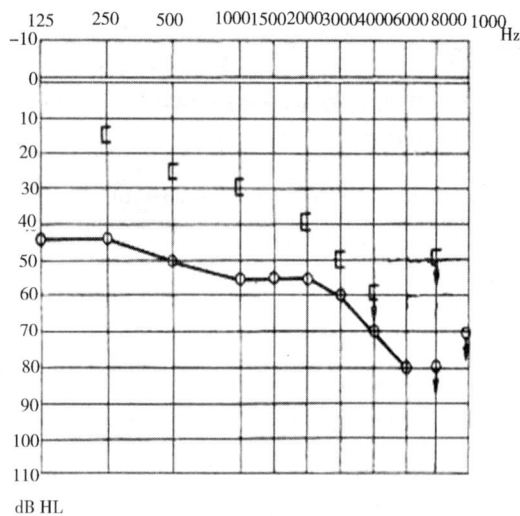

图 14-12　混合性耳聋听阈图

中耳传音结构的声阻抗主要取决于鼓膜、听骨链的质量，鼓膜、听骨链及中耳气垫的弹性。当鼓膜增厚、听骨链固定或中断、鼓室负压或积液时，都会改变中耳传音结构的声阻抗，进而影响对声音的传导。

鼓室导抗测试

（1）鼓室导抗图　外耳道内压力由正压变负压过程中，鼓膜经历向内压陷、恢复正常位置、向外膨隆这一过程，鼓膜声顺也会发生动态变化，所记录下的外耳道压力 - 鼓膜声顺关

系曲线,又称为鼓室功能曲线(图 14-14),由此反映鼓室病变的性质。A 型曲线:鼓室功能正常。AS 型曲线:鼓室传音结构活动度下降,见于鼓膜增厚、耳硬化症等。Ad 型曲线:鼓室传音结构活动度增加,见于:鼓膜愈合性穿孔、听骨链中断、咽鼓管异常开放等。B 型曲线:提示鼓室内积液或中耳粘连。C 型曲线:鼓室负压,见于咽鼓管功能障碍。

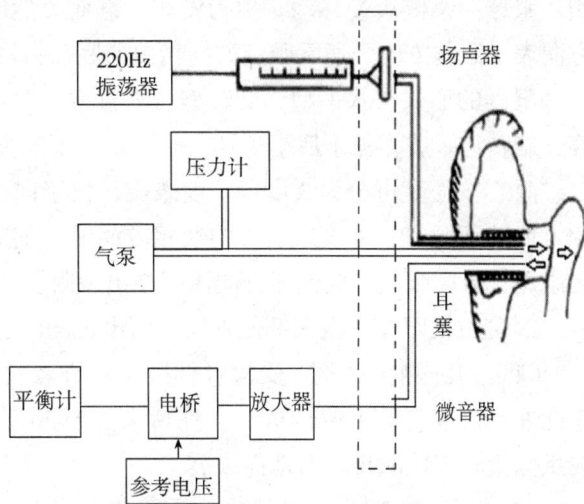

(2)镫骨肌反射 耳部接受强声时,引发双侧镫骨肌反射性收缩,使镫骨底板离开前庭窗,避免内耳受损,这一现象称为镫骨肌反射,又称为声反射,可分为直接和间接声反射。直接声反射,即一侧耳接受声音刺激,引起该侧耳镫骨肌收缩;如一侧耳接受声音刺激,引发另一侧耳镫骨肌收缩,则为间接声反射。

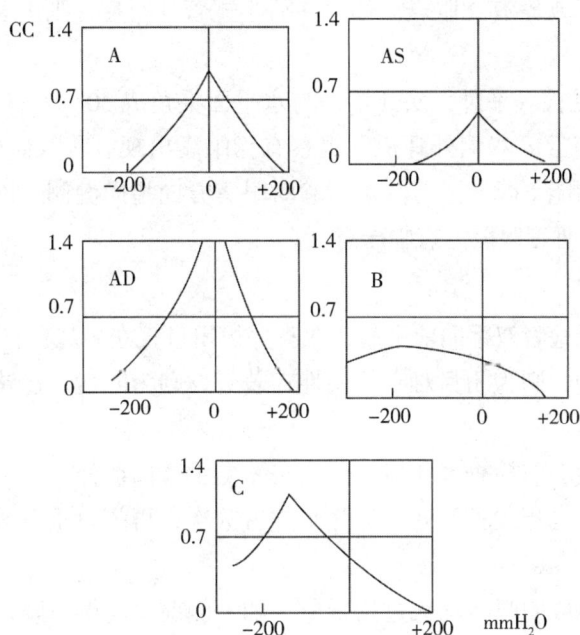

图 14-13 声导抗仪工作示意图

图 14-14 鼓室功能曲线

(四)电反应测听

由特殊测听设备向受检者耳部发出声或电刺激,从而引发耳蜗、蜗神经、各级听中枢相应电活动的一种客观测听方法。具体项目包括:耳蜗电图、听性脑干反应、听觉诱发电位等。通过对相应电活动的分析,有助于进一步对耳聋性质和部位进行诊断。

二、前庭功能检查

(一)眼震检查

1. 自发性眼震 受检者向前平视,不加任何刺激的情况下,双眼出现有规律、不可自

主控制的眼球往复运动。由前庭系统疾病所引起的眼震一般为急跳性眼震，可分为两个时相：眼球向一侧缓慢移动，称为慢相；继而突然向反方向回复，称为快相。临床上以快相方向表示眼震方向，通常眼震方向指向前庭兴奋性较高的一侧。

眼震的形式有水平型、旋转型、垂直型，对角型等，水平型眼震多见于水平半规管疾病，旋转型眼震多见于后半规管疾病，垂直型眼震多见于中枢疾病。

眼震按强度可分为3度：Ⅰ度眼震，仅于向快相方向注视时出现眼震，向正前方或慢相方向均无眼震；Ⅱ度眼震，向快相方向或正前方注视时均出现眼震，向慢相方向注视则无眼震；Ⅲ度眼震，向慢相方向注视亦出现眼震，向快相方向或正前方注视则眼震更明显。

2. **变位性眼震**　由头部位置变换而出现的眼震称之。

（1）仰卧侧头试验　受检者仰卧，检查者将其头部抬起，与水平面夹角成30°，迅速向左侧（或右侧）偏转90°，保持头位约30秒，观察有无眼震。水平半规管耳石症时，向患侧偏转头位时出现向地性眼震。

（2）Dixhall-Pike变位试验　受检者坐位，检查左侧后半规管时，头部先向左斜向45°，检查者扶其头部，辅助其迅速平卧，头部悬空于床边，与水平面夹角成30°，保持头位约30秒，观察有无眼震。检查右侧后半规管时，患者坐位时头向右斜向45°，而后迅速卧下，悬头30°，观察有无眼震。如存在后半规管耳石症，则出现向下方耳的旋转型眼震。

3. **冷热水试验**　受检者平卧，头部抬高与水平面夹角成30°，将44℃温水或30℃冷水通过硅胶管同时匀速灌入双侧外耳道，观察有无眼震出现。若双侧外半规管功能一致，则无眼震；若某一侧功能下降，进行热水试验时眼震方向指向健侧，冷水试验时眼震指向患侧。一般而言，Ⅱ～Ⅲ度眼震方有临床意义。

（二）平衡功能检查

1. **闭目难立征**　受检者双手向前平举，双脚并拢闭目直立，观察有无身体摇晃或倾倒。如出现身体摇晃或倾倒，则为闭目难立征阳性；若无，则为阴性。迷路或小脑病变时出现阳性征象。

2. **过指试验**　受检者与检查者相对，嘱其将一侧手臂向前伸出、上举并迅速放下，使其食指与检查者平伸的食指尖相接触，先睁眼进行数次，再闭眼重复数次。做毕，再进行另一侧。

正常情况下，睁眼或闭眼时均无过指现象。如一侧前庭功能下降，睁眼时无过指，闭眼后双侧手臂均向该侧过指。如小脑病变，则仅出现一侧手臂过指。

三、耳的影像学检查

（一）X线平片检查

1. **颞骨侧斜（35°）位片**　又称伦氏（Runstrom）位片，可以较清楚地显示外耳道、鼓室、鼓窦等中耳结构。

2. **颞骨轴位片**　又称麦氏（Mayer）位片，主要观察鼓窦入口、鼓窦内病变。

3. **颞骨侧位片**　又称劳氏（Law）位片，主要用于观察乳突气房、乙状窦板及脑膜横窦角。

4. **颞骨后前斜（45°）位片**　又称斯氏（Stenver）位片，可显示内耳、鼓室盖等部位的

病变。

（二）CT 及 MRI 检查

计算机体层扫描（CT）及磁共振（MRI）对组织结构分辨率高，现已取代 X 线片检查成为耳部影像学检查的常用技术手段。耳部 CT 扫描常取水平位（图 14-15）和冠状位（图 14-16），可清晰显示鼓室、鼓窦、乳突、耳蜗、前庭、半规管及内听道的结构。耳部 MRI 则可较好地显示内耳、内听道、脑桥小脑角等部位的软组织，对于听神经瘤、颈静脉球体瘤、耳源性脑脓肿等疾病的诊断有重要价值。

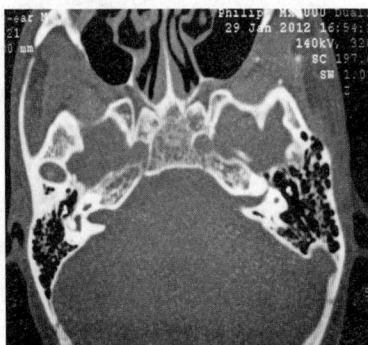 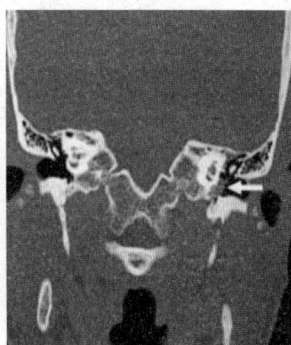

图 14-15　颞骨水平位 CT　　　图 14-16　颞骨冠状位 CT

（刘翔毅）

扫码"练一练"

扫码"学一学"

第十五章 耳外伤及外耳道异物

☞ **要点导航**

1. **掌握** 耳外伤的临床表现及处理方法。
2. **熟悉** 外耳道异物的取出方法。
3. **了解** 耳外伤、外耳道异物的常见病因。

第一节 耳郭外伤

耳郭外伤（auricle trauma）可单独发生，亦可伴发于头面部外伤。因耳郭显露于外，易遭机械性损伤、冻伤及烧伤等，其中以挫伤和撕裂伤多见。

本病属中医学"耳损伤"范畴。古代战事频繁，刀箭火器、斫打跌仆伤耳十分常见。《证治准绳·疡医》就载有"耳斫跌打落"。

【病因病理】

一、西医病因病理

1. **病因** 多因钝物撞击所致。
2. **病理** 多因钝物撞击所致，可在皮下或软骨膜下积血，呈半圆形紫红色肿块。耳郭皮下组织少，血循环差，血肿不易自行吸收，如处理不及时，血肿机化可致耳郭增厚、变形，如遇感染可致软骨坏死、畸形。

二、中医病因病机

证型	病因病机
血瘀耳窍证	钝力碰撞，受力面广而分散，伤处皮肉不破但血络已伤，血溢于脉外而停于皮下软骨间，形成耳郭青紫瘀肿疼痛
皮肉破损证	锐器切割、撕扯、噬咬、斫打伤处肌肤破损，血出骨露，甚则耳郭撕裂脱落，或染毒坏死而成畸形

【诊断】

一、临床表现

1. **症状** 因损伤的部位、程度不同，临床表现也不同。耳郭和外耳道损伤表现为耳郭疼痛、瘀肿、耳闷。
2. **体征** 耳郭呈现青紫肿胀，有瘀血斑块，或耳甲腔及耳郭背侧面紫红色半球状隆起

的瘀肿；或见外耳肌肤裂伤出血，软骨暴露或缺损，甚则耳郭撕脱或离断。

二、中医辨证要点

耳损伤的辨证，主要辨损伤的部位及程度。

【治疗】

一、治疗原则

修复损伤，预防感染。

二、西医治疗

1. 耳郭挫伤　血肿应在无菌操作下粗针头抽出积血、加压包扎，或手术清除积血，应用抗生素严防感染。

2. 耳郭撕裂伤　外伤后应早期清创缝合，尽量保留皮肤，对位准确后用小针细线缝合，然后松松包扎，术后用抗生素防止感染，可配合高压氧治疗。如皮肤大缺损，软骨尚完整，可用耳后带蒂皮瓣或游离皮瓣修复。如皮肤及软骨同时小面积缺损，可作边缘楔形切除再对位缝合。对完全断离的耳郭应及时将其浸泡于含适量肝素的生理盐水中，应尽早对位缝合。术中用肝素溶液冲洗断耳动脉后，吻合颞浅动脉耳前支或耳后动脉。术后若发现水肿或血肿，及时切开排液，可望断耳再植成功。

三、中医治疗

辨证施治

证型	血瘀耳窍证
证候	耳郭肿痛，耳闷；局部呈现瘀血斑块或半球形紫红色瘀肿，外耳道及鼓膜表面有血迹；舌质暗红，苔薄白，脉弦
治法	行气活血，散瘀止痛
主方	复元活血汤（《医学发明》）加减
加减	（1）可加田七粉、丝瓜络、通草以助化瘀通络之效 （2）若损伤创口不洁或耳郭漫肿，疼痛不已，可选加山栀子、蒲公英、黄芩、黄连、黄柏等清热解毒药物
推荐中成药	龙血竭胶囊、血府逐瘀胶囊

证型	皮肉破损证
证候	局部疼痛，血肉模糊，可见耳郭破损裂口或有皮破骨露，耳郭缺损，甚则耳郭撕脱离断；若伤处不洁，数日损伤处漫肿，皮色渐黑；如出血多，可有头昏或晕厥；舌质淡红，苔薄白；脉弦
治法	活血祛瘀，止血生肌
主方	七厘散（《良方集腋》）
加减	若伤口不洁或有软骨外露，为防止染毒，可用五味消毒饮送服七厘散，以增清热解毒功效，防止染毒。
推荐中成药	七厘散、三七止血片

【预防与调护】

（1）重点进行安全教育，避免意外事故发生。

（2）戒除挖耳习惯，取外耳道盯聍或异物时动作轻巧，避免损伤鼓膜。对能预知的爆震声，应尽量避开或戴防护耳塞。

（3）耳郭瘀肿，应避免用力揉按，以免再度出血，血肿增大。

（4）鼓膜破裂应禁止污水入耳，以防止感染。应避免不恰当擤鼻。

【预后与转归】

耳郭瘀肿如不及时处理，可导致耳郭增厚变形。耳郭撕裂破损，如伤口染毒漫延，可引起耳郭红肿溃烂疼痛，发生化脓性耳郭软骨膜炎。

第二节　鼓膜外伤

鼓膜外伤（injury of tympanic membrane）常因直接或间接外力作用所致。鼓膜破裂后突感耳痛，耳鸣，听力减退。检查多呈裂隙状穿孔，边缘有少量血迹。

本病属中医学"耳损伤"范畴，《景岳全书·卷二十七》载有雷炮震伤致耳聋，清代《伤科补要·卷二》更有一节专论"伤耳"，并认识到耳部重伤"内动脑髓，及伤灵明"，可致不治的严重后果。

【病因病理】

一、西医病因病理

常因直接或间接外力作用致鼓膜破裂。损伤尚可波及内耳，甚至伴有颞骨骨折。

二、中医病因病机

间接或直接暴力损伤如爆炸气浪或掌击伤可致鼓膜破裂；巨大暴力或强烈震荡则可波及耳窍深部，甚至造成骨折脉伤。

【诊断】

一、临床表现

1. **病史**　有明确的外伤史。

2. **症状**　耳鸣、耳聋、耳痛、少量出血，鼓膜破裂；损及耳窍深部时则可出现耳聋，甚至全聋、眩晕、面瘫及耳窍内流血、流液等症状。

3. **体征**　鼓膜破裂者可见鼓膜表面血迹或出血，有不规则裂孔或裂隙。若颞骨骨折或颅底骨折致脑脊液耳漏时，则可见出血量多或有水样液体流出。

二、实验室及其他检查

听力检查呈传导性聋；伴颞骨骨折或颅底骨折者，可为混合性聋。X线或CT显示有颞骨骨折。

三、中医辨证要点

耳损伤的辨证，主要辨损伤的部位及程度，一般而言，伤于外、中耳，病情轻；伤于颞骨者，病情重而危。

【诊断】

一、治疗原则

全面分析伤情，保持外耳道清洁，预防感染，在内治方面根据不同病机和伤后不同时期用药。合并内耳损伤、颞骨骨折、颅脑损伤者，应以西医治疗为主。

二、西医治疗

1. 鼓膜破裂的处理 以乙醇溶液（酒精）消毒外耳道，用消毒棉球塞于外耳道口，禁用外耳道冲洗或滴药。较小的外伤性鼓膜穿孔一般于 3~4 周内自行愈合，较大或经久不愈的穿孔可行鼓膜修补术。

2. 耳深部损伤的处理 耳深部损伤包括内耳损伤、颞骨骨折、颅脑损伤，严重者可危及生命，因此要注意观察和维持生命体征的稳定，保持呼吸道通畅，处理出血，降低颅内压，预防及控制颅内及耳部感染。待生命体征稳定后再对症处理。

三、中医治疗

证型	鼓膜破损证
证候	耳痛，耳内轰鸣，耳聋；或可有头昏或晕厥；鼓膜裂伤，舌暗，苔薄白，脉弦
治法	活血祛瘀，止血生肌
主方	七厘散（《良方集腋》）
加减	耳道流脓者，加野菊花、蒲公英、夏枯草、栀子等
推荐中成药	龙血竭胶囊、红花七厘散

证型	骨折脉伤证
证候	损伤后卒发耳聋、眩晕、耳内流血或流清水；检查耳道内血液或清水样液体，鼓膜呈深蓝色，听力检查呈感音性聋或混合性聋，X 线或 CT 显示有颞骨骨折；眩晕、头痛、恶心、呕吐或面瘫；舌淡，苔薄白，脉弦
治法	活血养血，祛瘀通窍
主方	桃红四物汤（《医宗金鉴》）加减
加减	可加黄芪、人参以益气摄血；耳聋重者加石菖蒲、路路通以通经活络。神昏加服苏合香丸、至宝丹以开窍
推荐中成药	三七止血片

【预防与调护】

（1）着重进行安全教育，避免意外事故发生。

（2）戒除挖耳习惯，取外耳道耵聍或异物时动作轻巧，避免损伤鼓膜。对能预知的爆震声，应尽量避开或戴防护耳塞。

（3）鼓膜破裂应禁止污水入耳，以防止感染。应避免不恰当擤鼻。

【预后与转归】

鼓膜外伤破裂，若继发感染，可致化脓性中耳炎。合并颞骨骨折、颅脑外伤时，如处理不及时或处理不当，可危及生命或遗留眩晕、面瘫、脑脊液耳漏等后遗症。

第三节　外耳道异物

外耳道异物（foreign body in external auditory meatus）是指外来物体误入耳道。外来物包括了一切可入耳的动植物及非生物类异物。

古代医籍中根据异物不同而有不同的名称，如"百虫入耳""蚰蜒入耳""飞蛾入耳""蚊虫入耳""耳中有物"等。历代医家对昆虫入耳则有诱出法（如食诱、光诱、音诱等）、驱杀法（如药物滴耳、熏耳、塞耳和吹耳）等取出法。

【病因病理】

一、西医病因病理

多见于儿童，因无知将异物塞入耳内。成人多为挖耳或外伤遗留物体于耳内，或野营露宿，昆虫入耳。根据异物种类不同，可分三类。

动物类异物：如蚊、蝇、飞蛾、蚂蚁、小甲虫、水蛭、蛆等，偶尔飞入或爬入耳内，在外耳道爬行、骚动、躁扰。

植物类异物类：如谷类、小果核等。

非生物类：如小石子、沙粒、铁屑、小玻璃球、断棉签等。

二、中医病因病机

同西医学认识。

【诊断】

根据外耳道异物形态、性质、大小和所在部位的不同，而有不同的症状。小而无刺激性异物，可留存日久而不引起任何症状；异物较大阻塞耳窍，可致听力下降、耳鸣、眩晕、耳痛、反射性咳嗽等；植物性异物遇水膨胀，可压迫外耳道，致使处耳道皮肤红肿、糜烂、疼痛；昆虫类异物进入耳道后，在耳道内爬行、骚动，使患者躁扰不安，引起难以忍受之痛痒，或刺激鼓膜产生擂鼓样响鸣，甚至导致鼓膜穿孔、出血；若异物嵌顿外耳道峡部，则耳疼痛较甚。

外耳道检查，有异物存在，即可做出明确诊断。

【治疗】

一、治疗原则

取出异物，保护外耳道。

二、西医治疗

取出异物的方法应根据异物的大小、形状、性质、位置、是否并发感染，以及患者的年龄而定。

（1）圆形光滑的异物，可用异物钩或小刮匙等器械顺空隙越过异物而将其钩出，切勿用镊子夹取，以防将异物推入深处，嵌在峡部或损伤鼓膜。操作中特别是小儿术中不配合时，应尽量避免损伤外耳道皮肤及鼓膜。异物细小时可用冲洗法洗出。

冲洗法禁忌证：①合并中耳炎鼓膜有穿孔者；②鼓膜被异物损伤穿孔，或合并中耳异物者；③植物性异物（如豆类）遇水易膨胀者；④尖锐多角的异物；⑤石灰等遇水起化学反应者。

（2）活昆虫等动物性异物，可先滴入甘油或香油将其淹毙，或用2%地卡因、70%酒精、对皮肤无毒性的杀虫剂等滴入，使其麻醉瘫痪后用镊子取出或冲洗排出。对飞虫也可试行用亮光诱出。

（3）已泡胀的异物，应先用95%乙醇溶液滴入，使其脱水缩小后再行取出。易碎的异物也可分次取出。

（4）不合作的幼年儿童，可在全身麻醉下取出异物。异物过大或嵌入较深，难以从外耳道取出时，或同时合并中耳异物时，可作耳内或耳后切口，取出异物。

（5）外耳道有继发感染者，应先行抗感染治疗，待炎症消退后再取异物，或取出后积极治疗外耳道炎。

（6）异物取出过程中，如外耳道损伤出血，可用碘仿纱条压迫止血，次日取出，涂以抗生素软膏，预防感染。

三、中医治疗

本病的治疗，以外治为主。具体方法参见前述西医治法。若因异物而致耳道肌肤红肿、溃烂，则应配合内治法，可参考耳疮的治疗。

【预防与调护】

（1）教育小孩不要将细小物体放入耳内。野外露宿应加强防护，以防昆虫误入耳窍。

（2）戒除挖耳习惯，以免断棉签、火柴棒等物遗留耳内。

（3）异物入耳后，应由专科医生取出，不要自行挖取，以免损伤外耳道皮肤，或将异物推向深处。异物取出后，外耳道应保持干燥与清洁，以防感染。

【预后与转归】

预后良好，如较大异物或昆虫损伤鼓膜，则影响听力。

扫码"练一练"

第十六章 外耳疾病

☞ 要点导航

1. 掌握 外耳道炎、外耳道疖、外耳湿疹的概念、诊断及中西医治疗；耳郭假性囊肿、化脓性耳郭软骨膜炎的概念、诊断及西医治疗。

2. 熟悉 外耳道炎、外耳道疖、耳郭假性囊肿、化脓性耳郭软骨膜炎的病因及发病情况。

3. 了解 外耳湿疹、化脓性耳郭软骨膜炎的调护及转归。

第一节 外耳道炎

外耳道炎（external otitis）系外耳道皮肤及皮下组织的弥漫性感染性炎症。

本病属中医学"耳疮"范畴，是指以外耳道弥漫性红肿疼痛为主要特征的疾病。好发于夏秋季节。

耳疮一名首见于《诸病源候论·卷二十九》："足少阴为肾之经，其气通于耳。其经虚，风热乘之，随脉入于耳，与血气相搏，故耳生疮。"在古医籍中又有"耳内生疮"等别称。

【病因病理】

一、西医病因病理

1. **病因** 致病菌有金黄色葡萄球菌、链球菌、绿脓杆菌和变形杆菌等。多因外耳道皮肤及附属腺体受损，污水浸泡，化脓性中耳炎脓液刺激，或在患糖尿病及其他全身慢性疾病情况下，局部抵抗力下降，继发该类细菌感染，导致外耳道皮肤局限性化脓性病变，或外耳道皮肤弥漫性急、慢性炎症。

2. **病理** 弥漫性外耳道炎表现为局部皮肤水肿，大量多形核白细胞浸润，上皮细胞呈海绵样变，皮肤表面渗液、脱屑。早期皮脂腺分泌受抑制，耵聍腺扩张，腺体内充盈脓液。慢性期为外耳道皮肤及皮下组织的弥漫性非特异性炎症，可以表现为以增生为主的病理改变。

二、中医病因病机

证型	病因病机
风热湿邪，上犯耳窍证	多因挖耳损伤外耳道皮肤，风热湿邪乘机侵犯，或因耳道不洁，污水入耳，或因脓耳之脓液浸渍，湿郁化热，风热湿邪犯耳，与气血相搏，致生耳疮
肝胆湿热，上攻耳窍证	湿热邪毒壅盛，引动肝胆火热，循经上犯耳窍，蒸灼耳道，壅遏经脉，逆于肌肤而生耳疮
血虚化燥，耳窍失养证	久病不愈，阴血耗伤，耳窍肌肤失于濡养，血虚耳燥而致病

【诊断】

一、临床表现

1. **症状** 耳内灼热疼痛，少许流脓，或耳内发痒不适。

2. **体征** 耳屏压痛，耳郭牵拉痛，外耳道弥漫性红肿，可有少许分泌物。反复发作者，可见外耳道皮肤增厚、皲裂、脱屑，甚则外耳道狭窄。

二、中医辨证要点

辨表里、辨脏腑、辨气血。

【鉴别诊断】

	外耳道炎	急性乳突炎	外耳道疖
疼痛	耳内灼热疼痛，耳屏压痛，耳郭牵拉痛	耳深部疼痛，乳突区压痛	牵引耳郭痛，咀嚼痛，耳后无压痛
耳病史	可有挖耳、外伤史	有急性化脓性中耳炎病史	可有挖耳、外伤史
外耳道	外耳道弥漫性红肿，可有少许分泌物。反复发作者，可见外耳道皮肤增厚、皲裂、脱屑，甚则外耳道狭窄	骨性外耳道肿胀，后上壁下塌	软骨部外耳道局限性肿胀，骨性外耳道正常
鼓膜	无穿孔	有充血及穿孔	无穿孔
分泌物	少许分泌物	黏液脓性，量多	纯脓，量少
听力	听力正常	传导性聋	听力正常，若外耳道被阻塞则有轻度听力下降
X线乳突片	无异常	气房及房隔混浊、模糊	无异常
发热	一般无发热	发热明显	无发热

【治疗】

一、治疗原则

抗炎、消肿、止痛。

二、西医治疗

（1）一般治疗 选用敏感的抗生素口服或肌内注射，严重者静脉滴注，以有效控制感染。一般多选用大环内酯类、头孢菌素类、青霉素类抗生素。

（2）局部治疗 早期可用抗生素滴耳液，或1%~3%酚甘油滴耳，或用上述药液纱条敷于患处，每日换药2次。也可外敷抗生素软膏。慢性外耳道炎者，可选用抗生素与类固醇激素膏剂、霜剂局部涂敷。

三、中医治疗

1. 辨证施治

证型	风热湿邪. 上犯耳窍证
证候	耳痛、耳痒、耳道灼热感；检查见耳屏压痛，耳郭牵拉痛，外耳道弥漫性红肿，或耳道潮湿，有少量渗液；头痛、发热、恶寒；舌质红，苔薄黄，脉浮数
治法	疏风清热，解毒祛湿
主方	（1）恶寒发热者，可加荆芥、防风 （2）头痛者，可加柴胡、蔓荆子
加减	银花解毒汤（《疡科心得集》）加减
推荐中成药	穿心莲片、穿王消炎胶囊、蒲公英胶囊

证型	肝胆湿热，上攻耳窍证
证候	耳痛，牵引同侧头痛；耳屏压痛，耳郭牵拉痛，外耳道弥漫性红肿、糜烂，渗出黄色脂水；口苦，咽干，或发热等；舌红，苔黄腻，脉弦数
治法	清泻肝胆，利湿消肿
主方	龙胆泻肝汤（《医方集解》）加减
加减	热毒重者加金银花、蒲公英、苦参
推荐中成药	龙胆泻肝丸、龙胆泻肝胶囊

证型	血虚化燥，耳窍失养证
证候	病程较长，耳痒、耳痛反复发作；见外耳道皮肤潮红、增厚、皲裂，表面或见痂皮；全身症状不明显；质淡，苔白，脉细数
治法	养血润燥
主方	地黄饮（《医宗金鉴》）加减
加减	（1）耳痒者，可加地肤子、白鲜皮 （2）便秘者，可加制首乌、苦麻仁、郁李仁
推荐中成药	当归丸

2. 外治法

（1）外敷　可用黄连膏、紫金锭等局部涂敷。

（2）滴耳　可用清热解毒的中药制成滴耳液滴耳。

3. 针灸疗法　耳痛较甚者，可针刺合谷、内关、少商等穴，以疏通经脉，泻热止痛。

4. 其他疗法　可配合局部超短波理疗或微波理疗。

【预防与调护】

（1）避免挖耳及污水入耳。

（2）及时治疗脓耳，以免脓液长期浸渍耳道而为病。

（3）注意耳部卫生，及时清理耳道分泌物及痂皮。

（4）病期间，忌进食辛燥食品，以防火热、湿热内蕴，加重病情。

【预后与转归】

本病预后良好。

第二节　外耳道疖

外耳道疖（furuncle of external acoustic meatus）为外耳道皮肤的局限性化脓性炎。

本病属中医学"耳疖"范畴，是指发生于外耳道的疖肿，以耳痛、外耳道局限性红肿、突起如椒目为特征。

古代医籍中尚有"耳疔""黑疔"等别称，如《外科证治全书·卷二》中说："耳疔生耳窍暗藏之处，色黑形如椒目，疼如锥刺，引及腮脑，破流血水"。

【病因病理】

一、西医病因病理

多因外耳道皮肤及附属腺体受损，污水浸泡，化脓性中耳炎脓液刺激，或在患糖尿病及其他全身慢性疾病情况下，局部抵抗力下降，继发该类细菌感染，导致外耳道皮肤局限性化脓性病变，或外耳道皮肤弥漫性急、慢性炎症。

常见致病菌有金黄色葡萄球菌、链球菌、绿脓杆菌和变形杆菌等。

病理表现为外耳道皮肤毛囊、皮脂腺、汗腺的急性化脓性病变，有脓肿形成。

二、中医病因病机

证型	病因病机
风热邪毒外侵证	多因挖耳，损伤外耳道皮肤，风热邪毒乘机侵袭，阻滞耳窍经脉而为病
肝胆湿热上蒸证	湿热邪毒壅盛，引动肝胆湿热，循经上乘，蒸灼耳道，壅遏经脉，逆于肌肤而致耳诮红肿，疼痛

【诊断】

一、临床表现

1. **症状**　耳痛剧烈，张口、咀嚼时加重，严重者牵引同侧头痛，全身可有发热、恶寒等症。

2. **体征**　耳屏压痛，耳郭牵拉痛，外耳道壁局限性红肿，隆起如椒目状，肿甚者可堵塞外耳道。脓肿溃破后外耳道可见脓血。

二、中医辨证要点

1. **辨表里**　首先根据病程长短、症状轻重、有无恶寒发热、鼻塞流涕等辨明其证属表属里。表证者，有风寒、风热之不同，临床常以风热为主。

2. **辨脏腑病机**　本病基本病机为肝胆湿热上蒸，湿热邪毒壅盛，引动肝胆湿热，循经上乘，蒸灼耳道，壅遏经脉，逆于肌肤。涉及脏腑主要有肝胆。

【鉴别诊断】

	外耳道疖	急性化脓性中耳炎
耳痛	耳痛剧烈，张口、咀嚼时加重，严重者牵引同侧头痛	急性期鼓膜尚未穿孔时，耳痛剧烈，但无耳郭牵拉痛；一旦鼓膜溃穿，则耳痛顿减
耳部检查	耳屏压痛，耳郭牵拉痛，外耳道壁局限性红肿，隆起如椒目状，肿甚者可堵塞外耳道。脓肿溃破后外耳道可见脓血。鼓膜完整无充血	鼓膜多呈弥漫性充血，肿胀，继而鼓膜紧张部有较小穿孔，脓液呈搏动性溢出
听力检查	听力基本正常	传导性聋

【治疗】

一、治疗原则

应局部治疗与全身治疗相结合，以抗炎、消肿、止痛为基本原则，合理运用辨证论治，防止转变为慢性，促进病变愈合。

二、西医治疗

（1）一般治疗　选用敏感的抗生素口服或肌内注射，严重者静脉滴注，以有效控制感染。一般多选用大环内酯类、头孢菌素类、青霉素类抗生素。可适当配合止痛剂局部或全身应用。

（2）局部治疗　早期可用抗生素滴耳液，或1%~3%酚甘油滴耳，或用上述药液纱条敷于患处，每日换药2次。也可用红霉素软膏，或5%鱼石脂软膏外涂患处。若疖肿已成熟，可切开排脓引流，外敷抗生素软膏。

三、中医治疗

1. 辨证施治

证型	风热邪毒外侵证
证候	耳痛，张口及咀嚼时加重，伴患侧头痛；患侧耳屏压痛，耳郭牵拉痛，外耳道壁局限性红肿，隆起如椒目状；全身可有发热、恶寒等；舌质红，苔薄黄，脉浮数
治法	疏风清热，解毒消肿
主方	五味消毒饮（《医宗金鉴》）合银翘散（《温病条辨》）加减
加减	（1）恶寒发热者，加荆芥、防风 （2）耳痛剧烈者，加牡丹皮、赤芍
推荐中成药	穿心莲片、穿王消炎胶囊、蒲公英胶囊

证型	肝胆湿热上蒸证
证候	耳痛剧烈，痛引腮脑，或有听力减退；外耳道局限性红肿，肿甚者可堵满外耳道；若耳疖成脓则顶部可见脓点，若溃破则外耳道可见黄稠脓液；耳前后可有臖核；可伴有口苦、咽干、大便秘结、发热等症；舌质红，苔黄腻，脉弦数

证型	肝胆湿热上蒸证
治法	清泻肝胆，利湿消肿
主方	龙胆泻肝汤（《医方集解》）加减
加减	脓已成者加皂角刺、穿山甲，或用仙方活命饮加减
推荐中成药	龙胆泻肝丸、龙胆泻肝胶囊

2. 外治法

（1）外敷　可用内服中药渣再煎，取汁热敷患侧耳部，或用紫金锭调敷，以清热解毒、活血消肿止痛。

（2）排脓　耳疖已成脓，未自行溃破者，可用针头挑破脓头，取出脓栓，排出脓血；或切开排脓，要注意切口必须与外耳道纵轴平行，以防形成外耳道狭窄。排出脓血后局部敷紫金锭或黄连膏、如意金黄散等。

（3）换药　耳疖破溃后，脓液排尽，为防止外耳道狭窄变形及肉芽组织增生，可用大小适当的碘仿纱条填压外耳道，1~2日换1次，直至彻底痊愈。

3. 针灸疗法　耳部肿胀疼痛剧烈时，可取合谷、内关、少商等穴针刺，以疏通经脉，泻热消肿止痛。每日针刺1次，连续2~4次。针刺手法：合谷、内关强刺激，留针20分钟；红肿较剧，并有高热者，可取少商穴点刺出血。

4. 其他疗法　早期可配合红外线、微波理疗。

【预防与调护】

（1）注意耳部卫生，戒除挖耳习惯。

（2）避免污水入耳，若有污水入耳，应外耳道口朝下，单足跳跃，使耳内积水倒出，或用于棉签拭干净。

（3）保持外耳道清洁，如疖肿成脓溃破，应清除脓液。

【预后与转归】

本病一般预后良好。

第三节　外耳湿疹

外耳湿疹（eczema of external ear）是指发生在耳郭、外耳道及其周围皮肤的多形性皮疹。小儿多见，一般可分为急性、亚急性、慢性三类。

湿疹（eczema）是一种常见的皮肤病，主要特征为瘙痒、多形性皮疹，易反复发作。皮肤上可出现弥漫性潮红、红斑、丘疹、水疱、糜烂、渗液、结痂、鳞屑等，消退后一般不留永久性痕迹，少数可有色素沉着。湿疹性反应与化脓性炎症反应不同，组织学上表现为淋巴细胞而非多形核白细胞浸润，有浆液性渗出，水疱形成等。

本病属中医学"旋耳疮"范畴，指旋绕耳郭或耳周而发的湿疮。以耳部皮肤潮红、瘙痒、黄水淋漓或脱屑、皲裂为特征。有关本病的记载早见于隋代巢元方《诸病源候论·卷

三十五》："月食疮，生于两耳，及鼻面间，并下部诸孔窍侧，侵食乃至筋骨，月初则疮盛，月末则疮衰，以其随月生，因名之为月食疮也。"

【病因病理】

一、西医病因病理

1. **病因**　湿疹的病因和发病机制目前尚不十分清楚，可与变态反应、精神因素、神经节功能障碍、内分泌失调、代谢障碍、消化不良等有关。毛织品、鱼虾、牛奶、肠寄生虫、病灶感染等可能的变应原，潮湿、高温可为诱因。慢性中耳炎的脓液、泪液或汗液刺激耳部皮肤可引起本病。外耳湿疹也可为面部和头皮湿疹的一部分。高温和化学药物刺激等职业因素也可致病。

2. **病理**　主要病理表现为红斑、丘疹、丘疱疹及水疱、脱屑等，有渗出倾向。其一般表现为血管扩张充血，真皮水肿，有血管周围炎性反应，伴有不同程度、不同形式、不同细胞成分的渗出和浸润。也可出现变性、坏死等病变。急性期以中性白细胞浸润为主，慢性期以淋巴细胞、组织细胞为主，常伴有成纤维细胞增生及纤维化。

二、中医病因病机

证型	病因病机
风热湿邪犯耳证	因脓耳之脓液或邻近部位之黄水疮蔓延至耳部，或因接触某些刺激物而诱发，以致湿热，邪毒积聚耳窍，引动肝经之火，循经上犯，风热湿邪蒸灼耳郭肌肤而为病
血虚生风化燥证	患病日久，阴血耗伤，耳窍失养，加之血虚生风化燥，以致耳部瘙痒，缠绵难愈

【诊断】

一、临床表现

1. **病史**　可有耳道流脓或污水入耳史，或药物及其他过敏物质刺激史。

2. **症状**

（1）急性湿疹　局部剧痒，常伴有烧灼感，婴幼儿因不能诉说，可表现有各种止痒动作，烦躁不安，不能熟睡。如出现继发感染，则感疼痛、体温升高。病损如累及外耳道深部皮肤及鼓膜表面，则可有耳鸣和轻度传导性耳聋。检查可见外耳皮肤红肿，散在红斑、粟粒状小丘疹及半透明的小水疱。水疱抓破后，即出现红色糜烂面，并流出淡黄色水样分泌物，分泌物干燥凝固后形成痂皮，黏附于糜烂面上。急性湿疹一般经2~3周左右可治愈，但愈后容易复发。

（2）亚急性湿疹　常因急性湿疹久治未愈迁延所致。仍觉瘙痒，但症状比急性湿疹轻，红肿和渗液不剧，可出现鳞屑、结痂。

（3）慢性湿疹　常因急性、亚急性湿疹反复发作或久治不愈发展而来。表现为外耳道皮肤增厚、粗糙、表皮皲裂、苔藓样变、脱屑、色素沉着等。自觉剧痒，常有反复的急性发作。

3. **体征**　外耳道口、耳甲腔、耳后沟，甚至整个耳郭皮肤潮红、糜烂、渗黄色脂水，干后结痂，或见外耳皮肤增厚、粗糙、脱屑、皲裂、结痂，表面粗糙不平，甚则外耳道

狭窄。

二、中医辨证要点

1. **辨虚实**　根据起病缓急、病程长短及病损特点辨虚实。起病急、病程短、局部潮红、丘疹、水疱、糜烂、流黄水者，多为实证；起病缓，病程长，局部皮肤增厚、粗糙、脱屑、皲裂、结痂者，多为虚证。

2. **辨风、湿、热偏盛**　实证患者，以瘙痒为主者，属风偏盛；皮肤糜烂，黄水淋漓者，为湿偏盛；皮肤红肿，灼热者，为热偏盛。

【鉴别诊断】

疾病鉴别点	外耳道炎	外耳湿疹
疼痛	耳内灼热疼痛，耳屏压痛，耳郭牵拉痛	一般无疼痛，如出现继发感染，则可有疼痛
耳病史	可有挖耳、外伤史	可有耳流脓或污水入耳史，或药物及其他过敏物质刺激史
分泌物	少许	渗黄色脂水，量多

【治疗】

一、治疗原则

消除刺激，根治病因，这是治疗本病的基本原则，须局部治疗与全身治疗相结合。尤其是辨证论治，在本病的治疗中具有特殊的地位。

二、西医治疗

1. *一般治疗*

（1）让家属及患者正确了解湿疹的知识，积极主动配合治疗，细心寻找病因，予以排除和治疗。

（2）对病因不明者，注意调整饮食，吃清淡食物，保持胃肠道功能正常，忌饮酒，避免具有较强变应原性的食物，如鱼虾、蟹等，改变或停用奶制品。

（3）避免搔抓，忌用热水、肥皂等清洗，禁用刺激性药物。

（4）急性、亚急性期间暂缓预防注射和接种牛痘。

2. **局部治疗**　以"湿以湿治、干以干治"的原则，分以下 3 种情况进行处理。

（1）比较干燥，无渗出液者，可涂用 1%~2% 甲紫糊、10% 氧化锌软膏、白降汞软膏、抗生素可的松软膏等，保护创面，以便结痂脱落愈合。干痂较多时，先应用 3% 双氧水液清洗。皮肤增厚者可试用 3% 水杨酸软膏，以期皮肤变薄，或用局部浅层 X 线照射，可收到满意效果。

（2）渗出液较少者，先涂擦 2% 甲紫（龙胆紫）液，干燥后涂擦氧化锌糊剂或硼酸氧化锌糊剂。

（3）渗出液较多者，用 3% 双氧水液或炉甘石洗剂清洗渗出液及痂皮，再用 3% 硼酸溶液或 5% 醋酸铝溶液湿敷，待渗出液减少后，再用上述药物治疗。

3. 全身治疗

（1）继发感染时，全身和局部应用抗生素。

（2）服用抗过敏药物，如氯苯那敏（扑尔敏）或氯雷他定（克敏能）、地塞米松等。

（3）渗液特别多时，可静脉注射 10% 葡萄糖酸钙，补充维生素 C。

三、中医治疗

1. 辨证施治

证型	风热湿邪犯耳证
证候	耳部皮肤瘙痒、灼热感；耳部出现小水疱，破渗出黄色脂水，皮肤烂，则波及整个耳郭及其周围皮肤，全身症状不明显；舌质红，苔黄腻；脉弦数
治法	清热祛湿，疏风止痒
主方	消风散（《外科正宗》）加减
加减	（1）若湿重者可选用萆薢渗湿汤加减 （2）若湿热壅盛者，可用龙胆泻肝汤加减以清热解毒祛湿 （3）若热盛者，加川芎、菊花、桑叶
推荐中成药	湿毒清胶囊

证型	血虚生风化燥证
证候	耳部瘙痒，缠绵难愈。查见外耳道、耳郭及其周围皮肤增厚、粗糙、皲裂，上覆痂皮或鳞屑。面色萎黄、纳差、身倦乏力等症，舌质淡，苔白，脉细缓
治法	养血润燥，祛风止痒
主方	地黄饮（《医宗金鉴》）加减
加减	痒甚者加蝉蜕、地肤子、苦参等
推荐中成药	养血安神颗粒、养血安神片

2. 外治法

（1）外洗及湿敷　可选用下列清热解毒、收敛止痒的中药煎水外洗或湿敷患部：①桉树叶、桃叶、花椒叶等量；②苦参、苍术、黄柏、白鲜皮各 15g；③马齿苋、黄柏、败酱草各 30g。

（2）敷法　可根据证型选择不同药物：①湿热盛而见红肿、疼痛、瘙痒、出脂水者，可选用如意金黄散调敷以清热燥湿止痒；②湿盛而见黄水淋漓者，可选用青黛散，以麻油调搽，以清热除湿，收敛止痒；③热盛而见有脓痂者，可选用黄连膏外涂或黄连粉撒布患处，以清热解毒；④患病日久而皮肤粗糙、增厚、皲裂者，可选用滋润肌肤、解毒祛湿的药物外涂，如穿粉散，用香油调敷。

（3）针灸疗法　风热湿邪犯耳者，取督脉、手阳明、足太阴等经穴为主，如陶道、曲池、肺俞、神门、阴陵泉等，针用泻法；血虚生风化燥者，取足阳明、太阴等经穴为主，如足三里、三阴交、大都、郄门等，针用补法。

【预防与调护】

（1）注意耳部卫生，戒除挖耳习惯。

（2）患病期间，忌辛辣炙煿食物及鱼、虾以及有可能引起过敏的食物。

（3）发病期间避免任何局部刺激，忌用肥皂水洗涤患处。

（4）及时治疗者预后一般良好。体质虚弱者，亦可致病程迁延难愈，或发展为断耳疮，造成耳郭畸形。

【预后与转归】

及时治疗者预后一般良好。不能坚持治疗及体质虚弱者，可致病程迁延难愈。

第四节　耳郭假性囊肿

耳郭假性囊肿（pseudocyst of auricle）又名耳郭非化脓性软骨膜炎（nonsuppura-tiveperichondritis of auricle）、耳郭浆液性软骨膜炎（serous perichondritis of auricle）、耳郭软骨间积液（intracartilage effusion of auricle）等，系指耳郭外侧面的囊肿样隆起，内含浆液性渗出物。

本病发病年龄以 30~50 岁青壮年者居多，男性多于女性，多发生于一侧耳郭。

本病属中医学"耳郭痰包"范畴，是指以耳郭局限性、无痛性肿胀，肤色不变，按之柔软，穿刺可抽出淡黄色液体为主要特征的疾病。

古代医学文献无"耳郭痰包"之称，但有"痰包"一词，始见《外科正宗·卷四》："痰包乃痰饮乘火流行凝注舌下，结而匏肿。绵软不硬，有妨言语，作痛不安。用利剪刀当包剪破，流出黄痰，若蛋清稠黏难断……"此指舌下痰包而言。本节所述之病位在耳，其病机、证候、治疗方面与所述"痰包"多有相通之处。

【病因病理】

一、西医病因病理

1. **病因**　耳郭假性囊肿是一种软骨内的无菌性浆液性渗出性炎症。病因尚不明了，可能与局部受到某些机械性刺激，如无意触摸、挤压等，而引组织间出现反应性渗出液积聚有关。

2. **病理**　积液在软骨内，而非软骨膜与软骨之间。囊肿的组织层依次为皮肤、皮下组织、软骨膜及与其紧密相连的软骨层。软骨层的厚薄依囊肿大小而定，囊小壁厚者可见连续完整的软骨，囊大壁薄者软骨不完整，裂处为纤维组织所替代，此种情况为囊肿增大时软骨被吸收所致。软骨层的内侧面被覆一层浆液纤维素，其表面无上皮细胞结构，故不是真性囊肿。囊腔内侧壁的软骨层较厚，故隆起多见于耳郭外侧面。

二、中医病因病机

本病主要因脾胃功能失调，痰浊内生，复受风邪外袭，夹痰浊上窜耳郭，痰浊凝滞，困结于耳而为病。

【诊断】

一、临床表现

1. **症状**　耳郭前面上半部出现局限性隆起，常在无意中发现，由小渐大，无痛感，囊

肿较大时可有胀感、灼热、发痒等不适。囊肿多位于舟状窝、三角窝。初期仅为局部增厚，积液较多时隆起明显，可波及耳甲腔，边界清楚，有弹性感及波动感，但无压痛，表面皮肤色泽正常。穿刺抽吸时可吸出淡黄色清亮液体，其中蛋白质丰富，无红细胞和炎性细胞，细菌培养：无细菌生长。

2. 体征 常见于耳甲腔、耳甲艇、舟状窝、三角窝等处局限性隆起，皮色不变，按之柔软，无压痛，透光度良好，穿刺可抽出淡黄色液体，抽后肿消，但不久又复肿起。

二、中医辨证要点

本病主要因脾胃功能失调，痰浊内生，复受风邪外袭，夹痰浊上窜耳郭，痰浊凝滞，困结于耳而为病。

【鉴别诊断】

	耳郭假性囊肿	耳郭血肿	化脓性软骨膜炎
耳痛	无痛感，囊肿较大时可有胀感、灼热、发痒等不适	局部疼痛较轻	呈持续疼痛，并逐渐加剧
耳部肿胀	局限性隆起，皮色不变，按之柔软，无压痛，局限性隆起，皮色不变，按之柔软，无压痛，透光度良好	多发生于耳郭背部，局部呈半圆形隆起，皮肤表面呈紫红色	耳郭红肿，触痛明显，可有波动感
细菌培养	早期无细菌生长	无	有

【治疗】

一、治疗原则

以局部治疗为主，消除积液，促进愈合，避免复发，防止继发感染。

二、西医治疗

治疗的目的是刺激囊壁，促其纤维化，防止液体再生，使囊壁粘连愈合。

（1）早期仅表现为增厚，无明显积液者，可用超短波、磁疗、冷冻等物理疗法，以控制渗出，促进吸收。

（2）穿刺抽液加压包扎法 有积液者，用空针抽尽局部积液，注入2%碘酊等少许，加压包扎。由于耳郭外侧面不平，一般包扎不易奏效，故可先用棉球或细纱条依耳郭形状压迫局部后，再用纱布、绷带包扎；或用石膏模压迫之。穿刺应在严格无菌操作下进行，术后预防感染。

（3）高渗液囊腔注入法 抽尽积液后注入15%高渗盐水或50%高渗葡萄糖液0.5~1ml，不加压包扎，24小时抽出注入液体，至抽出液呈红色，即不再注药，否则可重复注射。

（4）手术疗法 经上述治疗无效者，可在局麻或全身麻醉下，在隆起最突出处切开积液腔，吸尽积液，然后充分搔刮囊腔，可放置或不放置引流条，加压包扎。

三、中医治疗

调和脾胃，祛痰散结，疏风通络为主。

1. 辨证施治

证型	痰浊凝滞，困结于耳证
证候	多于无意中发现耳郭前面某一部分局限性肿起，肿处皮色不变，不热不痛，按之柔软，透光度好。穿刺可抽出淡黄色液体，抽液后肿消，不久又复肿起。一般无明显全身症。舌淡，苔微黄腻，脉滑
治法	祛痰散结，疏风通络
主方	二陈汤（《太平惠民和剂局方》）加味
加减	若见纳食欠佳，可选加砂仁、白术、神曲、山楂等，以健脾行气消食
推荐中成药	清气化痰丸

2. 外治法

（1）在严格无菌操作下，穿刺抽出液体后，加压固定。固定方法参见前述或用异极磁铁于耳郭前后相对贴敷。

（2）可配合紫外线、超短波、射频、微波等治疗。

（3）经久不愈者，可考虑手术治疗。

【预防与调护】

（1）肿块不宜反复揉按，以防增加机械性刺激，促使肿块扩大。

（2）一般不宜切开引流，以免染毒而转为断耳疮。穿刺抽液前应严格消毒，无菌操作。

【预后与转归】

预后良好，但易反复发作。若继发感染则可发展为化脓性软骨膜炎。

第五节 耳郭化脓性软骨膜炎

耳郭化脓性软骨膜炎（suppurative peri-chondritis of auricle）是指耳郭软骨膜的急性化脓性炎症，软骨因血供障碍而逐渐坏死。病情发展比较迅速，可致耳郭畸形，应积极诊治。

本病属中医学"断耳疮"范畴，是指以耳郭红肿疼痛、溃烂流脓，甚至软骨坏死、耳郭变形为特征的疾病。

"断耳疮"的病名首见于《诸病源候论·卷三十五》："断耳疮，生于耳边，久不瘥，耳乃取断。……此疮亦是风湿搏于血气所生，以其断耳，因以为名也。后世医家又有耳发疽等别称。

【病因病理】

一、西医病因病理

（一）病因

1. 耳郭外伤 如裂伤、切割伤、钝挫伤、昆虫叮咬伤、冻伤、烧伤等继发感染，耳郭

血肿的继发感染亦可导致本病。

2. 外耳及邻近组织感染的扩散 如外耳道疖、外耳湿疹、皮炎的感染扩散等。

3. 手术 中耳乳突手术作耳内、耳后切口，修补鼓膜取软骨膜时损伤耳郭软骨或使其暴露；假性囊肿或血肿穿刺抽液时消毒不严；耳郭整形术后继发感染等。

（二）病理

绿脓杆菌及金黄色葡萄球菌为主要致病菌。脓肿形成后，脓液聚积于软骨膜和软骨之间，继之软骨缺血坏死，耳郭支架破坏而致耳郭畸形。

二、中医病因病机

证型	病因病机
耳郭损伤，邪毒犯耳证	因耳郭皮肤损伤，邪毒乘机侵犯
热毒炽盛，灼腐耳郭证	热毒炽盛，循经上炎，灼腐耳郭

【诊断】

一、临床表现

1. 症状 多有耳部外伤、冻伤、烫伤、烧伤或耳郭的针刺、手术等病史，初起耳郭灼热感及肿痛感，继则红肿加重，范围增大，疼痛剧烈，坐立不安。全身症状可见发热、头痛等。

2. 体征 耳郭红肿，触痛明显，可有波动感，继则溃破流脓，软骨坏死，最后至耳郭变形。

二、中医辨证要点

根据病程长短、局部肿起处有无波动感或溃破流脓等辨明是否有脓肿形成。

【鉴别诊断】

	耳郭化脓性软骨膜炎	耳郭蜂窝织炎	耳郭丹毒	耳郭血肿
耳痛	呈持续疼痛，并逐渐加剧	局部疼痛剧烈	明显	局部疼痛较轻
耳郭肿胀表现	耳郭红肿，触痛明显，可有波动感	耳郭呈弥漫性红肿，境界欠分明	局部皮肤发红、肿胀，与正常皮肤有明显的分界，触之有紧张发硬感	多发生于耳郭背部，局部呈半圆形隆起，皮肤表面呈紫红色
病因	外伤、感染	感染	感染	外伤

【治疗】

一、治疗原则

抗感染，清除脓肿，预防耳郭畸形。

二、西医治疗

（1）早期脓肿尚未形成时，应全身应用大剂量有效的抗生素，以控制感染，局部可用鱼石脂软膏外敷或漂白粉硼酸溶液湿敷，促进局部炎症消退。

（2）脓肿已形成者，应立即在全身麻醉下行手术治疗。方法是：沿耳轮内侧的舟状窝作弧形切口，切口应超出红肿的皮肤，充分暴露脓腔，剥离耳郭皮瓣，直至见到正常软骨，清除脓液，做细菌培养及药物敏感试验，刮除肉芽组织，切除坏死软骨。如能保存耳轮部位的软骨，可避免日后耳郭畸形，若保存部分软骨，则可保留部分耳郭形态。但不能因此而姑息，以致炎症不能控制而需再次手术。术中可用多黏菌素 B 等抗生素溶液冲洗术腔，置有多个细孔的塑料小管于术腔内，将皮肤贴回创面，对位缝合，塑料管自切口最上和最下端伸出，适当加压包扎，术后第二天自塑料管上端用抗生素溶液每天冲洗 2~3 次，至局部和全身症状消退后，可拔出小管，加压包扎，此时多可愈合。如局部仍有红肿，疼痛较剧，多因术中清除病灶不充分，需再次手术。经上述治疗后，临床上仍有部分患者最后遗留耳郭畸形，应引起注意。

三、中医治疗

1. 辨证施治

证型	耳郭损伤，邪毒犯耳证
证候	耳郭灼热、疼痛，局部红肿，继而红肿疼痛逐渐加剧；耳郭局部红肿，继而红肿疼痛逐渐加剧；发热、头痛、口干等；舌质红，苔黄，脉数
治法	清热解毒，消肿止痛
主方	五味消毒饮（《医宗金鉴》）加味
加减	热盛者，可加黄芩、黄连；血热者，可加丹皮、生地等
推荐中成药	穿心莲片

证型	热毒炽盛，灼腐耳郭证
证候	耳郭疼痛剧烈；检查见耳郭极度红肿，按之有波动感，继则溃破流脓，软骨坏死、脱落，耳郭变形；坐立不安，高热，头痛；舌质红，苔黄。脉数
治法	清热解毒，祛腐排脓
主方	黄连解毒汤（《外台秘要》引崔氏方）合五味消毒饮（《医宗金鉴》）加减
加减	（1）若溃破流脓者，可加皂角刺、天花粉等 （2）若耳郭皮色暗红，溃口难收，流脓不止，脓液稀薄，为正虚邪滞，余毒未清，则应改用托里消毒散，以扶正祛邪，托毒排脓
推荐中成药	牛黄消炎片、牛黄解毒丸

2. 外治法

（1）外敷 未成脓者，可热敷或用如意金黄散外敷。

（2）切开排脓 成脓后，宜在麻醉下切开排脓，同时刮除肉芽组织，清除坏死软骨。

【预防与调护】

（1）耳部手术和局部治疗时应严格消毒，遵循无菌操作原则，避免损伤软骨。

（2）对耳郭的各种外伤，均要彻底清创，严防继发感染。

（3）积极治疗易继发耳郭感染的疾病。

【预后与转归】

本病常可导致耳郭软骨坏死，使耳郭失去支撑而形成耳郭畸形。

（王铁军）

扫码"练一练"

第十七章 中耳疾病

要点导航

1. **掌握** 分泌性中耳炎、化脓性中耳炎的概念、临床表现、诊断及治疗。
2. **熟悉** 大疱性鼓膜炎的概念及临床表现；分泌性中耳炎的病因、发病情况；化脓性中耳炎的病因、感染途径。
3. **了解** 大疱性鼓膜炎的治疗；分泌性中耳炎的预防与调护；化脓性中耳炎的手术适应证。

第一节 大疱性鼓膜炎

扫码"学一学"

大疱性鼓膜炎（bullous myringitis）是指因病毒感染所致的以耳痛、鼓膜起血疱为主要特征的急性耳病。又称出血性大疱性鼓膜炎，病变发生在鼓膜及其邻近外耳道，多为单侧性发病，亦可连续地发生于双侧。

本病好发于儿童及青年人，无性别差异，常见于冬季。

中医文献中有关本病的记载较少，也无相应的病名可查。其治疗可参见"耳痛""耳衄"等。

【病因病理】

一、西医病因病理

1. **病因** 一般认为系病毒感染所致，常发生于流感流行之际，故可能与流感病毒有关，也可发生于上呼吸道其他病毒性感染之后。

2. **病理** 本病的病理改变主要在鼓膜及其邻近的外耳道的上皮下，出现充满血液或血浆的疱疹，大小数目不一，疱疹内液体培养无细菌生长。

二、中医病因病机

证型	病因病机
外感风热时邪证	外感风热时邪，引动肝胆郁热，邪热循经上犯耳窍，搏结鼓膜
肝胆火热证	肝胆火热，与气血搏结，循经上犯，燔灼鼓膜

【诊断】

一、临床表现

（一）症状

（1）剧烈耳痛。耳深部疼痛，突然发生，疼痛剧烈。呈持续性，多为刺痛或胀痛，有时伴患侧头痛。婴儿可哭闹不安或以手抓耳。

（2）耳内少许红色分泌物溢出。

（3）耳闷胀感，可有轻微的听力减退及耳鸣，偶有眩晕。但多被耳痛症状所掩盖，待耳痛症状缓解后方以此症状为主诉。

（4）起病前数日可有流感或感冒症状，发病时可有低热、乏力、胃纳不佳、便秘等轻微的全身症状。

（二）体征

鼓膜及邻近外耳道皮肤充血，或鼓膜后上方出现一个或多个红色或紫色的血疱。或鼓膜上有浅表溃疡或血痂，鼓膜完整；或外耳道皮肤充血肿胀，外耳道见少许血性分泌物，或血痂附着。

二、实验室及其他检查

1. 血常规检查　正常或白细胞总数增高，或淋巴细胞百分比增高。

2. 听力检查　轻度传导性听力减退。

三、中医辨证要点

本病为实证、热证。应根据临床表现，结合舌脉辨清表证或里证。

【鉴别诊断】

	大疱性鼓膜炎	急性中耳炎	颈静脉体瘤
起病急缓	急	急	缓
耳痛	有	有	无
发热	有	有	无
鼓膜检查	鼓膜有血疱	鼓膜有穿孔	鼓膜呈蓝色、紫色。无血疱、无穿孔
CT 扫描	颞骨无异常	一般无颞骨骨质破坏	颞骨骨质破坏

【治疗】

一、治疗原则

可采用西医局部治疗，中医内服药物的方法。

二、西医治疗

缓解耳痛，防止继发细菌感染。

（1）血疱未破时，外耳道内可以滴用 1%~2% 酚甘油。

（2）大疱未破或耳痛甚剧者可在严格无菌条件下以针挑破疱疹，但应避免刺破鼓膜全层。

（3）耳痛剧烈者，可酌情服用止痛剂。

（4）口服抗病毒药，全身应用抗生素，以防继发细菌感染。

三、中医治疗

中医认为本病为风热时邪侵袭、肝火燔灼耳窍所致，病证属热属实，治疗应以祛邪解毒，消肿止痛为原则。

1. 辨证施治

证型	外感风热时邪证
证候	流感热退以后，突然耳内剧痛，听力轻微减退；鼓膜及邻近外耳道皮肤充血，或鼓膜后上方出现一个或多个红色或紫色的血疱；头痛、鼻塞、流涕，发热恶寒、咽痛；舌质红，苔薄黄，脉浮数
治法	疏风清热，散邪止痛
主方	银翘散（《温病条辨》）加减
加减	（1）上方加板蓝根、菊花、蚤休 （2）痛甚者，加牡丹皮、赤芍
推荐中成药	银翘解毒丸、抗病毒颗粒

证型	肝胆火热证
证候	突然耳痛剧烈，听力稍减退，耳鸣如潮；鼓膜后上方出现一个或多个红色或紫色的血疱，或鼓膜上有浅表溃疡或血痂；头痛头胀，急躁易怒，口苦咽干，小便黄，大便秘结；舌质红，苔黄腻，脉弦数
治法	清泄肝胆，消肿止痛
主方	龙胆泻肝汤（《医方集解》）加减
加减	（1）便秘者加酒大黄、玄明粉 （2）发热者，加青蒿、虎杖
推荐中成药	龙胆泻肝丸、龙胆泻肝胶囊

2. 局部治疗

（1）滴药　可用清热解毒的熊胆眼液滴耳。

（2）挑破血疱　在严格消毒之后，用三棱针挑破血疱，以利止痛。

3. 针灸　局部取穴为主，配合循经取穴。常取足少阳胆经、足厥阴肝经之穴。常用穴位：风池、翳风、外关、曲池、支沟、阳陵泉。

【预防与调护】

（1）预防流感。

（2）加强运动锻炼，增强体质。

（3）注意耳部清洁，避免污水入耳。

【预后与转归】

本病有自限性，一般预后良好。

第二节 分泌性中耳炎

分泌性中耳炎（secretory otitis media）指以鼓室积液、听力减退、耳胀闷堵塞感为特征的中耳疾病。曾用名卡他性中耳炎、渗出性中耳炎、浆液性中耳炎、粘连性中耳炎、非化脓性中耳炎等。

本病为常见病、多发病，以冬春季多见。是儿童的常见致聋原因之一，成人也可发病。可分为急性和慢性。

本病属中医学中"耳胀、耳闭"范畴。中医学认为耳胀和耳闭属同一疾病的不同阶段。耳胀指病程短者，以耳内胀闷或胀痛为特征；耳闭指病程长者，以耳闭塞感，听力减退为特征。

古代医籍中无耳胀病名，但有相关论述。近代《大众万病顾问·下册》指出："何谓耳胀？耳中作胀之病，是谓耳胀。"被认为是耳胀作为病名的最早记载。耳闭作为病名，见于明代。《医林绳墨·卷七》指出："耳闭者，乃属少阳三焦之经气之闭也。"《黄帝内经》中有咽鼓管吹张法的最原始记载，明代《景岳全书·卷二十七》记载了鼓膜按摩法。

【病因病理】

一、西医病因病理

（一）病因

目前认为咽鼓管功能障碍、中耳局部感染、变态反应是本病的主要原因。

1. 咽鼓管功能障碍

（1）机械性阻塞　如腺样体肥大、下鼻甲肥大、鼻息肉、鼻咽部肿瘤等压迫咽鼓管咽口。

（2）功能障碍　在鼓室负压的情况下，如司咽鼓管开闭的肌肉收缩无力、咽鼓管软骨弹性不良等，容易使咽鼓管管壁塌陷，致咽鼓管开放受阻。

2. 中耳局部感染　有研究者在分泌性中耳炎患者的鼓室积液中培养出细菌，其细菌培养阳性者占 1/2~1/3，说明本病可能与中耳局部性轻型或低毒性细菌感染有关。

3. 免疫反应　有研究表明分泌性中耳炎可能因变态反应所致。其变态反应可能属一种由抗感染免疫介导的病理过程。Ⅲ型变态反应可能是慢性分泌性中耳炎的致病因素之一。

（二）病理

由于咽鼓管功能不良，外界空气不能进入中耳，中耳内原有的气体逐渐被黏膜吸收，腔内负压形成，黏膜肿胀、毛细血管壁通透性增加、鼓室内出现漏出液；若病变进一步发展，中耳黏膜上皮增厚、上皮细胞化生，杯状细胞增多，分泌增加，分泌物积聚；炎性细胞浸润，炎性渗出物增加。恢复期腺体退化，分泌物减少，黏膜逐渐趋于正常。若病变继续发展，晚期可出现积液机化，或被包裹，并伴肉芽组织形成。

二、中医病因病机

证型	病因病机
风邪侵袭证	气温骤变，冷热不调或起居不慎；或过劳伤身等，风邪挟热或挟寒乘虚而入，伤于肺卫，肺失宣降，津液不布，积于耳窍
肝胆湿热证	抑郁暴怒，情志内伤；或外感邪热，内传肝胆，肝气郁结，气机失调，湿热内生，上蒸耳窍
脾气虚弱证	饮食不调，如过食生冷，或嗜肥甘，或饮醇酒，损伤脾胃，或劳倦内伤，或久病失养，脾失健运，痰浊内生，积聚耳窍
气滞血瘀证	疾病反复，迁延日久，邪毒滞留，阻于脉络，气血瘀阻，经络不通，闭塞失用

【诊断】

一、临床表现

（一）症状

1. 耳胀、耳闭　耳胀耳闭为本病主要症状。急性期，患者主要表现为耳胀闷，或胀痛。慢性期多表现为耳闭塞感。在擤鼻涕、打哈欠或打喷嚏时症状暂时缓解。

2. 听力减退　急性发病者多在近期内有感冒史，之后听力减退，并逐渐加重，但自听增强。

（二）体征

早期鼓膜松弛部充血，或锤纹处有血管纹、鼓膜内陷；若鼓室积液，则可透过鼓膜见到液平线或气泡影，或鼓膜呈淡黄或橙红或琥珀色。积液多者，鼓膜可外突，活动受限。若反复发作，鼓膜可增厚，呈乳白色，或见钙质沉着。

二、实验室及其他检查

1. 音叉和纯音听阈测试　提示患耳为传导性耳聋。病程长，或反复发作者，可呈混合性聋。

2. 声导抗检查　典型表现为"平坦型"鼓室图。若咽鼓管功能不良，则表现为负压型。

3. 诊断性鼓膜穿刺　鼓室内可抽出淡黄色液体，借此可以确诊。

三、中医辨证要点

1. 辨表里　首先根据病程长短、症状轻重、有无恶寒发热、鼻塞流涕等辨明其证属表属里。表证者，有风寒、风热之不同，临床常以风热为主。

2. 辨虚实　表证者实证居多。里证者，常虚实夹杂，一般根据鼓膜特征，鼓室积液的量、色、质，结合局部及全身症状和舌脉，可以辨明。

3. 辨脏腑病机　本病基本病机为水液代谢紊乱，水湿痰浊积聚，经络气血不通。涉及脏腑主要有肺、脾、肝胆。根据局部症状、体征，结合全身表现及舌脉，可以明确所属脏腑。

【鉴别诊断】

	分泌性中耳炎	鼻咽癌	突发性耳聋	化脓性中耳炎	外耳道耵聍	外耳道肿瘤
耳胀耳闭	有，可为双侧或单侧	有，一般多为单侧	有，一般多为单侧	有	有，常发生在游泳、沐浴之后	有，可呈进行性加重
听力减退	有	有	有	有	有	有，可呈进行性加重
耳痛	可有胀痛	无	无	有	继发炎症时有	可有
外耳道检查	多无异常	无异常	无异常	可有积脓	耵聍样物堵塞	有新生物
鼓膜内陷	有	有	无	无	无	无
鼓室积液征	有	有	无	无	无	无
鼻咽部新生物	无	有	无	无	无	无
鼓室导抗图	异常	异常	无异常	不能密闭或异常	无异常	无异常
病理检查	无需做	可以确诊	无需做	无需做	无需做	可以确诊

【治疗】

一、治疗原则

急性期应尽快控制病情发展，西医治疗的同时，尽早中医干预。慢性期，可以内服中药为主，酌情选用西医局部治疗如穿刺抽液、鼓膜按摩，尚可配合针灸、穴位注射等。若中耳肉芽形成，听小骨破坏，则须手术治疗。

二、西医治疗

清出中耳积液，改善中耳通气引流，清除病因。

1. **保持鼻腔及咽鼓管通畅**　可用血管收缩剂或皮质激素类药物滴鼻或喷鼻。

2. **穿刺抽液**　用针尖斜面较短的 7 号针头在无菌操作下，于鼓膜前下象限刺入鼓室，抽吸积液，抽吸后可注入醋酸泼尼松龙混悬液、地塞米松注射液、α-糜蛋白酶等。有时需反复进行。

3. **鼓膜切开并鼓室置管术**　适用于配合不好的小儿患者或积液稠厚，抽吸不净，或病情迁延，反复不愈，或头颈部放疗后，咽鼓管功能不能在短时恢复者，可在局麻或全麻下进行。用鼓膜切开刀，在鼓膜前下象限做弧形切口，吸净鼓室内积液，并于鼓室置管，留管时间一般为 6~8 周。

4. **咽鼓管吹张**　慢性者，可用捏鼻鼓气法、波氏球法或导管吹张法。

5. **病因治疗**　积极治疗鼻咽、鼻部等邻近部位疾病。如腺样体摘除、下鼻甲部分切除、鼻息肉摘除等。急性期患者可用抗生素治疗。稀化黏素对改善咽鼓管功能有一定作用。糖皮质类药物，可作为辅助用药。

三、中医治疗

中医认为该病的基本病机为水液代谢紊乱，水湿痰浊积聚，经络气血不通。与脏腑受邪，脏腑功能失调相关，其治疗应祛邪扶正，调和脏腑，疏通经络，调畅气血。

1. 辨证施治

证型	风邪外袭证
证候	耳内作胀、微痛，自听增强，听力减退；鼓膜充血内陷，或有鼓室积液征；头昏痛、鼻塞、流涕、发热恶寒、咽痛；舌质红，苔薄黄，脉浮数
治法	疏风散邪，宣肺通窍
主方	银翘散（《温病条辨》）合苍耳子散（《济生方》）
加减	（1）咽喉痛者，加射干、桔梗、板蓝根 （2）头昏头痛者，加川芎、菊花、桑叶 （3）若咳嗽痰稀，鼻塞声重；舌苔薄白，脉浮紧者，为外感风寒，改用荆防败毒散加麻黄、苏叶、藿香
推荐中成药	银翘解毒丸、荆防败毒丸或荆防合剂

证型	肝胆湿热证
证候	耳闷堵塞，胀痛不适，听力减退，耳鸣如潮；鼓膜色红，内陷或外凸，或有液平面；头痛头胀，急躁易怒，口苦而黏；舌质红，苔黄腻，脉弦数
治法	清泄肝胆，利湿通窍
主方	龙胆泻肝汤（《医方集解》）加减
加减	（1）若耳痛甚者，加牡丹皮、赤芍 （2）鼻塞、鼻涕黄稠者加辛夷、白芷 （3）头昏者，加菊花、石决明
推荐中成药	龙胆泻肝丸、龙胆泻肝胶囊

证型	脾虚痰聚证
证候	耳内胀闷不适，日久不愈，听力渐降，耳鸣声嘈杂；鼓室积液量多，或鼓膜内陷、浑浊、增厚；胸闷纳呆，腹胀便溏，肢倦乏力，面色不华；舌质淡红或舌体肿，边有齿印，苔白腻，脉濡或滑
治法	健脾升清，除痰通窍
主方	六君子汤（《太平惠民和剂局方》）加减
加减	（1）痰黄稠者，加黄连、竹茹、枳壳 （2）纳差腹胀者，加谷芽、麦芽、神曲 （3）胸闷者，加瓜蒌、苦杏仁
推荐中成药	补中益气丸、香砂六君丸、清气化痰丸

证型	气滞血瘀证
证候	耳内胀闷阻塞感，听力减退，耳鸣如蝉或嘈杂；鼓膜内陷明显，甚至粘连，或鼓膜增厚，或有灰白色沉积斑；一般病程较长，可无明显全身症状。或见妇女月经不调；舌质暗淡，或边有瘀点，脉细或细涩
治法	行气活血，通窍开闭
主方	通窍活血汤（《医林改错》）加减
加减	（1）耳鸣如蝉者，加枸杞子、山茱萸、珍珠母 （2）倦怠乏力，纳呆腹胀者，加白术、茯苓、党参
推荐中成药	三七通舒胶囊、血府逐瘀胶囊、血塞通胶囊

2. 局部治疗

（1）滴药　可用具有通窍消肿的中药滴剂滴鼻，以利咽鼓管通畅，积液排除。

（2）熏药　用芳香通窍的中药煎水，装在保温杯中，乘热对准鼻窍熏吸也可通窍，改善咽鼓管通气，排除积液。

3. 针灸

（1）体针　局部取穴为主，配合远端取穴。或在局部取穴的情况下，根据辨证循经取穴。常取足少阳胆经、足厥阴肝经、足少阴肾经、足太阴脾经、足阳明胃经之穴。

常用穴位：迎香、大椎、耳门、听宫、翳风、阳陵泉、风池、太冲、内关、丰隆、足三里、三阴交、血海、百会等。

（2）耳针　可取肾、肝、胆、脾、内分泌、交感、内耳、神门等穴。也可在上述穴位行压丸。

4. 穴位注射　耳部胀闷反复不愈，听力减退明显者，可用维生素 B_{12}、丹参注射液等作穴位注射。

5. 鼓膜按摩　多用于疾病后期，耳胀闭不适者。患者用食指插入耳道，密闭外耳道口后，再抽出食指，或以手掌心贴于耳郭，密闭外耳道口后再放开掌心，如此反复数次，以使耳道压力变化，鼓膜内外移动，防止鼓膜粘连。

6. 捏鼻鼓气　用于疾病后期，耳胀闭不适者。患者用拇指和食指紧捏双侧鼻翼，同时向双耳内鼓气，可缓解鼓膜内陷，防止鼓膜粘连。但鼻部有异常分泌物时忌用。

【预防与调护】

（1）保持鼻腔通畅。

（2）积极治疗鼻炎、鼻窦炎、腺样体肥大等相关疾病。

（3）采用正确的擤鼻方法，鼻塞时勿强力擤鼻。

（4）加强体育锻炼，预防感冒。

【预后与转归】

分泌性中耳炎，急性期治疗及时得当，患者可在 1~2 周痊愈。若未能及时有效治疗易迁延成慢性反复发作，严重者，甚至在中耳形成肉芽，破坏听小骨。

临床病案 ··

戴某，男，7岁。初诊日期：1963年3月23日。

1年余前患重感冒之后常流脓涕，时额前作痛，渐致两耳听觉不良，尤以左耳为甚。经某医院诊断为"耳咽管闭塞"，进行药物及手术通气治疗，未能改善，失聪迄今已有一年。因将入学，其母颇为焦虑，辗转来我处门诊：患儿行动尚活泼，唯有所询问则瞠目而视，必附耳大声，始略能领会，语时声带鼻音。

初诊：两耳失聪，左侧为甚。平日涕多，每易感冒。饮食不馨，纳少腹痛，面色晄白，山根色青。乳蛾略有肿胀，并有头痛之感。脉细滑，苔淡薄。证属肺气不充，胃肠不和，乃体质虚弱所致。处方：生白芍4.5g，杭菊花4.5g，枸杞子4.5g，石菖蒲1.5g，广郁金4.5g，焦白术6g，怀山药9g，炒枳壳3g，炙鸡金4.5g，五剂。

复诊：3月30日。其母谓药后颇舒适，头痛略见减轻，原方续进五剂。

三诊：4月6日。近周来右耳窍略有痛感，且兼头痛。饮食不馨，消化力薄。再予平肝和胃宣通为法。处方：生白芍4.5g，杭菊花4.5g，绿豆衣4.5g，石菖蒲2.4g，广郁金4.5g，炒白术6g，麸炒枳壳4.5g，采芸曲（包煎）9g，夏枯草3g，五剂。

四诊：4月20日。头痛已减，饮食渐增，左耳听觉已见进步。故于原方中去采芸曲，加白茯苓9g，再服六剂。

五诊：4月27日。证情续有进步，听觉渐清，惟夜寐不安，既见效机，再从前方中加忘忧草9g，六剂。

六诊：7月6日。其母云：近两月来精神体力均转佳，两耳听觉亦已接近恢复，惟右耳尚感不敏，因此次乳蛾复作，略有肿大，故再前来诊治。患儿面色光泽充沛，饮食睡眠，均趋正常，苔色脉象，亦无异征，故在原方中加牛蒡子4.5g，白桔梗3g，生甘草2.4g，以清化痰热，调理善后。

10月11日其母来信，谓患儿听觉已恢复正常，身体亦转健康云云。

[按]　本病例之耳聋，始起重感冒，以致风热逗留，壅塞清窍为患。患儿平素面色㿠白，时有额前作痛，纳少便稀，容易感冒，且鼻病在先，耳聋于后，为时已达一载，虽迭经医疗而鲜效。究其不愈之理，由于清气不升，浊气不降，中宫失于宣畅，肺脾不和，气机为之闭塞所致，故以芳香调气，宣通开郁，健运脾胃，平肝益肺，改善体质，使元气充沛，则耳聋自愈。

摘自《申江医粹续集·耳鼻喉科·外科名家张赞臣学术经验集》。

第三节　化脓性中耳炎

扫码"学一学"

化脓性中耳炎（suppurative otitis media）指由细菌感染引起的发生于中耳的急、慢性化脓性炎症。急性化脓性中耳炎病变一般局限在鼓室黏膜，严重者波及骨质。慢性化脓性中耳炎常因急性化脓性中耳炎反复发作，迁延不愈所致，病变可深达骨膜甚至骨质。中耳炎若失治、误治，可引起颅内外并发症。

本病好发于婴幼儿及学龄前儿童。急性者，以冬春季节多见。常继发于上呼吸道感染之后。慢性者，四季均可发病，以夏季居多。

化脓性中耳炎，属中医学中"脓耳"范畴。《黄帝内经》最早论及脓耳。《灵枢·厥病》中谓："耳痛不可刺者，耳中有脓"。而"脓耳"一名，则首见于宋《仁斋直指方·卷二十一》。其谓："热气乘虚，随脉入耳，聚热不散，脓汁出焉，谓之脓耳。"历代医家有关脓耳的记载颇多，命名的方式各异，隋唐时代的文献多称本病为聤耳，宋、明代称之为脓耳；至清代，多称耳疳。除上述名称外，尚有底耳、耳湿、耳痈、耳中生毒等。这些命名和含义虽不尽相同，但均提出其主要特点是耳流脓。至于脓出于中耳还是外耳，未能明确提出。现代中医学所论脓耳专指脓出于中耳，以鼓膜穿孔，耳内流脓、听力减退为特征。

【病因病理】

一、西医病因病理

（一）病因

化脓性中耳炎的主要病因为细菌感染。急性者，常见致病菌为：肺炎双球菌、金黄色葡萄球菌、流感嗜血杆菌、溶血性链球菌等。慢性者，常见致病菌为金黄色葡萄球菌、绿脓杆菌、变形杆菌等。

细菌感染的主要途径有：咽鼓管途径和外耳道 - 鼓膜途径。其中以前者最多见。

1. 咽鼓管途径

（1）急性上呼吸道感染。如急性鼻炎、急性咽炎、急性扁桃体炎等，细菌经咽鼓管侵入中耳。

（2）在不清洁的水中游泳或跳水，或不正确的擤鼻方法，或不适当的咽鼓管吹张等，细菌通过咽鼓管进入中耳。

（3）婴幼儿患者，常因哺乳位置不当，乳汁可经咽鼓管进入中耳，造成中耳的感染。

（4）某些急性传染病，如猩红热、百日咳、麻疹等，可通过咽鼓管并发急性中耳炎。

2. 外耳道 - 鼓膜途径　当各种原因导致鼓膜穿通，如消毒不严的鼓膜穿刺、鼓室置管或鼓膜外伤，细菌可通过外耳道进入鼓膜而引起中耳感染。

急性中耳炎未能及时有效控制，病程迁延，或急性坏死性中耳炎病变深达骨质或中耳邻近器官慢性病变，如腺样体肥大、慢性扁桃体炎、慢性鼻窦炎以及抵抗力下降等可使中耳炎反复发作，经久不愈，演变为慢性中耳炎。

（二）病理

1. 急性中耳炎的病理分期

（1）早期　中耳黏膜充血，咽鼓管闭塞，鼓室负压，鼓室渗出物积聚。之后，鼓室黏膜纤毛细胞的纤毛脱落，杯状细胞增多，鼓室内液体增加，鼓膜外突。

（2）化脓期　鼓室炎性渗出物积聚，逐渐变为脓性，鼓膜受压而贫血，且因血栓性静脉炎，终致局部坏死溃破，耳流脓。

（3）恢复期（或演变期）　引流通畅，炎症逐渐消退，黏膜恢复正常，小的鼓膜穿孔修复。若患者抗病能力差，治不及时或法不得当，或病变深在，则迁延不愈，转为慢性或产生并发症。

2. 慢性中耳炎病理分型

（1）单纯型　黏膜充血、增厚，炎细胞浸润，杯状细胞及腺体分泌活跃。

（2）骨疡型　病变深达骨质，骨质可有坏死，黏膜上皮破坏，局部肉芽或息肉形成。

（3）胆脂瘤型　中耳乳突有胆脂瘤，囊壁（内壁）为复层上皮，外壁为一层纤维组织，与邻近骨壁或组织紧密相连，囊内为脱落上皮、角化物质、胆固醇结晶。

二、中医病因病机

证型	病因病机
风热侵袭证	风热之邪外侵或风寒外感，入里化热，邪伤于肺，肺失清肃，热壅上焦，与气血搏结于耳
肝胆火热证	风热表证失治，内传肝胆，或肝胆素有积热，循经上炎耳窍，壅滞气血，腐蚀鼓膜
脾虚湿困证	素体脾虚或病后失养或饮食所伤，脾胃虚弱，水湿内停，患脓耳后正不胜邪，邪毒滞留，与湿浊邪毒结聚耳窍
肾元亏虚证	先天禀赋不足，或后天肾精亏损，至肾元亏虚，耳失濡养，感邪后邪毒滞留，腐蚀耳部骨质，骨质破坏，甚至产生变证

【诊断】

一、临床表现

（一）急性中耳炎

1.症状

（1）耳痛 突发性耳痛，刺痛或跳痛，逐渐加重，之后跳痛或刺痛，疼痛剧烈，伴同侧头痛。随耳流脓后，耳痛骤减。

（2）发热 部分患者体温可升高。一般在38~39℃左右。脓出后体温下降或正常。或伴乏力、纳差等。小儿患者症状较重，常出现恶心、呕吐、腹泻等。或因高热而发生惊厥。

（3）流脓 耳部流脓，脓液黏稠，或带少许血性分泌物。

2.体征 鼓膜弥漫性充血、肿胀、外突、穿孔；耳道积脓；耳后乳突或鼓窦区皮肤可有红肿、压痛。

（二）慢性中耳炎

1.症状

（1）耳流脓 耳内长期流脓，间歇性或持续性，脓液稀薄或黏稠，或带血性分泌物，或有特殊恶臭。

（2）听力减退 有不同程度的听力减退。

（3）耳鸣 部分患者伴有耳鸣，多为低音调。

2.体征 外耳道有脓性分泌物积聚，并可在紧张部中央，或紧张部边缘，或在松弛部发现穿孔。透过穿孔，可见鼓室黏膜潮湿、肿胀或增厚或有肉芽或息肉。或穿孔部可见鼓室内有灰白色鳞片或腐乳状物质，极臭。部分患者在松弛部可发现痂壳。

二、实验室及其他检查

1.血常规检查 急性化脓性中耳炎，可见白细胞总数增加，中性粒细胞比例升高。

2.听力检查 急性化脓性中耳炎，为传导性聋，少部分患者可为混合性聋。慢性化脓性中耳炎为程度不同的传导性聋或混合性聋。

3.颞骨CT 慢性单纯型中耳炎炎症主要局限在鼓室黏膜，乳突多为气化型。充气良好。若为慢性骨疡型，则乳突多为板障型或硬化型，气房模糊，内有软组织影，慢性胆脂瘤型中耳炎，多在上鼓室、鼓窦或乳突有骨质破坏区，边缘多硬化浓密、整齐。

三、中医辨证要点

1. **辨虚实** 患者一般表现为实证或本虚标实证。可根据起病缓急或脓色、量、质及耳痛程度等辨别其寒热虚实。如脓耳发病急骤、脓液稠厚，色黄，有臭味者，一般以实证居多，若起病缓，病程长，脓液清洗、量多、无臭味者，多为虚证。耳痛重者，一般属实；疼痛轻者，一般属虚。

2. **辨脏腑** 表证者，病变在肺；邪热入里，热毒炽盛者，病变在肝胆；病久不愈，反复发作者，病变多在脾；有骨质破坏者，病变在肾。

3. **辨病情轻重** 可根据全身症状的轻重、鼓膜穿孔的大小，穿孔的部位、听力损失的程度，有无肉芽形成或胆脂瘤形成等辨明病情的轻重。

4. **辨有无变证发生** 可根据流脓顺畅与否、体温、神志、有无口眼歪斜、眩晕等情况，辨明是否有脓耳变证。尤其是小儿患者抗病力弱，患病后传变快，易产生变证。而患儿本人对症状诉说不清或不能诉说，可加大对疾病判断的难度，尤须仔细观察。另外，小儿患者平素经常感冒，而中耳炎早期多有感冒症状，极易被家长忽略或被误认作感冒而延误治疗。因此，对小儿患者更易仔细明辨。重点观察生命体征、头痛、流脓、神志等情况。若脓流出后，体温不降，或突然无脓液流出而头痛加重、高温不退，或体温降后突然又升高，或耳后完骨部红肿压痛，或面瘫，或嗜睡，甚至神昏谵语、抽搐等为变证形成。

【鉴别诊断】

	急性中耳炎	外耳道炎及疖	急性鼓膜炎	分泌性中耳炎
耳痛	较剧，脓流后痛减	牵拉耳郭、按压耳屏或张口咀嚼时疼痛加剧	较剧	可有胀痛
流脓	量较多	量少	无	无
耳闷胀	可有	无	可有	有，较重
听力减退	较重	较轻	较轻	较重
外耳道充血、肿胀	可有	有	可有	无
鼓膜穿孔	有	无	无	无

	慢性化脓性中耳炎	中耳癌
耳流脓	有	有
耳痛	无或轻微	有，剧烈
耳流血	有	有
听力减退	有	有
张口困难	无	有
鼓膜穿孔	有	有
耳内肉芽或息肉	有	有
脑神经症状	并发症时有发生	有
影响学检查	乳突内有软组织影或骨质破坏，边缘浓密，整齐	中耳腔或乳突不规则软组织病灶，不规则大面积骨质破坏，外耳道骨壁破坏，颞骨周围组织被侵蚀
病理检查	炎性肉芽或息肉	多为鳞状上皮癌

【治疗】

一、治疗原则

控制感染、通畅引流、防止并发症、尽可能恢复听力。急性期可采取中西医结合治疗，在西医抗生素治疗的同时，口服中药，局部也可用清热解毒的中药眼液滴耳。慢性期，根据病情轻重选择治疗方法，若为慢性单纯型中耳炎，可以中医治疗为主，若为肉芽型中耳炎，可中西医结合，局部采用西医方法，配合内服中药，经保守治疗无效，应采取手术治疗。若为胆脂瘤型中耳炎，应以西医手术为主。

二、西医治疗

（1）及时有效地控制感染　合理运用抗生素。

（2）保持鼻腔和咽鼓管通畅　鼻部滴或喷减充血剂。

（3）鼓膜切开　耳痛剧烈，鼓膜外突未溃破者，可用鼓膜切开，以利引流。

（4）滴耳　鼓膜穿孔前，可滴石炭酸甘油；穿孔后滴抗生素液。耳流脓控制减少，鼓室黏膜潮湿者，可用3%硼酸乙醇溶液滴耳液。

（5）清洁法　鼓膜穿孔流脓后，可用3%双氧水清洁局部。

（6）中鼓室肉芽，可用10%~20%硝酸银烧灼或以刮匙刮除。

（7）针对病因　及时治疗邻近器官疾病。

（8）手术　炎症控制后遗留鼓膜穿孔不愈者，可考虑行鼓膜修补术。肉芽型中耳炎，经保守治疗无效，可行乳突根治术。胆脂瘤型中耳炎一旦发现，即应尽早行乳突根治手术，以免并发症产生。

三、中医治疗

本病急性期之病机为邪实，邪气为热、为湿，慢性期主要表现为正虚或虚实夹杂。治法当解毒排脓，补益托毒。

1. 辨证施治

证型	风邪外袭证
证候	发病较急，病程短，耳内胀闷，或流脓，或耳鸣或听力减退；鼓膜轻充血、肿胀，或有小穿孔；头昏痛、鼻塞、流涕，发热恶寒、咽痛；舌质红，苔薄黄，脉浮数
治法	疏风清热，解毒散邪
主方	蔓荆子散（《东垣十书》）加减
加减	（1）鼻塞流涕者，加苍耳子、辛夷、薄荷、白芷 （2）耳痛甚者，加野菊花、蒲公英、紫花地丁 （3）头痛、咽痛者，加川芎、射干
推荐中成药	银翘解毒丸、银菊清解片

证型	肝胆湿热证
证候	耳痛较烈，耳鸣，听力减退，耳脓较多，黄稠；鼓膜充血、肿胀、穿孔，耳道积脓；头痛头胀，面红目赤，急躁易怒，口苦而黏，小便黄赤；小儿可见高热、烦躁、惊厥等症；舌质红，苔黄，脉弦数
治法	清泄肝胆，解毒排脓
主方	龙胆泻肝汤（《医方集解》）加减

续表

证型	肝胆湿热证
加减	（1）脓未成者，加皂角刺、穿山甲 （2）脓成后，加白芷、桔梗、天花粉 （3）小儿惊厥者，加钩藤、蝉蜕
推荐中成药	龙胆泻肝丸、龙胆泻肝胶囊

证型	脾虚湿困证
证候	耳内流脓，缠绵日久。脓液清稀，量多，无臭味，间歇性发作；鼓膜增厚，中央性大穿孔。或有肉芽、息肉；胸闷纳呆，腹胀便溏，肢倦乏力，面色不华；舌质淡红或舌体肿，边有齿印。苔白腻，脉濡或滑或细缓无力
治法	健脾除湿，补托排脓
主方	托里消毒散（《外科正宗》）加减
加减	（1）脓液清洗、量多、纳差，便溏者，可改用参苓白术散加减 （2）头昏、乏力者，可加升麻、葛根或改用补中益气汤加减 （3）脓黄者，加黄芩、黄连
推荐中成药	补中益气丸

证型	肾元亏虚证
证候	耳流脓不畅，时多时少，脓液污秽或有豆腐渣样物，恶臭，日久不愈，耳鸣、听力严重减退，鼓膜边缘或松弛部穿孔；或穿孔部可见鼓室内有灰白色鳞片或腐乳状物质，极臭。部分患者在松弛部可发现痂壳。头晕头痛，腰酸腿软，神疲乏力；舌质淡红，苔薄白或少苔，脉细弱或细涩
治法	补肾培元，祛腐排脓
主方	知柏地黄汤（《小儿药证直诀》）或肾气丸（《金匮要略》）
加减	（1）脓液恶臭者，加金银花、夏枯草 （2）耳鸣、腰酸重者，加续断、怀牛膝
推荐中成药	金匮肾气丸、知柏地黄丸

2. 局部治疗

（1）滴药　可用清热解毒的眼药水滴耳，如鱼腥草滴眼液、熊胆滴眼液等。若鼻塞者，可用1%麻黄素液滴鼻。

（2）清洁耳部　耳内流脓时，可用3%双氧水清洁耳部。

3. 针灸

（1）体针　根据辨证循经取穴。实证者常取足少阳胆经、足厥阴肝经穴；虚证者，取足少阴肾经、足太阴脾经、足阳明胃经之穴。配合局部穴位。

常用穴位：阳陵泉、太冲、丰隆、足三里、三阴交、太溪、照海、耳门、听宫、翳风、风池等。

（2）耳针　可取肾、肝、胆、脾等。

【预防与调护】

（1）增强体质，预防感冒，积极治疗上呼吸道疾病。

（2）戒除挖耳习惯，避免污水入耳。

（3）哺乳时姿势正确，以避免呛奶。

（4）正确擤鼻，鼻塞时勿强行擤鼻。

（5）患病时忌烟酒及辛辣食品。

（6）密切观察病情变化，避免并发症。

【预后与转归】

本病急性期治疗及时得当，病情可在10天内得到有效控制而获痊愈。若治不及时，或治不得当，可反复发作，迁延不愈而成慢性，若病情发展尚可引起颅内外并发症，尤其是小儿患者，中耳炎常常是致聋的原因之一，较成人而言更易产生并发症威胁患儿生命。

临床病案

案一 王某，女性，10岁。

初诊（1975年12月27日）：右耳流脓半年，近4、5天来肿胀疼痛。检查：右外耳道软骨段皮肤肿胀较明显，鼓膜紧张部穿孔，并有脓性分泌物。诊断为右外耳道疖，慢性化脓性中耳炎。

诊见左耳疼痛，微有发热（37.4℃），头晕，大便三天未解。脉滑、苔薄、舌尖红。证属风热与肝胆之火互结，循经上灼耳道，治宜疏解消肿，并佐以通腑。

荆芥4.5g，金银花9g，野菊花12g，白桔梗4.5g，蒲公英12g，丹皮6g，炙甲片4.5g，甘草2.5g，生薏皮仁各9g，火麻仁9g，赤芍9g。

外用药：青灵软膏棉条涂塞于耳道。

二诊（12月30日）：体温已复正常，右外耳道肿胀已退，脓液基本消失，大便亦已通畅，但右耳道后尚略有脓肿。此系热毒下达，再予清化为治。

赤芍6g，丹皮9g，炙甲片4.5g，野菊花12g，蒲公英12g，甘草2.5g，金银花9g。外用药同上。

上方连服3剂，诸症均除而愈。

摘自现代著名老中医名著重刊丛书《张赞臣临床经验选编》

案二 刘某，女，26岁。1992年1月10日初诊。

童年时右乳突曾做乳突根治术，但渗液不涸，竟为十七八年之久。分泌物为脓性样黄色，有较浓的臭味，偶有血迹。失听，鸣声多样（有高有低），头痛阈在右侧。左耳听力下降，偶有轻度眩晕。

检查：右耳手术后潮湿不干，未见充血。左鼓膜严重内陷，已不成为卵圆形，中央有钙化点两块，标志消失。舌薄苔，脉细。

医案：术后分泌难涸，可宗《外科理例》之"溃疡首重脾胃"论治；头痛之作，良以痛阈在于少阳之故，治可顾及柔肝。可取参苓白术合逍遥。左耳貌似未予兼顾，但疏肝益脾之剂，定能余泽共享及之矣。

党参10g，白术6g，茯苓10g，焦苡仁10g，山药10g，柴胡3g，当归10g，白蒺藜10g，菊花10g，甘草3g，7剂煎服。

二诊，1992年2月21日诊。

上方累进21剂，杂乱无章的多种耳鸣已减少、减轻。唯存沸水样之鸣，病耳脓无，左耳反而有分泌物，头痛轻而眩晕作。

检查：两外耳俱干燥。舌薄苔，脉细。

医案：邪去身安，正充邪避，斯言殊合本症。仍步原方，继续调理。

党参10g，白术6g，茯苓10g，白蒺藜10g，山药10g，当归10g，菊花10g，川芎3g，甘草3g，7剂煎服。

三诊，1992年4月3日诊。

上药进14剂，鸣声又减轻一些，鸣声为沸水待开之际。头痛在枕部，像有一根筋牵制着。左侧咽部有异物感，颈部及四肢肌肉抽筋感。

检查：两耳干燥。舌薄苔，脉细。

医案：益气柔肝，十分恰当，但补诉综合则似处方太崇于气，而忽略于血矣。改八珍。

党参10g，白术6g，茯苓10g，鸡血藤10g，山药10g，当归10g，白芍6g，宜木瓜10g，丹参10g，白蒺藜10g，7剂煎服。

摘自《中医临床家干祖望》。

扫码"练一练"

第十八章　耳源性颅内、外并发症

> **要点导航**
>
> **1. 熟悉**　耳源性颅内、外并发症的临床表现及治疗原则。
> **2. 了解**　耳源性颅内、外并发症的病因及感染扩散途径。

急、慢性中耳乳突炎感染向邻近或远处扩散，引起各种并发症，称为耳源性并发症（otogenic complications）。根据并发症发生的部位分为颅内、外并发症。其中，颅内并发症危险性最大，可危及患者生命。

颅内并发症包括：硬脑膜外脓肿、乙状窦血栓性静脉炎、耳源性脑膜炎脑脓肿、硬脑膜下脓肿等。颅外并发症包括：耳后骨膜下脓肿、颈部贝佐尔德脓肿、迷路炎。

中医学称耳源性并发症为脓耳变症。即脓耳邪毒炽盛，或治疗不当，邪毒扩散，变生的他症，属急重症。常见的脓耳变证有耳后附骨痈，相当于耳后骨膜下脓肿；脓耳面瘫，相当于化脓性中耳乳突炎并发的面瘫；脓耳眩晕，相当于化脓性中耳乳突炎并发的迷路炎；黄耳伤寒，相当于化脓性中耳乳突炎的颅内并发症。

【病因病理】

一、西医病因病理

（一）病因

（1）中耳炎脓液引流不畅　如急性中耳炎鼓膜穿孔太小，慢性中耳炎鼓膜穿孔被胆脂瘤、肉芽、息肉或脓栓梗塞，形成脓液引流不畅。

（2）慢性中耳炎骨质破坏　胆脂瘤型中耳炎或骨疡型中耳炎均可破坏骨质引起颅内外并发症。骨质破坏以胆脂瘤型中耳炎最重，骨疡型次之。如胆脂瘤对耳周围颅骨骨壁的压迫破坏，炎症沿破坏处向周围扩散。

（3）中耳炎致病菌毒力强，对常用抗生素不敏感或已产生抗药性。

（4）中耳炎患者抵抗力弱，感染易于扩散。

（二）感染扩散途径

（1）经过破坏或缺损的骨壁。最常见。当鼓室、鼓窦或乳突天盖、乙状窦骨壁及窦脑膜角骨壁破坏时，中耳即与颅中窝或颅后窝直接相通，当中耳炎脓液引流不畅或炎症急性发作，感染即可向颅内蔓延。乳突外壁或乳突尖内侧骨壁破坏，脓液可顺此流入耳后骨膜或颈深部，在局部形成脓肿。半规管和鼓岬破坏，感染可向内耳扩散，引起迷路炎。外伤手术等导致的骨缺损，也是感染向颅内扩散的通道。

（2）经解剖通道或未闭的骨缝。如小儿岩鳞缝未闭，外伤或耳部手术等致骨缺损。

（3）经血行感染　罕见。

二、中医病因病机

证型	病因病机
邪毒走窜证	脓耳失治误治，或热毒炽盛，脓毒走窜，灼腐完骨可形成耳后附骨痈；若肾元亏虚，气血不足，邪毒滞留可致完骨皮肤溃损，溃口久不愈合
邪阻脉络证	脓耳失治，或患者气血不足，邪毒潜伏，致脉络闭阻，经筋失养，则发生口眼歪斜
血虚失养证	久病脾虚，脾失健运，气血亏虚，清窍失养，则发生眩晕
热入营血证	脓耳火毒炽盛，病势发展，热毒深入营血，扰于心神，则心烦躁扰，出现黄耳伤寒
热陷心包证	脓耳热毒深陷，耗血伤津，痰热闭阻心包，神明被扰则出现黄耳伤寒
热极动风证	脓耳火毒炽盛，引动肝风，上扰清窍，则发眩晕；扰乱神明，痰阻脉络则发为黄耳伤寒

【鉴别诊断】

疾病	临床表现
硬脑膜外脓肿（指硬脑膜与颞骨之间或乙状窦与乙状窦骨板之间的脓肿，后者又称乙状窦周围脓肿）	（1）头痛。较大脓肿常有病侧局限性和持续性头痛，发热，严重者出现全头痛 （2）脑膜刺激征或局灶性神经定位体征 （3）颅内压增高表现 （4）CT 或 MRI 显示颞叶、小脑硬脑膜外或乙状窦周围有脓肿形成
乙状窦血栓性静脉炎（是伴有血栓形成的乙状窦静脉炎，右侧较多见。又名侧窦血栓性静脉炎）	（1）寒战、高热，形似疟疾 （2）病侧耳后、枕后及颈部疼痛，颈部可触及条索状物、压痛明显 （3）可有转移性脓肿的表现 （4）Tobey-Ayer 试验阳性，即腰穿时压迫病侧颈内静脉脑脊液压力不升或微升 （5）Growe 试验阳性，即压迫病侧颈内静脉时眼底静脉无扩张
耳源性脑膜炎（是急性或慢性化脓性中耳乳突炎所并发的软脑膜、蛛网膜急性化脓性炎症）	（1）以高热、头痛、呕吐为主要症状。起病时可有寒战，继之发热，体温可高达40℃左右。头痛剧烈。为弥漫性全头痛，常以后枕部为重。呕吐呈喷射状，与饮食无关 （2）可伴精神及神经症状：如烦躁不安、抽搐，重者谵妄、昏迷，以及相关的脑神经麻痹等 （3）脑膜刺激征：颈有抗力或颈项强直，甚者角弓反张。克氏征及布鲁津斯基征阳性 （4）脑脊液压力增高、混浊，细胞数增多，以多形核白细胞为主，蛋白含量增高，糖含量降低，氯化物减少。细菌培养可为阳性。血中白细胞增多，多形核白细胞增加
耳源性脑脓肿（为化脓性中耳乳突炎所并发的脑组织内的脓液积聚）	（1）局限性脑炎或脑膜炎表现：畏寒、发热、头痛、呕吐及轻度脑膜刺激征等 （2）精神症状：不规则头痛、低热，以及嗜睡、抑郁、烦躁、少语等 （3）脓肿形成症状：包括中毒性症状、颅内压增高症状、局灶性症状，常因脑疝形成或脑室炎、暴发弥漫性脑膜炎死亡 （4）头颅 CT 扫描：可显示脓肿大小、位置等情况，对脑脓肿早期定位诊断具有重要意义 （5）脑超声波检查：幕上脓肿可出现脑中线波移位 （6）经颈动脉脑血管造影：对大脑脓肿有诊断意义 （7）脓肿诊断性穿刺：除颅底穿刺探查外，尚可经乳突术腔作诊断性穿刺
耳后骨膜下脓肿（炎症穿破鼓窦外侧骨壁或乳突尖部骨质，到达耳后骨膜下形成脓肿）	（1）在中耳炎的同时，出现耳痛、高热、全身不适 （2）耳后上方或乳突红肿，耳郭向前下方耸起，耳后沟消失 （3）局部诊断性穿刺可以明确诊断，脓肿溃破，可形成瘘道

续表

疾病	临床表现
贝左尔德脓肿 （炎症从乳突尖内侧骨壁穿破，脓液流入胸锁乳突肌深面，形成颈侧脓肿）	（1）同侧颈部疼痛，运动受限 （2）乳突尖至下颌角处肿胀，压痛，波动感不明显 （3）穿刺抽出脓液可确诊

疾病	局限性迷路炎	浆液性迷路炎	化脓性迷路炎
迷路炎 （又称迷路瘘管，由于胆脂瘤破坏迷路骨壁，产生瘘管，炎症仅限于外半规管的骨迷路及其骨内膜）	（1）阵发性或刺激性眩晕、听力减退 （2）瘘管试验阳性 （3）前庭功能正常或亢进	（1）眩晕、听力下降和耳深部疼痛，快相向病侧的水平旋转性眼震 （2）瘘管试验阳性 （3）前庭功能从亢进到减弱	（1）严重的、持续性眩晕，眼震由初期向同侧很快转向健侧，躯干向慢相侧倾倒 （2）听力和前庭功能丧失 （3）瘘管试验阴性

【治疗】

一、治疗原则

及时有效控制感染，处理脓肿、清除病灶、对症支持治疗。

二、西医治疗

1. **手术** 及时行乳突探查及根治手术，彻底清除乳突病灶，除去破坏的骨板至暴露正常脑膜为止。若病情重笃，有脑疝危象者，可由神经外科行钻颅手术。或作侧脑室引流术，待颅内压降低后再作乳突手术。经反复穿刺抽脓无效或多房性脓肿等，应请神经外科医生开颅摘除脓肿。

2. **控制感染** 用足量、敏感的抗生素及磺胺类药物，开始可用大量广谱抗生素，如红霉素与氯霉素、羧苄西林与氨苄西林联合静脉滴注，以后参照细菌培养结果选用敏感的抗生素。颅内并发症者宜采用两联以上抗生素。

3. **脓肿处理** 根据脓肿形成的部位，大小进行穿刺或切开引流、脓腔冲洗或切除脓肿。

4. **脱水疗法** 颅内压增高时，可用脱水疗法以降低颅内压，如用 20% 甘露醇与 50% 葡萄糖静脉交替注射。或用 25% 山梨醇、30% 尿素，酌情应用类固醇激素类药物等。

5. **保持呼吸通畅** 呼吸困难者行气管插管，吸氧，人工呼吸等以保持呼吸通畅。

6. **支持疗法** 根据病情需要给予补液、输血或血浆以及复合氨基酸、白蛋白等，补充营养，维持水、电解质平衡。

三、中医治疗

根据中医理论，对脓耳变证可进行辨证施治，治疗原则是排脓解毒、醒脑开窍、息风镇惊、活血通络等。但单纯中医治疗的效果尚难确定，现代临床大多采用西医治疗，或西医治疗的同时，辅以中医治疗。具体治法可参照脓耳、口眼㖞斜等。

【预防与调护】

（1）本病的关键在及时有效地控制化脓性中耳炎，避免并发症的发生。

（2）密切观察病情变化，保持生命体征平稳。

（3）积极有效地控制病情。

【预后与转归】

耳源性颅内、外并发症多数为急重症，其预后取决于病情的轻重，治疗是否及时得当等，因此，应积极有效地给予治疗。否则，可遗留不良后遗症，甚至危及患者生命。

临床病例

常某，女，42岁。

主诉：右耳疼痛一周，且日趋加重。刻下右耳剧痛，波及右侧颈部及颞部，大便数日未解。右耳无流脓。检查：右外耳道未见明显异常，鼓膜完整。乳突部压痛明显，乳突后上方约1cm处有一五分硬币大肿块，质软有压痛，右耳下区淋巴结肿大，有压痛。舌苔薄黄，脉弦数。

肝阳挟火，旋沸奔腾，炎炎上燃，头面被灼。急拟清肝以挫其势。

羚羊角粉1支。分三次吞服。龙胆草3g，黄芩3g，生地10g，车前子（包煎）10g，菊花10g，夏枯草10g，桑叶6g，石决明（先煎）30g，白蒺藜10g，荷叶半张，钩藤（后下）10g，1剂煎服。

二诊：药后耳痛大减，但右乳突部仍压痛明显，其后上方的肿块已明显缩小。舌苔薄黄，脉弦数。

伐木平肝，初生效益。余邪动荡，乘胜一追。仍拟清肝泻火为治。

龙胆草3g，生地10g，山栀10g，黄芩3g，菊花10g，石决明10g(先煎)，草决明10g，钩藤（后下）10g，夏枯草10g，桑叶10g，荷叶半张，3剂煎服。

三诊：右耳痛减轻，且痛点分散，二便如常。右乳突部轻压痛，其后方之肿块消失。炎炎之肝火已挫，内蕴之余邪难清，再当清解，以肃残邪。

柴胡3g，山栀10g，白芍6g，夏枯草10g，菊花10g，桑叶6g，大青叶10g，银花10g，碧玉散15g，蚤休10g，5剂煎服。

按：耳痛之症，其因不一。观其患者，完骨剧痛，且耳窍无疾可寻，当属锐毒之恙，良以肝阳木火，熏灼头面所致也。盖火炎于上，毒助其虐，火毒交蒸，搏结耳后，则完骨痛势颇剧。急拟清肝泻火、解毒止痛之剂以救其燃眉。方中羚羊角清肝解毒之效甚佳，用此治疗肝经火炽之头面诸窍急症，加之合用胆草、黄芩、夏枯草、钩藤等清肝泻热之属，使肝火蕴毒排泄而剧痛锐减，获效之速，实难预料。

摘自《中医临床家干祖望》。

扫码"练一练"

（贾德蓉）

第十九章 Hunt 综合征

要点导航

1. **掌握** Hunt 综合征的诊断及治疗。
2. **熟悉** Hunt 综合征的病因病理。

Hunt 综合征（Hunt's syndrome）主要是由水痘－带状疱疹病毒引起的疾病，又名耳带状疱疹（zoster oticus）。临床以耳痛、外耳疱疹，甚或耳聋、眩晕、口眼㖞斜为主要表现。

本病多为单侧发病，患者以青年及老年居多。受凉、疲劳或机体抵抗力下降为引发本病的重要诱因。

可参考中医学"涡疮"、"火丹"、"蛇串疮"等疾病诊治。

【病因病理】

一、西医病因病理

1. **病因** 主要为水痘－带状疱疹感染。此外，往往还可合并单纯疱疹感染。

2. **病理** 病变常累及一侧。病变主要发生在皮肤及神经。疱疹多位于表皮内，含透明浆液、多形核白细胞及纤维蛋白，有时还含红细胞。受累神经主要发生在膝状神经节和面神经本身，半月神经节、螺旋神经节、岩神经节及迷走神经根等亦常被侵及，颞骨断面神经常有肿胀、缺血、缺氧等改变。病变发生后，容易导致神经麻痹，其发生机制与贝尔面瘫相似。

二、中医病因病机

证型	病因病机
风热外袭证	风热邪毒外袭，循经上犯头面耳窍，邪毒郁而化火，燔灼气血经脉，溢于皮肤，入于脉络，发为本病
湿热壅阻证	若因过食肥甘，湿热内生，蕴积肝胆，复因邪毒外侵，引动湿热，湿热邪毒上扰清窍，蒸灼耳窍肌肤，邪毒入络，脉络阻滞，发为本病

【诊断】

一、临床表现

1. **症状** 主要表现为患侧耳颞部疼痛，周围性面瘫伴耳部疱疹。起病初期有发热、头痛、食欲不振等症状，继而患耳剧烈疼痛，局部出现疱疹。可伴耳鸣、耳聋、眩晕及其他脑神经（Ⅴ、Ⅵ、Ⅳ、Ⅹ、Ⅺ、Ⅻ等）受累症状，疱疹和面瘫出现的时间可先后不一，多

数患者疱疹先发，少数面瘫先现。

2. 体征 耳甲腔和（或）外耳道出现疱疹，也可见于口腔、颊黏膜、鼓膜等处。可伴耳周淋巴结肿大压痛。面瘫开始多为不完全性，数日或2~3周内发展为完全性面瘫。或伴有其他脑神经（Ⅴ、Ⅵ、Ⅳ、Ⅹ、Ⅺ、Ⅻ等）受累征。

二、实验室及其他检查

1. 血清学检查 可发现抗水痘 – 带状疱疹病毒、抗单纯疱疹病毒抗体。

2. 血常规检查 可能有淋巴细胞增多。

3. 血沉 可能加快。

三、中医辨证要点

1. 辨表里 首先根据病程长短，症状轻重、有无恶寒发热等辨明其证属表属里。表证者，有风寒、风热之不同，临床常以风热为主。

2. 辨脏腑病机 本病基本病机为脾胃湿热，蕴积肝胆，复因邪毒外侵，引动湿热，湿热邪毒上扰清窍，蒸灼耳窍肌肤，邪毒入络，脉络阻滞，涉及脏腑主要有胃、脾、肝胆。

【鉴别诊断】

应与贝尔面瘫相鉴别。两者均可出现面瘫，但后者局部无疱疹，不伴有耳鸣、听力下降及眩晕症状。也无其他脑神经症状。

【治疗】

一、治疗原则

中医辨证论治对本病有优势，可有效促进病变愈合，减少永久性面瘫的机会。症状较轻者，可单用中医治疗。病重者，应采用中西医结合治疗。

二、西医治疗

1. 抗病毒药物 可用阿昔洛韦、利巴韦林、干扰素、板蓝根等。

2. 预防感染 局部涂布抗生素类固醇乳化剂、油剂。疱疹过于充溢者可用消毒针头刺破使其中液体流出后，再以抗生素软膏、乳化剂等涂布。可适当全身应用抗生素。

3. 激素 急性期可用大剂量肾上腺皮质激素，有止痛和加速面瘫恢复的功效。

4. 增强神经血运与营养 应用血管扩张剂，维生素 B_1、维生素 B_{12} 及 ATP 等。

5. 对症治疗 适当应用镇痛剂、镇静剂。

三、中医治疗

中医治疗包括辨证施治、局部治疗、针灸按摩等。

1. 辨证施治

证型	风热外袭耳络证
证候	耳甲腔、外耳道、耳屏、对耳屏、乳突等部肌肤灼热，刺痛；局部出现针头大小疱疹，其周围肌肤潮红；可伴发热，恶寒，头痛。舌质红，苔薄白，脉浮数

续表

证型	风热外袭耳络证
治法	疏风散邪，清热解毒
主方	银翘散《温病条辩》合五味消毒饮《医宗金鉴》加减
加减	伴口眼㖞斜者，选加桃仁、红花、旋覆花、泽兰叶、蜈蚣、全蝎、蝉蜕等
推荐中成药	银翘解毒丸

证型	湿热壅阻耳络证
证候	耳部患侧肌肤灼热、刺痛，疱疹增大、溃破，黄水侵溢，结痂；伴口苦咽干，甚至口眼㖞斜，耳鸣，耳聋，头昏目眩；舌质红，苔黄腻，脉弦数
治法	清泻肝胆，利湿解毒
主方	龙胆泻肝汤（《医方集解》）加减
加减	（1）热毒甚者加贯众、板蓝根 （2）耳痛剧烈者，加乳香、没药 （3）伴耳聋者，加丹参、石菖蒲等；口眼㖞斜明显者，酌加蝉蜕、全蝎、蜈蚣等
推荐中成药	龙胆泻肝丸

2. 局部治疗

（1）初起可用黄连膏或如意黄金散、三黄洗剂涂敷。

（2）疱疹溃破后，用柏石散、碧玉散等外撒。

（3）疱疹充盈不破者，以三棱针刺破，液出为度。

（4）口眼㖞斜者，以鲜鳝鱼血涂患侧面部。

3. 针灸 耳部剧痛者，可选取翳风、曲池、风池、合谷等穴，针刺，用泻法。口眼㖞斜者，取听会、听宫、颊车、地仓、下关、人中、承浆、颊车等穴，针刺，用泻法。

【预防与调护】

（1）加强身体锻炼，增加机体抵抗力。

（2）适当休息，饮食宜清淡，忌食辛辣、油腻之品。

（3）保持局部洁净干燥。

【预后与转归】

若无并发面瘫、耳鸣耳聋、眩晕者预后良好。并发面瘫者，少数患者预后较差。亦有部分患者疱疹消失后，仍遗留较长时间的耳部阵发性刺痛。

（王铁军）

扫码"练一练"

第二十章　周围性面瘫

周围性面瘫（peripheral paralysis of the facial nerve）指以面神经核或其下的面神经各段损害所致的面肌麻痹。表现为同侧面部所有表情肌的弛缓性瘫痪。面瘫的同时，常伴咀嚼、言语、味觉、视觉等功能障碍。周围性面瘫是多个疾病的共有症状，而非独立疾病。

中医学中将面瘫称为"口眼㖞斜""口僻""口㖞僻斜""口㖞僻"等，类似记载可见于《黄帝内经》。如《灵枢·经筋》谓："卒口僻，急者目不合，热则筋纵，目不开。颊筋有寒，则急引颊移口；有热，则筋弛纵，缓不胜收，故僻。"即指出口眼㖞斜的症状、病机及其与经筋的关系。后世医家对口眼㖞斜的认识，多以《黄帝内经》为基础。

【病因病理】

一、西医病因病理

（一）病因

引起周围性面瘫的病因很多，常见有以下几个方面。

（1）原发性　最多见者为贝尔面瘫。

（2）感染性病变　如带状疱疹病毒感染、流感病毒感染、脑膜炎、腮腺炎等。

（3）耳源性疾病　如急、慢性中耳炎、急性乳突炎、迷路炎、颞骨化脓性炎症。

（4）面神经受压　如原发性胆脂瘤、听神经瘤、颈静脉球肿瘤、脑膜瘤等。

（5）外伤　如颅底骨折、面部外伤、产伤及手术损伤等。

（6）代谢紊乱　如糖尿病、维生素缺乏、甲状腺功能亢进等。

（7）中毒　化学物质或药物中毒，如砒霜中毒、酒精中毒等。

（8）先天性面神经核发育不全。

（二）病理

周围性面瘫与面神经损伤有关。面神经损伤的病理改变有四种。

1. **神经外膜损伤**　仅为神经外膜损伤，神经成分未受累，神经传导正常，无面瘫。

2. **神经失用**　神经髓鞘损伤，轴索结构正常，神经传导暂时受阻，有面瘫。病因解除以后，可在短期内恢复。

3. **轴索损伤**　轴索断裂或断离，神经远端在48~72小时后发生顺向变性，轴索与髓鞘崩解，神经近端也出现不同程度的退行性变，但鞘膜完整。伤后第三周，轴索可沿中空的

鞘膜管由近而远再生，直至运动终板，神经功能可部分或完全恢复。

4. 神经断裂　神经干完全断离，近端形成神经瘤，远端变性，神经功能不能自然恢复。

二、中医病因病机

证型	病因病机
风邪阻络证	风邪外袭，邪阻脉络，经脉痹阻，气血不通，经筋失用而发生口眼㖞斜
湿热痹阻证	素有肝胆湿热，或脾失健运，水湿郁而化热，湿热循经上犯，熏蒸头面，致经络阻塞，经筋失养而发口眼㖞斜
气虚血瘀证	气血虚弱，脉络空虚，经筋失养，弛缓失用而成口眼㖞斜。或气虚血运无力，气虚血瘀滞，脉络不通筋脉失养则发生口眼㖞斜

【诊断】

一、临床表现

一侧面部表情肌瘫痪，额纹消失，不能皱眉，眼裂闭合不全，试闭眼时，患侧眼球向上外方转动，露出白色巩膜。病侧鼻唇沟变浅、口角下垂，向健侧偏歪，说话、哭笑或露齿时明显。鼓腮、吹口哨时漏气，进食时食物易滞留于病侧齿颊之间。

二、面神经功能定量、定位或定性检查

（一）定量检查

一般采用六级判断法。

Ⅰ级：功能正常。

Ⅱ级：静态无明显异常，动态时须以强制运动才能勉强维持面肌对称。

Ⅲ级：静态无明显异常，面部运动时不能维持面肌对称。

Ⅳ级：静态无异常，运动时面肌不对称，闭目不完全。

Ⅴ级：静态时两侧面肌不对称，动态时部分面肌有微弱运动。

Ⅵ级：面肌完全瘫痪，无任何运动。

（二）定位检查

1. 镫骨肌反射测定　反射消失时提示面神经镫骨肌支以上部分的损害，但应排除其他因素对镫骨肌反射的影响。

2. 味觉检查　电味觉测定仪检查，患侧比健侧大 50% 以上为异常。提示损害部位在鼓索神经分支以上；也可用酸、甜、苦、咸等味液涂布于舌前 2/3 处，双侧对比。

3. 泪液分泌检查　两侧对比，患侧泪液分泌相差 50% 以上为异常，提示膝状神经节以上部位受损。

4. 涎腺分泌检查　两侧对比，患侧减少 25% 为阳性，提示膝状神经节以上部位受损。

（三）定性检查

1. 肌电图　可记录面肌动作电位。借此可诊断下运动神经变性或了解面肌功能恢复情况。

2. 神经电图　是神经变性程度的客观检查方法。

3. 神经兴奋性试验　可用以判断神经损伤的预后。

三、辨证要点

1. **辨病之新久** 口眼㖞斜是主要症状，起病急，病程短者，多为新病；起病缓，病程长者，多为久病。新病多实，久病多虚或虚实夹杂。

2. **辨证属虚实** 除根据新病、久病外，尚可根据口眼㖞斜伴发症状结合舌脉辨明疾病的虚实。邪实者，多由风邪、湿热之邪痹阻脉络所致。风邪者，多有夹热、夹寒、夹痰之不同，常伴风寒表证、风热表证或风痰证。湿热阻滞者，须分清湿热在肝胆或湿热在脾胃。正虚者，多为气血不足，除气血虚弱之证外，多伴瘀血证。

3. **辨病情轻重** 病情轻重与预后有很大关系。可参考面瘫定量分级标准，结合神经电图检查，辨明病情轻重，推断疾病预后。

【鉴别诊断】

	周围性面瘫	中枢性面瘫
闭眼	不全	正常
扬眉	障碍	正常
皱额	不能	正常
额纹	消失	深度对称
偏瘫	无	有

【治疗】

一、治疗原则

尽快、尽早恢复或改善面神经功能，纠正面部畸形。在西医治疗的同时，配合针灸、口服中药治疗。轻型贝尔面瘫还可单用中医治疗。慢性化脓性中耳炎并发面瘫应尽早手术；各种原因导致轴索断伤、神经断伤者，应根据相关检测判断预后，考虑药物治疗无效时应尽早手术治疗。

二、西医治疗

1. **病因治疗** 病因明确者，应首先针对病因治疗，同时兼顾面瘫治疗。慢性化脓性中耳炎并发面瘫时，应立即行乳突根治术，清除病变组织，并根据面瘫情况采取相应措施。

2. **药物治疗** 贝尔氏面瘫，常用糖皮质激素、血管扩张剂、B族维生素，带状疱疹所致面瘫在上述药物的基础上，常加抗病毒和抗生素药物。

3. **手术治疗** 轴索断伤、神经断伤者，若神经功能定性检查提示预后不佳者，应尽早手术治疗。

三、中医治疗

中医认为口眼㖞斜的主要病机是邪阻经络或脉络空虚，治疗的关键是通经活络或充养

脉络。包括辨证施治、针灸、电磁疗法、梅花针、穴位敷贴或注射等。

1. 辨证施治

证型	风邪阻络证
证候	口眼㖞斜在吹风后突然发生，一侧面部麻木；头面无明显异常。或耳部有疱疹，或腮腺有肿大；头昏痛、鼻塞、流涕，发热恶寒，咽痛。舌质红，苔薄黄，脉浮数
治法	解表散邪，祛风通络
主方	银翘散（《温病条辨》）合牵正散（《杨氏家藏方》）加减
加减	（1）耳部有疱疹者，加板蓝根、贯众、半枝莲 （2）腮腺肿大者，加夏枯草、青黛、板蓝根
推荐中成药	抗病毒颗粒、抗病毒口服液、正天丸

证型	湿热痹阻证
证候	口眼㖞斜，或伴耳痛或耳流脓、质稠、色黄，量或多或少；耳道或有积脓，或鼓膜穿孔；头痛头胀，急躁易怒，口苦而粘，头重如裹，或大便秘结或泻而不爽，小便黄少；舌质红，苔黄腻，脉弦数或滑数
治法	清热解毒，除湿通络
主方	龙胆泻肝汤（《医方集解》）或甘露消毒丹（《温热经纬》）加减
加减	（1）若耳痛甚者，加牡丹皮、赤芍 （2）耳流脓者，可加皂角刺、薏苡仁
推荐中成药	龙胆泻肝丸、龙胆泻肝胶囊

证型	气虚血瘀证
证候	口眼㖞斜，常发生于脓耳或手术或外伤之后，经久不愈，表情呆滞；耳道或有积脓，或鼓膜穿孔；或头、耳部有外伤或手术瘢痕；胸闷纳呆，腹胀便溏，肢倦乏力，面色不华，头昏眼花；舌质淡红或舌体肿，边有齿印，苔白腻，脉细或涩
治法	益气养血，化瘀通络
主方	补阳还五汤（《医林改错》）加减
加减	（1）可加僵蚕、全蝎、白附子 （2）纳呆、便溏者，加淮山药、炒谷芽、炒麦芽、神曲 （3）头昏、眼花者，加制首乌、酸枣仁
推荐中成药	小活络丸、益气活血颗粒

2. 针灸

（1）体针　局部取穴为主，配合远端取穴。或在局部取穴的情况下，根据辨证循经取穴。常取足阳明胃经、足太阴脾经、足少阳胆经之穴。常用穴：地仓、巨髎、颊车、下关、翳风、攒竹、阳白、合谷、人中、足三里等。

（2）灸法　气血虚者，可用灸法。

3. 电磁疗法　选用上穴，行电磁疗法，每日1次。

4. 梅花针　用梅花针叩击患处，每日1次。

5. 穴位敷贴或注射　取颊车、地仓、下关、曲池、翳风、外关等穴，用蓖麻仁捣烂，敷贴穴位。亦可选用丹参、当归或黄芪等注射液作穴位注射。

【预防与调护】

（1）注意休息　急性期应适当休息。

（2）避冷避风　面部要持续保暖，忌冷水洗脸，外出时戴口罩，睡眠时勿靠近窗边，避免直接吹风。

（3）防止感冒。

（4）注意眼部防护　如白天戴眼罩，晚上涂眼膏。

（5）局部按摩　按摩患侧面肌数次，有利于防止或减轻面部肌肉萎缩。

（6）保持口腔清洁　进食后要及时漱口，清除患侧颊齿间的食物残渣，

（7）忌食寒凉、辛辣刺激性食物。

【预后与转归】

周围性面瘫的预后取决于面瘫的程度和治疗及时得当与否。若病变轻而治疗及时，则愈后良好；若病变重或失治，则难以痊愈或遗留功能不全，如常因眼睑闭合不全而发生患侧角、结膜炎；面肌痉挛、面肌萎缩而影响面容。贝尔面瘫、带状疱疹所致面瘫中西医结合治疗有一定优势。

临床病例

周某某，男，46岁，教师。

1981年1月30日就诊。两周前洗澡汗出较多，翌日中午左侧不适，左眼闭合不全，左脸麻木紧绷，不能皱眉，口眼㖞斜，进食时左颊留滞食物。项强，肩麻酸胀，面微肿，左耳如蒙，右肢迟钝，纳差，腹胀，便溏。西医诊断为面瘫，配合电针治疗半月未解。舌质淡，苔白，脉缓无力。此系体质素亏，气血不足，汗出受风，风中经络而致㖞辟。益气养血，柔润祛风，用玉屏风散合四物汤加息风通络之品。

潞党参30g，黄芪30g，焦白术18g，茯苓18g，当归10g，川芎10g，白芍10g，熟地黄10g，桂枝12g，僵蚕10g，防风12g，天麻10g，全蝎6g，甘草3g。6剂。

服第一剂似有汗出，面部紧绷麻胀减轻，续服续减，6剂完，口眼闭合如常，症状均消，继以理中合六君汤调理脾胃善后。

按：本例由沐浴汗出，经络肤腠空疏，兼以平素气血亏虚，营卫不固，致外风乘虚袭入，经络拘急牵引而成，属风中经络轻证。故用养血益气、固表祛风之剂，使风邪外出，气血濡润，经络得以疏通，表气得以固护而愈。

摘自《宋鹭冰温病论述及疑难杂症经验集·下篇·疑难杂症经验》。

扫码"练一练"

第二十一章　梅尼埃病

扫码"学一学"

要点导航

1. **掌握**　梅尼埃病的概念、临床表现、诊断依据及中西医治疗。
2. **熟悉**　梅尼埃病的鉴别诊断。
3. **了解**　梅尼埃病的调护。

梅尼埃病（Meniere's disease））是一种病因不明的，以膜迷路积水为主要病理特征，以发作性、旋转性眩晕、波动性听力减退和耳鸣为临床特征的内耳疾病。曾称为梅尼埃病。

本病好发于青壮年，男女发病率无显著差别。一般单耳先发病，以后可累及对侧耳，两耳同时患病者少。

属中医学"耳眩晕"范畴。"耳眩晕"指因耳窍疾病导致平衡功能失调而引起的眩晕。其临床特征是突然发病，自觉天旋地转，站立不稳，身体向一侧倾倒，但神志始终清楚，伴耳鸣耳聋、恶心呕吐、出冷汗等症状。正如《医林绳墨·卷三》中所述："其症发于仓卒之间，首如物蒙，心如物扰，招摇不定，眼目昏花，如立舟船之上，起则欲倒，恶心冲心，呕逆奔上，得吐少苏此真眩晕也。"在中医文献中，眩和晕概念不同，"眩"，指眼前昏花缭乱，"晕"，为头晕，指头部运转不定的感觉，二者兼见，乃称眩晕。古代文献中所谓眩晕，泛指多种疾病引起的眩晕，又称眩运、眩冒、掉眩、肾眩、头眩等。与本节所指耳眩晕有别，后者属眩晕的一种。

中医关于眩晕的记载首见于《黄帝内经》。《黄帝内经素问》《黄帝内经灵枢》均有记载。《素问·至真要大论》谓："厥阴之胜，耳鸣头眩，愦愦欲吐，胃鬲如寒"。《灵枢·海论》云："髓海不足，则脑转耳鸣，胫酸眩冒，目无所见，懈怠安卧。"《灵枢·口问》也谓："上气不足，脑为之不满，耳为之苦鸣，头为之苦倾，目为之眩。"后世医家有关眩晕的论述，多以《黄帝内经》为理论基础。

【病因病理】

一、西医病因病理

（一）病因

未明，但有以下学说。

1. **内淋巴管机械性阻塞与内淋巴吸收障碍**　该学说已经被动物实验所证实。当内淋巴循环中的任何部位发生狭窄或阻塞均可引起内淋巴管机械性阻塞或淋巴吸收障碍，膜迷路积水。如内淋巴囊发育不良、病毒感染等。

2. **免疫反应**　在内、外源性抗原的作用下，诱发产生相应的抗体，继而在内耳发生抗原抗体反应，免疫复合物沉积于内淋巴囊或血管纹，引起内淋巴吸收障碍，膜迷路积水。

3. 内耳缺血学说 自主神经功能紊乱、内耳小血管痉挛可引起内耳及内淋巴囊微循环障碍，组织缺氧、代谢紊乱、内淋巴理化特性改变，渗透压增高，外淋巴及血液中的液体移入，形成膜迷路积水。

4. 其他学说 如遗传学说、病毒感染学说等。

（二）病理

基本病理为膜迷路积水，压力增高，膜迷路膨胀造成一系列的改变。初期，膜蜗管与球囊膨大，前庭膜被推向前庭阶，继之，椭圆囊及半规管壶腹膨胀，前庭膜破裂，内、外淋巴混合，离子及生化平衡紊乱，耳蜗毛细胞及支持细胞、神经纤维和神经细胞发生退行性改变，同时内淋巴囊上皮细胞退变，纤维组织增生。

二、中医病因病机

证型	病因病机
风邪侵袭证	气温骤变，起居失调，风邪外袭，外风引动内风上扰清窍
肝阳上亢证	情志不舒，肝气郁结，化火伤阴，阴虚火旺，虚火上扰清窍
痰浊中阻证	饮食不节，或思虑过度，或劳倦伤脾，脾失健运，水湿停留，积湿生痰，阻遏阳气，清阳不升，浊阴不降，清窍蒙蔽
心脾两虚证	久病耗伤气血，或失血、或劳心思虑过度，暗耗阴血，或脾虚不运，气血生化不足，清窍失养
肾阴亏虚证	先天禀赋不足，或后天失于调养，或年老体虚，或房劳过度致肾阴亏虚，髓海不足
肾阳亏虚证	素体阳虚，或久病及肾，致肾阳虚衰，不能温化水液，寒水上泛

【诊断】

一、临床表现

（一）症状

1. 突发性旋转性眩晕 常突然发作，多数在清晨起床时或在睡眠中发作。自觉天旋地转，睁眼时觉周围物体绕身体旋转，闭目时觉自身旋转，常有一定方向，甚至站立不稳，向一侧倾倒，但意识清楚。患者多不敢睁眼，静卧时眩晕减轻，并于某体位时较易忍受，一般都偏向健侧静卧以减轻症状。眩晕发作时常伴恶心呕吐、面色苍白、出冷汗等。症状持续时间较短，一般数十分钟或数小时后自然缓解，转为间歇期。间歇期时间长短因人而异。

2. 听力减退 眩晕发作前常有轻度听力减退，发作时则听力减退较重，但多数患者被眩晕所掩盖，眩晕发作后方感听力减退，多次发作后，听力减退逐渐加重。

3. 耳鸣 早期患者常有低调耳鸣，每次发作前耳鸣可能加重，音调也有所改变，眩晕发作后耳鸣可逐渐减轻或消失。

4. 头部闷胀 部分患者在发病后的一段时间内仍感步态不稳或头部胀闷感。

（二）体征

外耳道、鼓膜无明显异常。

二、实验室及其他检查

1. 前庭功能检查 提示可有一侧前庭功能亢进或减弱。如发作期可观察到或用眼震电图记录到水平性或旋转水平性自发眼震或位置性眼震。冷热试验有优势偏向。

2. 听力学检查 多为一侧感音神经性聋。阈上功能检查有重振现象，音衰试验正常。

3. 耳蜗电图检查 –SP 增大、SP–AP 复合波增宽，–SP/AP 比值增加（–SP/AP ＞ 0.4）AP 的振幅声强函数曲线异常陡峭。

4. 甘油试验 按 1.2~1.5 g/kg 体重的甘油加等量生理盐水空腹饮下，服用前后每隔 1 小时做一次纯音测听，共做 3 次。若患者在服用甘油后听力提高 15 分贝或以上者，为阳性，除间歇期或用脱水药物治疗期间外，本病多表现为阳性。

三、中医辨证要点

1. 辨发作期与缓解期 发作期以风、痰、火邪气盛为主，证多属实，缓解期以气血、阴阳虚衰居多，因此，辨发作期或缓解期即可辨明虚实。

2. 辨脏腑 根据风、痰、火邪致病特点，结合舌苔、脉象辨其证所属脏腑。风邪外袭者，其病在肺，痰浊上扰者，其病在肺脾，虚火上炎者，其病在肝肾。

【鉴别诊断】

	梅尼埃病	中枢性眩晕	突发性耳聋	前庭神经元炎	良性位置性眩晕	听神经瘤	椎基底动脉供血不足
耳鸣耳聋	有，呈波动性下降。极少全聋	无	有，听力下降多为中度或中重度，甚至全聋	无	无	有	可有
眩晕发作或加重与体位变动有无关系	可有	无	可有	可有	明显有关	可有	多无
眩晕有无反复发作	有	可有	无	无	有	可有	无
是否伴脑神经症状	否	是	否	否	否	是	是
有无意识障碍	无	可有	无	无	无	可有	可有
脑彩超	正常	可正常	正常	正常	正常	正常	异常
CT 扫描	可异常	异常	正常	正常	正常	异常	可无异常

【治疗】

一、治疗原则

发作期可单用中医或西医治疗，也可中西医结合治疗，以西医对症治疗，配合口服中药或针灸、小针刀。尚可静脉用活血化瘀的中药制剂，如丹参注射液、红花注射液、天麻素注射液、血塞通等。缓解期治疗，以稳定病情和减少复发为目的。

二、西医治疗

调节自主神经、改善内耳血循环、消除迷路水肿。

（1）发作期对症处理 50% 葡萄糖 40ml，维生素 $B_6$100mg 静脉注射。地芬尼多 25mg，3 次 / 日；谷维素 20mg，3 次 / 日；盐酸氯丙嗪 25 mg，3 次 / 日。

（2）缓解期 可用血管扩张剂、抗组胺药、脱水剂、前庭功能抑制剂、钙离子拮抗剂、维生素类。

（3）发作频繁、严重影响生活和工作，药物难以控制者，可手术治疗。

三、中医治疗

发作期应先选针灸或小针刀，控制症状治其标；缓解期内服中药或配合针灸，以补益脾肾培其本。

1. 辨证施治

证型	风邪侵袭证
证候	突发性眩晕，近期有感冒史。自发性水平性或水平旋转性眼震；鼻塞、流涕、咽痛、咳嗽、恶风等；舌质红，苔薄黄，脉浮数
治法	疏风散邪，清利头目
主方	桑菊饮（《温病条辨》）加减
加减	（1）眩晕甚者，加蔓荆子、天麻、白蒺藜 （2）鼻塞重者加苍耳子、辛夷、薄荷 （3）咽痛者，加射干、牛蒡子
推荐中成药	银翘片、小柴胡颗粒

证型	痰浊中阻证
证候	眩晕较重，自发性水平性或水平旋转性眼震；恶心，呕吐痰涎，头重头胀，胸闷、纳呆、腹胀、倦怠乏力；舌质淡或舌体胖大，边有齿印，苔白腻，脉濡或滑
治法	健脾燥湿，涤痰止眩
主方	半夏白术天麻汤（《医学心悟》）加减
加减	（1）胸闷不适者加瓜蒌、苦杏仁 （2）失眠者，加远志 （3）恶心甚，苔黄腻者，加黄连、竹茹
推荐中成药	半夏天麻丸

证型	肝阳上亢证
证候	眩晕多因情绪激动诱发；自发性水平性或水平旋转性眼震；头痛头胀或面红目赤，口苦咽干，胸胁胀满，烦躁易怒或月经不调；舌质红，苔黄，脉弦数
治法	平肝熄风，育阴潜阳
主方	天麻钩藤饮（《杂病证治新义》）加减
加减	（1）耳鸣甚者，加珍珠母、磁石、五味子 （2）眩晕重者，加生龙骨、生牡蛎 （3）口干，便秘者，加玄参、麦冬
推荐中成药	全天麻胶囊

证型	气血两虚证
证候	眩晕经常发作，每因劳累而复发或加重；自发性水平性或水平旋转性眼震；神倦乏力，气短懒言，声音低怯，面色无华，心悸失眠，纳少腹胀，大便稀溏；舌质淡，苔白，脉细缓
治法	补益气血，养心安神
主方	归脾汤（《济生方》）加减
加减	（1）便溏者，加淮山药、白扁豆 （2）脱发者，加制首乌、阿胶 （3）心悸者，加柏子仁
推荐中成药	归脾丸、八珍丸

证型	肾阴亏虚证
证候	眩晕经常发作，耳聋耳鸣，鸣声尖细，夜间尤甚；自发性水平性或水平旋转性眼震；精神萎靡，记忆力差，腰膝酸软，心烦、少寐，多梦遗精，手足心；舌质红，苔少，脉细数
治法	滋补肾阴，填精益髓
主方	杞菊地黄丸（《医级》）加减
加减	（1）心烦失眠多梦者，加首乌藤、柏子仁 （2）手足心发热者，加地骨皮、炙鳖甲、知母
推荐中成药	杞菊地黄丸

证型	肾阳虚衰证
证候	眩晕，耳内胀满；自发性水平性或水平旋转性眼震；心下悸动，腰痛，形寒肢冷，背冷，夜尿多，小便清长；舌质淡胖，苔白润，脉沉细弱
治法	温肾壮阳，散寒利水
主方	真武汤（《伤寒论》）加减
加减	（1）畏寒甚者，上方加巴戟天、肉苁蓉 （2）小便多者，加金樱子、益智仁 （3）腰痛甚者，加续断、杜仲、怀牛膝
推荐中成药	金匮肾气丸

2. 针灸

（1）体针 头部穴位、足太阴脾经、足阳明胃经、足厥阴肝经、足少阴肾经等穴为主。常用穴位：四神聪、百会、风池、合谷、太冲、肾俞、太溪、三阴交、内关、公孙、丰隆、足三里、神门。

（2）耳针 取肾、心、脾、肝、内分泌等。

（3）小针刀 小针刀治疗眩晕，尤其是颈性眩晕临床报道较多，可与针灸治疗结合运用。

【预防与调护】

（1）发作时应卧床休息，防止摔倒。

（2）避免过度劳累及情绪过度紧张。

（3）宜低盐饮食；禁烟、酒、咖啡及浓茶。

【预后与转归】

本病发作期通过及时合理治疗，症状一般能够控制，部分患者尚可自行缓解。但容易反复发作，多次发作后，可遗留顽固性耳鸣和永久性耳聋。

典型病案

案一

李某，女，干部。初诊：1963 年 12 月 11 日。

病情：经四川省某医院检查，诊断为梅尼埃病、风湿痛。患者眩晕，两颧红赤，咽干耳鸣，心烦肢麻。心悸气紧。胸胁痛，关节痛，腰痛。失眠多梦，大便干燥，小

便短黄。月经按期，但淋漓不断。脉细数。舌绛苔少，少津。

治则：滋水柔肝，疏风通络。处方：一贯煎合天麻钩藤饮加减。

川楝子9g，沙参9g，石斛12g，明天麻18g，钩藤9g，刺蒺藜18g，夜交藤60g，朱茯神12g，枸杞12g，细生地9g，鸡血藤18g，砂仁6g，蔻仁6g，山萸肉12g，桑寄生15g，菟丝子15g。1周6剂，连服2周。

半月后二诊：头晕、心悸、胸痛显著减轻，潮热已退。惟腰骶骨痛影响睡眠，有时半身痛，大便稍干。月经仍淋漓不断。脉数细，舌质红，苔薄白。原方加蜈蚣2条，白花蛇（乌梢蛇）9g，千年键24g，火麻仁9g，三七1.5g(冲服)。1周6剂，连服3周。

22日后三诊：诸症悉解，病情基本痊愈.脉平缓.舌质淡红，苔薄白。原方1周6剂，连服4周。病情痊愈，上班工作。

摘自《王渭川疑难病症治验选》。

案二

刘某，女，45岁。1993年3月2日初诊。

眩晕一月余，曾有类似发病，但为时短暂。今作不愈，左耳鸣叫。能接受外来噪音，有时突有沉重感，伴以泛恶。检查：轻度眼震。舌白腻苔，脉细而弦。

医案：痰浊久困，未得一清。方取化浊消痰一法。

陈南星3g，陈皮6g，藿香10g，佩兰10g，姜半夏6g，苏子10g，菖蒲3g，枳实6g，焦苡仁10g，甘草3g。7剂煎服。

8日后二诊：药进7剂，眩晕明显减轻，耳鸣缓解，泛恶接近消失。头顶紧张感，两腿乏力。检查：测血压125/90mmHg，眼震消失。舌薄苔，脉左平右细。

医案：痰浊渐清虚象似露端倪。裁方逐渐向扶正靠近。

太子参10g，白术6g，茯苓10g，陈皮6g，法半夏6g，蝉衣3g，菖蒲3g，料豆衣10g，夏枯草10g，罗布麻10g。7剂煎服。

三诊：又进21剂，血压正常，眩晕偶有一作，常呈闪电性。右耳哄哄而鸣，量不大，调不高。两腿已较有力。现以百会为中心头痛，如重物压着感。检查：眼震已消失。舌薄苔，脉细弦。

医案：昔以内伏湿浊，只能醒脾中扶正。刻下残邪告清，可以取潜阳育阴矣。

桑叶6g，菊花10g，白蒺藜10g，熟地10g，山药10g，茯苓10g，建泽泻6g，丹皮10g，当归10g，川芎3g，7剂煎服。

摘自《中医临床家干祖望》。

案三

王某某，女，50岁，干部。

初诊 1980年12月15日。自诉近一年多来，常感头昏眩，发时恶心呕吐，不敢睁目，卧床不起，起则剧吐，天旋地转。平时十指至手腕发麻颤抖，肢凉，阵感心悸、耳蒙，心烦易惊，眠差，纳少（素有胃下垂病史），大便干燥。平时易感冒。口干，舌红少津，苔中剥脱，脉细弱微数。辨为心肝血虚，下元不足，虚风上扰之证。拟养血平肝，熄风潜阳为治。用四物汤加味。

当归10g，川芎4.5g，生地黄18g，白芍10g，枣仁10g，柏子仁18g，生牡蛎18g，麦门冬10g，石斛10g，钩藤10g，丹皮6g，甘草3g。4剂。

二诊 12月25日。头目昏眩大减，发作稀疏，心慌气短好转。惟手腕、指端麻

颤不温，耳窍蒙阻。此乃虚风上扰之势有减，肝血仍虚，难以濡养。再进养肝熄风之剂。

当归 10g，生白芍 15g，生地黄 18g，粉丹皮 10g，麦门冬 10g，菊花 10g，钩藤 12g，生甘草 6g。

三诊　1981 年 2 月 6 日。诸恙均减，眩晕基本消除，呕恶亦止。但指麻颤未愈，午后头面、手心不时冲热，气尚短促，脉虚缓。拟滋补肝肾、益气养血、育阴潜阳之剂，用二甲复脉汤加味。

白晒参 6g，麦门冬 10g，石斛 10g，白芍 12g，阿胶 12g，生地黄 18g，女贞 18g，首乌片 18g，玉竹 18g，牡蛎 18g，鳖甲 18g，黑芝麻 10g，甘草 6g。8 剂。

药后手指麻颤和冲热消除，心慌气短消失，眠食恢复，神情良好，嘱其配合杞菊地黄丸继续服 1 月，诸恙悉愈，未再发生。

摘自《宋鹭冰温病论述及疑难杂症经验集·下篇·疑难杂症经验》。

（贾德蓉）

扫码"练一练"

第二十二章 耳聋耳鸣

☞ 要点导航

1. **掌握** 耳聋的概念、分级。
2. **掌握** 突发性耳聋的临床特征。
3. **熟悉** 感音神经性耳聋的中西医治疗。
4. **了解** 耳聋康复技术。

第一节 耳聋概述

耳聋（hearing loss），指不同程度的听力下降。当听觉系统中的传音或（和）感音部分或（和）听神经或（和）其各级中枢发生病变，致听功能出现障碍时，即发生不同程度的听力下降。

中医学将听力下降程度轻者，称为重听，听力下降程度重者，称为耳聋。如《杂病源流犀烛·卷二十三》所谓："耳聋者，声音闭隔，竟一无所闻者也；亦有不至无闻，但闻之不真者，名为重听。"，目前临床上统称为耳聋，很少采用重听一词。

【耳聋分级】

目前耳聋的分级，可参考最新的听力损失分级方法（WHO1997），将语言频率（500、1000、2000、4000Hz）平均纯音听阈分为5级。

正常：没有或有很轻的听力问题，可听到耳语声；纯音听阈均值在25dB以内。

轻度：可听得到和重复1m处的正常语声；纯音听阈均值为26~40dB（≥15岁）。

中度：可听到或重复1m处的提高了的语声；纯音听阈均值为41~60dB（≥15岁）。

重度：当喊叫时可听到某些词；纯音听阈均值为61~80dB。

极重度：不能听到和听懂喊叫声，纯音听阈均值为81dB或更大。

【耳聋分类】

一、西医分类

目前西医学关于耳聋的分类方法主要有以下两种。

（一）按病变性质

1. 功能性耳聋 为精神心理因素或神经官能症、癔症等所致的精神性耳聋，无听觉系统器质性病变。又名心理性聋、非器质性聋、精神性聋或癔病性聋。功能性耳聋也可在原有轻度器质疾患的基础上发生，但患者表现的听觉障碍超过实际听敏度，此类情况也可称

之为夸大聋。

2. **器质性耳聋** 指听觉系统器质性病变造成的耳聋。按病变部位不同，可分为传导性聋、感音神经性聋、混合性聋三类。

（1）传导性耳聋 指因外耳、中耳疾病或解剖异常导致声波在外耳、中耳传导受阻，不能正常传入内耳感受器所致的耳聋。

（2）感音神经性聋 因耳蜗毛细胞、听神经、听传导路径或各级神经元受损害，声音的感受与神经冲动传递障碍而致的耳聋。又可分为感音性聋，（因其病变部位在耳蜗，所以又名耳蜗性聋）、神经性聋（因其病变部位在耳蜗之后的部位，所以又名蜗后性聋）和中枢性聋。

（3）混合性聋 耳传音与感音系统同时受累，影响声波传导与感受所造成的听力下降。

（二）按耳聋出现的时间

可分为先天性聋和后天性聋两类。前者又可分为遗传性和非遗传性两类。

此外，尚有以耳聋原因分类者，如药物中毒性聋、感染性聋等。

二、中医分类

1. **按病因分** 中医文献有劳聋、风聋、酒聋、湿聋、火聋、厥聋、毒聋等记载。
2. **按虚实分** 有虚聋和实聋记载。至今在辨证用药时仍常用。
3. **按发病缓急分** 有突发性聋、卒聋和渐聋、久聋之名，目前在临床上仍广泛使用。
4. **按阴阳分** 有阴聋和阳聋记载。目前临床运用较少。

【病因病理】

一、西医病因病理

（一）传导性聋

1. **先天性** 外耳、中耳先天性畸形，例如先天性外耳道闭锁或鼓膜、听骨、蜗窗、前庭窗发育不全等。

2. **后天性** 外耳、中耳疾病：包括炎症、肿瘤、耵聍、异物、外伤等。如外耳道疖、中耳化脓或非化脓性炎症、外耳、中耳良性或恶性肿瘤、外耳道骨疣、耵聍栓塞、外耳道异物、鼓膜外伤或耳硬化症等。

（二）感音神经性聋

1. **先天性聋**

（1）遗传因素 基因或染色体异常。

（2）发育异常 内耳诸结构或听神经发育不全。

（3）妊娠异常 妊娠早期母亲患风疹、腮腺炎、流感等病毒感染性疾患，或梅毒、糖尿病、肾炎、败血症、克汀病等全身疾病，或大量应用耳毒性药物均可使胎儿耳聋。

（4）分娩异常 母子血液 Rh 因子相忌，分娩时产程过长、难产、产伤致胎儿缺氧窒息也可致聋。

2. **后天性聋**

（1）药物中毒 多见于氨基糖苷类抗生素，如庆大霉素、卡那霉素、多黏菌素、双

氢链霉素、新霉素等，其他药物如奎宁、水杨酸、顺氯氨铂等都可导致感音神经性聋。

（2）创伤　颅脑外伤及颞骨骨折伤及内耳结构，导致内耳出血，或因强烈震荡引起内耳损伤，或耳部手术误伤内耳结构或受爆震，由于突然发生的强大压力波和强脉冲噪声易引起鼓膜和螺旋器急性损伤或长期噪声刺激，均可引起感音神经性聋。

（3）感染　各种急性传染病、细菌性或病毒性感染，如流行性乙型脑炎、流行性腮腺炎、化脓性脑膜炎、麻疹、猩红热、流行性感冒、耳带状疱疹、伤寒等均可损伤内耳，引起轻重不同的感音神经性聋。

（4）年龄或代谢因素　如老年血管硬化、骨质增生，使螺旋器毛细胞和螺旋神经节供血不足，发生退行病变，或中枢神经系统衰退，或代谢减退导致听力减退。

（5）全身疾病　某些全身性疾病如高血压、糖尿病、甲状腺功能低下、高脂血症、慢性肾功衰、白血病、多发性硬化等均可造成感音神经性耳聋。

（6）某些必需元素缺乏　如碘、锌、铁、镁等缺乏与感音神经性耳聋有关。

（7）内耳自身免疫损害　内耳隐蔽抗原的释放或组织抗原决定簇改变，被认为是异己，启动免疫应答，损伤耳蜗与前庭组织，可以引起感音神经性耳聋。

二、中医病因病机

证型	病因病机
风热侵袭证	风热之邪侵袭，首先犯肺，肺气失宣，邪壅耳窍
肝火上扰证	情志不遂，郁怒伤肝，肝失疏泄，肝气郁结，气郁化火，肝火上扰
痰火壅结证	外感湿热之邪，或过食肥甘厚味，或思虑过度伤脾，脾失健运，湿聚为痰，痰湿久郁化火，痰火上壅耳窍
肾精亏虚证	先天禀赋不足，素体阴虚，或房劳过度，或老年肾亏，或中年早衰，肾精亏虚，耳失濡养；或肾阴不足，虚火内生，上扰耳窍；肾阳不足，耳失温煦，亦可致耳聋发生
气滞血瘀证	情志不舒，气机郁滞，气血瘀阻；或跌仆金刃，或爆震伤及气血，或久病不愈，邪气入络，气血瘀阻，清窍闭塞
气血亏虚证	饮食不节，或病后失于调养；或疲倦思虑过度，损伤心脾，气血不足或熬夜失眠，心血耗伤，气血两亏，耳失充养

【诊断】

一、临床表现

（一）症状

（1）听力减退，可为一侧或双侧；可突然发生，也可逐渐发生。

（2）常伴耳鸣，或有耳痛、耳胀，或伴眩晕。

（二）体征

传导性耳聋患者，外耳道和（或）鼓膜异常，如外耳道耵聍、异物、肿胀、畸形或鼓膜充血、内陷、穿孔、瘢痕、钙质沉着等。若为感音神经性聋，则外耳道、鼓膜多无异常。

二、实验室及其他检查

（1）听功能检查　参见第十四章第二节。

（2）其他检查　影像学检查中颞骨 CT、MRI 可清晰地显示颞骨的细微解剖结构及病理改变，用于中耳乳突炎、中耳癌等疾病诊断。血生化及有关临床免疫学检查也可根据具体情况选用。

第二节　常见感音神经性聋

一、西医病因及临床特征

1. 先天性聋　指出生后即已存在的耳聋。可分为遗传性和非遗传性。前者指继发于基因或染色体异常等遗传缺陷的听觉器官发育缺陷而导致的听力障碍。后者指妊娠母体因素或分娩因素引起的听力障碍。

临床特征为：出生时听力即下降；遗传性聋多伴有其他部位或系统的遗传性疾病，如眼、骨骼系统、神经系统、肾脏病等；非遗传者，多为双侧重度聋或极重度聋。

2. 老年性聋　为伴随年龄老化而发生的听觉系统退行性变导致的耳聋。可能与长期接触噪音、不同饮食习惯影响、遗传因素、缺乏锌元素等有关。其发病机制较为复杂，目前尚不明确。

临床特征为：双侧慢性进行性对称性耳聋；年龄在 60 岁以上；听力检查为轻度－中度感音神经性聋，先为高频听力损失，逐渐累及中频和低频，其听力曲线多呈以高频下降为主的斜坡形，有时呈平坦型；常伴高调持续性耳鸣；常有听觉重振现象；语言辨别能力下降，外耳、鼓膜检查正常，排除其他耳病。

3. 感染性聋　指因各种急性传染病之细菌或病毒感染累积听觉系统导致的感音神经性聋。常见的对听功能有损害的传染病如流行性脑脊髓膜炎、流行性腮腺炎、流行性感冒、耳带状疱疹、麻疹、猩红热、伤寒、疟疾、梅毒与艾滋病等。

临床特征为：有各种传染病病史，但因耳聋程度轻，或只累及高频，或被所患传染病的主要症状所掩蔽，患者很少感觉听力下降，待传染病痊愈后方发现，届时与传染病之间的因果关系常被忽视；单侧或双侧进行性聋，听力检查为感音神经性聋；伴或不伴前庭受累症状；可以遗留持久性耳聋。

4. 药物中毒性聋　指使用某些药物治病或人体接触某些化学制剂所引起的位听神经系统中毒性损害而产生的听力下降、眩晕，甚至全聋。

目前发现的耳毒性药物如下。氨基糖苷类抗生素：链霉素、庆大霉素、卡那霉素、林可霉素、小诺米星等。抗疟疾药：如奎宁。利尿剂：呋塞米、依他尼酸、汞撒利等。水杨酸盐：如阿司匹林、非那西汀、APC、保泰松等。抗癌药物：顺铂、氮芥、博来霉素、甲氨蝶呤等。抗结核药物、抗惊厥药、心血管药物、麻醉剂、止痛剂、避孕药、中药乌头碱、重金属盐（汞、铅、砷等）等。

临床特征为：多为双侧对称性感音神经性聋。以高频听力损失开始，逐渐向低频扩展，甚至全聋。氨基糖苷类抗生素致聋表现为早期出现 4kHz 以上高频听力下降，因语言频率尚未受累，患者常不觉耳聋。此外，该类药有明显的家族易感性，用药量与中毒程度极不相称，少量用药即可导致不可逆的重度聋。利尿剂、阿司匹林、普萘洛尔、肼苯达嗪等

致聋多为可逆性。但肾功能不良患者使用利尿剂，或与氨基糖苷类抗生素合并使用则会造成永久性聋；有耳毒性药物应用史，或耳聋出现在用药过程中或之后；症状发作缓慢，常于用药后2~3个月发现；常伴耳鸣，且经久不愈。或伴眩晕；如为婴幼儿期发生，可致聋哑；化学物质中毒病变表现在蜗后，常同时累及前庭功能。临床表现为暂时性耳聋，耳鸣及眩晕。

5. 特发性突聋 是一种突然发生的原因不明的感音神经性耳聋。可能与病毒感染、血管病变、圆窗或卵圆窗破裂、膜迷路积水有关。

临床特征为：耳聋突然发生，非波动性，常为中度或重度；多数单耳发病，偶可见双侧同时发病或双耳先后发病者，但以一侧为重；病因不明；多伴耳鸣，一般于耳聋前数小时出现，可持续1个月或更长时间；相当部分患者伴有眩晕、恶心、呕吐，但不反复发作。少数患者以眩晕为主诉就诊而被误诊为梅尼埃病。除第8对脑神经外，无其他脑神经受损症状；有自愈倾向，少数患者在发病后2周内听力可自行恢复。

6. 全身疾病相关性聋 高血压、动脉硬化是发生突发性聋的常见疾病。其发病原因可能与内耳微循环障碍、血黏度较高，内耳脂代谢紊乱有关。前者多在高血压病的表现基础上出现双耳对称性高频感音神经性聋伴持续性高调耳鸣；糖尿病发生突发性聋的原因与糖尿病性微血管病变累及内耳相关。其临床表现因人而异；各种肾脏疾病引起的突发性聋，可能与肾脏疾病中出现的低血钠、低血压、微循环障碍、动脉硬化、血栓形成等有关，其临床听力学表现为双侧对称性高频聋；严重缺碘可引起甲状腺功能低下，膜迷路积水，出现感音神经性聋。

二、中医病因病机

感音神经性聋的病因病机可按突发性聋和久聋来认识。突发性聋的常见病因病机是风邪外袭、肝火上炎、气滞血瘀、气血亏虚。久聋的常见病因病机是肾精亏虚、气血亏虚、痰火郁结、气滞血瘀（见前）。也可按虚实证认识。

三、辨证要点

1. 辨突发性聋和久聋 根据起病缓急、病程长短可辨明。一般起病急、病程短者为突发性聋；起病缓，病程长者为久聋。

2. 辨虚聋和实聋 根据起病缓急、病程长短、病情轻重及兼见症候可辨明虚实。一般突发性聋以实证居多，可由风热、肝火、痰火、气血瘀阻或耵聍所致；渐聋、久聋多虚证或为虚实兼杂证。可由肾精亏损、气血不足或肝阳上亢引起。

3. 辨病情轻重 根据发病缓急、病程长短、听力损失程度、是否伴有眩晕及其他相关症状可辨明病情轻重。一般起病急、病程长，听力损失重、伴有眩晕等症者，病情多较重，反之则病情较轻。

【治疗】

一、治疗原则

感音神经性耳聋属难治性疾病，且易造成永久性聋或聋哑，无论哪种原因所致，其共同的原则是早发现早治疗，以恢复或部分恢复损失的听力，保存并利用残存的听力。先天性聋者，应用人工耳蜗植入。后天性聋发病急骤者，以静脉用药为首选治法，在西医营养

神经类、激素治疗的同时，可予活血化瘀的中药制剂，如复方丹参注射液、血塞通注射液、银杏叶注射液等为临床常规用药。也可配合高压氧、针灸等治疗。发病缓慢、病程长者，可以中医治疗为主，药物治疗无效者，可试配助听器。

二、西医治疗

1. **药物治疗** 宜尽早选用血管扩张剂，降低血液黏稠度、溶解小血栓药物、维生素B族、能量制剂，必要时应用类固醇激素。

2. **高压氧** 高压氧对早期药物性聋、特发性突聋、噪声性聋、爆震性聋等有一定的辅助治疗作用。

3. **配助听器** 适用于语频平均听力损失35~80dB者；听力损失60dB左右效果最好。一般单耳听力损失不需配用。双耳听力损失者，若两耳听力损失程度相近，可配双耳助听器，或将单耳助听器轮换佩戴；若两耳听力损失程度差别较大，但均未超过50dB者，宜予听力较差耳配用；若一耳听力损失超过50dB，则应给听力较好耳佩戴。

4. **人工耳蜗植入** 又称人工耳蜗或电子耳蜗。是一种通过对听神经进行电刺激而重建听觉的电子设备。适用于双耳重度或极重度聋，病变部位定位诊断于耳蜗者。语前聋患者年龄必须大于或等于12个月；佩戴合适的助听器，无效或效果很差；经过听力康复训练3~6个月后听觉语言能力无明显改善，或语后聋患者开放短句识别率≤30%；无手术禁忌证；家庭和（或）植入者本人对人工耳蜗有正确认识和适当的期望值；有接受听力语言康复教育的条件。

5. **听觉和言语训练** 参见本章第三节内容。

三、中医治疗

1. 辨证施治

证型	风邪外袭证
证候	发病较急，病程短，耳内胀闷，听力减退，耳鸣或伴眩晕，近期有感冒病史；外耳道、鼓膜正常或鼓膜轻内陷；鼻塞、流涕、头痛、咽痛、咳嗽等；舌质红，苔薄黄，脉浮数
治法	疏风清热，宣肺散邪
主方	银翘散（《温病条辨》）加减
加减	（1）鼻塞流涕者，加苍耳子、辛夷、薄荷、白芷 （2）头昏头痛者，加柴胡、川芎、菊花 （3）咽痛咳嗽者，加射干、板蓝根、桔梗，加贝母
推荐中成药	银翘解毒丸

证型	肝火上炎证
证候	突然听力减退，耳鸣，症状发生或加重多与情绪激动有关；外耳道、鼓膜正常；头痛头胀、头昏眩晕、面红目赤、胸胁胀满、急躁易怒、口苦咽干、小便黄赤、大便干等；舌质红，苔黄，脉弦数
治法	疏肝解郁，清热泻火
主方	龙胆泻肝汤（《医方集解》）加减或丹栀逍遥散（《内科摘要》）加减
加减	（1）面红目赤者，加川牛膝、夏枯草 （2）头昏头痛者，加菊花、代赭石、钩藤
推荐中成药	龙胆泻肝丸、龙胆泻肝胶囊

证型	痰火壅结证
证候	耳聋耳鸣，耳内胀闷或堵塞感，头昏头重，眩晕；外耳道、鼓膜正常；胸闷纳呆，腹胀便溏，肢倦乏力，面色不华，恶心、呕吐痰涎，或咳嗽痰，身体肥胖；舌质淡红或红，舌体胖大，苔黄腻，脉濡或滑或细缓无力
治法	清热化痰，解郁通窍
主方	清气化痰丸（录自《医方考》）加减
加减	（1）便溏纳差者，加炒谷芽、炒麦芽、建曲、淮山药 （2）头昏、头重者，加葛根、升麻、天麻
推荐中成药	涤痰丸

证型	气滞血瘀证
证候	耳聋耳鸣，或突然发生，或久治不愈，可有外伤或受爆震史；外耳道、鼓膜正常；全身症状不明显。女性或有痛经、月经色暗红或夹瘀块等；舌质淡红，或暗红，苔薄白，或有瘀斑瘀点，脉细涩
治法	行气活血，化瘀通窍
主方	通窍活血汤（《医林改错》）加减
加减	（1）上方加丹参、郁金 （2）痛经、月经夹瘀块者，加艾叶、当归、白芍
推荐中成药	三七通舒胶囊、银杏叶片

证型	肾精亏损证
证候	逐渐发病，病程长，听力减退，耳鸣如蝉，房劳后症状加重；外耳道、鼓膜正常；腰膝酸软、虚烦失眠、头晕眼花或牙齿松动、脱落、夜尿频多；舌质红，或淡红，苔少或无苔，脉细数或虚弱
治法	补肾填精
主方	耳聋左慈丸（《重订广温热论》）或肾气丸（《金匮要略》）加减
加减	（1）失眠者，加生龙骨、生牡蛎、珍珠母 （2）畏寒肢冷者，加肉桂、巴戟天 （3）腰痛者加川续断、怀牛膝、骨碎补
推荐中成药	耳聋左磁丸、肾气丸

证型	气血亏虚证
证候	耳聋耳鸣突然发生或逐渐发生，其发病或加重多在劳累之后；外耳道、鼓膜正常；胸闷纳呆，腹胀便溏，肢倦乏力，面色不华、失眠多梦、心悸或怔忡；舌质淡红，苔白，脉细弱
治法	健脾益气，补血养心
主方	归脾汤（《济生方》）加减
加减	（1）心悸失眠重者，加制首乌、柏子仁 （2）气虚为主者，用益气聪明汤（《证治准绳》）加减
推荐中成药	归脾丸

2. 针灸治疗

（1）体针　局部取穴结合辨证循经取穴。实证者常取足少阳胆经、足厥阴肝经穴；虚证者，取足少阴肾经、足太阴脾经、足阳明胃经之穴。常用穴位：翳风、听宫、耳门、风池、外关、阳陵泉、太冲、行间、血海、足三里、三阴交、丰隆、太溪、照海、肾俞等。

（2）耳针　可取肾、肝、胆、脾、心、内分泌、神门、交感等。

【预防与调护】

（1）积极治疗引起感音神经性耳聋的疾病，是治疗本病的关键。

（2）避免使用耳毒性药物，若病情需要必须使用，可监测听力变化。

（3）避免噪声刺激。

（4）避免过度疲劳，饮食有节，起居有常。

（5）修身养性，保持心情舒畅。

【预后与转归】

感音神经性耳聋目前尚难治疗，其预后与多种因素相关。某些患者经及时正确治疗可获痊愈，但相当部分患者只能部分恢复。某些患者甚至会遗留永久性耳聋或聋哑。

临床案例

案一　何某，男，48 岁。1991 年 7 月 9 日初诊。

耳鸣耳聋，右侧为甚，经服中药 5 剂，病感平衡。检查：耳道及鼓膜无特殊异常。舌薄白苔，脉细濡而涩。

医案：体形丰腴，显然痰浊之质。今岁暮春至今，淫雨成涝，殊鲜光照，外湿严重，不言可喻。内外湿交织一片，阴霾无阳，终致空清之窍，失其空清，痰湿之结，倍形严重，非燥湿化痰，似难开窍。

陈胆星 3g，枳实 6g，陈皮 6g，半夏 10g，路路通 10g，茯苓 10g，菖蒲 3g，防己 6g，六一散 15g。7 剂煎服。

十日后二诊，半个头面的纱布蒙盖之感消失，听力根据劳逸而或增或减。舌薄白苔，舌质有紫气，脉细濡。

医案：法取实治，一椎已中的。今也久雨初晴，外来影响已由湿浊转化为湿热，"天人相应"，法亦转移。

陈胆星 3g，枳实 6g，陈皮 6g，半夏 6g，夏枯草 10g，茯苓 10g，菊花 10g，菖蒲 3g，路路通 10g，苦丁茶 10g。7 剂煎服。

又 15 日后三诊，鸣声乍大乍小，时重时轻，右侧头痛头眩有体位性。舌薄黄苔，脉细。

医案：鸣也晕也，当然自有其因素，但时临酷暑之中，又处泽国之后，湿热暑气之蒸，实属助桀之首。仍从渗湿清热为治，如此则连锁反应于痰气清利，闭窍得开矣。

藿香 10g，佩兰 10g，青蒿 10g，六一散 12g，竹叶 10g，陈胆星 3g，枳壳 6g，路路通 10g，菖蒲 3g，天竺黄 6g。7 剂煎服。

摘自《中医临床家干祖望》。

案二　李某，男，50 岁。1985 年 8 月 30 日初诊。

在旅途中左耳陡然失聪，嗡嗡鸣响，听力下降。两个月之后，耳鸣由微转兀。血压正常，大便偏稀。

检查；音叉试验：任内氏：左耳气导大于骨导，施瓦佰氏：左耳缩短；韦伯氏：偏向右侧。舌质淡红，苔薄白。脉平。

医案：征途劳顿，起居可能失常，致气血违和，阴阳失济，浊阴蒙蔽清道。治用升清开窍法。意在"挥戈一击"。

升麻 3g，柴胡 3g，马兜铃 6g，丹参 10g，芫蔚子 10g，菖蒲 3g，路路通 10g。5 剂煎服。

5 剂药后，耳鸣大减，听力上升。后以原旨调理 40 剂，鸣息而瘥。

摘自《中医临床家干祖望》。

（贾德蓉）

第三节　听力康复

听力障碍是指听觉系统中的传音、感音、听神经或（和）各级听觉中枢发生病变而引起的不同程度的听力下降。2005 年的研究提示听力障碍在全球的发病率约为 8.7%，我国听力障碍的发病率约为 11.35%。听力障碍常见病因包括先天性、中毒性、感染性、老年性、噪声性和特发性等。听力障碍已成为影响人群身体健康及生活质量的重要因素。听力障碍的治疗包括听力康复和病因治疗。

听力康复包括新生儿听力筛查项目的开展，对患者的听力障碍进行正确的听力学和相关医学、语言及交流评价的诊断，正确地进行医疗和康复训练等过程，最终改善患者的听力，进而提高他们的生活质量。听力康复涉及学科很多，听力学是其中最重要的一个环节。该学科涉及听觉功能评估，听力障碍的诊断、治疗、康复，以及环境噪声对人耳的危害等方面的内容。此外，听力康复还包括康复学、耳科学、言语病理学、语言学、医疗康复学等内容，是一个复杂的系统工程。

一、全球听力康复工作的现状

（1）80% 的耳聋和听力损伤患者生活在低收入和中等收入国家。

（2）全球范围估计有 2.78 亿人患有中度耳聋和其他听力问题。

（3）四分之一的听力损伤始于儿童期。

（4）在低收入和中等收入国家，主要可预防的听力损伤原因是中耳感染、极度噪声、不适当地使用某种药物、分娩期间造成的问题和疫苗可预防的感染。

（5）发现婴儿和幼儿的听力损伤问题并做出反应，对于说话和语言的发展至关重要。

（6）至少有一半的听力损伤可以预防。

（7）接受预防麻疹、脑膜炎、风疹和腮腺炎等儿童期疾病的免疫接种是预防听力损伤的关键。

（8）发展中国家，每 40 个需要助听器的人中只有或不到一个能够获得所需。

（9）适当配置的助听器能够促进至少 90% 听力损伤患者的交流。

二、听力康复技术

主要包括听力障碍的筛查与诊断评估、放大听力学技术和康复训练技术。

1. 听力障碍诊断评估技术　可分为客观听力测试技术和主观听力测试技术。客观测听技术包括耳声发射、声导抗、耳蜗电图、脑干诱发电位、多频稳态等。主观听力测试技术包括纯音听阈测试，儿童行为观察测听法、儿童视觉强化测听法、儿童游戏测听法等。新生儿筛查是对新生儿进行听力筛查，主要技术包括耳声发射和脑干诱发电位。

2. 放大听力学技术　主要包括助听器技术与人工耳蜗技术。助听器可以将声信号进行不同程度的放大，然后送到耳内，以补偿损失的听力。针对听障患者对音量、音质、言语清晰度和舒适度的要求，助听器采用了数码耳蜗动态压缩系统、降噪系统、方向性系统和反馈管理系统以提高声音信号处理的速度，从而使患者获得真实的聆听感受。人工耳蜗是用于儿童及成人重度以上感音神经性聋的一种生物医学装置，它能代替受损的耳蜗毛细胞直接刺激听神经，达到恢复和重建听力障碍患者听力的效果。但人工耳蜗装置不能完全模拟正常的耳蜗功能，为使聋儿最终达到语言交流，术后听觉康复训练十分重要。

3. 康复训练技术　主要包括唇读与言语训练。唇读强调听觉与视觉共用，是早期听力康复的一个重要手段。大量研究证明训练唇读能力、掌握唇读技巧能提高言语理解能力，从而达到改善听障患者交流的目的。听觉口语法广泛应用于儿童的言语训练。该方法是在有意义的生活情景中，辅以听能系统，将听能、说话、言语和认知等学习发展程序自然融入于会话互动中，以发展听障儿童听能和说话的沟通模式。最新的感知和训练手段需配合专门设计的软件程序来完成，如计算机言语感知测试和训练软件（Computer-Assisted Speech-Perception Testing and Training at the Sentence Level，CASPERSent）、计算机跟踪模拟培训软件（Computer-Ass isted Tracking Simulation，CATS）等。传统听力康复理念通过现代科学技术来实现，极大地提升了听力康复的效果和效率。

三、展望

随着老年人群及糖尿病患者群比例逐年增长，听力障碍的人群也逐年增加。各国均采取了一系列措施，如大规模开展新生儿筛查项目，鼓励与听力康复相关的各学科相对独立发展，建立成熟的各级听力学及相关专业技术人才培养的教育体系、完善听力学行业规范、设立成熟的听力学专业协会和学会等，不断提高听力康复的服务质量和患者满意度。欧美等发达国家已将听力筛查、听力检查、助听器验配及人工耳蜗植入纳入医疗保险和社会保障体系，对于提高听障人群的就业和生活质量，减轻国家的社会和经济负担起着重要作用。我国在听力康复方面的工作起步较晚，但随着对听力障碍认识的不断加深，政府对听力康复的投入也在不断加大，听力康复的一些新技术已在我国得到广泛应用。通过多学科、多组织的协作，共同构建为听力障碍人群服务的系统工程，将使更多的听力障碍人士得到良好的康复。

（周　立）

第四节　耳　鸣

耳鸣（tinnitus）指主观感觉耳内或颅内有声音，而外界并无相应的声源或电刺激。自觉声音来自头部者，也称为"颅鸣"或"脑鸣"。临床上，耳鸣既是许多疾病的伴发症状，也是一些严重疾病的首发症状，还可作为单独疾病出现。

据有关报道，耳鸣的发病率较高，其发病率随年龄增长而增加。一般人群中约17%有不

同程度耳鸣，老年人耳鸣发生率可达 33%。患者中，仅少数病因明确，多数病因确认困难。

长期耳鸣会引起患者产生烦躁、焦虑、紧张、害怕或者抑郁的情绪，或可造成患者失眠，这些不良因素又可反过来加重耳鸣症状。

耳鸣的中西医名称一致，祖国医学早在《内经》中就有记载。如《素问·脉解》："所谓耳鸣者，阳气万物盛上而跃，故耳鸣也。"历代文献中尚有聊啾、蝉鸣、耳虚鸣、暴鸣、渐鸣等名称。

由于耳鸣耳聋常同时或先后出现，在某些病因及治疗认识上有相同之处，因此中医学中又有将二者相提并论的情况。

【病因病理】

多数情况下耳鸣的病因未明，病机复杂。

一、西医病因病理

（一）病因

1. 疾病性

（1）听觉系统疾病　包括外耳（如耵聍栓塞、肿物或异物）、中耳（各种中耳炎、耳硬化症）、内耳（如梅尼埃病、突发性聋、外伤、噪声性聋、老年性聋等）、中枢听觉径路病变。

（2）其他系统疾病　包括心脑血管系统（如高血压、高血脂、动脉硬化、低血压等）、内分泌系统（如甲状腺功能异常、糖尿病等）、神经系统（如自主神经功能紊乱、神经退行性变等）。

（3）其他疾病　炎症、外伤、药物中毒、颈椎病、颞颌关节性疾病或咬合不良等。

2. 精神心理性　如精神紧张、幻听。

本节讨论之耳鸣除外精神心理因素所致耳鸣，也不包括体声及外耳、中耳病变所致者。

（二）病理

尚未完全阐明。目前，一般认为与神经的异常兴奋性有关。

二、中医病因病理

证型	病因病机
外邪上犯证	外感风热或风寒之邪，循经上犯，耳窍蒙蔽，功能失职，发为耳鸣、耳聋
痰湿壅闭证	饮食不节或嗜食肥甘厚味，湿热内蕴，损伤脾胃；或思虑伤脾，脾虚失运，湿聚生痰，痰湿壅闭，或痰郁化火，痰火上壅清窍，发为耳鸣耳聋
肝气郁结证	情志不遂，肝气郁结，升降失调，导致耳鸣；或肝郁日久化火，肝火循经上扰清窍，亦可导致耳鸣
脾虚失养证	饮食不节，损伤脾胃，或劳倦过度，或思虑伤脾，致脾胃虚弱，清阳不升，宗脉空虚，耳失所养，引起耳鸣
肾元亏虚证	禀赋不足，素体虚弱，或病后失养，或房劳伤肾，或年老肾亏等，致肾精亏损，髓海空虚，耳窍失养，发为本病
心神不宁证	劳心过度，心血暗耗；或大病、久病之后，心血耗伤；气虚化源不足，致心血亏虚，耳失濡养，引起耳鸣

【诊断及鉴别诊断】

一、诊断

（一）症状

耳鸣可发生于单耳、双耳或头颅。鸣声可为高音调，如蝉鸣声、电流声；或低音调，如沙沙声、嗞嗞声、唧唧声、嗡嗡声；可呈持续性或呈间歇性；一般在夜间安静时加重，患者常因听到这种鸣声而引起烦躁、焦虑、抑郁、失眠、注意力不集中等症状，影响学习、工作和生活。

（二）检查

1. 局部检查　可发现外耳道及鼓膜有无异常。

2. 耳鸣匹配检测　有助于确定耳鸣的音调及响度。

3. 最小掩蔽级检测　刚可掩蔽耳鸣的测试音的最小强度级。用以指导掩蔽治疗和电刺激治疗的选择。

4. 残余抑制试验　掩蔽声结束后掩蔽效应继续存在的一段短暂时间。用以指导治疗方法的选择。阳性患者被视为可以采用掩蔽疗法。

5. 听力学检查　可了解是否同时存在听力损失及其性质。

二、鉴别诊断

本节讨论之耳鸣不包括幻听及体声（如血管的搏动声、肌肉的颤动声等），也不包括外耳、中耳病变所致者，临床上应加以鉴别。

【治疗】

一、治疗原则

耳鸣既可是耳部或全身疾病的症状之一，又可单独出现。治疗时应尽量寻找原因，发现其原发疾病，并针对病因进行治疗。中西医学各有所长，可单独或同时并用。

二、西医治疗

1. 病因治疗　病因明确者，针对不同的病因进行治疗。

2. 药物治疗

（1）改善耳蜗供血药　扩张血管药（如前列腺素 E2）、钙离子拮抗剂（如氟桂利嗪、尼莫地平）。

（2）改善内耳组织能量代谢药　如三磷酸腺苷、辅酶 A。

（3）利多卡因及其他抗惊厥药　如卡马西平、氯硝西泮。

（4）肌松剂　如麦奥那，每天 150mg，口服 2 周。

（5）抗焦虑、抑郁药　如多塞平、艾司唑仑等。

3. 心理治疗　患者由于对耳鸣存在误解（如担心耳鸣会引起耳聋或担心耳鸣会导致其他严重后果）或因耳鸣声音较大，常出现失眠、焦虑等心理问题，从而加重耳鸣，针对这类患者的心理咨询和心理疏导，帮助其对抗消极情绪，树立治疗信心，减轻耳鸣非常必要。

4. 掩蔽治疗 又叫耳鸣抑制。

5. 其他 伴听力下降者参考耳聋相关疾病治疗。

三、中医治疗

1. 辨证施治

证型	风邪上犯证
证候	耳鸣发病急骤,病程较短,可伴耳内堵塞感或听力下降,或伴有鼻塞、流涕、咽痛、头痛、咳嗽等。舌质淡红,苔薄白,脉浮
治法	疏风散邪,宣肺通窍
主方	芎芷散加减(《世医得效方》)加减
加减	(1)鼻塞、流涕者,加苍耳、辛夷、薄荷 (2)咽痛者,加射干、牛蒡子
推荐中成药	银翘解毒丸

证型	痰湿壅闭证
证候	耳鸣,耳中胀闷如物堵塞,头重如裹,胸脘满闷,咳嗽痰多,口淡无味,大便不爽,舌质淡红,苔腻,脉滑
治法	祛湿化痰,升清降浊
主方	涤痰汤加减(《奇效良方》)加减
加减	(1)口淡、纳呆明显,加砂仁、白术 (2)失眠,加远志、合欢皮 (3)痰黄、苔黄腻,脉滑数者,加黄芩、栀子
推荐中成药	清气化痰丸

证型	肝气郁结证
证候	耳鸣发病或加重与情绪激动有关,胸胁胀痛,口苦咽干,眠差,头痛或眩晕,舌质红,苔白或黄,脉弦
治法	疏肝解郁,行气通窍
主方	逍遥散(《太平惠民和剂局方》)加减
加减	(1)舌质红、苔黄,脉弦数者加丹皮、栀子 (2)失眠者,加合欢皮、酸枣仁
推荐中成药	逍遥丸、龙胆泻肝丸

证型	脾虚失养证
证候	耳鸣发病或加重与劳累或思虑过度有关,或在下蹲站起时加重,头昏倦怠,少气懒言,面色无华,纳呆,腹胀,便溏。舌质淡红,苔薄白,脉弱
治法	健脾益气,升阳通窍
主方	益气聪明汤加减(《东垣诚效方》)加减
加减	(1)舌苔白腻者加茯苓、白术、砂仁 (2)手足不温者,加干姜、桂枝 (3)失眠者加柏子仁、酸枣仁
推荐中成药	补中益气丸

证型	肾元亏虚证
证候	耳鸣日久，腰膝酸软，头晕眼花，脱发或牙齿松动，夜尿频多，畏寒肢冷。舌质淡胖，苔白，脉沉细弱
治法	补肾填精，温阳化气
主方	肾气丸（《金匮要略》）加减
加减	（1）夜尿频多者加金樱子、益智仁 （2）肾阴虚者，改用六味地黄丸
推荐中成药	金匮肾气丸

证型	心神不宁证
证候	耳鸣发病或加重与熬夜有关，心烦失眠，惊悸不安，注意力不能集中，记忆力减退，面色无华，舌质淡，苔薄白，脉细弱
治法	益气养血，宁心安神
主方	归脾汤（《济生方》）加减
加减	（1）心烦失眠、惊悸不安重者加龙骨、牡蛎 （2）脱发者加阿胶、制首乌
推荐中成药	归脾丸

2. 针灸治疗

（1）体针　局部取穴与远端辨证取穴相结合，随症加减。局部可取耳门、听宫、听会、翳风为主，每次选取 2 穴。外感风邪者，可加外关、合谷、风池、大椎；痰湿壅闭者，可加丰隆、足三里；肝气郁结者，可加太冲、丘墟、中渚；脾虚失养者，可加足三里、气海、脾俞；肾元亏损者，可加肾俞、关元；心神不宁者，可加通里、神门。平补平泻法，每日针刺 1 次。

（2）耳穴贴压　取内耳、心、脾、肾、肝、神门、皮质下、肾上腺、交感、内分泌等耳穴，用王不留行籽贴压以上穴位，不时按压以保持穴位刺激。

（3）穴位注射　可选用听宫、翳风、完骨、耳门等穴，药物可选用当归注射液、丹参注射液、天麻注射液维生素 B_{12} 注射液、利多卡因注射液等，针刺得气后注入药液，每次每穴注入 0.5~1ml。

（4）穴位敷贴　用吴茱萸、乌头尖、大黄三味为末，温水调和，敷贴于涌泉穴，或单用吴茱萸末，用醋调和，敷贴于足底涌泉穴。

【预防与调护】

1. 保持心情舒畅，积极乐观，消除来自工作或生活上的各种压力，解除对耳鸣不必要的紧张和误解，可防止耳鸣的发生及加重。

2. 避免处于过分安静的环境下，适度的环境声有助于减轻耳鸣。

3. 保持良好的睡眠，有助于防止耳鸣加重。

4. 节制饮食，勿过食油腻，起居有常，顺应天时。

5. 晚上睡前用热水泡脚，有助于睡眠及减轻耳鸣。

【预后与转归】

耳鸣系耳科难治症之一，一般情况下病程短，病因明确者，较易治疗，病程长，病因不明者，较难治疗。部分患者可以通过消除紧张、烦躁、焦虑、抑郁、失眠、注意力不集中等继发症状，而达到减轻耳鸣的目的。

临床案例

案三　郝某，女，44岁。1999年4月8日初诊。

从前年开始，右耳轰鸣，经治后无效，一直未加处理。听力正常。因轰鸣骚扰而致失眠，有时服用地西泮，也可得入睡。月事凌乱。

检查：外耳道（－），以手按胸前，可听到有节奏的鸣声与心搏同步，历时两分钟。颈侧未扪到淋巴结肿及结实硬块。舌薄苔，脉细劲。

耳鸣有声，有节奏之声与心搏同步。脉舌主诉虽难作准，但凭此一象足够确证矣，乃《素问玄机原病式》所谓"耳鸣有声，非妄闻也"之流。病出耳中，源在血脉。宗《医林改错》"耳孔内有小管，管外有瘀血靠挤管闭"说法裁方，取通窍活血汤。

红花6g，桃仁10g，归尾10g，赤芍6g，泽兰6g，丹参10g，菖蒲3g，路路通10g，桔梗6g，核桃隔3片。7剂煎服。

1月后二诊，药进三周，鸣声明显减轻。脉舌如前。

攻顽破瘀，乃马上得天下之术。今后处理，亟须案上治天下之策矣。当从养血活血一途是尚矣。

制首乌10g，当归10g，白芍6g，熟地10g，川芎3g，丹参10g，红花6g，黑芝麻10g，路路通10g。7剂煎服。

摘自《中医临床家干祖望》。

（贾德蓉）

扫码"练一练"

第三篇
咽喉科学

第二十三章 咽喉应用解剖学及生理学

☞要点导航

1. **掌握** 咽喉重要解剖标志及其意义。
2. **熟悉** 咽喉淋巴回流、喉神经分布特点及小儿喉解剖特点。
3. **了解** 咽喉的血液供应、生理功能。

第一节 咽应用解剖学

咽（pharynx）位于颈椎前方，为呼吸道和消化道上端的共同通道，呈上宽下窄的漏斗形。上起颅底，下至第 6 颈椎下缘平面，于环状软骨下接食管入口，全长约 12cm。前壁由上而下分别与鼻腔、口腔和喉相通；后壁扁平，与椎前筋膜相邻；两侧与颈内动脉、颈内静脉和迷走神经等重要的血管、神经毗邻。

一、咽的分部

从软腭游离缘平面及会厌上缘平面向后作两条延长线将咽自上而下分为鼻咽、口咽和喉咽三部分（图 23-1）。

（一）鼻咽

鼻咽（nasopharynx）顶部位于蝶骨体和枕骨基底部下方，下至软腭游离缘平面。向前经后鼻孔通鼻腔，后面平对第 1、2 颈椎，向下经鼻咽峡续口咽。可分为六个壁，即前、后、顶、左右两侧和底壁。其中顶壁向后壁移行，形似穹隆，两壁之间无明显界线，常合称为顶后壁。

1. **顶后壁** 由蝶骨体、枕骨底部和第 1、2 颈椎构成。顶部与后壁移行处黏膜内有丰富的淋巴组织集聚，称腺样体（adenoid），又称咽扁桃体（pharyngeal tonsil）。若腺样体肥大，使鼻咽腔变小，可影响呼吸，或压迫咽鼓管咽口引起听力减退。

2. **侧壁** 重要结构有咽鼓管咽口及咽隐窝（图 23-2）。

（1）咽鼓管咽口（pharyngeal opening of

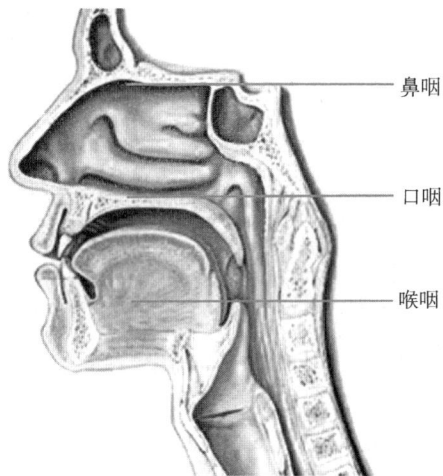

图 23-1 咽的分部

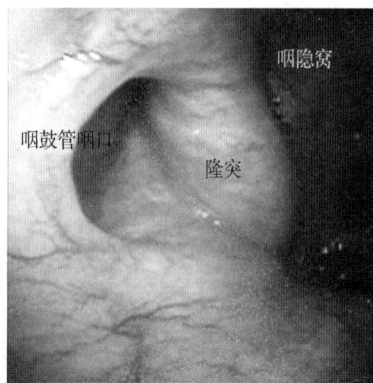

图 23-2 鼻咽侧壁

· 178 ·

auditory tube） 两侧下鼻甲后端向后 1~1.5cm 处各有一开口，略呈三角形或喇叭形，即为咽鼓管咽口，鼻咽通过该口与中耳相连。咽鼓管咽口周围的散在淋巴组织称咽鼓管扁桃体（tubal tonsil），其后上方有一隆起称咽鼓管圆枕（torus tubalis）。

（2）咽隐窝（pharyngeal recess） 为咽鼓管圆枕后上方的凹陷。其上方紧邻颅底破裂孔，是鼻咽癌的好发部位。

3. 前壁 前壁与鼻腔相通。

4. 底壁 由软腭背面及其后缘与咽后壁之间围成的"鼻咽峡"所构成，并经此与口咽相通。

（二）口咽

口咽（oropharynx）介于软腭游离缘与会厌上缘平面之间，是口腔向后方的延续。

向前经咽峡与口腔相通。所谓咽峡（fauces），系由上方的悬雍垂（uvula）和软腭游离缘、下方舌背、两侧腭舌弓（glossopalatine arch）和腭咽弓（pharyngopalatine arch）所围成的环形狭窄部分（图23-3）。腭舌弓又名前腭弓，腭咽弓又名后腭弓，两弓之间为扁桃体窝，（腭）扁桃体（tonsilla palatina）即位于其中。两侧腭咽弓后方各有纵行条索状淋巴组织，称为咽侧索（lateral pharyngeal bands），口咽后壁平对 2、3 颈椎体。

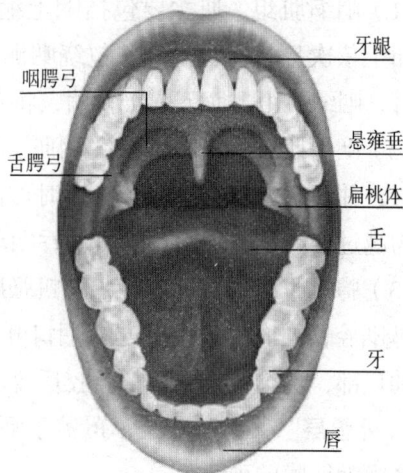

口腔顶称腭。前 2/3 为硬腭，由上颌骨腭突和腭骨水平部组成；后 1/3 为软腭，由腭帆张肌、腭帆提肌、腭舌肌、腭咽肌、悬雍垂肌等肌肉组成。舌后 1/3 即舌根，上面有淋巴组织团块，称舌扁桃体（tonsilla lingualis）。

图 23-3　咽峡

（牙龈、咽腭弓、悬雍垂、舌腭弓、扁桃体、舌、牙、唇）

（三）喉咽

喉咽（laryngopharynx） 上起会厌软骨上缘，下至环状软骨下缘平面接食管入口，该部位有环咽肌环绕。后壁平对第 3~6 颈椎；前面自上而下有会厌、杓会厌襞和杓状软骨所围成的入口，称喉入口，经此通喉腔。在会厌前方，舌会厌外侧襞（lateral glossoepiglottic fold）和舌会厌正中襞（median glossoepiglottic fold）之间，左右各有两个浅凹称会厌谷（vallecula epiglottica），异物易嵌顿停留于此处。在喉入口两侧各有两个较深的隐窝名为梨状窝（pyriform sinus），梨状窝下端为食管入口（图23-4），喉上神经内支经此窝入喉并分布于其黏膜下。两侧梨状窝之间，环状软骨板之后称环后隙（postcricoid space）。

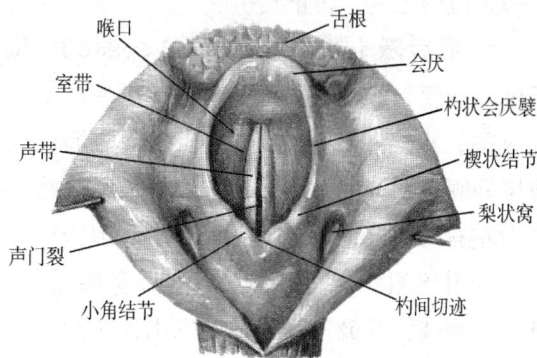

图 23-4　喉咽（后面观）

（喉口、舌根、室带、会厌、声带、杓状会厌襞、楔状结节、梨状窝、声门裂、小角结节、杓间切迹）

二、咽壁的构造

（一）咽壁的分层

咽壁由内至外有4层，即黏膜层、纤维层、肌肉层和外膜层。纤维层与黏膜层紧密附着，无明显黏膜下组织层。

1. **黏膜层** 咽的黏膜与鼻腔、口腔、喉和咽鼓管黏膜相延续。鼻咽部的黏膜主要为假复层纤毛柱状上皮，固有层中含混合腺。

2. **纤维层** 纤维层又称腱膜层，介于黏膜和肌层之间，主要由颅咽筋膜构成。上端较厚接颅底，下部逐渐变薄，两侧的纤维层在咽后壁正中线上形成坚韧的咽缝（pharyngeal raphe），为两侧咽缩肌附着处。

3. **肌肉层** 咽的肌肉按其功能的不同，分为3组。

（1）咽缩肌组 肌主要包括咽上缩肌、咽中缩肌和咽下缩肌三对。咽缩肌纤维斜行，自下而上依次呈叠瓦状排列，包绕咽侧壁及后壁。两侧咽缩肌在后壁中线止于咽缝。吞咽食物时，咽缩肌由上而下依次收缩，将食物压入食管。

（2）咽提肌组 肌包括茎突咽肌、腭咽肌及咽鼓管咽肌。三对咽提肌纵行于咽缩肌内面下行，并渐次分散入咽壁，收缩时可使咽、喉上举，咽部松弛，封闭喉口，开放梨状窝，使食物越过会厌进入食管，以协调吞咽动作。

（3）腭帆肌组 腭帆提肌、腭帆张肌、腭舌肌、腭咽肌和悬雍垂肌。收缩时上提软腭，关闭鼻咽腔，同时，也使咽鼓管咽口开放。如发生麻痹，吞咽时软腭不能上举隔开咽腔的鼻部和口部，食物将向鼻咽、鼻腔反流。

4. **外膜层** 又称筋膜层，覆盖于咽缩肌之外，由咽肌层周围的结缔组织组成，上薄下厚，系颊咽筋膜的延续。

（二）筋膜间隙

咽筋膜与邻近筋膜之间有多个疏松组织间隙，主要有咽后隙和咽旁隙（图23-5）。这些间隙的存在有利于吞咽时咽腔的运动，并可协调头颈部的活动。此外，还能将病变局限于一定范围之内，防止其扩散。

1. **咽后隙（retropharyngeal space）** 位于椎前筋膜与颊咽筋膜之间，上起颅底，下至上纵隔，相当于第1、2胸椎平面，两侧仅以薄层筋膜与咽旁间隙相隔，中线处被咽缝将其分为左右两部分，每侧咽后间隙中有疏松结缔组织和淋巴组织。扁桃体、口腔、鼻腔后部、鼻咽、咽鼓管及鼓室等处的淋巴引流于此。因此，这些部位的炎症可引起咽后淋巴结感染，形成咽后脓肿，咽后脓肿常见于1岁以内婴幼儿。

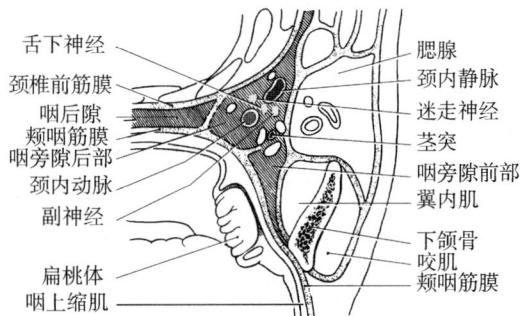

图 23-5　咽的筋膜间隙

2. **咽旁隙（parapharngeal space）** 位于咽后隙的两侧，左右各一，形如锥体。锥底向上至颅底，锥尖向下达舌骨。内侧为颊咽筋膜和咽缩肌，与扁桃体相邻；外侧为下颌骨升支、腮腺深面及翼内肌；后界为颈椎前筋膜。茎突及其附属肌肉将此间隙分为两部分，前隙较小，内有颈外动脉及静脉丛通过，内侧与扁桃体毗邻，扁桃体炎症可扩散及此隙；

后隙较大，内有颈内动脉、颈内静脉、舌咽神经、迷走神经、舌下神经、副神经、交感神经干等通过，另有颈深淋巴结上群位于此隙，咽部感染可向此隙蔓延。

咽旁隙向前下与下颌下隙相通；向内、后与咽后间隙相通；向外与咬肌间隙相通。咽旁隙的炎症可循上述通道向其他筋膜间隙扩散。

三、咽的淋巴组织

咽黏膜下淋巴组织丰富，呈环状排列，称为咽淋巴环（Waldeyer 淋巴环），主要由咽扁桃体（腺样体）、咽鼓管扁桃体、腭扁桃体、咽侧索、咽后壁淋巴滤泡及舌扁桃体构成内环，其淋巴流向颈部淋巴结。淋巴结间又互相交通，称外环，主要由咽后淋巴结、下颌角淋巴结、颌下淋巴结、颏下淋巴结等组成。咽部的感染或肿瘤不能为内环的淋巴组织所局限时，可扩散或转移至相应的外环淋巴结（图 23-6）。

咽部淋巴均流入颈深淋巴结。鼻咽部淋巴先汇入咽后淋巴结，再流入颈上深淋巴结；口咽部的淋巴主要汇入下颌角淋巴

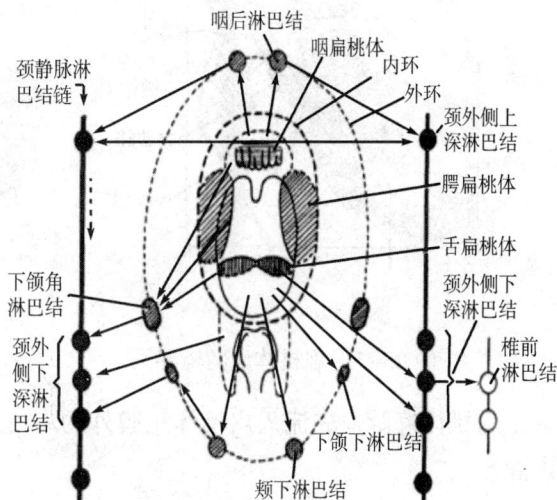

图 23-6 咽部淋巴环

结；喉咽部淋巴管穿过甲状舌骨膜，汇入颈内静脉附近的淋巴结。

1. 腺样体 又称咽扁桃体（pharyngeal tonsil），位于鼻咽顶壁与后壁移行处，形似半个剥皮橘子，表面不平，有 5~6 条纵形沟隙，居中的沟隙最深。腺样体出生后即存在，6~7 岁时最显著，一般 10 岁以后逐渐萎缩。

2. 腭扁桃体 习称扁桃体（tonsil），位于腭舌弓与腭咽弓围成的三角形扁桃体窝内，左右各一，为咽淋巴组织中最大者。3~5 岁时淋巴组织增生，腭扁桃体可呈生理性肥大，中年以后逐渐萎缩。

（1）扁桃体的结构 扁桃体是一对呈扁卵圆形的淋巴上皮器官，可分为内侧面（游离面）、外侧面（深面）、上极和下极。扁桃体内侧游离面朝向咽腔，表面有鳞状上皮黏膜覆盖，其黏膜上皮向扁桃体实质陷入形成 6~20 个深浅不一的盲管称为扁桃体隐窝（crypts tonsillares），常为细菌、病毒存留繁殖的场所，易形成感染"病灶"（图 23-7）。除内侧面外，其余部分均由结缔组织所形成的被膜所包裹。外侧面与咽腱膜和咽上缩肌相邻，咽腱膜与被膜间有疏松结缔组织，形成一潜在间隙，称扁桃体周围隙。行扁桃体切除术时，常沿此间隙剥离，扁桃体周围脓肿即在此间隙发生。扁桃体上、下极均有黏膜皱襞，上端称半月襞（semilunar fold），位于腭舌弓与腭咽弓相交处；下端称三角襞（triangular fold），由腭舌弓向下延伸包绕扁桃体前下部。

（2）扁桃体的血管 腭扁桃体的血液供应丰富，动脉均来自颈外动脉的分支（图 23-8）。①腭降动脉，为上颌动脉的分支，分布于扁桃体上端及软腭；②腭升动脉，为面动脉的分支。③面动脉扁桃体支。④咽升动脉扁桃体支。以上 4 支均分布于扁桃体及腭舌弓、腭咽弓。⑤舌背动脉，来自舌动脉，分布于扁桃体下端。其中面动脉的扁桃体分支分布于腭扁桃体实质，是主要供血动脉。其他各支仅分布于邻近的黏膜及肌肉中，并不穿过包膜，

深入扁桃体中。

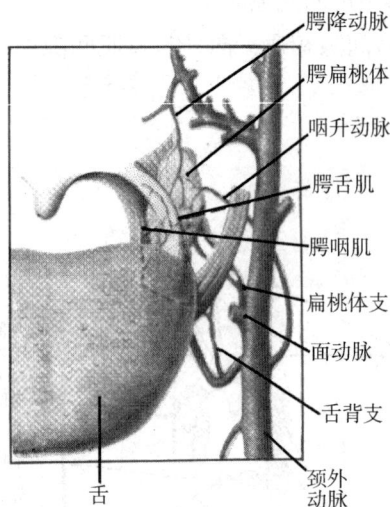

图 23-7 扁桃体周围境界

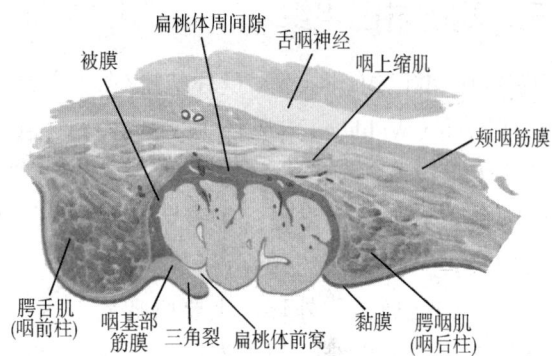

图 23-8 扁桃体的动脉

扁桃体静脉血先流入扁桃体包膜外的扁桃体周围静脉丛，经咽静脉丛及舌静脉汇入颈内静脉。

（3）扁桃体的神经 扁桃体由咽丛、三叉神经第二支（上颌神经）以及舌咽神经的分支共同支配。

3. 舌扁桃体 位于舌根部，呈颗粒状，大小因人而异，含有丰富的黏液腺。

4. 咽鼓管扁桃体 为咽鼓管咽口后缘的淋巴组织，炎症肥大时可阻塞咽鼓管咽口而致听力减退或中耳感染。

5. 咽侧索 为咽部两侧壁的淋巴组织，位于腭咽弓后方，呈垂直带状，由口咽部上延至鼻咽，与咽隐窝淋巴组织相连。

四、咽的血管及神经

1. 动脉 咽部的血液供应来自颈外动脉的分支，有咽升动脉、甲状腺上动脉、腭升动脉、腭降动脉、舌背动脉等。

2. 静脉 咽部的静脉血经咽静脉丛与翼丛，流经面静脉，汇入颈内静脉。

3. 神经 咽部神经主要有舌咽神经、迷走神经和交感神经干的颈上神经节所构成的咽丛（pharyngeal plexus），司咽的感觉和相关肌肉的运动。其中腭帆张肌则受三叉神经第三支即下颌神经支配，其他腭肌由咽丛支配。感觉神经为蝶腭神经节分支；腭大神经分布到硬腭、牙龈及牙槽突内面；腭中神经分布在软腭后外侧及扁桃体上极；腭小神经分布在软腭后边缘。

第二节　咽生理学

咽为呼吸和消化的共同通道，除呼吸、吞咽功能外，还具有协助构语及免疫等重要功能。

一、呼吸功能

正常呼吸时空气经由鼻咽、口咽、喉咽、气管支气管进到肺部，鼻咽黏膜为柱状纤毛上皮，含有杯状细胞，黏膜表面黏液毯与鼻腔黏膜黏液毯连成一片，有较强的黏稠性，对吸入气流中的尘粒、细菌等有吸附作用；黏液毯中的溶菌酶，具有抑制与溶解细菌的作用；上皮的纤毛运动将黏液毯不断推向口咽，使黏液被咽下或吐出，由此保持对吸入空气的滤过、清洁作用。

二、言语形成

咽腔为共鸣腔之一，发音时，咽腔和口腔可改变形状，产生共鸣，使声音清晰、和谐悦耳，并由软腭、口、舌、唇、齿等协同作用，构成各种语音。正常的咽部结构及发音时对咽部形态大小的相应调整，对清晰、和谐的发音起重要作用。

三、防御保护功能

主要通过咽的吞咽、呕吐反射来完成。吞咽时，通过吞咽反射可封闭鼻咽和喉，避免食物吸入气管或反流入鼻腔；但当异物或有害物质接触咽部时，则发生恶心呕吐，有利于排除异物及有害物质。

四、调节中耳气压功能

吞咽动作不断进行，咽鼓管不断随之启闭，以维持中耳内气压与外界大气压平衡，这是保持正常听力的重要条件之一。

五、扁桃体的免疫功能

人类的扁桃体属末梢免疫器官，生发中心含有各种吞噬细胞，可吞噬消灭各种病原体。同时，扁桃体可以产生多种具有天然免疫力的细胞和抗体，如 T 淋巴细胞、B 淋巴细胞、吞噬细胞及免疫球蛋白等，可以清除、消灭从血液、淋巴或组织等途径侵入机体的有害物质。

六、吞咽功能

吞咽动作是一种由许多肌肉参与的反射性协同运动。根据吞咽时食物进入消化道的部位，吞咽过程可分为三期：即口腔期、咽腔期和食管期。吞咽动作一经发动即不能中止。吞咽中枢位于延髓的网状结构内，靠近迷走神经核。参与吞咽反射的传入神经包括来自软腭、咽后壁、会厌和食管等处的脑神经传入纤维。

第三节　喉应用解剖学

喉（larynx）位于颈前正中，上通喉咽，下接气管。喉上端为会厌上缘，下端为环状软骨下缘，前为舌骨下肌群，后为咽及颈椎的锥体，两侧为颈部的大血管神经束、甲状腺侧

叶。在成年男性约相当于第3~6颈椎平面。喉是以软骨为支架，间以肌肉、韧带、纤维组织及黏膜等构成的一个管腔状器官。喉具有呼吸、发声、保护、吞咽等重要的生理功能（图23-9）。

一、喉的软骨

构成喉支架的软骨共有11块，形状大小不同。单个而较大的有甲状软骨，环状软骨及会厌软骨；成对而较小的有杓状软骨、小角软骨、楔状软骨共9块（图23-10）。此外，尚有数目不定的籽状软骨及麦粒软骨。

1. 会厌软骨（epiglottic cartilage） 形如树叶，上缘游离，在成人多呈圆形，平展，在儿童其两侧缘向内卷曲，较软。会厌软骨的表面覆以黏膜称会厌，吞咽时会厌向后、下封闭喉入口以保护呼吸道。

2. 甲状软骨（thyroid cartilage） 为喉软骨中最大一块，由左右对称的四方形甲状软骨板组成，构成喉前壁和侧壁的大部分。甲状软骨板的前缘在正中线上互相融合，其上方呈"V"形切迹，称甲状软骨切迹（thyroid notch），为颈部手术的一个重要标志。两块甲状软骨板在前缘会合形成一定的角度，此角度在男性近似直角，上端向前突出，称为喉结（laryngeal prominence），为成年男性的特征；在女性则近似钝角。两侧翼板后缘各向上下延伸形成甲状软骨上角及下角。上角借甲状舌骨侧韧带与舌骨大角连接。下角内侧面有关节面与环状软骨形成环甲关节。

3. 环状软骨（cricoid cartilage） 是喉部唯一呈完整环形的软骨，对于支撑呼吸道保持其通畅特别重要，是形成喉腔下部的前壁、侧壁，特别是后壁的支架。如被损伤，常后遗喉狭窄。其前部细窄，名环状软骨弓；后部高而成方形为环状软骨板，构成喉后壁的大部。环状软骨板的上缘两侧各有一长圆形关节面，与杓状软骨构成环杓关节。每侧板弓相接处的外侧各有一关节面，与甲状软骨下角形成环甲关节。

4. 杓状软骨（arytenoid cartilages） 形如三棱锥体，可分为尖、底、两突及三面。位于环状软骨板上缘的外侧，两者之间构成环杓关节。大部分喉内肌起止于此软骨。杓状软骨的基底呈三角形，前角名声带突（vocal process），系声韧带及声带肌的附着处；外侧角名肌突（muscular process），环杓侧肌及部分甲杓肌外侧部的肌纤维附着于其侧部，环杓后肌附着于其后部，杓肌附着于其底部的后内角。杓状软骨前外侧面不光滑，此面的下部有甲杓肌和环杓侧肌的部分肌纤维附着。内侧面较窄而光滑，构成声门后端的软骨部分，约占声门全长的1/3。

5. 小角软骨（corniculate cartilages） 系细小的软骨，位于杓状软骨顶端，居杓会厌

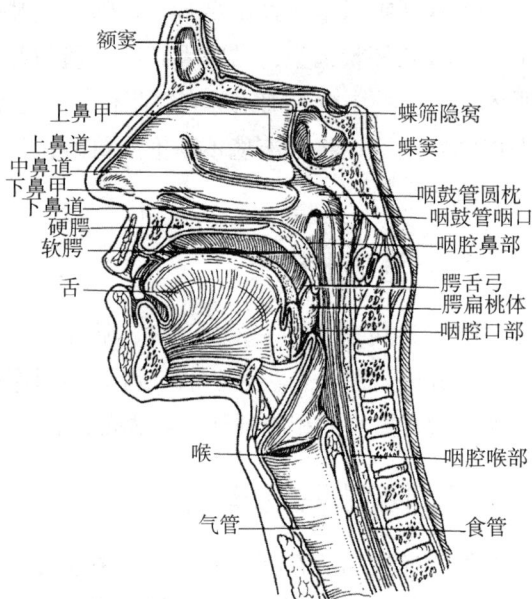

图23-9　喉矢状位图

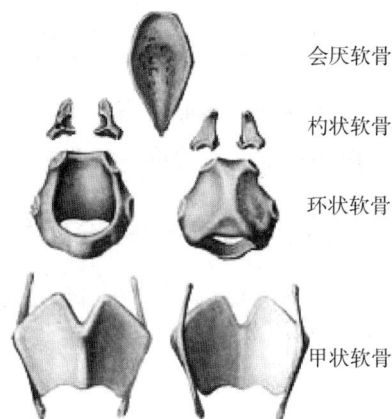

图中标注：额窦、上鼻甲、上鼻道、中鼻道、下鼻甲、下鼻道、硬腭、软腭、舌、喉、气管、蝶筛隐窝、蝶窦、咽鼓管圆枕、咽鼓管咽口、咽腔鼻部、腭舌弓、腭扁桃体、咽腔口部、咽腔喉部、食管

图23-10　喉的软骨

图中标注：会厌软骨、杓状软骨、环状软骨、甲状软骨

襞后端。从表面观察该处黏膜较膨隆，称小角结节（corniculate tubercle）。

6. **楔状软骨（cuneiform cartilages）**　位于杓会厌襞内，小角软骨之前。可能缺如。

7. **麦粒软骨（triticeous cartilages）**　为纤维软骨。包裹于舌骨甲状侧韧带内。

喉软骨的关节活动：喉软骨有两对关节，即一对环甲关节（cricothyroid joint）和一对环杓关节（cricoarytenoid joint）。

二、喉的韧带及膜

喉体的各软骨之间有纤维状韧带组织相连接，主要如下（图23-11）。

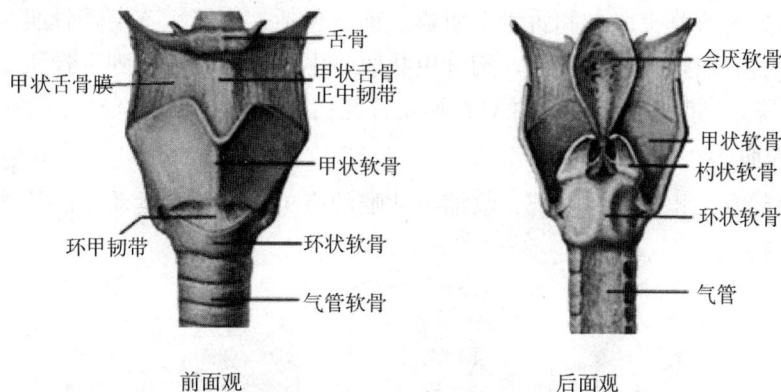

图 23-11　喉的软骨与韧带

1. **甲状舌骨膜（thyrohyoid membrane）**　为连接舌骨与甲状软骨上缘的薄膜，由弹性纤维组织构成。膜的中央部分增厚，名甲状舌骨中韧带（median thyrohyoid ligament），两侧较薄，有喉上神经内支及喉上动脉、静脉经此穿膜入喉。

2. **喉弹性膜（图23-12）**　为一宽阔展开的弹性纤维组织，属喉黏膜固有层的一部分，分上、下两部。自喉入口以下至声韧带以上者为上部，较薄弱；在室襞边缘增厚的部分，名室韧带（ventricular ligament）。室韧带前端附着于甲状软骨交角内面、声韧带附着处的上方，后端附着于杓状软骨前外侧面的中部。

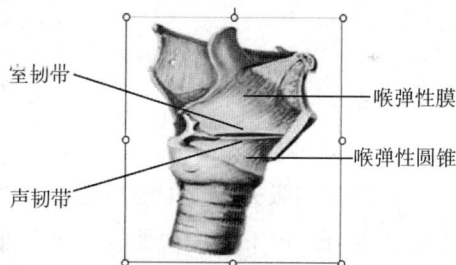

图 23-12　喉弹性膜及弹性圆锥

3. **喉弹性圆锥（elastic cone of larynx）**　为一层坚韧而具弹性的结缔组织薄膜，其下缘分为两层，内层附着于环状软骨的下缘，外层附着于环状软骨的上缘。向上，此膜前方附于甲状软骨交角内面的近中间处，后附着于杓状软骨声带突，其上缘两侧各形成一游离缘，名声韧带（vocal ligament）。在甲状软骨下缘与环状软骨弓上缘之间，弹性圆锥前部的、可伸缩的、裸露在两侧环甲肌之间的部分，名环甲膜（cricothyroid membrane），其中央增厚而坚韧的部分称环甲中韧带（median cricothyroid ligament），为环甲膜切开术入喉之处。

4. **甲状会厌韧带（thyroepiglottic ligament）**　连接会厌下端与甲状软骨，由弹性纤维组成，厚而坚实。

5. **舌会厌正中襞（median glossoepiglottic fold）**　系自会厌舌面中央连接舌根的黏膜襞。其两侧各有舌会厌外侧襞。在舌会厌正中襞与外侧襞之间，左右各有一凹陷，称会厌谷（valecula epiglottica）。吞咽时流质及半流质食物常将其充满。也为易藏异物之处。

6. 杓会厌襞（aryepiglottic fold） 自会厌两侧连向杓状软骨，构成喉入口的两侧缘。在此襞后外下方，每侧有一凹陷，名梨状隐窝（periform fossa），尖锐异物也易停留此处。

三、喉的肌肉

喉的肌肉分为喉外肌及喉内肌两组。

（一）喉外肌

喉外肌将喉与周围结构相连，包括附着于颅底、舌骨、下颌骨、喉及胸骨的肌肉。以舌骨为中心可分为舌骨上肌群和舌骨下肌群。前者包括二腹肌、茎突舌骨肌、下颌舌骨肌和颏舌骨肌；后者包括胸骨舌骨肌、胸骨甲状肌、甲状舌骨肌和肩胛舌骨肌。其作用是使喉体上升或下降，同时使喉固定，并对吞咽发音起辅助作用。

（二）喉内肌

喉内肌的起点及止点均在喉部，收缩时使喉的有关软骨发生运动。依其功能分成以下4组（图23-13）。

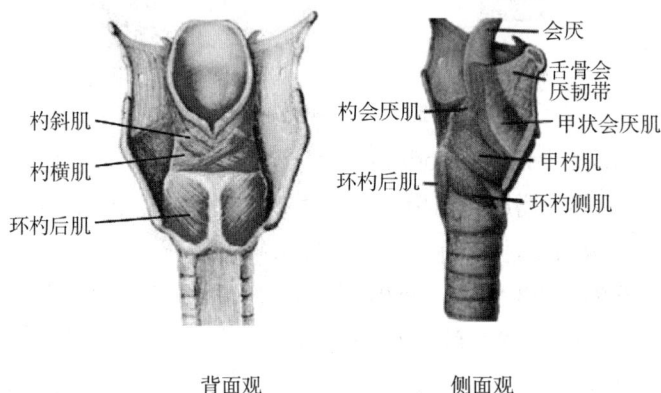

图 23-13　喉肌

1. **使声门张开肌** 主要为环杓后肌（posterior cricoaryteoid muscle）。该肌起于环状软骨背面之浅凹，止于杓状软骨肌突之后部。环杓后肌收缩拉杓状软骨的肌突向内下方，声带突则向外转动，使声门开大，并使声带紧张。

2. **使声门关闭肌** 有环杓侧肌（lateral cricoarytenoid muscle）和杓肌（arytenoid muscle）。环杓侧肌起于环状软骨弓两侧的上缘，向上、向后止于杓状软骨肌突的前面。收缩时，声带突内转，向中央会合，使声带内收、声门裂的膜间部关闭。杓肌为杓横肌和杓斜肌的合称。杓肌收缩时使两块杓状软骨靠拢，以闭合声门裂后部。

3. **使声带紧张和松弛肌** 有环甲肌（cricothyroid muscle）和甲杓肌（thyroarytenoid muscle）。环甲肌起于环状软骨弓的前外侧，向上止于甲软骨下缘。该肌收缩时甲状软骨和环状软骨弓接近，以环甲关节为支点，增加杓状软骨和甲状软骨之间的距离，将甲杓肌拉紧，使声带紧张度增加，并略有使声带内收的作用。甲杓肌收缩时使杓状软骨内转，以缩短声带（使声带松弛）及兼使声门裂关闭。

4. **使会厌活动肌群** 主要有杓会厌肌（aryepiglottic muscle）和甲状会厌肌（thyroepiglottic muscle）。杓会厌肌收缩使喉入口收窄；甲状会厌肌收缩使喉入口扩大。

四、喉的黏膜

喉黏膜与喉咽及气管的黏膜相连续，在会厌喉面、小角软骨、楔状软骨及声带表面的黏膜表层与深层附着甚紧，其他各处附着较松，特别是杓会厌襞及声门下腔最松，故易发生肿胀或水肿。

五、喉腔

喉腔是由喉支架围成的管状腔，上与喉咽腔相通，下与气管相连。以声带为界，将喉腔分为声门上区（supraglottic portion）、声门区（glottic portion）和声门下区（infraglottic portion）三部（图23-14）。

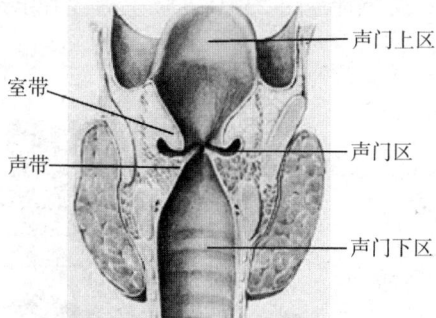

图23-14　喉腔分区

（一）声门上区

声门上区位于声带上缘以上，其上口呈三角形，称喉入口（laryngeal inlet），由会厌游离缘，杓会厌襞和位于此襞内的楔状软骨，小角结节及杓状软骨间切迹所围成。声门上区之前壁为会厌软骨，二侧壁为杓会厌襞，后壁为杓状软骨。介于喉入口与室带之间者，又称喉前庭（laryngeal vestibule）。

1. 室带　亦称假声带（false vocal cords），左右各一，位于声带上方，与声带平行，由黏膜、喉腺、室韧带及少量肌纤维组成，外观呈淡红色。

2. 喉室（laryngeal ventricle）　位于声带和室带之间呈椭圆形的腔隙。此处有黏液腺，分泌黏液，润滑声带。

（二）声门区

声门区位于声带之间，包括两侧声带，前连合，杓状软骨和后连合（图23-15）。

声带（vocal cords）位于室带下方，左右各一，由声韧带、声带肌和膜组成。前端位于甲状软骨板交角的内面，两侧声带在此融合成前连合（anterior commissure）。声带后端附着于杓状软骨的声带突，故可随声带突的运动而张开或闭合。声带张开时，出现一个等腰三角形的裂隙，称为声门裂（rima vocalis），简称声门。空气由此

图23-15　声带

进出，为喉最狭窄处。声门裂的前2/3介于两侧声韧带之间者称膜间部，后1/3介于两侧杓状软骨声带突之间者称为软骨间部，此部亦即所谓后连合（posterior commissure）。

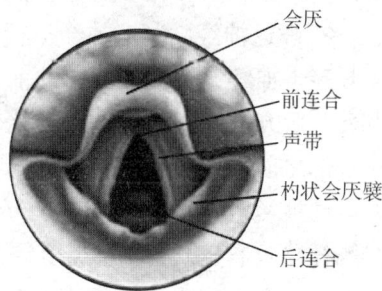

声带的显微结构：声带结构大致可分为上皮层、固有层和声带肌。从显微结构上，可将声带分为5层，由浅入深依次为：第1层系上皮层，为复层鳞状上皮；第2层为任克层（Reinker layer），为疏松结缔组织；第3层为弹力纤维层；第4层为胶原纤维层；第3、4层构成声韧带；第5层为肌肉层，即声带肌。

（三）声门下区

声门下区为声带下缘以下至环状软骨下缘以上的喉腔，该腔上小下大。此区黏膜下组织疏松，炎症时容易发生水肿，常引起喉阻塞。

六、喉的神经、血管及淋巴

（一）喉的神经

喉的神经包括喉上神经（superior laryngeal nerve）、喉返神经（recurrent laryngeal nerve）和交感神经图 23-16。喉上神经和喉返神经均为迷走神经的分支。

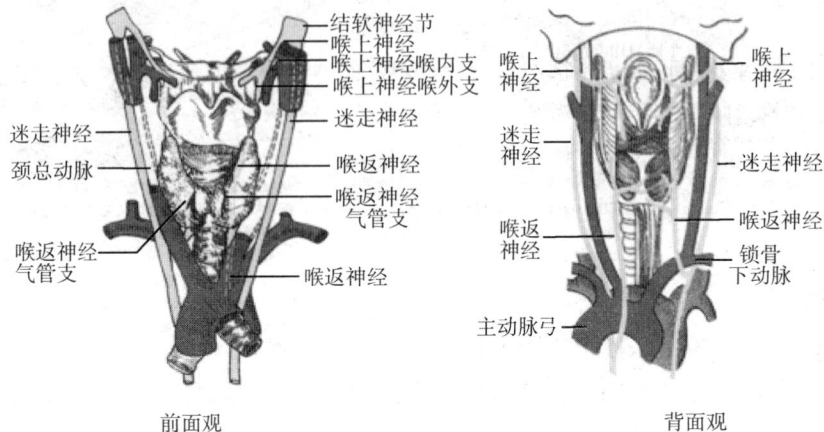

图 23-16　喉的神经

1. 喉上神经　在相当于舌骨大角高度分为内、外两支。外支主要为运动神经，支配环甲肌及咽下缩肌，但也有感觉支穿过环甲膜分布至声带及声门下区前部的黏膜。内支主要为感觉神经，在喉上动脉的后方穿入甲状舌骨膜，分布于会厌谷、会厌、声门后部的声门裂上、下方，口咽，小部分喉咽及杓状软骨前面等处的黏膜。喉上神经受损时，喉黏膜感觉丧失，由于环甲肌瘫痪，声带松弛，音调降低。

2. 喉返神经　迷走神经下行后分出喉返神经，两侧径路不同。右侧在锁骨下动脉之前离开迷走神经，绕经该动脉的前、下、后，再折向上行，沿气管食管沟的前方上升，在环甲关节后方进入喉内；左侧径路较长，在迷走神经经过主动脉弓时离开迷走神经，绕主动脉弓部之前、下、后，然后沿气管食管沟上行，取与右侧相似的途径入喉。喉返神经主要为运动神经，但也有感觉支分布于声门下腔、气管、食管及一部分喉咽的黏膜。喉返神经左侧径路较右侧长，故临床上受累机会也较多。单侧喉返神经损伤后出现短期声音嘶哑，若为双侧损伤则使声带外展受限，常有严重呼吸困难，需作气管切开。

3. 交感神经　由颈上神经节发出的咽喉支，通过咽神经丛，分布到喉的腺体及血管。

（二）喉的血管

喉的血管来源有二：一为甲状腺上动脉（来自颈外动脉）的喉上动脉（superior laryngeal artery）和环甲动脉（喉中动脉）；一为甲状腺下动脉（来自锁骨下动脉）的喉下动脉（inferior laryngeal artery）。喉上动脉在喉返神经的前下方穿过甲状舌骨膜进入喉内。环甲

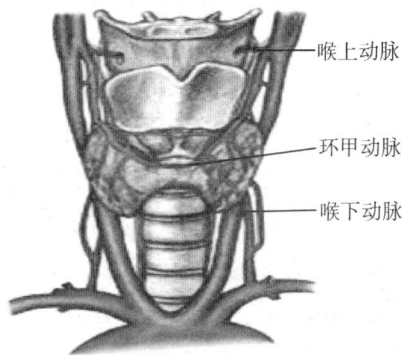

图 23-17　喉的动脉

动脉自环甲膜上部穿入喉内。喉下动脉随喉返神经于环甲关节后方进入喉内。静脉与动脉伴行，汇入甲状腺上、中、下静脉（图 23-17）。

（三）喉的淋巴

1. 声门上区 淋巴组织最丰富，多数（约98%）引流至颈总动脉分叉部和颈深上淋巴结群，少数（约2%）引流入较低的淋巴结群和副神经淋巴结群。

2. 声门区 声带几乎无深层淋巴系统，只有在声带游离缘有稀少纤细的淋巴管，故声带癌的转移率极低。

3. 声门下区 较声门上区稀少，亦较纤细。一部分通过环甲膜中部进入喉前淋巴结和气管前淋巴结（常在甲状腺峡部附近），然后汇入颈深中淋巴结群；另一部分在甲状软骨下角附近穿过环气管韧带和膜汇入颈深下淋巴结群、锁骨下、气管旁和气管食管淋巴结群。

第四节 喉生理学

喉的功能主要为呼吸、发声作用，此外尚有保护、吞咽等作用。

一、呼吸功能

喉部不仅是呼吸空气的通道，且对气体交换的调节亦有一定作用。声门为喉腔最狭窄处。平静呼吸时，声带位于轻外展位（声门裂大小约13.5mm）。吸气时声门稍增宽，呼气时声门稍变窄。剧烈运动时，声带极度外展，声门大开（声门裂宽度约为19mm），此时，气流阻力降至最小。呼出空气时阻力较大，有助于增加肺泡内压力，促进肺泡与血液中的气体交换。

二、发声功能

正常人在发声时，先收缩声门，经肺呼出的空气在通过声门时振动声带而发音。喉部发出的声音称为基音，受咽、口、鼻，鼻窦（共称上共鸣腔）、气管和肺（共称下共鸣腔）等器官的共鸣作用而增强和使之发生变化，成为日常听到的声音。至于构词则由舌、唇、牙及软腭等所完成。

三、保护功能

喉的杓会厌襞、室带和声带，类似瓣状组织，具有括约肌作用，能发挥保护下呼吸道的功能。

四、吞咽功能

吞咽时，喉头上升，喉入口关闭，呼吸受抑制，咽及食管入口开放。这是一个复杂的反射动作。食物到达下咽部时，刺激黏膜内的机械感受器，冲动经咽丛、舌咽神经和迷走神经的传入纤维到达延髓的孤束核，继至脑干的网状系统和疑核。疑核通过传出神经纤维，使内收肌收缩，同时抑制环杓后肌的活动，使声门紧闭，声带拉紧；而脑干的网状系统抑制吸气神经元，使呼吸暂停。喉外肌亦参与吞咽反射，正常吞咽时，由于甲舌肌的收缩和环咽肌的松弛，使甲状软骨与舌骨接近，喉头抬高。

五、喉的循环反射系统

主动脉的压力感受器的传入纤维，经过喉的深部组织、交通支、喉返神经感觉支，传至中枢神经，形成反射弧。喉内这些神经如果受到刺激则会减慢心率或出现心律不齐，喉内表面麻醉，不会消除这种反射，因为神经纤维位置深；但当施行气管插管和喉、气管支气管镜检查使喉部扩张时，则会引起这一反射，此反射可用阿托品抑制。

除上述功能外，喉部可通过关闭声门，提高腹腔和胸腔的压力来完成咳嗽、呕吐、排便、分娩和上肢用力的动作。

（赵　宇　周　立）

扫码"练一练"

第二十四章　中医咽喉科学概述

> **要点导航**
>
> 1. **掌握**　咽喉与脏腑的关系；咽喉病主要症状辨证。
> 2. **熟悉**　咽喉病常用治法；咽喉病常见病因病机。
> 3. **了解**　咽喉与经络的关系。

第一节　咽喉与脏腑经络的关系

咽喉为司饮食、行呼吸、发声音的器官，上连口腔，下通肺胃。喉在前，下接气道，通于肺脏，为肺之系。咽在后，连于食道，直贯胃腑，为胃之系。《灵枢·忧恚无言篇》曰："咽喉者，水谷之道也；喉咙者，气之所以上下者也。"咽喉是经脉循行之要冲，又是饮食呼吸之门户，故与五脏六腑关系密切，五脏六腑病变常反映于咽喉，其中与肺、脾胃、肝、肾关系较为密切。

一、咽喉与脏腑的关系

1. **咽喉与肺**　喉为肺系，是气体出入之要道。《重楼玉钥·喉科总论》"喉者空虚，主气息出入呼吸，为肺气之道也。"指出了喉与肺相配合，完成行呼吸生理功能。肺气充沛，则喉的功能正常，呼吸通畅，语音洪亮。若肺金受损，肺经热盛，或肺气虚弱，或阴虚肺燥等，致肺失宣降，邪滞咽喉，均可引起各种咽喉病。

2. **咽喉与脾胃**　咽为胃系，是水谷之通道。脾胃互为表里，足太阴脾经络于胃，上循咽喉夹舌本。《重楼玉钥·喉科总论》曰："咽者，咽也，主通利水谷，为胃之系，乃胃气之通道也。"《诸病源候论》卷三十亦曰："咽喉者，脾胃之候"。说明它们之间相互配合的生理关系，脾与胃功能正常，在生理功能上互相配合，才能完成消化吸收输布之功，使饮食呼吸调畅。若脾胃有热，热气上冲，致咽喉肿痛。

3. **咽喉与肝**　足厥阴肝经之脉循喉咙，入颃颡，与胆经会于咽。如《素问·奇病论》曰："夫肝者，中之将也，取决于胆，咽为之使。"说明咽与肝关系密切，若肝的疏泄功能正常，气和调畅，则咽喉通利。若肝郁化火，上攻咽喉，或肝郁脾虚，痰气互结于咽喉而发病。

4. **咽喉与肾**　足少阴肾经之脉循喉咙夹舌本，咽喉正常生理功能的维持，有赖肾阴的濡养和肾阳的温煦。若肾阴虚，咽喉失于濡养，或肾阳虚，虚阳上浮，克于咽喉而为病。如《疡医大全》所曰："肾水不能潮润咽喉，故其病也。"

二、咽喉与经络的关系

咽喉是经脉循行交会之处，十二经脉中，除手厥阴心包经和足太阳膀胱经间接通于咽喉外，其余经脉均直接循经咽喉。

手太阴肺经，入肺脏，上行于咽喉。

手阳明大肠经，从缺盆上行颈部，沿颊入下齿中。

足阳明胃经，其支者，沿咽喉入缺盆。

足太阴脾经，上行挟食道两旁，循经咽喉，连舌根。

手少阴心经，挟食道上行咽喉，连目系。

手太阳小肠经，其支者从缺盆走颈，经咽喉上颊。

足少阴肾经，入肺中，循喉咙，挟舌根。

手少阳三焦经，从肩走颈，经咽喉至颊，系舌本。

足少阳胆经，其支者，从颊车，下走颈，经咽喉至缺盆。

足厥阴肝经，循经喉咙、舌，环行于唇内。

冲脉、任脉，循喉咙，络口唇。

阳跷脉，从肩部，循经颈、过咽、上夹口角。

阴维脉，从胁部上循咽喉。

第二节　咽喉病病因病理概述

咽喉病的发生，外因多为风、热、寒、湿、疫等邪气侵袭，内因多为脏腑功能失调。其病理变化多表现为火热上炎。如《尤氏喉科秘书》曰："其症虽繁，大约其要总归于火。"但火有实火、虚火之不同。

滋分述如下。

一、风邪侵袭

风邪侵袭，多兼寒兼热为风热或风寒侵袭。

1. **风热侵袭**　风热之邪直袭咽喉，或风热犯肺，肺失宣降，邪热循经上蒸咽喉，阻滞脉络，气血壅滞，则咽喉红肿热痛，吞咽困难，或声音嘶哑等；全身可见风热表证。

2. **风寒侵袭**　风寒外袭，肺失宣降，寒邪凝结于咽喉，则咽喉微痛、微红、微肿，吞咽不利，或声嘶；全身可见风寒表征。

二、脾胃热盛

咽属胃系，邪热壅盛传里，由肺及胃，脾胃热盛，上熏咽喉；或素嗜炙煿醇酒厚味，热蕴脾胃，火热循经上灼咽喉，则咽喉红肿热痛加剧，或声音嘶哑，全身可见脾胃热盛之征。

三、肺脾虚损

素体虚弱，久病失养，或饮食劳倦所伤，致肺脾（胃）虚损。

（1）肺胃阴虚，阴液不足，咽喉失于濡润，或阴虚生热，虚火上灼咽喉，则微红、微肿、微痛，干燥不适，咽痒咳嗽，或声音嘶哑，讲话费力，声带微红肿；全身可见肺胃阴虚之征。

（2）肺脾气虚，咽喉失于温养，或津液不升，则咽干不适，不喜饮，或欲热饮，咽喉微痛，遇劳尤甚，讲话声低无力；咽喉淡红，或声音嘶哑；全身可见肺脾气虚之征。

四、肾元亏虚

久病或劳伤，肾元亏损。

（1）肾阴亏损，阴液不足，咽喉失养，或阴虚火炎，虚火客于咽喉，则咽喉微痛不适，微红、微肿，咽干舌燥，午后更甚，或声音嘶哑，声带微红；全身可见肾阴亏损之征。

（2）肾阳虚衰，咽喉失于温养，或下焦虚寒，格阳于上，虚火浮游于咽喉之间，则咽喉微痛不适，口不渴，症状上午明显，咽喉色淡；全身可见肾阳虚衰之征。

五、肝气郁结

情志不舒，肝失疏泄，气机郁结，气滞痰凝，阻于咽喉，或肝气横逆犯脾，致脾虚痰浊内生，痰气互结于咽喉，则咽喉如有物梗阻之感，吐之不出，吞之不下；若肝气久郁化火，火热上灼咽喉，则咽喉红肿，溃烂，口苦，咽干；全身可见肝气郁结之征。

第三节　咽喉病辨证要点

咽喉疾病的辨证，是运用中医基本理论和咽喉科学知识，将全身和局部证候集合，进行综合分析。其辨证要点分述如下。

一、辨红肿热痛

病初起，咽喉红肿疼痛，全身伴风热之象，为风热表证；若咽喉淡红微痛，全身伴风寒之象，为风寒表证；病数日，咽喉红肿疼痛较剧，多是肺胃热毒壅盛，火热上蒸咽喉，多属实热证；若热毒壅盛日久，可致化脓成痈；久病咽喉微红微肿微痛，多属虚证。

二、辨腐烂

病初起，腐烂浅表分散，周围色红，多为热毒尚轻；新病腐烂成片，周围红肿明显，多为火毒炽盛，蒸灼肌膜而致；腐烂分散浅表，反复发作，周围淡红，多为虚火之证；若腐烂成片洼陷，表面污秽，久不愈者，多为气血不足，或肾阳亏损，邪毒内陷之证；腐烂而上覆白膜，松厚易拭去者为轻；坚韧不易剥离，强剥出血者，或剥而复生者为重。

三、辨声音

新病声音嘶哑，咽喉红肿，多为风热之证；咽喉淡红或不红，多为风寒之证；声嘶日久，咽喉干燥少津，多为肺肾阴虚，阴精亏损之证；声嘶或语音低微，气短乏力，多为肺

脾气虚之证；语言难出，呼吸气粗，喉中痰鸣如锯，为痰涎壅盛，阻塞气道之危重证候。

四、辨焮痒、梗阻

咽喉肌膜红赤灼热而痒，多为风热实证；不焮而痒，多为风邪为患；焮而干燥，多属阴虚火旺之证；咽喉如有物梗阻感，但吞咽自如，无红肿痛，多为肝气郁结，痰气交阻之证；若有异物感，咽干微痛，干咳无嗽，多属肺肾虚之证。若梗阻日重，饮食难下，当注意咽喉或食管有否肿瘤。

五、辨识危候

咽喉病白膜密布或腐烂较深，颜色紫暗；或呼吸困难，饮食难下；或痰鸣如锯，鼻扇唇青等，均属危候。

第四节　咽喉病治法概要

咽喉疾病的治疗方法很多，临床上根据辨证，按不同病情选择适宜的治法，以求达到最佳疗效为目的。

一、内治法

1. 疏风解表　用于咽喉疾病初起，邪在肺卫者。常用解表法有疏风清热或散寒。疏风清热法，证见咽喉红肿疼痛，可有发热恶风，头痛，咳嗽，脉浮数等风热之证，常用方如疏风清热汤，药物如牛蒡子、薄荷、蝉衣、桑叶、蔓荆子、葛根等。疏风散寒法，证见咽喉淡红，微肿或不肿，微痛或有异物感，可有发热恶寒，头痛，无汗，舌苔薄白，脉浮缓等风寒之证，常用方如六味汤，药物如防风、荆芥、羌活、僵蚕、紫苏、桂枝等。

2. 清热解毒　用于邪热由表传里，肺胃热盛之咽喉疾病。证见咽喉红肿热痛较剧，或音哑难言，吞咽困难，高热口渴，便秘，舌质红，苔黄等。临床上，应根据热毒壅盛程度及所在脏腑不同而灵活使用。常用方如凉膈散，药物如连翘、金银花、牛蒡子、黄连、黄芩、栀子、大黄、玄明粉等；常加射干、马勃、山豆根等清利咽喉之品。

3. 散瘀排脓　用于热毒壅盛，气滞血瘀，灼腐肌膜成脓的咽喉痛肿。若脓成未溃时，宜配清热解毒之品，常用方如仙方活命饮，药物如穿山甲、皂荚刺、乳香、没药、白芷、当归尾、赤芍、丹参、泽兰等。若脓溃后久不愈合者，宜酌减散瘀排脓之品，配以补益气血之品，常用方如托里消毒散。

4. 滋养阴液　用于肺肾阴亏的咽喉病。若为肺阴亏虚，阴虚肺燥，证见咽喉干焮不适，微痛，微痒，或兼有喑哑，干咳无痰或痰少而稠，神疲乏力等阴虚肺燥之证，宜滋阴养肺，生津润燥，常用方如甘露饮，或百合固金汤等，药物如麦冬、沙参、玄参、百合等。若为肾阴亏虚，虚火上炎，证见咽喉暗红，微肿、微痛，晨轻暮重，咽干口燥等症，或兼有耳鸣，耳聋，腰酸，盗汗等阴虚火旺之证，宜用滋养肾阴，潜降虚火，常用方如六味地黄丸、知柏地黄丸等，药物如熟地黄、玄参、山萸肉、淮山药、知母、黄柏、女贞子等。

5. 温补阳气　用于肺、脾、肾等脏腑虚寒而致咽喉病。若为肾阳虚，证见咽喉微痛，

不红不肿，吞咽不利，咽干不欲饮，手足不温等，上午症状明显，宜温补肾阳，常用方如附桂八味汤，药物如熟附子、肉桂、菟丝子、肉苁蓉、补骨脂、熟地黄等。若为肺脾气虚，证见咽喉淡白，干痛，语音低微，兼见少气懒言，动则气喘，咳嗽痰稀，食少困倦，自汗等，宜补益肺脾之气，常用方如补中益气汤，药物如党参、黄芪、白术、炙甘草等。

6. 解郁散结 用于七情伤肝，肝气郁结，气机不畅，气滞痰凝所致的咽喉病。证见咽喉中如有物梗阻，吐之不出，吞之不下，但不妨碍进食，胸中痞满等，宜疏肝解郁，化痰散结，常用方如半夏厚朴汤，药物如半夏、厚朴、郁金、香附、柴胡等。

7. 化痰利咽 用于痰涎结聚于咽喉，阻遏气机的咽喉疾病，本法常与其他治法结合应用。若属热痰为患者，证见咽痒咳嗽，痰多黄稠，咽喉红肿，干燔疼痛，或声音嘶哑，喉鸣气促者，宜清热化痰，止咳利咽，常用方如清气化痰丸、温胆汤等，药物如瓜蒌、贝母、竹茹、桔梗、黄芩、射干、天竹黄、前胡、葶苈子等。若属寒痰、湿痰为患者，证见咽喉肿胀色淡，痰涎清稀而多，宜用法夏、胆南星、苍术、茯苓、陈皮等温燥之药，以除寒痰、湿痰而利咽喉。

8. 利喉开音 用于声音嘶哑的咽喉疾病，本法常需与其他治法配合应用。若因风寒外袭或水湿痰浊为患者，宜于主方中加僵蚕、石菖蒲等祛风散寒，或燥湿化痰，利喉开音之品；若因风热外袭或肺热为患者，可加蝉衣、胖大海等疏风清肺，利喉开音之品；若因阴虚或气虚为患者，可加凤凰衣、玉蝴蝶、诃子等益气养阴，利喉开音之品。

二、外治法

1. 吹药 将药粉吹布于咽喉患部，而达到治疗目的。若热毒壅盛，咽喉红肿疼痛较重者，宜用清热解毒、消肿止痛为主的药物，如冰麝散、珠黄散之类。若咽喉溃烂者，宜用祛腐消肿为主的药物，如冰硼散。每天吹药6~7次，吹药时，动作要敏捷，使药粉均匀撒布于患处，及其周围，也可用喷粉器喷。若用力过猛，会引起患者呛咳和不适。

2. 含法 将药物制成丸剂或片剂，含于口内，使其慢慢溶化，药液能较长时间浸润于咽喉患处，达到清热解毒，消肿止痛，利咽开音的作用。常用的药物如润喉丸，铁笛丸，六神丸、西藏青果、黄氏响声丸、金嗓开音丸等。

3. 含漱 用药液漱洗口腔，达清洁患部及清热解毒作用，常用方如漱口方，药物如银花、玄参、蒲公英、桔梗、甘草等，每天含漱多次。

4. 蒸气吸入 根据病情选用药物，煎煮时，将其蒸气吸入咽喉，达到治疗目的。适用于急慢性咽喉病。

5. 刺破排脓 用三棱针或小尖刀刺破，或用刀切开痈肿排除脓液，此法适用于喉痈。方法：令患者仰靠坐位，必要时由一人扶定其头，以压舌板压定舌体，选择痈肿高突而有波动之处轻轻刺入或切开，放出脓液。施术时不要刺入过深，以免伤及深部肌肉及血络，引起不良后果。

6. 外敷 常用于咽喉病致颈外部肿胀疼痛者，药物如如意金黄散，有清热消肿作用。又如慢喉痹，用吴茱萸、附子研末醋调，敷于涌泉穴，有引火归原作用。

三、针灸疗法

1. 针刺法 多取手太阴肺经、手足阳明经、任脉等经的穴位，或局部取穴。如咽喉肿痛，吞咽困难，或暴喑，常用合谷、曲池、内庭、人迎、天突、少泽、足三里、鱼际等穴。

疼痛较剧，还可用涌泉、天突、外关等穴。

2. 针刺放血　用于急性咽喉疾病。用三棱针速刺两手商阳、或少商穴，亦可取耳垂、耳尖放血1~2滴，以除其热，还可止痛。

3. 针刺患部　用于急性咽喉疾病，局部红肿较甚者。用三棱针在红肿高突处浅刺5~6下，使出血泄热。

4. 耳针　用于急性或慢性咽喉疾病。常用的穴位有咽喉、神门、心、肺、胃、内分泌、肾上腺等。进针捻转，留针20~30分钟，中间可提插或捻转3~4次以加强刺激。慢性咽喉疾病还可用王不留行贴压耳穴，每周1次，4次为1疗程。

5. 艾灸法　多用于虚寒性咽喉疾病，常用穴如合谷、足三里、曲池等，一般每穴悬灸3分钟。

6. 穴位注射　选循经咽喉的经络穴位，注入药液，以治疗咽喉病。如属热毒为患的咽喉病，可注清开灵、双黄连、鱼腥草注射液；发热者，可注柴胡注射液；慢性病者，多注入调补气血的药液，如当归、川芎注射液等。具体方法见疾病各节中。

四、其他疗法

1. 烙法　是用烙铁烧灼患处，而达到治疗目的的方法。多用于慢乳蛾及石蛾。烙铁头的直径0.5~1cm，有方形、圆形，焊于长约20cm、粗0.1cm的钢丝柄上。用时将烙铁头放于酒精灯上烧红，蘸香油后，迅速烙于喉核上，每次烙10~20下。烙时应注意勿触及其他部位，如喉核表面有烙后产生的白膜，应轻轻刮除后再烙，一般隔天烙一次，共需烙20次，经烙后喉核渐小。如患者感觉疼痛，可喷麻药于喉核上，以减轻疼痛。

2. 提刮法　俗称"刮痧"，是用瓷匙的边沿蘸水或油刮患者的皮肤，至皮肤发生紫红色斑块为度。亦可用两指提捏患者皮肤，使皮肤产生紫红色斑。此法能疏通经络，把体内邪热发泄排出体表，而达治疗目的，一般适用于咽喉实热病证的早期。如初感咽喉疼痛，常取颈前部（即颈动脉部位），擦香油少许，用厚铜钱的边缘自上而下顺刮。右侧咽痛刮左侧，左侧咽痛刮右侧。病轻者多在刮后而愈，病重也能减轻症状。如咽喉红肿疼痛，多先提刮风府穴，再提刮两耳后颅息穴，以及间使、大陵、太渊、曲池等。背部可顺足太阳膀胱经，自上而下提刮（由大肠俞至膀胱俞，肺俞至肝俞、胃俞）。

3. 按摩法　按摩是治疗咽喉疾病的方法之一。

（1）失音的按摩法　取穴重点在天突、人迎穴，局部敏感压痛点，及咽喉部三条侧线（第一条侧线在喉结旁开一分处直下；第三条线在喉结旁开一寸半处直下；第二条侧线在第一、第三条侧线中间），操作时患者取坐位或仰卧位，医生先于患者咽喉部三条侧线施行一指推法或拿法，往返数次，也可配合揉法。然后在天突、人迎穴及敏感压痛点处采用揉法，手法要求轻快柔和，不可粗暴用力。

（2）咽喉疼痛按摩法　取风府、风池、天突、合谷、曲池等穴。操作时患者取仰卧位，先在喉结两旁及天突穴处用推拿或一指推揉手法，上下往返数次。再取坐位，按揉风府、风池等穴，配合拿风池、合谷、曲池穴等。

扫码"练一练"

（张燕平）

第二十五章 咽喉部检查法

要点导航

1. **掌握** 咽喉一般检查法。
2. **熟悉** 纤维鼻咽喉镜检查。
3. **了解** 咽喉影像学检查。

第一节 咽喉一般检查法

一、口咽检查

受检者张口，检查者左手持压舌板将其舌前2/3压下，同时嘱其发"啊-"音，使口咽腔充分暴露。观察口咽部形态、黏膜色泽、扁桃体、腭弓、咽后壁等结构。注意有无黏膜充血、肿胀、溃烂；悬雍垂是否居中，有无增粗、过长；扁桃体大小，色泽，表面有无脓点，隐窝口有无干酪样物；咽后壁有无充血、脓液、颗粒状隆起；咽侧索是否增粗等。

二、鼻咽检查

（一）间接鼻咽镜检查

1. 方法 受检者正坐，头略前倾，用鼻呼吸。检查者右手持间接喉镜，先将镜面于酒精灯（或自感应加温器）上稍加热，以免检查时起雾，而后贴于检查者手背皮肤上试温，避免灼伤受检者。确认镜面温度适宜后，左手持压舌板将受检者舌前2/3压下，右手持间接鼻咽镜由其一侧口角送入口咽腔，镜面朝上，置于软腭与咽后壁之间（图25-1）。转动镜面，以观察鼻咽全貌。镜面朝向口咽的前上方时，可看到软腭背面、鼻中隔后缘、后鼻孔、各鼻甲及鼻道后段；镜面朝向口咽侧上方时，可窥及咽鼓管咽口、咽鼓管圆枕、咽隐窝；镜面置于近乎水平时，可窥及鼻咽顶部、腺样体。

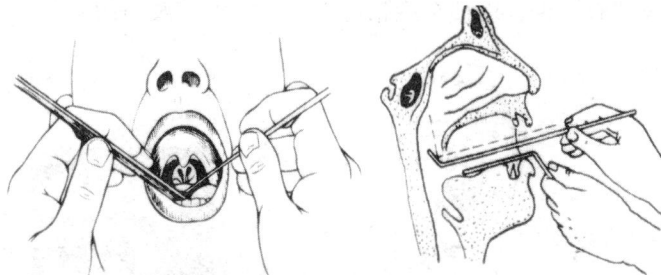

图 25-1 间接鼻咽镜检查

2.注意事项

（1）避免镜面接触咽壁或舌根，以免引起恶心影响观察。如咽反射敏感，可先用 1%丁卡因喷咽部进行表面麻醉，5~10 分钟后再行观察。

（2）注意观察鼻咽黏膜有无充血、粗糙、糜烂、溃疡、出血、膨隆等；腺样体大小、色泽、表面有无分泌物；咽鼓管咽口及附近有无分泌物；鼻腔后段有无分泌物、占位性病变等。

（二）鼻咽指诊

本法适用于儿童（图 25-2）。患儿由助手或家长抱紧固定，检查者立于患儿右后侧。左手绕过头后，将食指压入左面颊部之齿间，并同时固定其头部，右手食指经口腔滑入鼻咽部作触诊。用于检查腺样体大小及表面情况、有无后鼻孔闭锁。检查时可戴金属护指，以避免被咬伤。手指撤出时，应注意观察指尖有无脓液或血迹。检查动作宜轻柔、迅速，以减轻患儿痛苦。对疑似咽部脓肿者不应用触诊检查，避免脓肿破裂使脓液误吸入气道。

图 25-2　鼻咽指诊

三、间接喉镜检查

受检者端坐，头稍后仰，张口伸舌。检查者坐于对侧，调节额镜使反射光投射入口咽部。右手持间接喉镜，先将镜面于酒精灯（或自感应加温器）上稍加热，以免检查时起雾，而后贴于检查者手背皮肤上试温，避免灼伤受检者。确认镜面温度适宜后，用纱布包裹受检者舌前 1/3，以左手拇指和中指捏住并向外牵拉，食指抵住上唇。将间接喉镜送入口咽部，镜面朝前下，镜背抵住软腭及悬雍垂并将其往后上方推，但应避免触及咽后壁（图 25-3）。嘱受检者发"衣"声，以使会厌抬起充分暴露喉腔及声门。

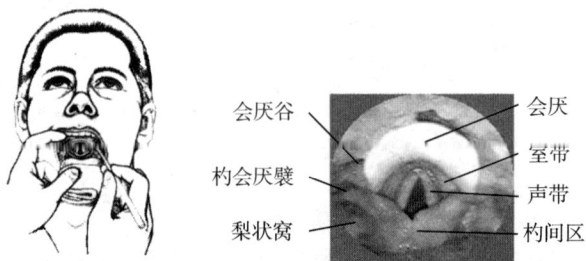

图 25-3　间接喉镜检查

会厌谷　　会厌　　室带　　声带　　杓会厌襞　　梨状窝　　杓间区

检查前可用 1% 丁卡因进行咽喉黏膜表面麻醉，以免因恶心影响检查。检查时动作应尽量轻柔。

观察内容：舌根、会厌舌面、会厌谷、梨状窝、会厌喉面、杓会厌襞、杓区、杓间区、室带、声带、声门下区。观察黏膜颜色，有无新生物，声带关闭情况等。正常情况下，喉咽及喉左右对称，黏膜呈淡红色；声带呈瓷白色，发音时两侧声带内收，声门闭合良好，吸气时声带外展，声门打开；梨状窝无积液。

第二节　咽喉特殊检查法

一、纤维鼻咽喉镜检查

纤维鼻咽喉镜由冷光源、纤维内窥镜头、图像采集及处理系统等共同组成（图 25-4），是目前咽喉部检查最常用的技术手段。其纤维内镜头是由软性导光玻璃纤维制成，远端可根据需要改变弯曲度。检查时经鼻腔或口腔直达受检部位，不仅可以清晰显示病灶，还可以根据需要进行摄像、活检等操作。

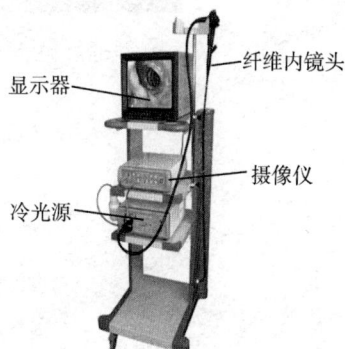

图 25-4　纤维鼻咽喉镜结构示意图

二、影像学检查

（一）X 线平片检查

1. **鼻咽颅底位片**　能较清楚地显示鼻咽癌颅底骨质破坏情况，以及鼻咽部肿块。

2. **鼻咽侧位片**　鼻咽部正常呈 F 形透亮管道，后壁为光整的带状软组织影。可用于儿童腺样体肥大及鼻咽部肿瘤颅底侵犯情况的检查。

3. **颈部侧位片**　主要用于观察咽后壁软组织厚度，喉部气道和喉室。可较清晰显示咽后脓肿或软组织肿块等情况。

（二）计算机体层扫描（CT）

1. **鼻咽部 CT 扫描**　常采用水平、冠状位扫描，可清晰显示鼻咽部软组织和骨结构情况，较之 X 线检查有独特优势。鼻咽癌时，鼻咽两侧壁轮廓不对称，咽隐窝饱满或出现肿块（图 25-5）。

2. **喉部 CT 平扫**　可清晰显示喉气道、喉软骨、各部结构及周围组织的情况。常用于喉部肿瘤的检查，有助于确定其位置、大小、侵犯情况，以评价肿瘤分期、预后，并指导治疗（图 25-6）。

（三）磁共振成像（MRI）

1. **咽部**　水平位、冠状位及矢状位。矢状位显示颈椎上段、斜坡和基底池等结构；水平位主要用于观察咽隐窝、咽旁间隙、咽后淋巴结等结构；冠状位可以了解咽部病变向颅底及海绵窦侵犯的情况。咽部 MRI 在肿瘤的诊断方面有重要意义。

2. 喉部 用于肿瘤诊治方面，较好地显示肿瘤的位置、大小、范围以及对周围组织的侵犯情况。

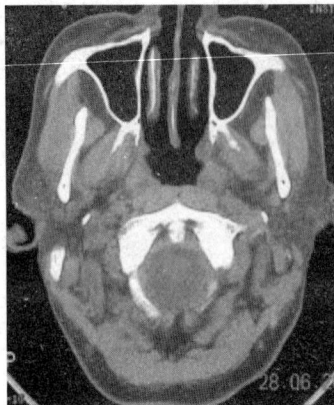 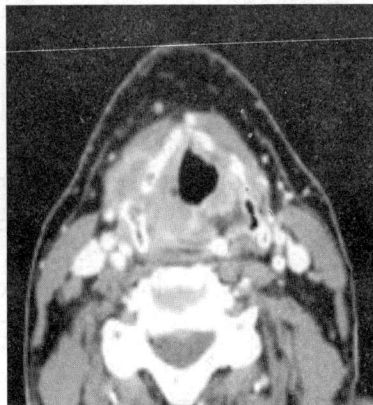

图 25-5　鼻咽部水平位 CT　　　　图 25-6　喉部水平位 CT

（刘翔毅）

第二十六章 咽 异 物

咽部异物（foreign body in pharynx）多由于饮食时不小心，误咽异物所致。最常见异物为鱼刺、鸡骨、枣核、竹刺等。异物多嵌顿于口咽及喉咽部，鼻咽部少见。本病为临床常见的急症之一。

本病属中医学"骨鲠"范畴。最早见于《礼记·内则》。在宋代后尚出现了"骨梗""骨哽""误吞诸物""诸物哽喉""鱼骨鲠""鸡骨哽""发鲠""肉鲠""误吞针铁骨鲠""误吞水蛭"等病名。

【病因病机】

一、病因

（1）饮食不慎，鱼刺、肉骨、果核等卡于咽部。

（2）儿童嬉戏，小玩具、硬币卡于咽部。

（3）睡眠、昏迷或酒醉时发生误咽（如义齿脱落）时卡于咽部。

（4）头颈部外伤时，异物存留于咽腔。

二、病机

咽异物如不及时取出，损伤咽部肌膜，致邪毒感染，而致变证。

【诊断】

一、临床表现

1. 症状

（1）咽部有异物刺痛感，在吞咽时症状明显，部位大多比较固定。儿童可无明显异物史，可出现流涎、呕吐、呛咳等症状。

（2）如刺破黏膜，可见少量血液。

（3）较大异物存留下咽部，可引起吞咽及呼吸困难。

（4）若异物自行脱落，因黏膜多有损失，局部疼痛症状仍可持续1~2天。

二、实验室及其他检查

（1）口咽部检查、间接喉镜或直接喉镜检查可发现，异物存留在扁桃体、咽侧壁、舌根、会厌谷、梨状窝等处。

（2）内镜检查可发现较小及隐蔽的异物。

【鉴别诊断】

	咽部异物	咽灼伤
咽痛	有，可为刺痛感	有，咽痛甚
吞咽困难	有，较大异物时	有
呼吸困难	有，较大异物时	有
口咽部检查	多见异物	口咽部起疱、糜烂

【治疗】

一、治疗原则

及时进行间接喉镜或内窥镜检查，以便明确异物所在位置。若咽部异物未及时取出，或处理不当，会导致发生严重并发症。

二、西医治疗

口咽部异物可在直视下用镊子取出。部位较低或隐蔽者，可在间接喉镜下或内镜下用异物钳取出。

三、中医治疗

对较小的尖锐异物存留部位隐蔽的，检查未能发现的，但咽喉疼痛、吞咽更甚者，可用软化、松脱骨鲠法：威灵仙30g，水两碗煎成半碗，加醋半碗徐徐咽下，日服1~2剂。

【预防与调护】

（1）进食时应细心咀嚼，切莫谈笑，对有骨刺的食物尤加注意。

（2）教育儿童不要将玩具、硬币等异物入口中，防止出现误吞。

（3）咽异物患者应及时到医院诊治，不可自行用食物强行下咽，以免将异物推向深处。

【预后与转归】

咽异物及时取出，即可痊愈。如处理不当，异物划伤咽部组织，或较大异物停留时间较长，可使咽部黏膜损伤，出现感染。延误病情，可发生严重并发症。

扫码"练一练"

第二十七章　咽　炎

要点导航

1. **掌握**　咽炎的概念、临床表现、鉴别诊断及中西医治疗。
2. **熟悉**　咽炎的病因病理及调护。
3. **了解**　咽炎的发病情况。

第一节　急性咽炎

急性咽炎（acute pharyngitis）是指咽部黏膜及黏膜下组织的急性炎症，以发病急、咽痛、咽黏膜肿胀为特征，常为上呼吸道感染的一部分。可单独发生，也可继发于急性鼻炎或急性扁桃体炎。本病为耳鼻喉科常见病，多发生于秋冬及冬春之交。

本病属中医学"风热喉痹、急喉痹"范畴。喉痹从字面上解释"痹者"闭塞不通之意。

喉痹一词，最早见于帛书《五十二病方》，以后《内经》多次论述了喉痹，如《素问·阴阳别论》曰："一阴一阳结，谓之喉痹。"《杂病源流犀烛·卷二十四》："喉痹，痹者，闭也，必肿甚，咽喉闭塞。"

【病因病理】

一、西医病因病理

（一）病因

目前认为病毒感染、细菌感染等因素是本病的主要原因。受凉、过度疲劳、烟酒过度等因素可诱发本病。

1. **病毒感染**　通过飞沫和密切接触而传染，以柯萨奇病毒、腺病毒、副流感病毒为主。

2. **细菌感染**　以链球菌、葡萄球菌及肺炎链球菌多见，其中以 A 组乙型链球菌感染者最为严重，称之为急性脓毒性咽炎。

3. **环境因素**　如高温粉尘、烟雾、刺激性气体等。

（二）病理

咽部黏膜充血，血管扩张，浆液渗出，黏膜下血管及黏液腺体周围有白细胞及淋巴细胞浸润，病变重者可见淋巴滤泡肿大，黏膜表面可见黄白色点状渗出物。

二、中医病因病机

证型	病因病机
外邪侵袭证	外邪侵袭，是发病的主要原因。气候骤变，起居不慎，肺卫失固，而为风邪侵袭。风邪多有夹寒夹热，风热外邪，乘虚侵袭，邪从口鼻而入，内犯于肺，宣降失司，邪热上壅咽喉，发为喉痹
邪毒传里证	外邪失治，热盛传里；或过食辛热煎炒、醇酒之类，肺胃蕴热，复感外邪，内外邪热搏结，蒸灼咽喉而为病

【诊断】

一、临床表现

1. **症状**　起病急，初起时咽部干燥，灼热；继而疼痛，吞咽时咽痛加重。可伴发热，头痛，食欲不振和四肢酸痛。若无并发症者，一般1周内可愈，若侵及喉部，可出现声嘶。

2. **体征**　咽部黏膜弥漫性充血，悬雍垂、腭弓及咽侧索充血肿胀。若伴细菌感染，咽后壁淋巴滤泡可出现黄白色点状渗出物。双侧颌下淋巴结肿大，可有压痛。

二、实验室及其他检查

细菌感染者白细胞总数升高，尤以中性粒细胞为明显。病毒感染者，中性粒细胞总数可正常，淋巴细胞或单核细胞总数增高。

三、中医辨证要点

1. **辨表里**　首先根据病程长短，症状轻重、有无恶寒发热、鼻塞流涕等辨明其证属表属里。表证者，有风热、风寒不同，临床常以风热为主。

2. **辨脏腑病机**　本病基本病机，初起时，风热邪毒侵袭咽喉，内伤于肺，以肺经之热为主，邪在卫表，病情较轻。若外邪不解，或失治误治，或肺胃邪热壅盛传里，则出现胃经热盛之证候，病情较重。涉及脏腑主要有肺、胃。

【鉴别诊断】

	急性咽炎	急性扁桃体炎	咽旁脓肿	急性会厌炎	咽白喉
发热	可有	可有，少数出现高热	有，少数出现高热	可有	低热
咽痛	有	有，剧烈	有，较重	有，吞咽时加重	有，咽痛轻
吞咽障碍	可有	有	有	严重	一般无
咽部检查	咽部黏膜充血肿胀	咽部黏膜充血肿胀，双侧扁桃体红肿或见黄白色分泌物	患侧扁桃体及咽侧壁突向中线，成脓时可触及波动感	口咽部黏膜多无明显改变。间接喉镜可发现会厌肿胀	咽部可见点状或片状灰白色假膜
实验室检查	白细胞正常或增高	白细胞增多	白细胞明显增多	白细胞增多	白细胞可升高，咽拭子培养及涂片可见白喉杆菌

【治疗】

一、治疗原则

针对病因，应用抗生素或抗病毒药治疗。急性期应尽快控制病情发展，在应用抗生素

同时，可尽早中医干预。根据中医辨证分型，予内服中药、针灸、吹药等。

二、西医治疗

1. 一般疗法 卧床休息，清淡饮食，禁烟酒。因咽痛而影响进食者，应给予营养支持治疗。咽痛剧烈或体温较高者，可酌情使用解热镇痛药。

2. 局部治疗 含服度米芬喉片、碘含片等。或用复方硼砂液、氯己定漱口液含漱。发病初期可用1%碘甘油或2%硝酸银液涂擦咽后壁淋巴滤泡，以减轻炎症。雾化及熏蒸治疗，也有助减轻症状。

3. 抗感染治疗 病毒感染者，可选用抗病毒药，如吗啉双呱、金刚烷胺、干扰素等；细菌感染者，可口服或全身使用抗生素。

三、中医治疗

该病的基本病机为风热邪毒侵袭咽喉，内伤于肺，以肺经之热为主，邪在卫表，病情较轻。若外邪不解，或失治误治，或肺胃邪热壅盛传里，则出现胃经热盛之证候，病情较重。治疗应以祛邪为主。有外感风热证者，治疗应疏风清热；有外感风寒证者，治疗应疏风散寒；有肺胃热盛证者，治疗应清热利咽。

1. 辨证施治

证型	外感风热证
证候	咽痛、干燥灼热，鼻塞、流涕，发热恶寒，头痛，咳嗽痰黄；咽黏膜红赤肿胀，咽后壁淋巴滤泡红肿；舌质边尖红，苔薄白或薄黄，脉浮数
治法	疏风清热，解毒利咽
主方	疏风清热汤（《脾胃论》）加减
加减	（1）咽喉痛者，加射干、桔梗、板蓝根 （2）头昏头痛者，加川芎、菊花、桑叶
推荐中成药	银翘解毒丸、荆防败毒丸或荆防合剂

证型	外感风寒证
证候	咽痛，口不渴，恶寒、头痛、咳嗽痰稀；咽黏膜色淡红而肿，或颌下有淋巴结肿大；舌质淡红，苔薄白、脉浮紧
治法	疏风散寒
主方	六味汤（《喉科秘旨》）加减
加减	（1）若咳嗽痰多者，可加苏叶、杏仁、前胡 （2）若鼻塞、流涕者，可加苍耳子、辛夷花、白芷
推荐中成药	比拜克胶囊，桉柠蒎胶囊

证型	肺胃热盛证
证候	咽痛较剧，口渴多饮，吞咽困难，咳嗽痰粘；咽黏膜红赤肿胀，咽后壁淋巴滤泡红肿；口渴，便秘尿黄；舌红苔黄，脉洪数
治法	清热利咽
主方	清咽利膈汤（《喉症全科紫珍集》）加减
加减	（1）若咳嗽痰黄，可加射干、瓜蒌仁、夏枯草 （2）高热者，可加水牛角、大青叶 （3）如有白腐或伪膜，可加蒲公英、马勃等
推荐中成药	清热利咽胶囊

2.局部治疗

（1）吹药　选用疏风祛邪、清利解毒、利咽消肿的中药粉剂吹于患处，每日数次。

（2）含服　用清热解毒利咽的中药含片含服。

（3）含漱　用清热解毒、利咽消肿的中药煎水含漱，每日数次。

3.针灸

（1）体针　选合谷、内庭、曲池、肺俞、太溪、照海、风府、足三里为主穴，以尺泽、内关、复溜、列缺、三阴交等为配穴，行针用泻法。

（2）刺血法　咽部红肿、疼痛剧烈伴发热，可用三棱针在耳尖、耳背或十宣穴点刺放血，以泄热毒。

（3）导引（吞金津、玉液法）　每日晨起，或夜卧时盘腿静坐，全身放松，排除杂念，双目微闭，舌抵上腭数分钟，然后叩齿 36 下，搅海（舌在口中搅动）36 下，口中即生津液，再鼓腮含漱 9 次，用意念送至脐下丹田。

【预防与调护】

（1）增强体质，预防感冒。

（2）及时合理的治疗急性鼻炎及呼吸道疾患。

（3）禁烟酒，不吃辛辣食物，保持口腔清洁。

（4）避免粉尘、烟雾、刺激性气体。

【预后与转归】

急性期治疗及时得当，患者可在 1~2 周痊愈。若感染得不到控制可导致中耳炎、鼻窦炎、喉炎、气管支气管炎及肺炎。病情严重者可出现急性脓毒性咽炎并引发急性肾炎、风湿热甚至败血症等并发症。

临床案例

《吴少怀医案》

张某，男，47 岁，军人，于 1966 年 5 月 11 日初诊。咽喉经常疼痛，今日外感，疼痛加重，而且干痒，口苦，大便干。舌苔灰黑，舌质红，脉细数。

辨证：肺胃两热，上壅咽喉。

治法：清气散热。方以加减凉膈散。

处方：桔梗 6g，生甘草 3g，炒山栀、黄芩、赤芍、橘红、炒牛蒡子各 4.5g，石斛 9g，麦冬、竹茹、连翘各 9g，薄荷 1g。水煎服。

5 月 14 日二诊：服药 3 剂，咽喉干痛作痒已止，舌苔中剥，边灰白，脉沉细。按上方去石斛、赤芍，加玄参、滑石各 9g。水煎服。并拟丸方常服。

【解析】"咽为肺系，喉为胃系"。患者平素经常咽喉疼痛，素有肺胃伏热，因外感风热，引动肺胃之火上犯咽喉而致本病。故以加减凉膈散以清气散热，解毒利咽。邪毒伤津且灼津成痰，故加以橘红、竹茹化痰；石斛、麦冬养阴生津，标本兼顾。二诊咽痛已止，邪毒渐退，但舌苔中剥，边灰白，有湿热内伏之征，故去石斛滋腻之蔽，

加玄参、滑石以清热利湿。

摘自：耳鼻咽喉科病名家医案．陈协云．北京：人民军医出版社．

第二节　慢性咽炎

慢性咽炎（chronic pharyngitis）是咽部黏膜、黏膜下及淋巴组织的弥漫性炎症。以长期咽部不适，咽黏膜肥厚或萎缩为主要特征的咽部疾病。常为上呼吸道慢性炎症的一部分。本病为咽喉科常见疾病之一，中年人多见，病程长，症状易反复。

本病属中医学"虚火喉痹，慢喉痹"范畴。《杂病源流犀烛·卷二十四》："喉痹，痹者，闭也，必肿甚，咽喉闭塞。"慢喉痹也称"虚火喉痹"，明代，张景岳在《景岳全书·卷二十八》中指出：火有真假虚实之分，而此症虽因火而起，然而也有不因火而致的。对于虚火所致的喉痹，称为"阴虚火喉痹"。清代，《临证指南医案·卷八》载有十二个咽喉病医案，其中有7个咽喉痛病例，虽未名为虚火喉痹，但实际上为脏腑阴虚，虚火上炎咽喉所致，其治则方药均以养阴降火为主。由此可见虚火喉痹在临床上已十分常见。

【病因病理】

一、西医病因病理

（一）病因

（1）急性咽炎反复发作或延误治疗转为慢性。

（2）上呼吸道慢性炎症刺激　如鼻窦炎，慢性扁桃体炎等。

（3）烟酒过度，粉尘，有害气体等刺激及喜食刺激性食物。

（4）职业因素（教师与歌唱者）与体质因素。

（5）全身因素　反流性食管炎、贫血、便秘、下呼吸道慢性炎症、心血管疾病等都可继发本病。

（二）病理

1. **慢性单纯性咽炎**　咽部黏膜慢性充血、黏膜下结缔组织及淋巴组织增生，黏液腺肥大，分泌亢进。

2. **慢性肥厚性咽炎**　咽部黏膜充血肥厚，黏膜下有广泛的结缔组织及淋巴组织增生；咽后壁黏液腺的淋巴组织多形成颗粒状隆起，咽侧索淋巴组织呈条索状增生。

3. **慢性萎缩性咽炎**　主要为腺体退变和黏膜萎缩。表现为黏膜层及黏膜下层萎缩变薄，咽后壁有痂皮附着，分泌减少。

二、中医病因病机

证型	病因病机
肺肾阴虚证	温热病后，或劳伤过度，耗伤肺肾阴液，阴液不足，使咽喉失于滋养。以及长期吸烟或吸入化学气体，粉尘等燥热之邪，均致肺阴受损；房劳过度，久病失养，肾阴亏虚，久则肺肾阴虚，阴液则虚火亢盛，上炎而灼于咽喉，发为喉痹

证型	病因病机
脾气虚弱证	因饮食不节，思虑过度，劳伤脾胃，或久病伤脾，致脾胃受损，水谷精微生化不足，津不上承，咽喉失于温养，发为喉痹而为病
脾肾阳虚证	因寒凉攻伐太过，或房劳过度，或操劳过甚，或久病误治，以至脾肾阳虚，肾阳虚则虚阳浮越，上扰咽喉；或脾肾阳气亏损，失去温运固摄功能，寒邪凝闭，阳气无以上布于咽喉而为病
痰瘀互结证	饮食不节，损伤脾胃，运化失常，水湿停聚为痰，凝结咽喉；或喉痹反复发作，余邪滞留于咽喉，久则经脉瘀滞，咽喉气血壅滞而为病

【诊断】

一、临床表现

1. **症状** 咽部可有各种不适感觉，如异物感、发痒、灼热、干燥、微痛等。也可出现干咳、痰多不易咳净症状。部分患者刷牙、漱口时易恶心、作呕。

2. **体征** 咽部黏膜慢性充血，咽后壁淋巴滤泡增生，咽侧索肥厚。少数可见黏膜干燥、萎缩，分泌物附着。

二、实验室及其他检查

（1）详细询问病史，仔细检查鼻咽及喉咽，以及进行必要的全身检查。

（2）特别注意排除鼻、咽、喉、食管、颈部的隐性病变，如早期恶性肿瘤等。

三、中医辨证要点

1. **辨虚实** 常以里症，虚症为主，其次虚实夹杂，一般根据咽部黏膜颜色及全身症状和舌脉，可以辨明。

2. **辨脏腑病机** 本病基本病机为脏腑虚损咽喉失养；或虚火上灼，咽部气血不畅所致。涉及脏腑主要有肺、脾、肾。

【鉴别诊断】

	慢性咽炎	咽异感症	反流性食管炎	咽部良性肿瘤和恶性肿瘤
咽异物感	有	有，多见中年女性	可有	有
咽痛	微痛	无	吞咽时疼痛	多以一侧痛
恶心干呕	可有	无	有	可有
吞咽困难	无	可无	无	有
咽部检查	黏膜慢性充血	黏膜轻微病变或正常	黏膜慢性充血，或轻微病变	可见肿物，病理检查确诊

【治疗】

一、治疗原则

戒烟酒、清淡饮食，纠正不良生活习惯。在西医治疗的同时，尽早中医干预。

二、西医治疗

1. 一般治疗　消除各种致病因素，如控制全身性疾病，积极治疗鼻腔、鼻窦疾病等；避免刺激性食物及烟酒，发音不当应矫正；在有粉尘或刺激性气体环境中工作应戴口罩防护。

2. 局部治疗

（1）咽痛甚者可行下颌角或咽弓、咽壁局部封闭治疗。

（2）口服含片或复方硼砂溶液漱口（可参考急性咽炎）。

（3）干燥性咽炎使用小剂量碘剂（2% 碘甘油）涂抹于咽后壁黏膜，可促进腺体分泌，改善干燥症状。

三、中医治疗

该病的基本病机为脏腑虚损咽喉失养；或虚火上灼，咽部经络气血不通所致。在治疗慢喉痹时，应注重局部与脏腑的关系辨证施治，治疗以补为主，滋阴降火、温补脾肾、引火归原。

1. 辨证施治

证型	肺肾阴虚证
证候	咽干少饮，隐隐作痛，午后较重，或咽部哽哽不利，干咳痰少而稠，手足心热，午后颧红，失眠多梦，耳鸣眼花；咽黏膜干燥萎缩；舌质红，苔薄，脉细数
治法	疏风散邪，宣肺通窍
主方	百合固金汤（《医方集解》）加减
加减	（1）喉底颗粒增多者，可加桔梗、香附、郁金、合欢花 （2）偏肾阴虚者，可选用六味地黄丸加减 （3）咽部干燥灼热较重、大便干结，可用知柏地黄汤加减
推荐中成药	百合固金丸

证型	脾气虚弱证
证候	咽喉不舒，微干、微痒、微痛；口干不欲饮，或喜热饮，或恶心，呃逆反酸、倦怠乏力，少气懒言，或腹胀，胃纳欠佳，大便不调；舌质淡红，边有齿印，苔薄白，脉细弱
治法	益气健脾，升清利咽
主方	补中益气汤（《脾胃论》）加减
加减	（1）咽黏膜肥厚者，可加丹参、川芎、郁金 （2）痰黏者，可加贝母、香附、枳壳 （3）易恶心、呃逆者，可加法夏、厚朴、佛手 （4）若纳差、腹胀便溏，可加砂仁、藿香、茯苓、薏苡仁等
推荐中成药	补中益气丸

证型	脾肾阳虚证
证候	咽部异物感，哽哽不利，痰涎稀白；面白，形寒肢冷，腰膝冷痛，腹胀，食少，大便清稀；咽黏膜色淡；舌质淡胖，苔白，脉沉细
治法	补益脾肾，温阳利咽
主方	附子理中汤（《阎氏小儿方论》）加减

续表

证型	脾肾阳虚证
加减	（1）若腰膝酸软冷痛者，可加枸杞子、杜仲、牛膝等 （2）若咽部不适，痰涎清稀量多者，可加半夏、陈皮、茯苓等 （3）若腹胀纳呆者，可加砂仁、木香等
推荐中成药	附子理中丸

证型	痰瘀互结证
证候	咽部异物梗阻感，咽微痛。咳痰不爽；或恶心欲吐，胸闷不舒；咽后壁淋巴滤泡增生，甚者融合成片；舌质暗红，或有瘀斑瘀点，苔薄白，脉弦滑
治法	祛痰化瘀，利咽散结
主方	贝母瓜蒌散（《医学心语》）加减
加减	（1）若咽部不适，咳嗽痰黏者，可加杏仁、紫菀、款冬花、半夏等 （2）若咽部刺痛、异物感、胸胁胀闷者，可加香附、枳壳、郁金等
推荐中成药	清气化痰丸合龙血竭胶囊

2. 局部治疗

（1）含漱法　可选用利咽祛痰药含漱。

（2）雾化吸入　用中药养阴清肺化痰药液置入超声雾化器中进行雾化吸入。

3. 针灸

（1）体针　取穴原则：局部取穴为主，配合远端取穴。或在局部取穴的情况下，根据辨证循经取穴。常取手太阴肺经、足阳明胃经、足少阴肾经、足太阴脾经等穴。常用穴位：迎香、大椎、耳门、听宫、翳风、阳陵泉、风池、太冲、内关、丰隆、足三里、三阴交、血海、百会等。

（2）耳针　可取肾、肝、胆、脾、内分泌、交感、内耳、神门等穴。也可在上述穴位行压丸。

（3）艾灸　取大椎、合谷、足三里、三阴交、气海、关元、肺俞、肾俞等穴，悬灸或隔姜灸主要用于体质虚寒者或正气虚较甚者。

（4）烙法　用烙铁烙咽后壁增生的淋巴滤泡增生。

【预防与调护】

（1）积极锻炼身体，增强体质，预防感冒。

（2）注意劳逸结合，避免过度劳累。

（3）及时治疗上呼吸道感染。

（4）忌过食辛辣醇酒及肥甘厚味。

【预后与转归】

可反复急性发作，病情迁延，症状较顽固，药物治疗短期难以治愈。

临床案例

案例：

张某，女，39 岁。1991 年 7 月 12 日初诊。台湾。

咽部干痛，波及环唇起燥，有时两目也感干而痒，左重右轻，已历3年。在疲乏及天气骤变时或多言之后倍形严重。干时思饮以润，水求温者。痒甚则干咳，有痰液能咯，鼻腔右侧时难通气，在平卧时重些，左耳有时憋气或钝痛。

检查：咽后壁轻度污红，咽峡小血管树枝样显露。舌薄苔，脉弦而细。

医案：绛帐传经，势必多言，言多则损气，气损则伤津，津伤则干，于是柔痒致咳，痰潜喉头。考津伤有三：在肺在肾在脾，今也饮而求温水，有痰，顾训"有声无痰在肺，有痰无声在脾"。气候骤变难以适应者，脾虚连锁卫虚；鼻塞而难通者，气虚清阳难举，因之加重者，阴盛而阳气更衰，等等。主在脾经，当采李东垣手法，似最惬当。

党参10g，白术6g，茯苓10g，白扁豆10g，山药10g，石斛10g，麦冬10g，沙参10g，桔梗6g，甘草3g。7剂煎服。

（摘自：干祖望.干祖望经验集.北京：人民卫生出版社，2000.）

（张　勉）

扫码"练一练"

第二十八章　扁桃体炎及腺样体肥大

要点导航

1. **掌握**　扁桃体炎、扁桃体周脓肿、腺样体肥大的概念、病因、临床表现、诊断及中西医治疗。

2. **熟悉**　扁桃体炎的鉴别诊断及常见并发症；扁桃体剥离术、腺样体刮除术的适应证、禁忌证。

3. **了解**　扁桃体炎的发病情况及预后。

第一节　急性扁桃体炎

急性扁桃体炎（acute tonsillitis）是腭扁桃体的一种急性非特异性炎症，常伴有一定程度的咽黏膜及其他咽淋巴组织炎症。多发于儿童及青年。季节更替、气温变化时容易发病，劳累、受凉、潮湿、烟酒过度或某些慢性病等常为诱发因素。有一定传染性，为飞沫或直接接触传染。

本病属中医学"乳蛾、喉蛾、烂乳蛾、喉蛾风、急乳蛾"等范畴。

隋唐以前的医书，未见有"乳蛾"之类的病名。直至金元时代，才开始将"乳蛾"作为独立病证列出。明代，医家对乳蛾的病因病机有了明确的认识。成书于此时的《儒门事亲·卷三》曰："热气上行，结缠于喉之两旁，近处作肿，以其形似，是谓乳蛾，一为单，二为双也。"并指出："此病为风热邪毒客于喉间，毒气不能宣通之实热证。"

【病因病理】

一、西医病因病理

（一）病因

主要致病菌为乙型溶血性链球菌。非溶血性链球菌、葡萄球菌、肺炎双球菌、流感杆菌、腺病毒及鼻病毒等也可引起本病。细菌和病毒混合感染者亦可见。

（二）病理

一般分为3类。

1. **急性卡他性**　多为病毒引起。病变较轻，炎症局限于黏膜表面。表现为扁桃体表面黏膜充血，无明显渗出物，隐窝内及扁桃体实质无明显炎症改变。

2. **急性隐窝性**　扁桃体充血肿胀，隐窝内充满由脱落上皮、纤维蛋白、脓细胞、细菌等组成的渗出物，并自隐窝口排出。隐窝口渗出物互相连成一片，形似假膜，易于拭去。

3. **急性滤泡性**　炎症侵及扁桃体内的淋巴滤泡，引起滤泡充血、肿胀甚而化脓。在隐窝口之间的黏膜下，可呈现黄白色斑点。

二、中医病因病机

证型	病因病机
风热外袭证	风热外袭，肺经有热：风热邪毒从口鼻入侵肺系，咽喉首当其冲。或风热外袭，肺气不宣，肺经风热循经上犯，结聚于咽喉，气血不畅，与邪毒互结喉核，发为本病
肺胃热盛证	邪热传里，肺胃热盛：外邪壅盛，乘势传里，肺胃受之，肺胃热盛，火热上蒸，灼腐喉核而为病。亦有过饮热酒，过食肥甘，脾胃蕴热，热毒上攻，蒸灼喉核而为病

【诊断】

一、临床表现

1. 症状　临床表现虽因其病理改变不同分为卡他性、隐窝性及滤泡性扁桃体炎等三型。但就诊断和治疗而言，可分为急性充血性扁桃体炎和急性化脓性扁桃体炎两种。

（1）发热　起病急，可有恶寒、高热、食欲不振、全身酸困、便秘等。小儿患者可因高热引起抽搐、呕吐或昏睡。

（2）剧烈咽痛　剧烈咽痛为主要症状，咽痛剧烈者可放射至耳部，多伴有吞咽困难。部分患者出现下颌角淋巴结肿大，可出现转头受限。炎症波及咽鼓管时可出现耳闷胀感、耳鸣、耳痛甚至听力下降。部分幼儿因扁桃体肿大显著，可引起呼吸困难。

2. 体征　急性病容。局部检查见咽部黏膜弥漫性充血，以扁桃体及两腭弓最为严重，腭扁桃体肿大。急性化脓性扁桃体炎时可在其表面见黄白色脓点或在扁桃体隐窝口处见黄白色或灰白色点状豆渣样渗出物，可连成一片，形似假膜，不超出扁桃体范围，易拭去，不留出血创面。颈部淋巴结，特别是下颌角处的淋巴结往往肿大，并且有触痛。

二、实验室及其他检查

1. 血常规　可见白细胞明显增多。
2. 咽拭子涂片检查和细菌培养　多为链球菌、葡萄球菌、肺炎球菌感染等。

三、中医辨证要点

1. **辨表里**　首先根据病程长短、症状轻重、有无恶寒发热、鼻塞流涕、面赤唇红、口渴引饮、大便秘结等辨明其证属表属里。

2. **辨脏腑**　本病基本病机为邪热上犯咽喉，结于喉核，脉络受阻，肌膜受灼，脏腑功能失调相关。涉及脏腑主要有肺、胃。

【鉴别诊断】

	急性扁桃体炎	咽白喉	粒细胞缺乏性咽峡炎	樊尚咽峡炎	单核细胞增多症性咽峡炎
咽痛	剧烈	轻	程度不一	单侧咽痛	轻
咽部检查	双侧扁桃体表面有黄白色点状渗出物，可连成假膜，易擦去，不易出血	假膜呈灰白色，常超出扁桃体范围，不易擦去，强行剥去则易出血	坏色性溃疡，上覆盖深褐色假膜，周围组织苍白、缺血，软腭、牙龈有同样病变	一侧扁桃体覆盖有灰色或黄色假膜，易擦去，其下有溃疡	扁桃体有红肿有时覆盖有白色假膜，易擦去

续表

	急性扁桃体炎	咽白喉	粒细胞缺乏性咽峡炎	樊尚咽峡炎	单核细胞增多症性咽峡炎
全身情况	急性病容，畏寒、高热等	面色苍白，精神萎靡，低热，呈现中毒症状	弛张热，全身情况迅速衰竭	全身症状较轻	急性病容，高热，头疼，有时出现皮疹、肝脾肿大
咽拭子涂片	多为链球菌	白喉杆菌	无	梭形杆菌及樊尚螺旋体	无
血常规	白细胞明显增多	白细胞总数一般在1万～2万之间，中性粒细胞百分比增高	白细胞显著减少，粒性白细胞锐减或消失	白细胞稍增多	异常淋巴细胞，单核细胞增多，可占50%以上

【治疗】

一、治疗原则

应尽快控制病情发展，尽早中医干预。必要时应用足量敏感抗生素。

二、西医治疗

1. **一般疗法** 因本病具有传染性，故患者应适当隔离。卧床休息，进流质饮食及多饮水，加强营养及疏通大便，咽痛剧烈或高热时，可口服退热药及镇痛药。

2. **抗生素应用** 青霉素应属首选药物，并根据病情轻重，决定给药途径。如有条件，可在确定致病菌后，根据药敏试验选用抗生素。

3. **局部治疗** 常用复方硼砂溶液或 1:5000 呋喃西林液漱口。

三、中医治疗

以祛邪解毒为主。

1. 辨证施治

证型	风热外袭证
证候	咽喉干燥、灼热，疼痛逐渐加重，或有异物感。可有吞咽、语言不利的表现；咽部黏膜弥漫性充血，以扁桃体及两腭弓最为严重，腭扁桃体肿大；发热恶寒，头痛面赤，四肢关节酸楚，周身不适；舌边尖红，苔白或微黄，脉浮数
治法	疏风清热，消肿利咽
主方	疏风清热汤
加减	（1）咽喉痛者，加射干、桔梗、板蓝根 （2）头昏头痛者，加川芎、菊花、桑叶 （3）若咳嗽痰稀，鼻塞声重，舌苔薄白，脉浮紧者，为外感风寒，改用荆防败毒散加麻黄、苏叶、藿香
推荐中成药	羚翘解毒丸、清咽片

证型	肺胃热盛证
证候	咽喉疼痛剧烈，连及耳内及颌下，吞咽困难，或有异物堵塞感；扁桃体表面见黄白色脓点或在扁桃体隐窝口处有黄白色或灰白色点状豆渣样渗出物，颈部淋巴结肿大，触痛；高热，面赤唇红，口渴引饮，胃纳差，大便秘结，小便黄赤；舌质红，苔薄黄，脉洪大而数

续表

证型	肺胃热盛证
治法	泻热解毒，消肿利咽
主方	清咽利膈汤（《喉症全科紫珍集》）
加减	（1）若咳嗽痰黄稠，颌下淋巴结肿大者可加射干、瓜蒌、贝母 （2）持续高热，加石膏、天竺黄 （3）扁桃体假膜成片，加马勃、蒲公英
推荐中成药	清咽利膈丸、清咽润喉丸

2. 局部治疗

（1）含漱 可用金银花、甘草、桔梗、菊花、薄荷、桑叶煎水漱口或用鲜薄荷洗净，捣汁和醋含漱。

（2）吹药 可选用清热解毒、消肿利咽的中药粉剂吹入患处，每日数次。如西瓜霜喷雾剂。

（3）含服 可用清热解毒利咽中药含片或丸剂含服。如六神丸等。

（4）雾化吸入 用清热解毒利咽的中草药煎水或中成药雾化吸入，每日 1~2 次。

3. 针灸

（1）体针 取穴原则：局部取穴为主，配合远端取穴。或在局部取穴的情况下，根据辨证循经取穴。常取手太阴肺经、足阳明胃经穴位。

主穴取合谷、内庭、曲池；配穴取天突、少泽、鱼际。用泻法，强刺激，留针 15~20 分钟。

（2）耳针 可取扁桃体、咽喉、肺、胃、肾上腺，强刺激，留针 10~20 分钟，每日 1 次；或取扁桃体穴埋针，每日按压数次，加强刺激。

（3）刺血法 喉核红肿疼痛、高热者，可点刺扁桃体、耳尖等耳穴或耳背静脉放血，亦可点刺少商或商阳放血，每穴放血数滴，每日 1 次，以泻热消肿。

（4）穴位注射 选脾俞、肩井内五分、曲池、天突、孔最等，每次取一侧的 1~3 穴，每穴注射柴胡注射液 2ml。

4. 刮痧 是用刮痧板边蘸油或水，先刮风府，继而提刮两耳后颅息穴，以及曲池、间使、大陵、太渊等，自上而下顺刮，一侧咽痛刮对侧，此法可疏通经络，使邪热外泄。

【预防与调护】

（1）积极治疗邻近器官的疾病，如急、慢性鼻炎等。
（2）减少烟酒等的刺激，养成良好的学习、生活习惯。

【预后与转归】

急性扁桃体炎治疗及时得当，患者可在 1 周左右恢复健康。若未能及时有效治疗易迁延成慢性反复发作，严重者可引起各种并发症，如风湿热、急性关节炎、心肌炎及急性肾炎等。

临床案例

方某，男，45 岁。

1992 年 2 月 22 日初诊。11 天前高热（38~39℃），伴以喉痛，痛在左侧累及左耳，当时诊断为化脓性腭扁桃体炎，取用抗生素，主病 3 天而逐渐恢复，但至今疼痛不息，波及左颞头皮，还有些怕冷、疲乏无力、胃纳不香。检查：左腭扁桃体肿胀，隐窝内尚有分泌物。舌薄苔，脉弦。

处方：山豆根、贝母各 10g，薄荷 5g，荆芥、天竺黄、桔梗、白芷、防风各 6g，马勃、甘草各 3g。5 剂煎服。

2 月 28 日二诊：药进 5 剂，疼痛明显减轻，左颞头皮及耳深部之痛残存无几，胃纳稍增，乏力无劲者仍然。有些咳嗽，由痒而作。检查：左扁桃体肿已退，分泌物已无。舌薄苔，脉平。

处方：桑叶、桔梗、山豆根、连翘各 6g，菊花、金银花、玄参、象贝母各 10g，甘草 3g，5 剂煎服。

[按] 初诊时病程已在后期，但邪伏兽困，无宣泄之机因而循经久难痊。再予清解，大有东隅已失之叹，故予防风、荆芥、薄荷、白芷疏风散邪；桔梗、贝母、天竺黄宣肺化痰；山豆根、马勃解毒利咽。二诊邪毒明显宣散，暴雨易霁，稍事扫尾足矣。故去疏风散邪之品，加桑叶、菊花、金银花、连翘、玄参清余热，利咽喉。

摘自《干祖望耳鼻喉科医案选粹》。

第二节　扁桃体周脓肿

扁桃体周脓肿（peritoillar ace）为扁桃体周围间隙的化脓性炎症，早期发生蜂窝织炎（或扁桃体周围炎），继而形成脓肿。多见于青壮年。大多数为急性化脓性扁桃体炎的并发症。

本病属中医学"喉痈（喉关痈）"范畴。早在《内经》就对喉痈发病病因、症状特点及预后进行描述。如《灵枢·痈疽》曰："痈发于嗌中，名曰猛疽。猛疽不治，化为脓，脓不泻，塞咽，半日死，……三日而已。"其后历代医家对喉痈的病因病机、证候特点、辨证用药及外治方法等均有较详尽的论述。如金代《外科正宗·咽喉论第二十一》明确提出："喉痈不放脓……此皆非法。"强调喉痈放脓的重要性，对后世临证治疗喉痈有很重要的指导意义。在 1994 年国家中医药行业标准《中医病证诊断标准》中将其定名为喉痈。在治疗上扩大了外治法范畴，如漱口、外敷、放血、排脓等，这些方法与内服药配合应用，可提高疗效，缩短疗程，避免和减少并发症的发生。

【病因病理】

一、西医病因病理

（一）病因

常继发于急性扁桃体炎，尤其多见于慢性扁桃体反复炎急性发作者。由于扁桃体隐窝，特别是扁桃体上隐窝被堵塞，引流不畅，感染向深层发展，穿透扁桃体被膜，侵入扁桃体周围间隙而引起。常见致病菌多为乙型溶血性链球菌或金黄色葡萄球菌。厌氧菌也可导致本病的发生。

（二）病理

本病多单侧发病，两侧同时发病极少。按其发生部位，临床上分为前上型和后上型两种。前者脓肿位于扁桃体上极与腭舌弓之间，此型最常见。后者位于扁桃体与腭咽弓之间，较少见。镜下见扁桃体周围疏松结缔组织中大量炎性细胞浸润，继之组织细胞坏死液化，融合形成脓肿。

二、中医病因病机

证型	病因病机
风热侵袭证	外邪侵袭，热毒搏结：咽喉为肺胃所属，风热邪毒乘虚侵袭，循口鼻入肺系，咽喉首当其冲，邪毒与气血搏结不散，导致气血壅聚而为病
脏腑积热证	热毒困结，化腐成脓：外邪不解，入里化火，引动脏腑积热上攻，内外火热邪毒搏结于咽喉，热毒流窜困结于一处，灼腐血肉而化为脓
气阴两伤证	气阴耗损，余邪未清：火热邪毒久灼咽喉，又因咽痛饮食难进，加之清解攻伐，气阴两伤，余邪未清

【诊断】

一、临床表现

1. 症状

（1）发热　在扁桃体急性发炎 3~4 天后，发热仍持续不退或又加重。

（2）咽痛　咽痛加剧，常为单侧，吞咽时尤甚，疼痛可放射至耳部或颈部。

（3）其他　患者呈急性病容，表情痛苦，头倾向患侧，语言不清，吞咽困难，甚至张口困难。

2. 体征　患侧下颌角淋巴结常肿大。在早期周围炎时，可见一侧腭舌弓显著充血。若局部明显隆起，甚至张口有障碍，表示脓肿已形成。属前上型者，可见患侧软腭及悬雍垂红肿，并向对侧偏斜，腭舌弓上方隆起。扁桃体被遮盖且被推向内下方。后上型者，患侧腭咽弓红肿呈圆柱状，扁桃体被推向前下方。

二、实验室及其他检查

1. 血常规检查　白细胞明显增高。

2. 诊断性穿刺　可于脓肿隆起处抽出脓液。

三、中医辨证要点

1. 辨表里 首先根据病程长短，症状轻重、有无恶寒发热、鼻塞流涕等辨明其证属表属里。表证者，有风寒、风热之不同，临床常以风热为主。

2. 辨虚实 表证者实证居多。里证者，常虚实夹杂，一般根据病程，结合局部及全身症状和舌脉，可以辨明。

3. 辨脏腑病机 本病基本病机为脏腑功能失调，邪毒灼搏咽喉，气血受损，经络不通。涉及脏腑主要有肺、脾、胃、肾等。

【鉴别诊断】

	扁桃体周围脓肿	咽旁脓肿	智齿冠周炎	脓性颌下炎	扁桃体恶性肿瘤
发热	有	有	有	有	无
咽痛	有	有	无	有	一般无
吞咽困难	有	有	无	有	无
扁桃体检查	扁桃体急性充血，或可见扁桃体上或可见脓性分泌物，悬雍垂偏向健侧	扁桃体无炎性反应	扁桃体无异常	扁桃体无异常	常为单侧扁桃体迅速增大，或扁桃体肿大而有溃疡，悬雍垂居中
血常规	异常	异常	异常	异常	无异常
诊断性穿刺	异常	异常	无需做	异常	无需做
病理检查	无需做	无需做	无需做	无需做	可确诊

【治疗】

一、治疗原则

脓肿形成前，按急性扁桃体炎处理，予足量抗生素控制炎症及其他对症处理；脓肿形成后，应及时排脓。若未能及时有效治疗致脓肿形成者，需尽快行脓肿切开排脓。并可根据中医辨证分型，予内服中药、针灸、刺血等治疗方法。炎症控制后可行扁桃体切除术。

二、西医治疗

1. 脓肿形成前的处理 按急性扁桃体炎处理，给予足量抗生素控制炎症，并对症处理。

2. 脓肿形成后的处理

（1）穿刺抽脓 可明确脓肿是否形成及脓肿部位。用 1% 丁卡因表面麻醉，用 16~28 号针头于脓肿最隆起处刺入。刺入时动作需轻柔，可感觉到有落空感即进入脓腔，不要刺入过深，以免刺伤大血管引起出血。如果未抽出脓，可将针退出一部分，改变方向再刺入试抽。

（2）切开排脓 对前上型者，在脓肿最隆起部位切开排脓。常规定位是于悬雍垂根部作一假象平行线，再自腭舌弓游离缘下端作一假象垂直线，两线相交叉点即为适宜的切口处。切开黏膜和浅层组织后，用血管钳从切口中伸入，沿扁桃体被膜外方进入脓腔，稍加扩张，充分排脓。对于后上型者，则在腭咽弓处排脓。术后第二天复查伤口。必要时可每日用血管钳扩张脓腔，直至术腔清洁。

3. 扁桃体切除术 因本病易复发，故应在炎症消退两周后行扁桃体切除术。

三、中医治疗

该病的基本病机为脏腑功能失调，邪毒灼搏咽喉，气血受损，经络不通。其证多属实热，治疗应清热解毒，消肿排脓为主。

1. 辨证施治

证型	风热侵袭证
证候	咽痛逐渐加重，吞咽不利，吞咽时疼痛尤甚；患处黏膜色红漫肿，或颌下肿胀，触之稍硬；发热恶寒，头痛，周身不适，口干，咳嗽痰多，小便黄；舌质红，苔薄黄。脉浮数
治法	清热解毒，消肿止痛
主方	五味消毒饮（《医宗金鉴》）加减
加减	咽喉痛甚者，加射干、桔梗、板蓝根
推荐中成药	银翘解毒丸、牛黄解毒丸

证型	脏腑积热证
证候	咽痛剧烈，胀痛或跳痛，痛引耳窍，吞咽困难，口涎外溢，或张口困难，言语不清；患处红肿高突，或隆起顶部红里泛白，触之有波动感，穿刺可抽出脓液。颌下淋巴结肿大；高热，头痛，口臭口干，便结溲黄；舌质红，苔黄厚。脉洪数有力
治法	泻热解毒，消肿排脓
主方	仙方活命饮（《校注妇人良方》）加减
加减	（1）红肿痛甚，热毒重者，加蒲公英、连翘、紫花地丁 （2）高热伤津者，去白芷、陈皮，重用花粉，加玄参 （3）便秘者，加大黄 （4）痰涎壅盛者，可加僵蚕、胆南星
推荐中成药	喉症丸

证型	气阴两伤证
证候	咽痛逐渐减轻，咽干口渴；患处红肿突起已平复，黏膜颜色欠红润，或溃口未愈合；低热或不发热，倦怠乏力，懒言少动；舌质红或淡红，苔薄黄而干，脉细数
治法	益气养阴，清解余毒
主方	沙参麦冬汤（《温病条辨》）加减
加减	（1）咽痛稍重者，加金银花、蒲公英 （2）口感，乏力甚者，加太子参
推荐中成药	补中益气丸、香砂六君丸

2. 局部治疗

（1）吹药 可用具有清热解毒、消肿止痛的中药喷剂吹喉关红肿处，每日数次。如西瓜霜喷雾剂。

（2）含服 用清热解毒、利咽止痛的中药含片、滴丸含服，如六神丸。

（3）含漱 可用金银花、桔梗、甘草煎水，冷后频频含漱。

（4）雾化吸入 可用金银花、紫花地丁、蒲公英、板蓝根、丹皮等煎水，雾化吸入，每日1~2次。

（5）外敷 颌下肿痛明显者，可用紫金锭或如意金黄散，以醋调敷，每日1次。

3. 针灸

（1）体针　取穴原则：局部取穴为主，配合远端取穴。咽喉肿痛甚者，可针刺合谷、内庭、太冲等穴以消肿止痛，用泻法，每日1次。张口困难者，针刺患者颊车、地仓穴。

（2）刺血　痈肿未成脓时，可酌情使用三棱针于局部黏膜浅刺5~6次，或用尖刀轻轻划痕使其出血，以泻热消肿止痛。高热者，可用三棱针刺少商、商阳或耳尖，每穴放血数滴，以泻热解毒。

4. 擒拿法　适用于咽喉痛，咽喉肿塞，疼痛剧烈者。

【预防与调护】

（1）宜进流质或半流质饮食，静卧休息。

（2）切开或自溃后24小时内，应严密观察创口有无出血。

（3）取硼砂溶液或银花甘草汤漱口。

【预后与转归】

治疗及时得当，患者可较快痊愈。若未能及时有效治疗，则可能引发败血症而危及生命。

临床案例

方某，男，45岁。

1992年2月22日初诊。11天前高热（38~39℃），伴以喉痛，痛在左侧累及左耳，当时诊断为化脓性腭扁桃体炎，取用抗生素，主病3天而逐渐恢复，但至今疼痛不息，波及左颞头皮，还有些怕冷、疲乏无力、胃纳不香。检查：左腭扁桃体肿胀，隐窝内尚有分泌物。舌薄苔，脉弦。

处方：山豆根、贝母各10g，薄荷5g，荆芥、天竺黄、桔梗、白芷、防风各6g，马勃、甘草各3g。5剂煎服。

2月28日二诊：药进5剂，疼痛明显减轻，左颞头皮及耳深部之痛残存无几，胃纳稍增，乏力无劲者仍然。有些咳嗽，由痒而作。检查：左扁桃体肿已退，分泌物已无。舌薄苔，脉平。

处方：桑叶、桔梗、山豆根、连翘各6g，菊花、金银花、玄参、象贝母各10g，甘草3g，5剂煎服。

[按] 初诊时病程已在后期，但邪伏兽困，无宣泄之机因而循经久难痊。再予清解，大有东隅已失之叹，故予防风、荆芥、薄荷、白芷疏风散邪；桔梗、贝母、天竺黄宣肺化痰；山豆根、马勃解毒利咽。二诊邪毒明显宣散，暴雨易霁，稍事扫尾足矣。故去疏风散邪之品，加桑叶、菊花、金银花、连翘、玄参清余热，利咽喉。

摘自《干祖望耳鼻喉科医案选粹》。

第三节　慢性扁桃体炎

扫码"学一学"

慢性扁桃体炎（chronic tonsillitis）多由急性扁桃体炎反复发作或因隐窝引流不畅，而致扁桃体隐窝及其实质发生慢性炎症病变。发病年龄一般以青少年居多，老年人少见。

本病属中医学"慢乳蛾"、"虚火乳蛾"范畴。

古代医籍中在隋唐以前的医书，尚未见有"乳蛾"之类的病名，直至金元时代才开始将"乳蛾"作为独立病证列出。《儒门事亲·喉舌缓急砭药不同解二十一》谓："单乳蛾、双乳蛾，结搏于喉之两旁近处，近外肿作，以其形似，是为乳蛾。一为单，二为双也。"至明清时代，随着医学的发展，咽喉科的发展也较快，此时期的《外科正宗·卷之二》："夫咽喉虽属于肺，然所致者有不同，自有虚火、实火之分，紧喉、慢喉之说。"间接提出"虚火乳蛾"的病名。并指出"假如虚火者，色淡微肿，脉亦细微，小便清白，大便自利"等症，认为"以上等病，皆出于虚火，元气不足中来。"并曰："乳蛾不针烙，此皆非法。"提出中医烙法治疗乳蛾的观点。现代中医耳鼻咽喉科学在总结前人经验的基础上，对本病的认识更加明确。20世纪90年代中华人民共和国国家标准《中医临床诊疗术语》将其定名为慢乳蛾。

【病因病理】

一、西医病因病理

（一）病因

慢性扁桃体炎多由急性扁桃体炎反复发作或因隐窝引流不畅，扁桃体隐窝内上皮坏死，炎性渗出物积聚其中，隐窝引流不畅，致扁桃体隐窝及其实质慢性炎性改变而成本病。也可发生于某些急性传染病之后。如猩红热，流感，鼻腔及鼻窦感染。根据免疫学说，扁桃体隐窝内细菌、病毒及代谢产物进入体液后，引起抗体形成，继之腺体内产生抗原抗体结合物，起到一种复合免疫作用，从而认为慢性扁桃体炎是一种自身免疫反应。由于自身抗原抗体结合时对组织细胞有损害，而有利于感染，感染又促进抗原抗体反应，从而形成恶性循环。

（二）病理

按其病理变化，可分三型。

1. **增生型**　多见于儿童。因炎症反复刺激，扁桃体淋巴组织及结缔组织增生，淋巴滤泡增多，扁桃体慢性充血、肥大，质软，突出腭弓之外。

2. **纤维型**　多见于成人。扁桃体淋巴组织和滤泡萎缩，间质内纤维组织增生，因瘢痕收缩，扁桃体变小而坚韧。常与腭弓及扁桃体周围组织粘连。

3. **隐窝型**　主要病变深居扁桃体隐窝内，淋巴滤泡呈慢性炎症，淋巴组织瘢痕化。因隐窝口被瘢痕组织阻塞引流不畅，以致隐窝明显扩大，或有大量脱落上皮、细菌、淋巴细胞和白细胞聚集形成脓栓。

二、中医病因病机

证型	病因病机
肺肾阴虚证	肺肾阴虚，虚火上炎：邪毒滞留，灼伤阴津；或温热病后，肺肾亏损，津液不足，不能上输滋养咽喉，阴虚内热，虚火上炎，与余邪互结喉核而为病
脾胃虚弱证	脾胃虚弱，喉核失养：素体脾胃虚弱，不能运化水谷津微，气血化生不足，喉核失养；或脾不化湿，湿浊内生，结聚于喉核而为病
痰瘀互结证	痰瘀互结，凝结喉核：余邪滞留，日久不去，气机阻滞，痰浊内生，气滞血瘀，痰瘀互结喉核，脉络闭阻而为病

【诊断】

一、临床表现

1. 症状

（1）咽痛　主要症状是急性扁桃体炎反复发作，发作时常有咽痛。

（2）咽部异物感　也有部分患者无明显急性发作史。表现为反复咽部不适，异物感，咽部干痒或刺激性咳嗽。

（3）其他　儿童过度肥大的扁桃体可引起呼吸、吞咽、语言障碍。若伴有腺样体肥大可引起鼻塞、鼾声及分泌性中耳炎症状。由于隐窝脓栓被咽下，刺激胃肠，或隐窝内细菌、毒素被吸收引起消化不良、头痛、乏力、低热等症状。

2. 体征　扁桃体慢性充血，扁桃体表面不平，瘢痕，与周围组织有牵连，有时可见隐窝口封闭，呈黄白色小点，其上盖有菲薄黏膜或粘连物。隐窝开口处可有脓性分泌物或干酪样分泌物，挤压时分泌物外溢。舌腭弓及咽腭弓充血。下颌淋巴结肿大。

二、实验室及其他检查

1. 血常规　发作期可见白细胞增高。

2. 抗链球菌溶血素"O"　当慢性扁桃体炎反复急性发作或与肾炎等继发病情相关时，可见抗链球菌溶血素"O"明显升高。

三、中医辨证要点

1. 辨虚实　一般根据病程，扁桃体的形态、颜色及其上分泌物特征，结合全身症状和舌脉，可以辨明。

2. 辨脏腑病机　本病基本病机为脏腑功能失调，正气受损，或邪稽伤阴，经络气血不通，以致喉核失养。涉及脏腑主要有肺、脾、胃、肾。根据局部症状、体征，结合全身表现及舌脉，可以明确所属脏腑。

【鉴别诊断】

	慢性扁桃体炎	扁桃体生理性肥大		扁桃体角化症	扁桃体肿瘤
咽痛	无	无	无		可有

续表

	慢性扁桃体炎	扁桃体生理性肥大	扁桃体角化症	扁桃体肿瘤
咽部异物感	有	无	有	有
扁桃体检查	扁桃体增大，或其表面可见脓栓	扁桃体增大，柔软	扁桃体隐窝口表面可见白色尖形砂砾样物，触之坚硬，不易擦去	单侧扁桃体迅速增大，或扁桃体肿大并有溃疡
血沉	可异常	无异常	无异常	无异常
抗链球菌溶血素"O"	可异常	无异常	无异常	无异常
心电图	可异常	无异常	无异常	无异常
病理检查	无需做	无需做	无需做	可确诊

【治疗】

一、治疗原则

目前仍以手术切除扁桃体为主要治疗方法。但要合理掌握适应证，只有对于那些炎症已呈不可逆性病变时才考虑手术治疗。急性发作时应积极处理，防止并发症的产生。在使用抗生素的同时，尽早中医干预。可根据中医辨证分型，予内服中药、针灸、雾化吸入等治疗方法。

二、西医治疗

1. **非手术疗法**　可试用以下方法。

（1）基于慢性扁桃体炎是感染－变态反应的观点，本病的治疗不应仅限于抗生素的使用和手术，应考虑使用免疫治疗，包括使用各种可增强免疫力的药物，如注射转移因子等，也可使用有脱敏作用的细菌制品。

（2）局部涂药、冷冻及激光治疗等均有临床使用报道，但远期疗效仍不理想。

（3）加强体育锻炼，增强体质及抵抗力。

2. **手术疗法**　目前仍以手术摘除扁桃体为主要治疗方法。但要掌握其适应证：如慢性扁桃体炎反复急性发作；过度肥大，妨碍吞咽、呼吸功能；扁桃体已成为引起其他脏器病变的病灶。避免任意切除扁桃体使呼吸道抗感染免疫功能低下，出现免疫（监视）障碍。只有对不可逆的炎症性病变方可实行扁桃体切除术。

三、中医治疗

中医认为该病的基本病机为脏腑功能失调，正气受损，或邪稽伤阴，经络气血不通，以致喉核失养。其治疗应祛邪扶正，协调脏腑，通畅经络，调和气血。

1. **辨证施治**

证型	肺肾阴虚证
证候	咽部干燥，微痒微痛，哽哽不利，午后症状加重；扁桃体肥大，表面不平，色红，被挤压时，有黄白色脓栓自隐窝口溢出；午后颧红，手足心热，失眠多梦，或干咳痰少而黏，耳鸣眼花，腰膝酸软，大便干；舌质干红，少苔，脉细数
治法	滋养肺肾，清利咽喉

证型	肺肾阴虚证
主方	百合固金汤（《医方集解》）
加减	（1）偏阴虚者，宜用养阴清肺汤加减 （2）偏于肾阴虚者宜用六味地黄汤加玄参、桔梗等 （3）喉核肿大质硬者，加丹参、生牡蛎
推荐中成药	六味地黄丸、知柏地黄丸、玄麦甘桔颗粒

证型	脾胃虚弱证
证候	咽部干痒不适，异物梗阻感；扁桃体淡红或淡暗，表面可见白色分泌物；咳嗽痰白，胸脘痞闷，易恶心呕吐，口淡不渴，大便不实；舌质淡，苔白腻，脉缓弱
治法	健脾和胃，祛湿利咽
主方	六君子汤（《妇人良方》）
加减	（1）湿邪重者，加厚朴、枳壳 （2）扁桃体肿大不消者加浙贝母、生牡蛎
推荐中成药	补中益气丸、香砂六君丸、清气化痰丸

证型	痰瘀互结证
证候	咽干涩不利，或刺痛胀痛，迁延不愈；喉关暗红，喉核肥大质韧，表面凹凸不平；痰黏难咳，全身症状不明显；舌质暗有瘀点，苔白腻，脉细涩
治法	活血化瘀，祛痰利咽
主方	会厌逐瘀汤（《医林改错》）合二陈汤（《太平惠民合剂局方》）
加减	（1）扁桃体暗红，质硬不消者，加昆布、莪术 （2）复感热邪，溢脓黄稠者，加黄芩、蒲公英、车前子
推荐中成药	金嗓利咽丸、巴特日七味丸

2. 局部治疗

（1）火烙法　慢性扁桃体炎反复发作者，可用烙法治疗。

（2）灼烧法　采用90℃低温灼烧，以物理刺激原理，在保留扁桃体的同时而达到治愈作用。

（3）啄治法　用三棱针或扁桃体手术弯刀，在扁桃体上做雀啄样动作，每侧4~5下，伴少量出血，以吐2~3口血为度。2~3日1次，5次为1疗程。一般不超过3个疗程。

（4）含漱法　用金银花、生甘草、桔梗适量，或荆芥、菊花适量煎水含漱，每日数次。

（5）吹药法　可选用西瓜霜喷剂、冰硼散等吹患处，每日4~5次，以清热解毒、利咽消肿。

（6）含服法　可含服银黄含化片、六神丸、西瓜霜含片等，以清热解毒、利咽消肿。

（7）雾化吸入　双黄连粉针剂，清开灵针剂，鱼腥草针剂等雾化吸入，每次一支，加水10ml，超声雾化吸入，每日两次。

3. 针灸

（1）体针　取穴原则：局部取穴为主，配合远端取穴。或在局部取穴的情况下，根据辨证循经取穴。穴位选太溪、鱼际、三阴交、足三里，平补平泻，留针20~30分钟，每日1次。

（2）耳针　可取咽喉、肾上腺、皮质下、脾、肾等穴，用王不留行籽贴压，每日以中等强度按压2~3次，以加强刺激。

【预防与调护】

（1）加强体育锻炼，增强抵抗力，预防或减少急性扁桃体炎的发生。

（2）彻底治疗急性扁桃体炎，以免迁延日久，缠绵难愈。

（3）注意口腔卫生，及时治疗临近组织疾病。

【预后与转归】

慢性扁桃体炎发作期应及时干预治疗。若未能及时有效治疗或反复发作者，则可能会引发风湿性关节炎、心肌炎、肾炎、风湿热等。

临床案例

戎某，女，22岁，学生，1961年3月12日就诊。素有喉蛾及胃病史。近两天来恶寒发热（38.4℃），头痛，骨楚，两喉核红肿，右侧尤甚；且有白点，吞咽不利，脉来细数。

证：风热之邪夹痰。

法：疏解泄热，化痰利咽。

方：荆芥穗、山豆根各4.5g，射干、薄荷叶（后入）、蝉蜕、苦桔梗各3g，金银花12g，连翘、挂金灯、牛蒡子各9g，马勃2.4g，生甘草1.5g。

用药：喉科牛黄散，每日2~3次，每次少许；并以银硼漱口液煎汤漱口，每日4~5次。

上方2剂后，症情大减，再服2剂而愈。

[按] 患者素有乳蛾病史，此次因外感风热邪毒而引发。故方中以荆芥穗、薄荷叶、蝉蜕、金银花、连翘疏风清热；牛蒡子、射干、挂金灯、山豆根、马勃解毒利咽；桔梗宣肺化痰。外用喉科牛黄散，并以银硼漱口液煎汤漱口以加强解毒利咽之功。

摘自《张赞臣临床经验选编》。

（雷　蕾）

第四节　腺样体肥大

扫码"学一学"

腺样体肥大（adenoid vegetation）系腺样体因反复炎症刺激而发生病理性增生肥大，并引起相应的症状者。儿童腺样体肥大常属生理性，婴儿出生时鼻咽部即有淋巴组织，随年龄增大，4~6岁时为增殖最旺盛的时期，青春期以后逐渐萎缩退化。本病为儿童时期常见病、多发病，以冬春季多见。

中医无相应病名，但有"颃颡闭塞症""颃颡不开症"之记载。

如《灵枢·忧恚无言》有"颃颡者，分气之所泄也……人之鼻洞涕不收者，颃颡不开，分气失也"的记载，其特点与本病类似。故有人称之为颃颡不开症，或颃颡闭塞症。

【病因病理】

一、西医病因病理

1. **病因**　急性鼻炎、慢性鼻炎、急性鼻咽炎、急性扁桃体炎及流行性感冒等病，反复发作致腺样体迅速增生肥大，是本病的主要原因。

2. **病理**　由于鼻咽部及其毗邻部位或腺样体自身的炎症反复刺激，使腺样体发生慢性炎症反应，导致腺体组织充血、肿胀增生，嗜酸粒细胞增多，淋巴细胞浸润，血管壁增厚，纤维结构肿胀。

二、中医病因病机

证型	病因病机
肺脾气虚证	小儿脏腑娇嫩，肺脾肾常不足，易感风寒风热之邪。肺常不足，肺气失司；脾常不足，脾虚运化失司，津液化为痰浊，阻于咽喉，致咽喉开合不利，而为病
阴虚痰凝证	小儿阳常有余，肾常虚，加之感邪后易化热生火，虚火上灼，痰瘀互结，阻于咽喉，而成本病
气血瘀阻证	久病失治，迁延不愈，致邪浊阻于颃颡脉络，壅阻气血，血行不畅，渐至成瘀而为病

【诊断】

一、临床表现

1. **症状**

（1）耳部症状　腺样体肥大可堵塞后鼻孔及鼻咽部致咽鼓管咽口受压，导致听力减退、耳鸣，并可引发中耳炎。

（2）鼻部症状　腺样体肥大常并发鼻炎、鼻窦炎，有鼻塞及流鼻涕等症状。闭塞性鼻音明显，语音含糊。睡眠时张口呼吸，常有鼾声，严重者可出现阻塞性睡眠呼吸暂停低通气综合征。

（3）咽、喉及下呼吸道症状　因分泌物向下流并刺激呼吸道黏膜，常引起阵咳、呛咳，易并发气管炎。

（4）全身症状　常有全身营养及发育障碍，并有夜惊、磨牙、遗尿、反应迟钝，注意力不集中等症状。由于长期呼吸道阻塞、肺换气不足，长期缺氧而出现肺心病甚至急性心衰。

2. **体征**

（1）鼻咽部触诊可触及柔软肿块。

（2）后鼻镜检查或纤维鼻咽镜检查可见鼻咽顶部有粉红色分叶状淋巴组织。

（3）少数患者长期张口呼吸，致使面骨发育障碍，上颌骨变长，硬腭高拱，牙列不整，上切牙外露，唇厚，面部缺乏表情，有痴呆表现，形成"腺样体面容"。

（4）常伴有腭扁桃体肥大。

二、实验室及其他检查

鼻咽侧位 X 线片或鼻咽水平位 CT 扫描有助诊断。

三、中医辨证要点

1. 辨虚实　以里证居多，常虚实夹杂，一般根据局部及全身症状和舌脉，可以辨明。

2. 辨脏腑病机　其基本病机为肺气失司，脾常不足，脾虚运化失司，津液化为痰浊，或虚火上灼，痰瘀互结阻于咽喉。

【鉴别诊断】

	腺样体肥大	急性鼻炎	急性腺样体炎	鼻咽纤维血管瘤	咽后壁脓肿
耳胀耳闭	有，可为双侧或单侧	有，一般多为单侧	有，一般多为单侧	有	无
听力减退	有	有	可有	有	无
鼻塞	有	有	严重	有	可有
鼻出血	无	可有	无	有	无
打鼾	有	可有	有	可有	无
咽痛	无	可有	无	无	严重
鼻咽部新生物	无	无	无	有	无
内镜检查	鼻咽顶部有粉红色柔软肿块	无异常	鼻咽顶部有鲜色肿物，表面有分泌物	鼻咽顶部有红色肿物，表面光滑	无异常
病理检查	可以确诊	无需做	无需做	禁忌活检	无需做

【治疗】

一、治疗原则

清除病因，早发现，早治疗。在病程较短时，应尽快控制病情发展，西医治疗的同时，尽早中医干预，可根据中医辨证分型，给予内服中药、熏鼻、滴鼻等治疗。病程长时，尤其是有明显打鼾，呼吸不畅，呼吸暂停现象时，应考虑手术切除肥大的腺样体和扁桃体。

二、西医治疗

（1）腺样体肥大并出现上述症状者，应尽早行腺样体切除术。若伴有扁桃体肥大可一并切除。

（2）对症状较轻者可选择药物治疗，口服白三烯拮抗剂如孟鲁司特。

扫码"看一看"

三、中医治疗

中医认为该病的基本病机为肺气失司，脾常不足，脾失运化，津聚为痰，或虚火上灼，痰瘀互结。与脏腑受邪，功能失调相关，其治疗应扶正祛邪，化痰祛瘀。

1. 辨证施治

证型	肺脾气虚证
证候	鼻塞，涕色白，咯痰白黏；神疲乏力，面色苍白，表情淡漠，腹胀纳呆，易感冒，夜间打鼾；腺样体触之较软；舌质淡胖，有齿痕，脉细无力
治法	益气健脾、化痰散结

证型	肺脾气虚证
主方	参苓白术散（《太平惠民和剂局方》）加减
加减	（1）不思饮食者加山楂、鸡内金、麦芽 （2）鼻塞重、涕色白者加细辛、白芷、辛夷花。流黄涕者加鱼腥草、黄芩 （3）咽痒咳嗽加桔梗、枇杷叶
推荐中成药	玉屏风颗粒、玉屏风胶囊。补中益气丸、香砂六君丸

证型	阴虚痰凝证
证候	鼻塞，涕黄白，夜间打鼾，喉咙部干燥不适；兼见头痛，健忘，夜卧不安，夜寐鼾声持续不断，多汗，磨牙；腺样体肥大不消，扁桃体肿大；舌质红少苔，脉细数或细涩
治法	滋阴补肺、补肾填精
主方	沙参麦冬汤（《温病条辨》）合六味地黄丸（《小儿药证直诀》）加减
加减	（1）鼻塞重者加白芷、细辛、辛夷花 （2）健忘者加益智仁、女贞子、枸杞子 （3）头痛者加川芎、杭菊花
推荐中成药	六味地黄丸

证型	气血瘀阻证
证候	鼻塞，流涕，张口呼吸，讲话鼻音，耳鸣，耳阻塞感；精神萎靡，注意力不集中；腺样体过度肥大，可腺样体面容；舌质暗红或有瘀斑，脉涩或弦涩
治法	活血化瘀，散结开窍
主方	会厌逐瘀汤（《医林改错》）加减
加减	（1）腺样体过度肥大加夏枯草 （2）耳阻塞感加柴胡、川芎；中耳积液者加泽泻、茯苓 （3）鼻塞加防风、白芷。涕黄者加黄芩、连翘。痰量多者加浙贝母、玄参、天花粉
推荐中成药	龙血竭胶囊

2.局部治疗

（1）滴药　可用具有通窍消肿的滴鼻药。

（2）熏药　用芳香通窍的中药煎水，装在保温杯中，乘热对准鼻窍熏吸入可通窍。

【预防与调护】

（1）加强体育锻炼，预防感冒。

（2）积极治疗鼻炎、鼻窦炎、慢性扁桃体炎及邻近器官疾病。

【预防与转归】

腺样体肥大应及时治疗，若保守治疗无效，应考虑手术治疗。

临床案例

案例：

薛某，男，5岁。1992年2月4号除诊。

从小开始夜间打鼾，每逢感冒，呼吸困难，平卧之际，倍加严重。

检查：右侧扁桃体Ⅲ度肿大，悬雍垂正常。鼻腔无异常，增殖体丰腴。舌薄苔，脉平。

医案：腺体丰腴，气道阻封，良以痰气之凝，由无形而转成有质。刻下医学条件，当然首推手术，但孩童胆怯，先试药治。

昆布 10g，海藻 10g，胆南星 3g，枳壳 6g，天竺黄 6g，象贝母 10g，海蛤粉 20g，挂金灯 6g。7 剂煎服。

医嘱：平时多吃荸荠与海蜇；服上方 20 剂，无效即行手术治疗。

二诊：1992 年 3 月 10 日诊药进 21 剂，鼾声小些，急走后仍然喉鸣气促。检查同上诊。药已生效，手术与否，事可观察缓待一时，原法原方踵进。

摘自：干祖望 . 干祖望经验集 . 北京：人民卫生出版社，2000.

（张　勉）　扫码"练一练"

第二十九章　咽异感症

　　咽异感症（abnormal sensation of throat），系功能性病变而在咽表现出梗阻感、痒感、灼热感、蚁行感等异常或幻觉，临床一般无咽部疼痛、咽下困难，有梅核状堵塞，咯之不出，咽之不下，时发时止的症状。由于咽部神经分布极为丰富，其感觉神经和运动神经同时支配，这些神经的反射及传导，与全身许多器官构成广泛的联系，使其多种异常的症状在咽部有所表现，故出现咽异感症，有些教科书又称为"癔球症""官能性咽异感症"。本病为临床常见病，30~40岁女性发病较高，多见于长期精神紧张，焦虑、急躁的患者，并伴有"恐癌症"心理。

　　中医认为其发病与情绪有关，系气机不利而致，并有详细的病因和症状及处方论述。早在《素问·咳论》说"心咳之状，咳则心痛，喉中介介如梗状"类似该病症状的记载。汉《金匮要略·妇人杂病脉证并治第二十二》描述了"妇人咽中如有炙脔"的症状。宋《仁斋直指方·梅核气》首次以"梅核气"命名。明《赤水玄珠·卷三》说："……梅核气者，喉中介介如梗状，又曰痰快结在喉间，吐之不出，咽之不下是也。"清《喉科指掌·卷四》又将梅核气命名为"回食单""甸气""膈气"，指出为气郁所生。

　　目前中医的教科书多以"梅核气"或"癔球症"病名进行论述。因为中医过去没有准确的解剖知识，先进的检测手段，可能把一些器质性疾病早期发生的症状亦列入咽异感症，因此，诊断该病时，一定要首先排除器质性疾病。

【病因病理】

一、西医病因病理

（一）病因

　　咽异感症在临床上有多种原因造成，能诱发咽部神经功能紊乱而出现不适症状的局部和全身性常见疾病。

　　（1）呼吸道慢性炎症　如鼻炎、鼻窦炎、慢性咽炎、慢性喉炎等，由于分泌物增多刺激局部而产生异常感觉。

　　（2）神经肌肉性疾病　如环咽肌痉挛、食管痉挛、贲门失弛缓症等，咽缩肌本身的痉挛亦可成为发病因素之一。

　　（3）颈部疾病　如茎突过长症、颈动脉炎、颈椎骨质增生、畸形等，对邻近器官局部

压迫所致。

（4）消化道疾病　如胃肠功能紊乱、胃酸过多、反流性食管炎等，由于酸性消化液的刺激，使黏膜产生炎性反应，通过内脏神经反射性形成。

（5）某些慢性病　如贫血、消瘦等，可使咽、喉、食管功能减弱、黏膜感觉减退而产生咽异感症状。

（6）位于咽、喉、食管、贲门等部位的早期肿瘤。

（二）病理

上述病因或为炎症，或为局部及邻近肿块压迫，或为代谢紊乱形成局部刺激，可使咽部神经感觉异常而产生咽异感症状。有些人在此基础上，因某些心身因素的存在，可诱发心理与生理状态的正负效应的不平衡，导致患者的过度紧张、情绪改变以及咽异感症与之伴随的某种强迫症状（心身现象），发展而成为心身性疾病。

二、中医病因病机

早在《内经》即有类似症状的记载，自隋唐以来，较早认识到本病与"七情"有关，《灵枢》有"胆病者，善太息……恐人将捕之，嗌中介介然，数唾"。《仁斋直指方》指出"七情气郁，结成痰涎，随气积聚……咯不下，吐不出。"故中医学认为本病主要与情志有关。《圣济总录》指出"忧愁思虑，气逆痰结皆生是疾"，指明忧思、痰结是为本病的基本病因病机，因此咽异感症的发生，是因肝气郁结，或肝郁乘脾，导致气机升降失调，脾气不运，痰气结聚咽喉所致。

证型	病因病机
肝气郁结证	肝主疏泄，性喜条达，若暴怒伤肝，气机不畅，肝气上逆，结于咽喉而成梅核之症
脾虚失运证	脾主运化，若思虑伤肝，肝郁乘脾，脾虚失运，津液不能输布，不足以滋养咽喉而出现梗塞
痰气互结证	肝郁化热，火热炽盛，扰犯心神，肝气犯脾，脾运失施，气与痰互结于咽喉，而产生异物感

【诊断】

一、临床表现

1. 症状　患者感到咽喉之间有球体样团块阻塞，咯之不出，咽之不下，或有烧灼感、虫爬感痒感、紧迫感、黏着感等。位置常在咽中线上或偏于一侧，多在环状软骨或甲状软骨水平，其次在胸骨上区，较少在舌骨水平，少数位置不明确或具移动性。在做吞咽动作或吞咽唾液时更为明显，但吞咽食物无障碍。

2. 体征检查

（1）本病在检查时无法找到明确的病灶与切实的阳性体征。

（2）医师首先考虑在咽喉、颈部及全身其他部位可能有器质性病变，应仔细检查鼻咽、口咽和喉咽部，进行必要的相关检查，以免误诊。

二、实验室及其他检查

（1）胸部、颈椎、食管吞钡、茎突等 X 线或 CT 摄片。

（2）颈部及甲状腺 B 超检查等。

（3）纤维喉镜、纤维食管镜或胃镜。

三、中医辨证要点

（1）本病的基本病机是肝郁气滞，痰气互结，其中气郁为本，痰阻为标。故早期可能肝郁症状较为突出，由肝郁气滞而致气机受阻，而痰阻的症状常则属病理结果，辨证时应注意其辨证关系。

（2）本病多由情志所伤，常由情绪刺激而诱发，但临床上尚有阴阳之不同。肝阴不足者，咽异感症状常较轻，而情绪症状则较明显。因于气盛者多为骤然情绪刺激而起，咽喉阻塞感症状即痰阻症状常偏重，在分析病情时应注意探测病因，从情志、精神性因素去考虑。

四、诊断要点

（1）突出症状为咽喉异物感，不妨碍吞咽进食。

（2）根据病史、症状、全面的体格检查、X线及胃肠功能检查，排除局部及邻近器官的器质性病变后，始可做出本病诊断。对于有明确的客观病因及体征者，应诊断为原发病为主，而不应诊断为本病。

（3）常与情绪因素有关，症状亦随情绪改变而有所变化。

【鉴别诊断】

	咽异感症	慢性化脓性鼻窦炎	慢性咽炎	慢性喉炎	茎突过长	慢性食管炎	鼻咽癌早期	食管癌早期
异物感	有	有	有	有	有	有	有	有
梗塞感	有	无	有	无	有	有	无	有
瘙痒感	有	无	有	无	有	有	无	无
灼热感	有	无	有	有	有	有	无	无
蚁行感	有	无	有	无	有	有	无	有
疼痛	无	无	微痛感	微痛感	时有微痛感	闷痛	有	有
吞咽困难	无	无	无	无	无	感觉食物通过缓慢	轻微	有
局部检查	多无异常	无异常	慢性充血，滤泡增生	黏膜弥漫性充血，肥厚、滤泡增生	无异常	食管镜检查可明确	咽隐窝有新生物或黏膜溃烂	食道镜检查可明确
X线检查	无需做	窦腔黏膜增厚，有积液或息肉	无需做	无需做	可以明确	吞钡X线检查有意义	有意义	吞钡X线检查有意义
病理检查	无需做	无需做	无需做	无需做	无需做	无需做	可以确诊	可以确诊

【治疗】

一、治疗原则

多数咽异感患者并无器质性病变，却存在精神过度紧张或恐癌症状，医生应着重给患者解释、正确的心理诱导，取得患者的信赖。本病除外器质性病因，应以中医治疗为主，突出中医辨证论治，整体治疗的优势，调整患者的身心与体质的平衡，可收到较好的疗效。西医目前尚无特殊有效的治疗，主要针对不同病因采用相关治疗，必要时可给予精神神经类药物治疗。

二、西医治疗

1. 心理治疗　经全面检查排除了器质性疾病之后，从患者的精神、心理等方面查明相关发病诱因，采用心理咨询的方式与患者热情交谈，树立患者的信心，解除其恐惧及顾虑心理，避免不谨慎的语言、草率检查和处理。

2. 药物治疗　针对相关伴随疾病的处理，如维生素类，镇静剂等口服，有甲状腺功能减退者，酌情服相关治疗药物。

3. 疏导治疗　使用探针或压舌板在咽后壁黏膜表面寻找到异常感觉点后，可以告诉患者此处无明显病变，必要时给予碘甘油等涂药。

三、中医治疗

1. 辨证施治

证型	肝气郁结证
证候	咽喉异物或如瘿球阻塞感，咯之不出，咽之不下，时轻时重，无吞咽困难；咽喉部无明显阳性体征，少数人的咽喉壁黏膜有轻度慢性充血证；受刺激而出现情绪波动，精神过度紧张，多虑恐癌，胸闷胁胀，嗳气叹息；舌质淡红，苔薄白，脉弦而缓
治法	疏肝解郁，理气化痰
主方	逍遥散（《太平惠民和剂局方》）加减
加减	肝郁气滞明显者，改用柴胡疏肝散。梗阻较重者，加香附、苏梗。夜寐不安者，加合欢花、酸枣仁、五味子、夜交藤
推荐中成药	逍遥丸，铁笛丸，金嗓利咽丸

证型	脾虚失运证
证候	咽喉异物感明显，似有痰黏附或为发丝束喉，哽哽不适，时轻时重；咽喉部有少许白色分泌物滞留；情志不遂，精神抑郁，或烦躁易怒，夜寐不安，头昏耳鸣，纳呆，口燥咽干；舌红少苔，脉细而数
治法	健脾益气，化痰散结
主方	四七汤（《太平惠民和剂局方》）加减
加减	痰多者加陈皮、竹茹，夜不能寐加夜交藤
推荐中成药	金嗓散结丸

证型	痰气互结证
证候	咽喉异物感，咽喉多痰，咳吐不爽，或咳嗽痰白；咽喉部无明显阳性体征，可有少许白色黏痰；肢倦纳呆，脘腹胀满，嗳气；舌淡红，苔白腻，脉弦滑
治法	行气导滞，散结除痰
主方	半夏厚朴汤（《金匮要略》）加减
加减	痰气互结日久，所致气滞血瘀，可选桃红四物汤加减。痰多胸闷者加陈皮，枳实，瓜蒌仁、韭白、贝母。异物感严重者，加合欢花、代代花
推荐中成药	越鞠丸，健民咽喉片

2. 局部治疗

（1）七味清咽气雾剂喷咽部。

（2）养阴生肌散或冰硼散或锡类散吹咽部。

（3）润喉丸含化。

（4）华素片，咽特佳，西瓜霜，健民咽喉含片含化。

3. 针灸治疗

（1）体针　毫针刺廉泉穴，针尖向上刺至舌根部。或取合谷、内关、天突穴，平补平泻，每日一次。

（2）浅针　取长针于咽部浅刺，或以毫针刺廉泉至舌根部，并令做吞咽动作，至异物感消失。

（3）穴位注射　取穴廉泉、双侧人迎，或加取阿是穴进行封闭。

（4）灸法　取膻中、中脘、脾俞穴，隔姜灸3~5壮。

【预防与调护】

（1）慎起居，节饮食，禁烟酒，饮食宜清淡，忌食煎炸炙煿、生冷、辛辣等食品。

（2）注意情志护理，针对患者的精神因素，耐心解释，进行心理疏导，解除其心理负担，增强治疗信心。

（3）多进行户外活动，与人交流，善于释放紧张的工作情绪。

【预后与转归】

（1）咽异感症与情绪变化有关，要树立乐观、通达、开朗的人生观，才不会形成该类疾病。

（2）要戒除不良嗜好如烟、酒等，患病后要少食辛辣炙煿、过度油腻食品。

（3）经过适宜治疗，疏导护理得当，多数患者能够迅速治愈，如有不良生活习惯，或患有全身其他慢性疾病，可数月或数年不愈。

（4）本病多发于女性，尤以青壮年为多，中年后有自愈倾向，病状即便持续较久，只要没有并发其他器质性病变，一般也不会导致严重疾病及后遗症。

临床案例

　　崔哲洙等用路滴美加半夏厚朴汤治疗咽异感症 53 例，以谷维素或维生素 B_2 加半夏厚朴汤治疗 47 例为对照，结果治疗 2 周以上者，前组显效及治愈比例（92.5%）显著高于后组（72.4%）。

　　（摘自：崔哲洙，等 . 中国中西医结合耳鼻咽喉科杂志，1999，7（3）:136.）

扫码"练一练"

（陈隆晖）

第三十章　阻塞性睡眠呼吸暂停低通气综合征

阻塞性睡眠呼吸暂停低通气综合征（obstructive sleep apnea hypopnea syndrome，OSAHS）是指睡眠时上气道反复发生塌陷、阻塞引起的睡眠时呼吸暂停和通气不足，伴有打鼾、睡眠结构紊乱，频繁发生血氧饱和度下降、白天嗜睡等病症。OSAHS可发生于任何年龄，男性及女性的发病率分别为4%和2%。OSAHS可导致高血压、冠心病、脑血管意外等心、脑血管疾病，同时也可引发内分泌系统及神经、精神系统功能损害。

本病属中医"鼾眠"范畴。由于禀赋异常或脏腑失调，痰瘀互结阻塞上气道，致使睡眠时气息出入受阻而打鼾，甚或出现呼吸暂停。

"鼾眠"最早记载于《诸病源候论·卷三十一》："鼾眠者，眠里喉咽间有声也，人喉咙，气上下也，气血若调，虽寤寐不妨宣畅；气有不和，则冲击喉咽，而作声也。其有肥人眠作声者，但肥人气血沉厚，迫隘喉间，涩而不利亦作声。"

【病因病机】

一、西医病因及病理生理

（一）病因

相关研究表明本病和下述三方面因素关系密切。

1. 上气道解剖结构异常　鼻腔及鼻咽部狭窄：如鼻中隔偏曲、鼻息肉、腺样体肥大等；口咽腔狭窄：扁桃体肥大、软腭肥厚及咽侧壁肥厚、舌根肥厚等均可引起该部位狭窄。由于口咽腔缺少骨性支撑，比较容易出现塌陷，该区域狭窄在OSAHS发病中占有最重要地位；喉咽及喉腔狭窄：如婴儿型会厌、巨大声带息肉等；上、下颌骨发育障碍、畸形等导致的上气道骨性结构狭窄也是OSAHS的常见及重要病因。

2. 上气道扩张肌肌张力异常　主要表现为颏舌肌、腭帆张肌的张力异常。舌、咽部肌肉张力可随年龄增长而降低，张力的降低可加重咽腔的塌陷。

3. 其他因素　某些全身因素及疾病也可诱发本病，如肥胖、妊娠期、更年期、甲状腺功能减退、糖尿病等。

（二）病理生理

睡眠时松弛和塌陷的软腭、悬雍垂、扁桃体和舌根等软组织堵塞上气道，此时呼吸中枢仍不断地发放呼吸冲动兴奋呼吸肌，胸腹部的呼吸运动增强努力克服上气道阻力。随着

呼吸暂停时间的延长，血氧含量下降，CO_2含量升高，胸腹部的呼吸运动张力逐渐加强，当PaO_2下降及$PaCO_2$上升到一定程度时，对呼吸中枢的刺激作用也达到足够强，引发患者发生短暂觉醒，继而上气道开放，气流随之恢复。

二、中医病因病机

证型	病因病机
痰瘀互结证	反复感邪或调摄不当，以致脾胃升降失调，运化失司，痰湿阻肺，乃有鼾声；痰浊凝结日久，气血瘀阻，痰瘀互结，壅塞气道，气息出入不利而拍击作鼾，甚或呼吸暂停
肺脾气虚证	嗜食肥甘，烟酒无度，损及脾胃，以致化源匮乏，土不生金，肺脾气虚。肌失濡养，则松软无力，驰张不收，导致吸气时气道塌陷狭窄，气流出入受阻，故睡眠打鼾，甚或呼吸暂停

【诊断】

一、临床表现

1. 症状

（1）睡眠时打鼾，随年龄和体重的增加可逐渐加重，呈间歇性，严重者夜间可出现睡梦中憋醒，甚至不能平卧睡眠。

（2）白天嗜睡，轻者表现为困倦、乏力，记忆力下降、注意力不集中等；重者在讲话过程中、驾驶时即可入睡，即使睡眠充足也不能解乏。

（3）晨起出现咽干、咽部异物感、顽固性咳嗽。部分患者可有晨起头痛、血压升高。重者可出现夜间心绞痛、脑卒中等严重后果。

（4）儿童患者除上述表现外，还有遗尿、学习成绩下降，胸廓发育畸形、生长发育差等。

2. 体征　通常肥胖、颈围较大；部分患者有明显的上、下颌骨发育不全。儿童患者一般发育较差，除颌面部发育异常外，还可见胸廓发育畸形。鼻、咽部检查可发现相关区域存在解剖狭窄。

二、实验室及其他检查

1. 多导睡眠监测　多导睡眠图（polysomnogram，PSG）是诊断OSAHS的金标准，监测指标包括口-鼻气流、血氧饱和度（SaO_2）、胸腹呼吸运动、脑电图等。睡眠呼吸暂停是指在睡眠中口鼻气流暂停至少10秒以上；低通气是指气流较正常下降50%并伴有血氧饱和度下降或觉醒反应。诊断标准：PSG检查每夜7小时睡眠过程中呼吸暂停及低通气反复发作30次以上，或睡眠呼吸暂停和低通气指数≥5。

2. 定位诊断及病因分析　可应用下述手段评估OSAHS上气道阻塞部位和分析可能的病因。

（1）纤维鼻咽喉镜辅以Müller's检查法　可观察上气道各部位截面积、引起气道狭窄的结构性原因。Müller's检查即嘱患者捏鼻、闭口，用力吸气，用以模拟上气道阻塞状态下咽腔塌陷情况。

（2）上气道持续压力测定　即应用含有微型压力传感器的导管自鼻腔置入上气道内并达食管，该导管表面含多个压力传感器，可自动根据压力变化判定气道阻塞部位，是目前

认为最准确的定位诊断方法。

（3）头颅影像学检查　头颅X线拍摄可用于评估骨性气道狭窄。头颅CT、MRI拍摄可了解上气道各平面的三维结构，并可计算其截面积。

三、中医辨证要点

根据全身症状及舌脉辨其虚实。

【鉴别诊断】

	阻塞性睡眠呼吸暂停低通气综合征	鼾症	中枢型睡眠呼吸暂停
睡眠时打鼾	有	有	一般无
白天嗜睡	常有	有	可伴有
心血管系统受损（如高血压、心律不齐）	常有	一般无	可伴有
神经系统受损（如头痛、记忆力下降）	常有	一般无	可伴有
呼吸系统受损（如慢性阻塞性肺部疾病）	常有	一般无	无
肥胖	常有	一般无	无
颌骨发育异常	可伴有	一般无	无
口鼻腔和（或）咽部解剖狭窄	有	可伴有	无
多导睡眠监测	AHI＞5	AHI＜5	无需做
治疗	综合治疗	以行为干预为主	病因治疗

【治疗】

一、治疗原则

个体化分析和综合治疗。经PSG诊断为轻度患者可进行减肥、控制饮食，并辅以内服中药调理或针灸推拿治疗。对于下颌后缩、舌体肥大者可使用口腔矫治器。若为中、重度可选用持续气道正压通气治疗或根据患者阻塞部位选择相应的术式，手术中应保留基本结构。围手术期也可根据中医辨证分型，予内服中药、针灸治疗。

二、西医治疗

1. 行为干预　减肥、戒烟酒、避免使用镇静剂，建立侧卧位睡眠习惯。

2. 内科治疗

（1）药物治疗　鼻用减充血剂、鼻用激素和抗组胺药物可减轻鼻塞症状。普罗替林等药物可减少某些患者呼吸暂停的次数，但因不良反应较大而临床使用有限。

（2）持续正压通气治疗（图30-1）　是目前应用较为广泛并有效的方法之一。原理是通过一定压力的机械通气，保证OSAHS患者睡眠时呼吸道通畅，其工作压力范围为4~20cmH₂O，正确使用CPAP可明显减轻症状并降低其并发症。

（3）应用口腔矫正器治疗　睡眠时佩戴该装置，可将下颌向前拉伸，借以使舌根前移，以扩大舌根后气道。主要适应用以舌根后气道阻塞为主、病情较轻的患者。长期佩戴可能会导致某些不良反应，包括颞下颌关节不适、唾液分泌增加等。

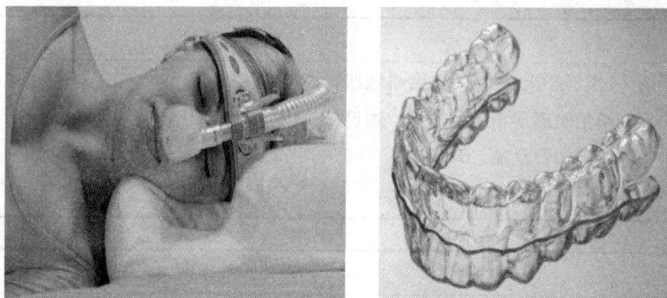

图 30-1　持续正压通气治疗示意图

3. 外科治疗　治疗 OSAHS 主要手术方式及适应证如下。

分类	手术方式	适应证
鼻腔手术	鼻腔重建术	鼻中隔偏曲、鼻息肉、鼻窦炎等
鼻咽手术	腺样体手术	儿童腺样体肥大
口咽手术	腭咽成形术、扁桃体手术	口咽狭窄为主的患者
喉咽、舌根手术	舌体、舌根减容术、舌骨悬吊术	体格检查发现喉咽或舌底部位气道塌陷且影像学检查支持的患者
颌骨手术	下颌骨前移术	重度下颌后缩患者
	上、下颌骨前移术	上、下颌后缩患者
其他	气管切开术	重度患者、其他方法无效或无法应用

外科治疗是治疗 OSAHS 的重要手段之一，其中悬雍垂腭咽成形术（uvulopalato-pharyngoplasty，UPPP）应用最为广泛，该手术通过切除部分肥厚软腭、咽侧壁软组织（保留其深部肌肉）、悬雍垂以防止口咽部阻塞（图 30-2）。该术式于 1961 年提出后历经多次改良，目前以 H-UPPP 术式在国内应用的最为广泛，该手术能减轻 90% 左右患者的打鼾，但临床治愈呼吸暂停（AHI 指数减小 50% 以上）的成功率为 40%~50%。术前全面评估病情，严格选择手术病例，可提高手术有效率。

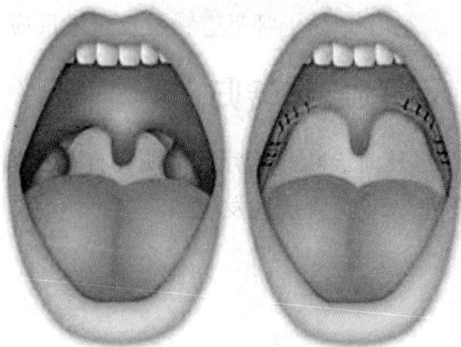

图 30-2　悬雍垂腭咽成形式

三、中医治疗

中医治疗包括辨证论治、外治法、针灸治疗等。外治以通畅气道为原则；内治以化痰散结，活血祛瘀；健脾益气，升清通窍为法则。

1. 辨证施治

证型		痰瘀互结证
证候		睡眠时打鼾，白天嗜睡，张口呼吸，晨起出现咽干、痰多；恶心纳呆，头重身困；舌淡胖有齿印，或有瘀点，苔腻，脉弦滑或涩
治法		化痰散结，活血祛瘀

续表

证型	痰瘀互结证
主方	导痰汤（《重订严氏济生方》）合桃红四物汤（《医宗金鉴》）
加减	（1）局部组织肥厚增生，加瓜蒌、浙贝母、郁金以加强化痰散结之功效 （2）嗜睡困倦加石菖蒲、升麻
推荐中成药	桃红四物汤（浓缩丸）

证型	肺脾气虚证
证候	睡眠打鼾，神疲乏力，食少便溏，记忆衰退，白天嗜睡；肌肉松软，咽腔狭窄；舌淡苔白，脉细弱
治法	健脾益气，开窍醒神
主方	补中益气汤（《脾胃论》）
加减	（1）若夹痰湿，可加茯苓、砂仁、半夏燥湿化痰 （2）记忆力减退可加益智仁、核桃仁等
推荐中成药	补中益气丸

2. 外治法 扁桃体烙法 适合于扁桃体肥大者。

3. 针灸治疗 体针取足太阴脾经、足阳明胃经、手太阴肺经及督脉穴为主。常用穴：百会、水沟、足三里、合谷、三阴交、丰隆、列缺、尺泽、太渊等。

【预防与调护】

（1）控制饮食、戒烟酒、减肥。

（2）尽量采用侧卧位。

（3）预防上呼吸道感染及过敏反应。

【预后与转归】

及时诊断与治疗，能明显提高患者生活质量，也可降低高血压、冠心病、脑血管意外等心、脑血管疾病发病率。

扫码"练一练"

（周　立）

第三十一章 喉外伤

👉要点导航

1. **掌握** 喉外伤的临床表现及西医治疗。
2. **了解** 喉外伤的预后及调护。

喉外伤（injuries of larynx）指喉部遭受暴力所导致的创伤，临床上将其分为两大类：一类是喉外部伤，又分为闭合性喉外伤（如喉挫伤、悬吊自缢等）和开放性喉外伤（如切割伤、刎颈自杀等）；另一类是喉内部伤，包括喉烫伤、烧灼伤和气管插管伤。

喉部位于颈前的特殊位置，易受外伤。据统计喉外伤占全身外伤的1%。

本病属中医学"咽喉损伤"范畴。早在《外科正宗》有"金疮"与"自刎断喉"记载。

【病因病理】

一、西医病因病理

（一）病因

1. 喉外部伤

（1）闭合性喉外伤 多因外界暴力直接撞击喉部所致。常见有工伤或交通事故撞伤，自缢或被他人扼伤，挤压伤等。

（2）开放性喉外伤 多由锐器伤或巨大破坏力引起。如因枪、弹片或刺刀等战伤，交通事故或工伤所致颈部撞到锐器或玻璃，斗殴时锐器伤或自刎等。

2. 喉内部伤

（1）喉烫伤及烧灼伤 吸入高温的烟尘、气体、液体或蒸汽，误咽或吸入化学腐蚀剂，遭受战用毒剂等。

（2）喉插管损伤 因行气管内插管所致的喉损伤。

（二）病理

钝性外伤可使喉部组织受到挤压，出现淤血、肿胀等造成喉腔狭窄，呼吸困难；黏膜破损者可形成皮下气肿；喉软骨骨折移位者，可致呼吸困难或喉返神经麻痹，出现声嘶；锐器损伤可致开放性喉外伤，常伤及颈部大血管发生致死性大出血。

二、中医病因病机

因各种原因所致的喉损伤，共同病机为气滞血瘀，脉络阻滞。若出血则耗伤气血；若染邪毒则热毒壅盛。

【诊断】

一、临床表现

1. **闭合性喉外伤** 局部疼痛与压痛，颈部淤血肿胀或皮下气肿，声音嘶哑或失声，咯血及呼吸困难。检查可见颈部皮肤肿胀及瘀斑。有气肿者可扪及捻发音或握雪感。触诊可有压痛。间接喉镜检查可发现喉部黏膜红肿，声门狭窄变形。

2. **开放性喉外伤** 常有出血、皮下气肿、呼吸困难、声音嘶哑等症状。检查可见颈部不同形状的伤口。

3. **喉烫伤及烧灼伤** 根据损伤的程度及波及范围分为轻、中、重三型。可有咽喉疼痛、呼吸困难、吞咽困难、声嘶、刺激性咳嗽等症状。

4. **环杓关节脱位** 喉插管拔管后出现声嘶或失音，有的患者伴有喉痛及吞咽痛。

二、实验室及其他检查

影像学检查 喉部 X 线体层摄片或 CT 扫描有助于发现病变及了解病变程度。

【鉴别诊断】

根据明确的创伤史，局部检查及辅助检查即可确诊。

【治疗】

一、治疗原则

以西医治疗为主，根据外伤原因、损伤部位及程度的不同采用相应的治疗措施。如有大出血或喉梗阻者应迅速解决出血及梗阻。

二、西医治疗

（1）保持呼吸道通畅和抗休克是治疗的关键。有呼吸困难者应及时行气管切开术。若有脉搏快速、血压下降、皮肤发冷等休克症状，当迅速建立静脉通道进行抗休克治疗。

（2）有效止血 检查伤口注意寻找出血点，因继续出血可加重休克，若为气管贯通伤，血液流入气管可发生窒息，此时寻找出血点并有效止血尤为重要。

（3）处理创伤 对于开放性喉外伤处理原则为由内向外，由深向浅，上下对位缝合，尽量减少黏膜切除，如有软骨骨折，予以复位、固定破碎的软骨，喉腔内放置硅胶模以防喉狭窄。

（4）抗感染治疗 应用广谱抗生素控制感染。

（5）一般治疗 单纯性喉挫伤仅按一般外伤处理即可，无须特殊治疗。嘱患者安静休息，少讲话，减少颈部活动，予以软食或流食。病情危重者或术后因吞咽影响伤口愈合者术中需放置鼻饲管。呼吸不稳定者术后需观察呼吸情况以保证呼吸道通畅。

三、中医治疗

因多为气滞血瘀，脉络阻滞，可服用桃红四物汤（《医宗金鉴》）加减以活血通络，行

气止痛。

【预防与调护】

（1）提高防范意识，加强自我保护。

（2）开放性喉外伤，应注意观察生命体征、保持呼吸道通畅，定时换药，防止感染，休克患者应抗休克治疗并注意观察。

（3）自杀患者应加强护理，以防再次自杀，并注意精神安慰。

（4）嘱患者少讲话，吞咽困难者可采用鼻饲，使喉部休息，促进伤口愈合。

（5）术后患者应仰卧、高枕并头前倾位防止伤口裂开。

【预后与转归】

本病抢救及时，治疗方法得当，预后较好。

（张铁英）

第三十二章 喉急性炎症

第一节 急性会厌炎

急性会厌炎（acute epiglottitis）是声门上区以会厌为主的急性喉炎，故又称急性声门上喉炎，成人、儿童均可发病，冬春季多见，该病发病急，会厌肿胀剧烈，症状显著，小儿患者由于喉腔小，黏膜下组织疏松，患病时肿胀甚，极易造成呼吸困难、窒息，甚至来不及抢救而死亡，当引起高度重视。急性会厌炎临床表现以咽喉剧痛、吞咽困难、语言含糊为主，会厌常肿胀如球样，并可形成痈肿。

本病属中医学"喉痈（会厌痈）"的范畴。古代描述多数见于喉痹、喉风文献中。

【病因病理】

一、西医病因病理

（一）病因

1. 感染 为本病的主要致病原因。该病常为病毒或细菌感染所致，致病菌有乙型流感杆菌、葡萄球菌、链球菌、肺炎双球菌、类白喉杆菌等，也可合并有病毒感染。

2. 变态反应 往往为全身变态反应性炎症（如荨麻疹、药物过敏等）引起会厌、构会厌襞高度水肿，可继发细菌、病毒感染，也可由单纯变态反应性炎症引起。其发生喉阻塞的程度在临床上表现更急、更重。

3. 邻近器官的急性炎症 如急性扁桃体炎、咽炎、口底炎、鼻炎等波及喉部；亦可继发于急性传染病。

4. 其他 异物创伤（喉部外伤、异物擦伤、刺伤、灼伤）、刺激性有毒气体、刺激性食物、放射性损伤等都可引起会厌黏膜的充血水肿而发病。

（二）病理

会厌黏膜弥漫性充血肿胀，由于会厌舌面及侧缘淋巴组织丰富，黏膜疏松，炎症常从舌面开始致会厌舌面高度充血水肿，会厌增厚如球状，常遮盖声门，严重者炎症可向会厌喉面及室带发展，引起喉腔的黏膜水肿。一般成人患者声带、声门下区很少波及。儿童与婴幼儿患者炎症较易向声门及声门下区扩展，多致喉阻塞，甚至窒息，其病理改变大致分三型。

（1）急性卡他型 表现为会厌黏膜弥漫性充血、肿胀，大量白细胞浸润。

（2）急性水肿型 多由变态反应而致，此型黏膜肿胀剧烈，会厌黏膜肿似球样易致喉阻塞。

（3）急性溃疡型 此型少见，但病情发展迅速而严重。此型发病 3~4 天后，黏膜下层及腺体组织因炎症细胞浸润可形成局灶性化脓性病变，或出现溃疡。

急性会厌炎发展成化脓性感染，深入到黏膜下层可形成会厌脓肿，外伤和异物是引起此种感染的常见的病因。

二、中医病因病机

多因过食辛辣炙煿燥烈之品致肺胃积热，复感风热邪毒，内外热毒搏结会厌，气血凝聚而产生会厌红肿，热毒壅盛，则热腐成脓。或会厌肌膜因异物、创伤受损而染毒，热毒壅盛，灼腐血肉而为脓，毒聚而成痈肿。

证型	病因病机
外邪侵袭，热毒博结证	寒暖失调、风热邪毒乘虚侵袭，循口鼻入肺，咽喉首当其冲；或异物擦伤咽喉，邪毒与气血博结不散，致气血壅聚而为病。多见于病变早期
热毒困结，化腐成脓证	平素过食辛辣，肺胃素有积热；或外邪不解，入里化火，引动脏腑积热上攻，热毒博结咽喉，流窜困结于会厌，腐肌灼膜而化为脓。多见于病变中期
气阴耗伤，余邪未清证	火热邪毒久灼咽喉，咽痛饮食难进，或有清解攻伐，气阴两伤，余邪未清。多见于病变后期

【诊断】

一、临床表现

起病急，多伴有发热、畏寒，头痛，关节酸楚。儿童及老年患者症状较重，可高热衰竭，亦可呼吸梗阻。咽痛剧烈，吞咽更甚，口涎外溢，语音含糊，口中有臭味，双耳痛剧烈，有时误以为"急性中耳炎"。故常有唾液外溢。因会厌肿胀，致言语含糊不清，似口中含物。

二、实验室及其他检查

（1）间接喉镜下见会厌红肿，舌面尤甚，甚则肿为球形，若脓肿形成，会厌舌面可见黄白色脓点，且会厌抬举受限，声带及声门下难以窥及，杓会厌襞及杓状软骨区黏膜充血肿胀。

（2）实验室检查 白细胞总数升高，以中性粒细胞为主。

三、中医辨证要点

本病为实热之证，临床应首当辨明有无梗阻风险危候，其次有脓肿者要辨脓成与否，再辨病程阶段：初期，风热在表；中期，邪热入里，肺胃热盛；后期，气阴两伤，余邪未清。

【鉴别诊断】

	急性会厌炎	咽喉异物	儿童急性喉炎	喉水肿	白喉
咽喉疼痛，吞咽困难	有，且剧烈	可有	一般无	一般无	有
声嘶	一般无	可有	有，表现为犬吠样咳嗽	有	有
发热	有	一般无	有	可有	有，发热程度与全身热毒症状不成正比
检查	会厌肿胀如球形，若成脓表面可有黄白色脓点	可见咽喉部损伤及异物	会厌无异常	三凹征	咽喉黏膜表面可有灰白色假膜，分泌物涂片可见白喉杆菌

【治疗】

一、治疗原则

抗炎消肿治疗，严密观察呼吸状况。若有呼吸困难，应根据其具体情况，采取相应措施，及时行气管切开。若有脓肿形成，一般行脓肿切开排脓。

二、西医治疗

（1）抗感染　大剂量广谱抗生素肌内注射或静脉滴注。

（2）伴有呼吸困难者可吸氧，同时加用糖皮质激素，以减轻会厌水肿。对于出现喉阻塞者，应及时行气管切开，情况紧急时行环甲膜穿刺或环甲膜切开，以免发生窒息。

（3）若脓肿形成，可在直达喉镜下切开排脓。注意切开时患者应取平卧头低位，以免脓液吸入气管内，并做好抽吸痰液及气管切开的准备。

（4）雾化吸入　可选用抗生素及激素雾化吸入，如庆大霉素 8 万单位、地塞米松 5mg 及 α-糜蛋白酶 4000 单位加入生理盐水 10ml 中超声雾化吸入，其目的是保持湿润，稀化痰液及消炎。

扫码"看一看"

三、中医治疗原则

宜内外兼治，脓肿未成，以内治为主；脓肿已成，宜早期切开排脓，使热毒外泄。

1. 辨证施治

证型	外邪侵袭，热毒搏结证
证候	多见于病初，以咽痛为主；病变多限于会厌，局部充血肿胀，尚未成脓；发热、畏风；舌红，苔薄黄。脉浮
治法	疏风清热，解毒消肿
主方	五味消毒饮（《医宗金鉴》）加减
加减	（1）风热证重者加入荆芥、防风、连翘 （2）肿痛甚者加白芷
推荐中成药	银翘解毒丸

证型	热毒困结，化腐成脓证
证候	为病情中后期阶段，常于病程 3~4 天，咽痛著，常有脓肿形成，或有呼吸困难；会厌红肿，舌面尤甚，甚则肿为球形，或肿起的表面有黄白色脓点；多高热，汗出，烦渴，口干，便干，尿黄；舌红，苔黄燥，脉数
治法	泻火解毒，消肿排脓
主方	清咽利膈汤（《喉症全科紫珍集》）加减
加减	（1）若脓成未溃者加穿山甲、皂角刺 （2）红肿甚热毒重者加蒲公英、紫花地丁 （3）痰液多时加僵蚕，胆星
推荐中成药	牛黄解毒丸

证型	气阴耗伤，余邪未清证
证候	为病情的后期，咽痛逐渐减轻，身热已平，红肿始退；会厌红肿突起减轻；咽干，口渴，倦怠乏力，懒动少言；舌红或淡红，苔薄黄而干，脉细数
治法	益气养阴，清解余毒
主方	沙参麦冬汤（《温病条辨》）加减
加减	（1）气短口渴者加太子参 （2）局部红肿痛甚者加金银花、蒲公英
推荐中成药	板蓝根冲剂

2. 局部治疗

（1）中药含化　可选用铁笛丸、草珊瑚含片、华素片、碘喉片含化。

（2）雾化吸入　可用金银花、紫花地丁、板蓝根等煎水，每次 20~30ml 做超声雾化，每日 1~2 次。

（3）外敷　可选用如意金黄散以醋调敷颈部。

【预防与调护】

（1）注意饮食卫生习惯，防止吞咽时异物划伤。

（2）注意避免有害气体吸入。

（3）注意饮食，吞咽困难者进半流质或流质饮食。

（4）严密观察病情变化，脓成者当及时切开排脓。

（5）随时做好气管切开的准备。

【预后与转归】

经过积极治疗，多可很快痊愈，预后良好。但也有少数患者，因脓毒蔓延可伴发急喉风，使病情加重。

第二节　急性喉炎

急性喉炎（acute laryngitis）为喉黏膜的急性卡他性炎症，常为上呼吸道感染的一部分，

也可单独发生，有时因大声喊叫、剧烈咳嗽而致。若发生于儿童，病情较为严重，易并发呼吸困难。

本病属中医学"急喉喑"的范畴。早在先秦甲骨卜辞中，已有"音有疾""疾言"的记载。《内经》称本病为暴喑、卒瘖。明《医学纲目·卷之二十七》首载"喉喑"病名。明《景岳全书·卷二十八》提出"金实不鸣"、"金破不鸣"理论。

【病因病理】

一、西医病因病理

（一）病因

1.感染 一般多发于感冒后，先有病毒入侵，继发细菌感染。多为鼻腔、鼻咽和口咽的急性卡他性炎症向下蔓延而成。

2.有害气体刺激 过多吸入生产性粉尘、烟及有害化学气体（如氯、氨、硫酸、硝酸、毒气等）均可引起喉部黏膜的急性炎症。

3.用声过度 嗓音工作的教师、演员、售票员等，如讲话过多，大声喊叫可致声带急性炎症。

此外，异物及检查器械操作损伤喉部黏膜，也可继发急性喉炎。

（二）病理

初期为黏膜血管充血，组织内渗液肿胀。晚期由于炎症继续发展，渗出液可变成脓性分泌物或结成伪膜。上皮有损伤和脱落，也可形成溃疡。炎症消退后上述病理变化可恢复正常。若未得到及时治疗，则逐渐形成纤维变化，变成永久性病变，且其范围不仅限于黏膜层，也能侵及喉内肌层，转为慢性。

二、中医病因病机

证型	病因病机
风热犯肺证	风热邪毒由口鼻而入，直贯于喉，内应于肺，肺气不宣，邪热结聚于喉，气血壅滞，脉络痹阻，喉部肌膜红赤，声门开合不利
肺胃热盛证	过食辛辣炙煿、醇酒厚味致胃腑积热，或邪热传里，热毒结聚咽喉以致气滞血瘀、脉络痹阻，肌膜红肿
风寒袭肺证	风寒外袭，肺气壅遏，气机不利，风寒之邪凝聚于喉，致声门不利而声嘶

【诊断】

一、临床表现

1.症状

（1）发病猝然，可伴有发热，恶寒，头痛，全身不适等。

（2）声嘶，可有喉内干燥，灼热。早期声音粗糙低沉，以后加重，成为沙哑声或耳语声，甚至失音。

（3）喉痒及咳嗽 常因痒而呛咳；初起为干咳，后因受分泌物或其他因素刺激又出现阵咳。小儿患者可出现犬吠样咳声及呼吸困难，重者可出现哮吼样咳嗽。

2. 体征 可见声带充血，水肿，声门闭合不全，或有黏痰附着。

二、中医辨证要点

本病属表实之证，但有寒热之分，故在辨证中重点要辨明是风热犯肺或风寒袭肺，亦或表寒内热。

【鉴别诊断】

（1）白喉 有声音嘶哑、低热、全身中毒症状，咽喉均可有白膜，并可涂片查出白喉杆菌。

（2）与某些特异性感染如梅毒、结核等鉴别，梅毒病史较长，血清检查可区别。结核病史也较长，伴有肺结核，喉部表面黏膜弥漫性苍白、水肿，结核菌检查可明确诊断。

【治疗】

一、治疗原则

控制感染，防止转变为慢性。小儿患者要注意呼吸情况，积极预防喉阻塞。可以中医治疗，或适当配合抗生素、激素。

二、西医治疗

（1）声休，禁烟酒。耳语不能代替声休，故应尽可能不讲话。
（2）抗生素控制感染，声带水肿加用糖皮质激素以促进消肿。
（3）超声雾化，用庆大霉素及地塞米松等雾化吸入。

三、中医治疗

以疏风宣肺为治疗大法，或疏风清热，或疏风散寒。

1. 辨证施治

证型	风热犯肺证
证候	多于发病 1~2 天之后，咽喉痛，声嘶，咽干，咯黄痰；喉部见黏膜红赤，或声带黏膜充血；发热，微恶寒，鼻塞，头痛，流黄浊涕；舌边尖红，苔薄黄，脉浮或浮数
治法	疏风清热，宣肺开音
主方	疏风清热汤（《中医耳鼻喉科学（第四版）》）加减
加减	（1）若痰黏难出者加瓜蒌仁、杏仁 （2）加入蝉衣、千层纸、胖大海以利喉开音
推荐中成药	银翘解毒片

证型	肺胃壅盛证
证候	咽痛甚，声嘶，甚或失语；喉部黏膜红赤，或声带黏膜充血；发热烦渴，口干气粗，咳痰黄稠，大便干尿黄；舌红，苔黄厚，脉数大
治法	泄热解毒，利喉开音
主方	泻白散（《小儿药证直诀》）或清咽利膈汤（《喉症全科紫珍集》）加减

续表

证型	肺胃壅盛证
加减	（1）常加入蝉衣、千层纸、胖大海以利喉开音 （2）无表证者去荆芥、防风；无便秘者去大黄、芒硝 （3）若痰黏难出者加瓜蒌仁、杏仁、贝母、天竺黄
推荐中成药	牛黄解毒片，喉症丸，六神丸，清音丸

证型	风寒袭肺证
证候	猝然起病，声嘶或失音，兼喉痒、咯白色泡沫痰；喉黏膜微红肿胀；畏寒发热，鼻塞、头痛；舌淡，苔白，脉浮
治法	疏风散寒，宣肺开音
主方	三拗汤（《太平惠民和剂局方》）加减
加减	（1）常加石菖蒲消肿通窍开音 （2）咳嗽、痰多者加半夏、僵蚕、白前
推荐中成药	金嗓开音丸

2. 局部治疗

（1）含服　铁笛丸，润喉丸等。

（2）蒸气吸入　根据不同证型选用不同的中药水剂，取过滤液 20ml 做蒸气吸入或超声雾化吸入 15 分钟。如属风寒袭肺者，可用苏叶、香薷、细辛等；风热犯肺及痰热壅肺者可用柴胡、鱼腥草、黄芩、薄荷等。

3. 针灸

（1）体针　取合谷、曲池、足三里、尺泽等穴宣肺开音，每次 2~3 穴，每日 1~2 次。

（2）耳针　取咽喉、肺、肾上腺等穴每日 1~2 次，留针 15~30 分钟。

【预防与调护】

（1）声休，注意休息，避免粉尘及化学有害气体不良刺激。

（2）症状重者、小儿患者注意观察呼吸情况。

（3）节制烟酒，少食辛辣炙煿、生冷之品。

（4）积极锻炼，预防感冒。

【预后与转归】

若经积极正确的治疗，多可痊愈，一般预后良好。若治疗不当，反复发作，可转为慢性。小儿患者失治、误治可引起喉阻塞。

临床案例

某男，35 岁。

主诉：暴感风寒，喉痛声音嘶哑，恶寒无汗。

初诊：脉紧，舌苔白，稍有咳嗽，乃金实不鸣，当以辛散为治。处方：水炙麻黄 3g，苦杏仁 10g，粉甘草 6g，炙紫菀 5g，射干 10g，制半夏 10g，信前胡 5g，苏叶 3g，炒把叶 10g。水煎服。

二诊：昨服药后，虽得汗不多，但恶寒脉紧已减，舌苔稍薄，喉痛稍平，声音未复，咳嗽转剧，仍当续开之。原方去苏叶，加款冬花 5g，浙贝母 10g，白桔梗 7g。

三诊：恙势续见好转，脉舌均已趋平，声音尚未全复，仍有咳嗽，便秘，续用轻剂投之，仍当节制饮食，防避风寒，否则恐其复剧。处方：苏薄荷 3g，净蝉衣 3g，苦杏仁 10g，白桔梗 10g，浙贝母 9g，安南子 6g，炒莱菔子 10g，全瓜蒌 10g，炒杷叶 10g。水煎服。

四诊：诸证悉减，咳痰未清，再用丸剂调之。爽咽丸 6g，每日服 2 粒。连服 4 日痊愈。

摘自《中国百年百名中医临床家丛书·耿鉴庭》。

扫码"练一练"

第三十三章　喉慢性炎症

第一节　慢性喉炎

慢性喉炎（chronic laryngitis）是指喉部黏膜的慢性非特异性炎症。可由急性喉炎迁延而成，也可因喉部持续受刺激而发病。临床症状主要表现为声嘶、喉部分泌物增加。一般可分为慢性单纯性喉炎、慢性肥厚性喉炎、萎缩性喉炎或干燥性喉炎几种类型。

本病属中医学"喉喑"的范畴。

【病因病理】

一、西医病因病理

1. **病因**　病因复杂，多认为是喉部持续受刺激所致。最常见的病因是用声过度，发声不当，如歌唱演员、教师、售票员及长期在噪声环境下工作，必须提高声调讲话者。

急性喉炎反复发作或迁延不愈；长期吸入有害气体如吸烟等；在化学粉尘环境中工作均可使喉黏膜增厚、纤维组织增生。

喉部邻近器官的病灶如慢性鼻炎、鼻窦炎下流的脓性分泌物以及下呼吸道的脓性分泌物都可刺激喉部而发病。

2. **病理**　单纯性及肥厚性喉炎主要是喉黏膜弥漫性充血，黏膜及黏膜下组织增生及黏膜鳞状上皮增生，声带增厚。少部分患者喉黏膜小血管壁纤维性变和内膜增生，致血管减少，腺体结构消失及分泌物减少，黏膜粗而干，甚或喉内肌肉萎缩，称为慢性干燥性或萎缩性喉炎。

二、中医病因病机

证型	病因病机
肺肾阴虚证	素体虚弱、房劳过度、久病消烁阴津、咳喘不止、讲话过多过久、烟酒等不良刺激而致肺肾阴亏，咽喉失养，阴虚内热，虚火上炎而声音嘶哑

续表

证型	病因病机
肺脾气虚证	讲话过多过久、颈部手术外伤、大病久病之后、劳累过度等致肺脾气虚，鼓动无力，声门难以开合
气滞血瘀痰凝证	邪毒反复侵袭、余邪未清、声嘶失治误治、反复用嗓致气滞血瘀，痰凝于喉

【诊断】

一、临床表现

1. 症状　慢性声音嘶哑，发声疼痛，喉部不适，有清嗓习惯。

2. 体征

（1）慢性单纯性及肥厚性喉炎　喉黏膜呈现弥漫性充血、红肿，声带失去原有的珠白色而呈粉红色。边缘变钝，闭合不紧，表皮附有稠厚黏液，常在声门间连成黏丝。或声带肥厚，表面粗糙不平，可呈结节状或息肉样，声带不能向中线靠拢而闭合不良，室带亦常肥厚粗糙不平可遮盖部分声带。

（2）干燥性及萎缩性喉炎　喉黏膜干燥，变薄而发亮，杓间区、声门下附着黄绿色或黑褐色干痂。如将痂皮清除，可见黏膜表面有少量渗血。声带变薄，其张力减弱。

二、中医辨证要点

以虚证居多，病程缠绵，亦有实证者，故临床上当先辨虚实。其次，要局部辨证与全身辨证相结合，使辨证准确，以提高疗效。

【鉴别诊断】

	慢性喉炎	急性喉炎	喉返神经麻痹	癔病性失音	喉乳头状瘤	喉癌	喉结核	白喉
发病缓急	慢	急	多较急	急	慢，渐加重	慢，渐加重	慢，渐加重	急
呼吸困难	无	可有	可有	无	可有	有	一般无	有
诱发因素及伴发症状	各种刺激因素	多于感冒之后、用嗓过度	多于感冒、手术之后	情绪剧烈变化	无全身明显表现	咳嗽，血痰	伴发肺结核，有全身低热、消瘦等症状	发热不高，有脸色苍白、精神萎靡等全身中毒症状
检查	声带慢性充血、肥厚或萎缩，有时闭合不全	声带充血、肿胀，关闭不全	声带固定于旁正中位或中间位，讲话时声带不运动	喉部检查与声嘶程度不相符，往往无器质性改变	常于声带或室带处可见灰白色乳头样肿物，病检可确诊	喉部可见菜花样或结节状表面溃烂的肿物，颈部淋巴结肿大，活检可确诊	喉黏膜苍白水肿，有边缘不整齐的浅溃疡，喉的病变组织活检为结核	咽喉黏膜表面有灰白色假膜，分泌物涂片、培养可见白喉杆菌

【治疗】

一、治疗原则

可以中医治疗为主，并强调声休及发声训练。

二、西医治疗

（1）病因治疗　找出致病因素，针对病因治疗是关键，如戒烟、忌酒、避免理化因素刺激，改善环境污染，治疗邻近器官疾病，如鼻炎、鼻窦炎的治疗。避免长期过度用声，戒烟酒，改善工作环境，积极治疗鼻部及咽部疾病。

（2）声带休息　注意少说话，不能大声喊叫，矫正发音方法，纠正发音不良的习惯。

（3）物理治疗　超短波理疗，碘离子透入，激光治疗等。

（4）雾化吸入　吸入液中加入抗生素，糖皮质激素或 α - 糜蛋白酶等。

（5）适当给予抗生素口服。

三、中医治疗

虚者或以滋阴为主，或以益气为要；实者则行气活血化痰，具体到每位患者应有所侧重。

1. 辨证施治

证型	肺肾阴虚证
证候	嘶哑日久，声音低沉费力，讲话不能持久，因讲话过多后症状加重；声带微红、边缘增厚；干咳少痰，颧红唇赤，耳鸣、头晕，虚烦少寐，手足心热，腰膝酸软；舌红少苔，脉细数
治法	滋养肺肾，降火清音
主方	百合固金汤（《医方集解》）加减
加减	阴虚火旺者加黄柏、知母；咽喉干燥、咳嗽灼热者加入天冬、石斛、枇杷叶、黄芩
推荐中成药	知柏地黄丸，润喉丸

证型	肺脾气虚证
证候	声嘶日久，上午明显，劳则加重，语音低微，讲话费力；咽喉黏膜色淡，声带松弛无力，闭合不良；倦怠乏力，少气懒言，纳呆便溏；舌淡红，舌体胖，或有齿痕，苔白，脉虚弱
治法	补益肺脾，益气开音
主方	补中益气汤（《脾胃论》）加减
加减	（1）气短较甚者加诃子 （2）声带肿胀、湿重多痰者加半夏、茯苓等
推荐中成药	补中益气丸、西洋参胶囊

证型	气滞血瘀痰凝证
证候	声嘶较重，讲话费力，喉内不适，有异物感，常有清嗓、胸闷；可有肺肾阴虚或肺脾气虚症状；声带暗滞，有小结或息肉，常有黏痰附于其上。舌质暗，或有瘀点，脉涩
治法	行气活血，化痰开音
主方	会厌逐瘀汤（《医林改错》）加减
加减	痰多者加瓜蒌、贝母、海浮石
推荐中成药	金嗓散结丸

2. 局部治疗

（1）含服　铁笛丸，清音丸，润喉丸，西瓜霜喉片，金嗓子喉宝等。

（2）蒸气吸入。

3. **针灸**　参见急性喉炎。

4. **穴位注射**　取天突、曲池、孔最等穴，用10%葡萄糖、丹参注射液、维生素B$_1$或维生素B$_{12}$注射液穴位注射，隔天一次，5~7天为1个疗程。

【预防与调护】

（1）积极治疗急性喉炎，减少复发。

（2）纠正不正确的发声方法，避免过度用嗓。

（3）避免粉尘、有害气体等刺激。

（4）节制烟酒，少食辛辣炙燥之品及冷饮。

（5）积极锻炼身体，防治鼻咽部等疾病。

【预后与转归】

经适当治疗及声休往往声嘶有所好转。

临床案例

黄某，女，33岁。1963年1月29日初诊。10多年来，常感咽喉干痛作哽，声音嘶哑，甚则完全失音。经某医院检查，诊断为慢性咽喉炎。近2个月来，咽喉干痛，并有紧缩感，左侧尤甚，胸膺右侧气滞闷塞不舒，呼吸急促，讲话时需努力提气，方能发出低微嘶哑之音，午后则完全失声。常易感冒咳嗽，睡眠不安，头晕，全身筋骨酸痛，背瘠板滞不适。大便经常不实，肠鸣辘辘，稍食油腻之物则溏泄。咽喉底壁及两关色淡不明润，并有结节。舌苔淡薄，脉象弦细。证属肝旺肺弱，宗气不足，气血两亏。故拟柔肝、益肺、利咽为法：北沙参9g，川贝母9g，元米炒麦冬4.5g，炙甘草2.5g，淮小麦9g，嫩射干3g，白桔梗3g，川石斛6g，珠儿参9g，生白芍4.5g，制首乌9g，肥玉竹6g，野蔷薇花2.5g。5剂。

二诊时，呼吸急促及筋骨酸痛均见轻减，而动则心悸，大便溏薄。于原方中加五味子1g，焦於术4.5g，再服5剂。

三诊（2月18日）：声音午后较扬，咽头尚有梗阻之感，右侧胸膺气滞不畅。精神虽较好转，惟幕后尚觉神疲头晕，并有烦热。脉弦细较前有力，舌苔淡薄。体质柔弱，非一蹴而就。仍宗原意，更进一筹：南北沙参各9g，太子参6g，珠儿参12g，川百合9g，元米炒麦冬4.5g，淮小麦9g，五味子1.5g，土炒生白术4.5g，生白芍4.5g，嫩射干3g，白桔梗3g，炙甘草2.5g，野蔷薇花2.5g。7剂。

服上药3剂后，声音已恢复正常，烦热亦除，神色转佳。惟仍觉夜眠不稳，喉头干燥，胃纳欠佳。上方去射干、桔梗、五味子，加夜交藤9g，霍山石斛3g，制首乌9g，肥玉竹6g。

五诊（3月5日）：患者声音清朗，精神体力均转佳。惟喉头仍觉干燥，再予前方加淮山药9g，熟女贞9g，以巩固疗效。嘱其忌酸辣，禁高声，勿过度疲劳，庶可恢复正常。

6月10日随访：患者语声清朗，精神亦佳。每日除8小时工作之外，晚上尚能阅读书报至10时或11时入寝。睡眠与大便均已正常，感到身心愉快。

摘自《张赞臣临床经验选编》。

第二节　声带小结

声带小结（vocal nodules）是指结节性声带炎，又称歌唱者小结或教师小结。典型的声带小结为双侧声带前、中1/3交界处对称性结节状隆起。

一般认为声带小结是声带振动创伤后改变，因声带膜部的中点即是声带前、中1/3交界处，该处在发音时振幅最大。故此处是声带振动机械性刺激最大之处，易发生小结。

本病属中医学"慢喉喑"范畴。

【病因病理】

一、西医病因病理

（一）病因

由于发音过度，发音方法不当，不能自然发音，用力迫出某一音域，因而喉的内外肌肉过度紧张，两侧声带互相之间过多的摩擦、撞击，引起声带黏膜局限性创伤性炎性反应。儿童由于声带解剖及生理因素导致更易发生此病，临床多见于3~12岁。

（二）病理

初起的小结柔软而带红色，覆以正常的鳞状上皮，基质呈水肿状，并有血管增生，血管扩张，称软性小结。中期的小结则较坚实，有纤维化和透明样变性。晚期小结呈苍白色，上皮增厚和角化，中晚期称硬性小结。

二、中医病因病机

参见慢性喉炎。

【诊断】

临床表现如下。

1. **症状**　慢性声音嘶哑，发声易倦，有清嗓习惯。症状轻者歌唱高音时有"破"音，重者中音甚至低音亦受影响。

2. **体征**　声带边缘有小结状突起，声门闭合不全。早期声带游离缘前中1/3交界处可有黏膜不光滑，常有黏液聚集，咳净后速又出现，进一步产生小丘状肿样黏膜突起，轻度充血。晚期小结变硬，色白，与声带本体界限不清，并妨碍闭合。话声小结基底宽，上皮肥厚，好发于声带中段。歌唱小结一般基底小，小结本身形似尖锥，而声音响度可以正常，工作讲话多者，如教师等，小结主要为广基形（话声小结），由小结形状大小即可推测其惯用何种声音。

【鉴别诊断】

参见慢性喉炎。

【治疗】

一、西医治疗

原则是声带休息，嗓音练习，在纠正错误发声方法的基础上，用类固醇激素、抗生素作局部治疗。理疗亦有辅助效果。对治疗无效者，且声嘶较重，结节较大，可手术摘除。

（1）早期很小的小结多为水肿型，质软，即软小结。声休是主要的治疗方法，只要患者能严格做到噤声，短期内就可消退。

（2）较大的小结，因组织增生明显，常需手术切除。在黏膜表面麻醉下用喉息肉钳在间接喉镜下钳夹小结，但动作要准确，不能损伤正常声带，若能在显微镜下手术，则更能保证手术的准确性。儿童声带小结以保守治疗为主，因儿童小结在青春期后常可自行消失。

（3）无论是软性小结或小结术后，都需纠正患者发音方法及不良发音习惯，以确保治疗效果。

二、中医治疗

参见慢性喉炎。

【预防与调护】

同慢性喉炎。

【预防与转归】

同慢喉喑。

第三节 声带息肉

声带息肉（polyp of vocal cord）是好发于一侧声带的前、中 1/3 处边缘的肿物，属喉部常见的慢性疾病。临床主要表现为声音嘶哑，讲话费力。

本病属中医学"慢喉喑"范畴。

【病因病理】

一、西医病因病理

（一）病因

声带息肉系由喉部慢性刺激，发音过度，声带边缘运动性创伤等因素所致，与过敏体质也有一定关系（多数由长期发声不当或一次强烈发声而致）。

（二）病理

在声带边缘上皮下潜在的间隙中组织液积聚，因而出现局部水肿、出血、小血管扩张。水肿逐渐增大，突出于声带边缘呈灰白色或乳白色、半透明样，继而纤维组织增生，

形成圆形或椭圆形块状物，表面光滑，有的基底广，多发；有的基底小，单发。多发于一侧声带的前中 1/3 交界处、前联合或声门下区，亦有一侧或两侧发生全声带弥漫性息肉样变。此外由于创伤，声带黏膜出血，机化后形成红色出血型息肉。

二、中医病因病机

声带息肉中医认为多属痰湿、瘀血聚结于喉部所致。可参见"慢喉喑"。

【诊断】

一、临床表现

声音嘶哑，甚至失音，嘶哑程度可因息肉大小和部位而异，息肉大、发生于声带之间、影响闭合明显者，声嘶较重，反之声嘶较轻。或有发作性咳嗽，喜清嗓。特大息肉，有时可引起喉喘鸣，致呼吸困难。

二、体征

一侧或两侧声带前、中 1/3 附近有半透明、色白、粉红色、暗红色的肿物，表面光滑，可带蒂，可广基，有长蒂者，可摇摆而忽然下垂于声门以下，亦可夹于声门之间，致声嘶，时轻时重，息肉不易被发现。特大息肉可阻挡声门时无法窥及声带。

【鉴别诊断】

参见慢喉喑。

【治疗】

一、治疗原则

以手术为主，围手术期可采用中医治疗。

二、西医治疗

早期细小息肉初起，噤声，雾化，超短波治疗可消失。若息肉较大，可手术治疗。

三、中医治疗

参见慢喉喑。

【预防与调护】

（1）声休，注意休息，避免粉尘及化学有害气体不良刺激。
（2）节制烟酒，少食辛辣炙煿之品及冷饮。
（3）积极锻炼身体，预防感冒。

【预后与转归】

同慢喉喑。

（张　雄）

扫码"看一看"

扫码"练一练"

第三十四章　喉的神经及精神性疾病

📢 **要点导航**

1. **熟悉**　声带麻痹、癔病性失音的病因、临床表现及中西医治疗。
2. **了解**　声带麻痹的预后。

第一节　声带麻痹

声带麻痹又称喉麻痹（laryngeal paralysis），是指支配喉部肌肉的运动神经受到损害所引起的声带运动障碍。喉内肌（除外环甲肌）的运动主要由从迷走神经分出的喉返神经所支配。环甲肌则由喉上神经的外侧支支配，其单独发生麻痹较为少见。

在临床上，喉返神经从中枢至末梢的行径之路上任何部位受到损伤均可导致声带麻痹，因此，喉返神经产生病变最多。又因左侧迷走神经及喉返神经行程较右侧长，故左侧声带麻痹的机会较右侧多1倍，且单侧发病比双侧发病多1倍。

在中医古代文献中无明确论述，根据临床表现属"喉喑"范畴。

【病因病理】

一、西医病因病理

（一）病因

按病变部位分为中枢性及周围性两种，周围性麻痹最多见，两者比约为10∶1。

1. **中枢性**　中枢性病因有大脑皮质的损害，因其传出神经是相互交叉的，因此皮质病变是对称的，单侧皮质损害是不会引起症状的，只有两侧皮质都受累方可引起声带麻痹，临床上较为少见。大脑脊髓束及延髓受累亦可发生声带麻痹。因此，上述部位的颅内病变均可导致声带麻痹。常见的有脑出血、基底动脉瘤、颅脑外伤、延髓及桥脑部肿瘤等。

2. **周围性**　喉返神经及从迷走神经出颅后至分出喉返神经之间的病变，均可引起喉麻痹。按病因分为以下几类。

（1）外伤　甲状腺手术、颅底骨折、颈部创伤等引起者。其中甲状腺手术引起喉返神经的损伤最为多见。

（2）肿瘤　鼻咽癌侵犯颅底、颈部肿瘤、主动脉瘤、胸腺或纵隔疾患等均可压迫或牵拉喉返神经而致声带麻痹。

（3）神经炎　流感、白喉、伤寒、急性风湿病、梅毒等均可引起喉返神经周围神

经炎。

（4）原因不明　约有 1/3 的声带麻痹病因不易查出，有学者认为可与病毒感染有关。

二、中医病因病机

外邪入侵内犯经脉，气血失和，声门痹阻，而现声嘶；或金刃外伤，经脉受损，气血瘀滞，声门失养而失音。

【诊断】

一、临床表现

根据受损的喉运动神经不同分为三型。

1. 喉返神经麻痹　最常见的喉麻痹。单侧多见，且多见于左侧。又分为不完全性麻痹和完全性麻痹两种。

（1）不完全性麻痹　单侧最多见。症状不明显，一般无呼吸困难，只在剧烈活动时方感呼吸不畅，可有短暂的声音嘶哑，但随着另一侧声带的代偿作用发音好转。喉镜检查可见吸气时患侧声带不能外展，居旁正中位，而健侧声带外展正常，发音时声门可以闭合。双侧喉返神经不完全麻痹较为少见，呼吸困难为其主要症状，因双侧声带均不能外展而引起喉阻塞，处理不及时，则可引起窒息。喉镜检查见双侧声带均处于旁正中位，声门有一小裂隙，但发音时声门仍可闭合。

（2）完全性麻痹　单侧者主要症状为声嘶，讲话易疲劳，声时缩短，有漏气感。后期因健侧声带的代偿作用发音可有所好转。喉镜检查可见患侧声带固定于旁正中位，其内收及外展功能丧失。双侧喉返神经完全麻痹时症状明显加重，声嘶无力，讲话费力，不能持久，自觉气促但无呼吸困难，进食呛咳，常有误吸，呼吸有喘鸣声。喉镜检查可见双侧声带居于旁正中位，边缘松弛，不能闭合及外展。

2. 喉上神经麻痹　单独的喉上神经麻痹临床上极少见，常与喉返神经麻痹同时出现。喉上神经司声带的紧张度，损伤后声带张力丧失，发音无力，声音粗而弱，声时缩短。喉镜检查可见声带皱缩，边缘呈波浪状，闭合不严，但外展、内收均正常。单侧麻痹时，喉黏膜感觉存在，进食和饮水呛咳轻，对生理功能影响不大；双侧喉上神经麻痹时，喉黏膜感觉功能完全丧失，易发生误吸，可引起吸入性肺炎。

3. 混合性喉神经麻痹　是指喉返神经及喉上神经均麻痹，有明显的声音嘶哑，喉镜检查可见患侧声带处于中间位；若为不完全性，患侧声带可居于旁正中位。

二、实验室及其他检查

中枢神经系统、颈部、咽喉、食管或纵隔等摄 X 线片、CT 及 MRI 等检查，查找致病原因。

【鉴别诊断】

可参见第三十三章第一节慢性喉炎的鉴别诊断表。

【治疗】

一、治疗原则

针对病因采取相应治疗；恢复或改善喉的功能。

二、西医治疗

以预防为主。声带瘫痪后，恢复或改善喉的功能是治疗的主要目的。根据病因及病情不同，在治疗中应分别处理，病因治疗尤为重要。

1. **一般治疗**　寻找病因，针对病因治疗。

（1）激素疗法　泼尼松片口服或地塞米松针剂肌肉注射。

（2）维生素及神经营养药　维生素 B_1 10mg，口服，3 次 / 日或维生素 B_{12} 500μg，肌肉注射，1 次 / 日。三磷酸腺苷 20mg，肌内注射，1 次 / 日等。

（3）保守治疗无效时可于声带中段注射 50% 特氟隆甘油混悬液，使得声带变宽，缩小声门裂，增加发音效果。

2. **手术治疗**　双侧声带固定于正中位，有呼吸困难时，需行气管切开术。单侧者手术目的是使声带变宽，缩小声门裂，增加发音效果，常用的方法有患侧声带内收术、喉成形术及喉返神经成形术。还可行杓状软骨拨动术、杓状软骨切除术（杓状软骨激光切除术是目前较为有效的方法）、联合进路引线声带外展术、声带切除术、神经移植术等。

3. **物理疗法**　可通过红外线及紫外线局部理疗。

4. **嗓音康复疗法**　声带麻痹经过治疗后，声门闭合，嗓音也明显改善，但嗓音的强度、亮度还比较差，因此，仍需对已初步康复的嗓音进一步矫正治疗。

三、中医治疗

1. 辨证施治

证型	风邪外袭，声门痹阻证
证候	突然声音嘶哑，或伴咽喉梗塞感；患侧声带固定，头、颈、胸无实质性病变；恶风，发热，咯痰不利，鼻塞；舌淡红，苔薄白，脉浮
治法	祛风利喉，通络开音
主方	六味汤（《喉科秘旨》）加减
加减	（1）咽痛甚加玄参、射干、牛蒡子 （2）挟湿者加生薏仁、泽泻 （3）恶风、鼻塞重者加用白芍、桂枝、石菖蒲
推荐中成药	金嗓开音丸

证型	金刃外伤，气滞血瘀证
证候	多见于颈部外伤或手术后而声嘶，语音低沉、沙哑；或伴咯痰不利，咽部异物感；患侧声带松弛无力，多居旁正中位；舌质淡或红，苔白腻或微黄，脉弦或涩
治法	活血祛瘀，通络开音
主方	会厌逐瘀汤（《医林改错》）或补阳还五汤（《医林改错》）加减
加减	（1）声带红肿，加千层纸、蝉衣 （2）痰多胸闷，加用法半夏、桑白皮
推荐中成药	金嗓散结丸，黄氏响声丸

2. 针刺疗法 主穴取风池、人迎、天突、大迎等，配以合谷、曲池、太溪、照海等穴。每次取主穴、配穴各2个，每天1次，采用泻法。

3. 其他 亦可取上述主穴或阿是穴行穴位注射。还可行喉部按摩。

【预防与调护】

（1）预防流感、外伤，避免手术创伤。

（2）发现肿瘤应及时早期治疗。

（3）注意咯痰情况，若有排痰困难应及时清理，防止呛咳、误吸，以免引起肺感染。

【预后与转归】

若有呼吸困难，先行气管切开以保证呼吸通畅。声音嘶哑者，经治疗及代偿多有不同程度改善。

第二节　癔病性失音

癔病性失音（hysterical aphonia）亦称功能性失音，癔病性发音困难。是喉发声功能暂时性障碍，由于明显的心理因素引起，并无器质性改变的一种癔病表现。多见于青年女性患者。

本病属中医学"暴喑"范畴，多因情志所伤、气机不调而致，故又将其称之为"肝郁失音"。《灵枢·忧恚无言论篇》中记载："人之卒然忧恚而言无音者"，其中"言无音者"与癔病性失音极为相似。

【病因病理】

一、西医病因病理

此病与明显的心理因素有关。一般有强烈精神刺激史或情绪过度激动，如生活创伤、悲哀、忧郁、愤怒、恐惧、紧张等。营养不良、过度劳累、月经不调、妊娠期或其他全身性疾病等亦是本病的诱因。

二、中医病因病机

本病因七情所伤，尤其是平素体弱、情绪抑郁青年女性易发此病。其病机是因情志不舒、气机不调、脏器失和而为病；或因愤郁伤肝，气机不利而致失音无语。

【诊断】

一、临床表现

1. 症状 发病突然，常有明确的强烈精神刺激史或情绪过度激动病史。突然的失声，或发出耳语声，失音主要表现在讲话时，但咳嗽、哭笑时仍能发音。

2. 体征 声带形态、色泽均正常，声带处于轻度外展位，嘱患者发"衣"音时声带不

能向中线合拢，但在咳嗽或发笑时，可见声带向中线靠拢。且发音时触诊甲状软骨板无声振动感。

【鉴别诊断】

应与喉部的器质性病变或其他原因而致的声音嘶哑相鉴别。在临床应仔细询问病史，详细检查声带情况。

【治疗】

一、治疗原则

本病应精神治疗与药物治疗同时并重，针药兼施。

二、西医治疗

多采用暗示疗法。

1. 暗示疗法

（1）经过详细检查后排除器质性病变，常考虑为癔病性失音，首先要了解发病原因，与患者谈心，并向患者解释该病完全可以治愈，解除忧虑、恐惧等不安情绪，使患者树立能治愈的信心。同时，分散患者的注意力，嘱其咳嗽或发笑，并发"衣"音，当发出声音时，继续数1、2、3、4、5等数字，并反复大声练习，鼓励患者讲话，发声功能多可恢复正常。

（2）在颈前皮下注射不同颜色的安慰性药液，告之患者为特效药，注射的同时嘱患者数1、2、3、4等数字，患者可在无意中恢复发音。

若以上暗示疗法效果不显著，可采用强烈刺激以达到恢复发音的目的。具体方法如下：可在间接喉镜或纤维喉镜下钳取喉部少许正常黏膜组织，患者常因疼痛而发出声音；亦可用喉钳夹取药棉堵塞声门，患者因呼吸困难而挣扎发音。但应注意的是以上操作方法需避免发生喉痉挛。

2. 理疗　在颈前皮肤用共鸣火花治疗，同时与患者谈话，鼓励患者大声说话，也有一定效果。

3. 药物治疗　对情绪激动或紧张的患者可口服镇静药物，如地西泮（安定）2.5mg等。

三、中医治疗

1. 辨证施治　系内伤虚弱之症，治则是养血宁心、疏肝理气、解郁开音。可予以柴胡疏肝散（《景岳全书》）加减，或口服中成药逍遥丸、龙胆泻肝丸等。

2. 针刺或穴位封闭治疗　可针刺廉泉、合谷、人迎等穴位，采取平补平泻手法，边捻针边嘱患者发音。或行穴位封闭治疗。

【预防与调护】

（1）避免过度精神刺激，转移注意力，加强承受能力。

（2）增强自信心，减轻精神压力，消除顾虑，给予心理疏导。

（3）锻炼身体，增强体质，避免诱发因素。

【预后与转归】

经过积极耐心治疗，多能痊愈。

临床案例

一女，38岁，农民。因与邻居发生口角，翌晨失音，经用中、西药，针灸及诱导等疗法均无效。患者心烦急躁，夜寐不安，纳食不佳，头目眩晕，胸胁胀痛，大便干结，舌红起刺，苔白且干，脉弦滑而数。证属肝经郁热、气机不畅。治以调畅气机、清泻肝经郁热之法。处方：蝉衣6g，僵蚕10g，片姜黄6g，大黄1g，柴胡6g，黄芩6g，川楝子6g，苏叶、梗各10g，茅、芦根各10g，焦三仙各10g，水红花子10g。五剂，水煎服。因欲速愈，第一天患者擅自服药三剂，当晚腹泻5~6次，大便奇臭难闻，夜寐较安。第二天起床发出咳嗽声，并能说出话来，五剂服完，声音恢复正常，余症皆除。

摘自赵绍琴《杏林真传》第366页。

（张铁英）

第三十五章 喉异物

🖙 **要点导航**

1. **掌握** 喉异物的临床表现、诊断及治疗原则。
2. **熟悉** 喉异物的调护及预后。

喉异物（foreign body in larynx）指异物停留于喉腔。多见于 5 岁以下的婴幼儿及老年牙齿缺失、咽腔黏膜感觉不敏感者。喉腔是上呼吸道最狭窄的部位，若较大的异物阻塞是非常危险的，抢救不及时易很快引起窒息死亡。

喉异物属中医学"骨鲠"范畴。早在晋《肘后备急方·卷六》中就有"诸杂物鲠喉"的记载，宋代之后尚有"误吞诸物""诸物鲠喉"等记载。

【病因病理】

一、西医病因病理

（一）病因

喉异物的种类甚多，食物、骨片、果核、假牙、针、钉等，均可存留于喉部。多因饮食时，大声嬉笑将食物吸入，或儿童口含食物、小玩具或杂物等，于惊呼、哭喊、玩耍时，易将异物吸入喉部。

（二）病理

异物嵌顿于喉部可引起喉痉挛或局部水肿，甚至可窒息。亦可致喉黏膜创伤或继发感染而致声嘶。

二、中医病因病机

异物哽于喉，可致气道阻塞，肌膜损伤，脉络瘀阻；若染毒则内外邪毒搏结，灼腐肌膜或化腐成脓。

【诊断】

一、临床表现

（1）多在进食、哭闹或嬉笑时，口内食物吸入喉，突然发生剧烈咳嗽、呼吸困难及唇色青紫。

（2）异物较大者可阻塞喉部，致呼吸困难、发绀，甚至窒息。

（3）较小的异物可因喉部痉挛而停留在喉腔，尖锐的异物停留于喉部，引起声哑、疼痛、咳嗽、呼吸和吞咽困难。

二、实验室及其他检查

喉镜检查可发现喉部异物。喉侧位 X 线片，常有助于诊断。

【治疗】

一、治疗原则

喉异物属危急重症，应及时取出。若呼吸困难严重有窒息之虞，应先行紧急气管切开，待呼吸平稳后再取出异物。

二、西医治疗

可于间接喉镜或直接喉镜下用异物钳取出。术前应备支气管镜、气管异物钳和吸引器，防止术中异物落入气管时使用。当异物停留于声门上区可在间接喉镜下取出。异物取出后，应继续观察患者，以便喉水肿时能予以紧急处理。

三、中医治疗

同西医。

【预防与调护】

（1）进食时应细心咀嚼，切莫谈笑。
（2）教育幼儿，勿将硬币、玩具放入口中。
（3）该病属急症重症，应及时到医院就诊，不可强行下咽。
（4）异物取出后行流质饮食。

【预后与转归】

若治疗及时，方法得当，一般预后良好。若处理不当，贻误病情，可危及生命。

（张　雄）

第三十六章 喉阻塞

扫码"学一学"

> **要点导航**
>
> **1. 掌握** 喉阻塞的临床表现、呼吸困难分度及西医治疗原则。
>
> **2. 熟悉** 喉阻塞的病因病理及喉阻塞对人体重要器官的损害；气管插管、气管切开术的适应证及术后并发症。
>
> **3. 了解** 气管切开术后护理。

喉阻塞（laryngeal obstruction）亦称喉梗阻，是因喉部及其邻近组织病变导致喉部通道狭窄或阻塞，发生不同程度的通气功能障碍，是耳鼻咽喉科常见的急症之一，病情严重，如不及时救治，可引起窒息死亡。

幼儿较成人更易发生喉阻塞，主要与幼儿声门狭小、喉部黏膜下组织疏松、喉部神经易受刺激而引起痉挛及喉部气流径路弯曲有关。

本病属中医学"急喉风、缠喉风、锁喉风、紧喉风、走马喉风"等范畴。

《脉经·卷四》指出："病人肺绝，三日死，何以知之，口张但气出而不还"，被认为是类似吸气性呼吸困难的较早记载。

【病因病理】

一、西医病因病理

（一）病因

1. 炎症 为最常见的原因。如急性会厌炎、小儿急性喉炎、急性喉气管支气管炎等。喉部邻近组织的急性炎症，如咽后脓肿、咽旁脓肿、颌下蜂窝织炎等。另外，喉部特异性感染，如梅毒、麻风等发生肉芽肿或继发感染，也可出现喉阻塞。

2. 喉外伤 如喉部撞伤、挤压伤、切割伤、烧灼伤、气管插管、内窥镜检查损伤或手术操作不当等。近年来外伤性喉阻塞明显增多。

3. 喉痉挛 因喉异物或下呼吸道异物刺激、破伤风感染、喉部黏膜接触刺激性气体或化学药品引起的喉痉挛，可致喉腔狭窄而发生梗阻。

4. 喉水肿 除炎症、外伤引起的喉水肿外，变态反应、血管神经性水肿等可使喉黏膜水肿，声门狭窄，影响呼吸。且起病急，发展快。

5. 喉肿瘤 喉癌、喉乳头状瘤较为多见，但引起喉阻塞发展较慢。

6. 喉麻痹 各种原因引起的双侧声带麻痹不能外展而致喉阻塞。

7. 喉畸形和瘢痕狭窄 前者为先天性，后者由外伤所致。

（二）病理

喉为呼吸道最狭窄的部位。喉的黏膜下组织较为疏松，急性炎症、外伤或变态反应

等各种病理因素可致喉部黏膜迅速肿胀，阻塞气道，发生急性喉阻塞。肿瘤、畸形可引起慢性喉阻塞，肿瘤逐渐增大常压迫气道形成不全阻塞，合并感染则可引发急性喉阻塞。喉阻塞时，吸入的气流将已充血肿胀的声带向下、向内挤压，使本已狭窄的声门更为狭窄，吸入空气减少，胸腹呼吸肌加强运动以助呼吸，从而形成吸气性呼吸困难及四凹征。由于吸入气流通过狭窄的声门，随气流的摩擦和涡流产生喉喘鸣。

二、中医病因病机

主要因疫疠热毒聚结咽喉，煎津成痰，痰涎壅盛，阻塞气道所致。尚有因喉外伤、喉菌、异物阻塞喉部而发病者。

【诊断】

一、临床表现

症状主要表现如下。

（1）吸气性呼吸困难　是喉阻塞的主要特征。表现为吸气运动增强，深且慢，时间延长，但通气量并未增加。呼吸时气流向上冲开声带，使声门开大，故呼气时呼吸困难不明显（图36-1）。

（2）吸气性喘鸣　是喉阻塞的一个重要症状。喘鸣音的大小与阻塞程度呈正相关。呼气时因声门开大而无喘鸣音。

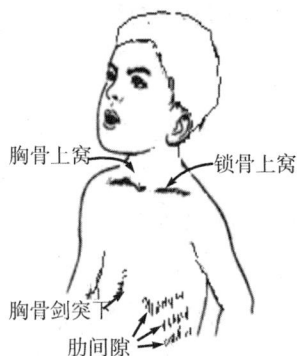

（3）吸气性软组织凹陷　因空气吸入量减少，胸腹部呼吸肌代偿性加强运动，以助呼吸进行，出现胸骨上窝、锁骨上下窝、肋间隙、剑突下或上腹部等处于吸气时向内凹陷，称为四凹征。呼吸困难越严重，凹陷越明显。儿童的肌张力较弱，凹陷更为明显（图36-2）。

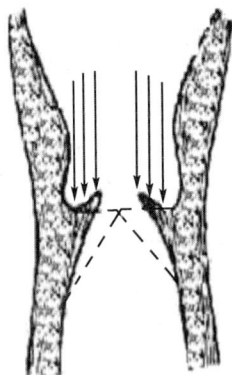

图36-1　吸气性呼吸困难示意图　　图36-2　吸气性软组织凹陷

（4）声音嘶哑　是一常见但并非必有的症状。若病变位于声带，可出现声音嘶哑，甚至失音。

（5）缺氧　呼吸困难时间较久，则可出现缺氧症状。表现为患者烦躁，坐卧不安。严重者可出现四肢发冷，面色苍白或发绀，出冷汗、血压下降等。

（6）心力衰竭　为喉阻塞发展的最后阶段。可出现呼吸减弱，四凹征不明显，口唇发绀，四肢发冷，脉搏微弱，快速或不规则，心律不齐等心力衰竭的表现，重者昏迷死亡。

二、检查

根据病情轻重，将喉阻塞分为四度。

1.**一度**　安静时无呼吸困难症状，但活动或哭闹时有轻度吸气性呼吸困难、吸气性喘鸣及四凹征。

2.**二度**　安静时就有轻度吸气性呼吸困难、吸气性喘鸣及四凹征，活动或哭闹时上述症状加重，但不影响睡眠、饮食，无烦躁不安表现。

3.**三度**　吸气性呼吸困难明显，喘鸣声大，四凹征明显，出现烦躁不安、不愿进食、不能入睡、发绀等缺氧现象。

4.**四度**　有严重的三度呼吸困难的各个症状，当全身衰竭时，呼吸肌疲劳，四凹征可能减弱，并出现坐卧不安、出冷汗、面色青灰、口唇发绀、血压下降、脉搏细数等明显缺氧症状，这是呼吸困难的最后阶段，如不及时救治则窒息而死亡。

【鉴别诊断】

吸气性呼吸困难应与呼气性、混合性呼吸困难相鉴别。

	吸气性呼吸困难	呼气性呼吸困难	混合性呼吸困难
病变部位	咽喉部及气管上段的阻塞性疾病	小支气管阻塞性疾病	气管中、下段或上、下呼吸道同时患阻塞性疾病
呼吸困难特征	吸气期延长，吸气运动加强，呼吸频率不变或减慢	呼气运动增强，延长，吸气正常	呼气与吸气均增强
四凹征	有	无	不明显
声音	吸气性喉喘鸣	呼气期哮鸣音	一般无
咽喉阻塞性表现	有	无	无
肺部检查	肺部充气不足	肺部充气过度	肺部可闻及哮鸣音

【治疗】

一、治疗原则

临床以西医治疗为主；应尽快解除呼吸困难，根据导致阻塞原因及呼吸困难程度的不同，给予吸氧、气管插管、环甲膜切开或气管切开术等治疗抢救措施，以挽救患者的生命。本病变化迅速，应严密观察。

二、西医治疗

对急性喉阻塞患者，必须尽快设法解除呼吸困难，严重者须争分夺秒使其尽快脱离缺氧状态，以免发生窒息或心力衰竭。治疗应根据病因、呼吸困难的程度及客观条件，选择保守或手术治疗。

1.**一度**　针对病因治疗。如为炎症引起者，当及时、足量用抗生素及糖皮质激素，以减轻炎性肿胀，解除喉阻塞。

2. 二度 因炎症而致者，应用抗生素及激素治疗外，并做好气管切开的准备。若为肿瘤或异物等原因，则按肿瘤、异物的治疗原则处理。

3. 三度 在针对病因治疗的同时，密切观察病情变化，作好气管切开准备，随时可能气管切开。

4. 四度 因地制宜，立即施行紧急气管切开术。病情十分紧急或条件较差时可先行环甲膜切开术或气管插管术，呼吸困难缓解后再行气管切开术。

三、中医治疗

适宜于病变早期，呼吸困难轻微或呼吸困难解除后全身痰热征象显著者。

1. 辨证论治

证型	痰涎壅盛，阻塞气道证
证候	吸气困难，吸气深长而费力，天突、缺盆、肋间、剑突下等处凹陷，伴有喉鸣，痰涎壅盛；或见咽喉红肿，汤水难下；舌红或绛红，苔黄或腻，脉数
治法	泄热解毒，祛痰开窍
主方	清瘟败毒饮（《疫诊一得》）加减
加减	（1）痰涎壅盛者加贝母、瓜蒌、竹茹、鲜竹沥 （2）大便秘结者加大黄、芒硝
推荐中成药	六神丸、雄黄解毒丸、紫雪丹

2. 局部治疗

（1）吹喉　用冰硼散、珠黄散等吹喉。

（2）蒸气吸入　选用金银花、菊花、薄荷、佩兰、藿香等药适量煎煮，取 20~30ml 用作蒸气吸入，具有祛风清热、消肿通窍的作用。

（3）漱口　用防风，甘草，银花，连翘，薄荷，荆芥等制成的中药制剂漱口。

3. 针灸治疗

（1）针刺　取少商、合谷、曲池、天项、商阳等穴，每次选 2~4 穴，用泻法，或刺少商、商阳出血，以泄热毒。

（2）耳针　选穴咽喉、神门等，留针 10~30 分钟，每日 1~2 次。

【预防与调护】

（1）严密观察病情变化，积极治疗，充分做好随时抢救的准备。

（2）加强体育锻炼，增强体质。

（3）少讲话，少活动，安静休息，取半卧体位，避免加重呼吸困难症状。

（4）禁食辛辣刺激性食物，戒烟酒，以免因刺激咽喉而加重病情。

【预防与转归】

经过积极、得当的治疗，常可转危为安。否则危及生命。

临床案例

某男孩，4 岁。

主诉：身热咽红，气急痰鸲，咳声如破竹。

诊查：脉数，舌苔腻白，面色稍紫，视之关下，未见白腐，良由风寒伏肺，兼之痰滞盘踞，喉风来势，防其涌塞生变。

处方：射干5g，水炙麻黄2g，炙紫菀5g，款冬花5g，制半夏6g，苦杏仁10g，陈皮5g，枳壳5g，粉甘草3g。

水煎服。

二诊：昨服药后得畅汗，热势较低，气息渐平，咳声重浊，偶唾出脓痰。脉滑而数，舌苔腻，面色转红，大便自行，仍依前法，加减治之。

原方加前胡5g，杷叶10g（布包），麻黄减为1.5g。

三诊：咳痰较畅，齁喘已平，声音仍然欠扬，咽红尚未全消，幸热已退尽，余症均减，仍当清化肺胃，不致复剧为佳。

处方：射干5g，黄郁金5g，白桔梗5g，苦杏仁10g，浙贝母6g，粉甘草3g，枳壳5g，信前胡5g，枇杷叶10g（包）。

水煎服。

按上方连服2剂，即停药而痊。

【按语】

在病名概述中已提到喉风命名十分繁杂，广义的喉风，泛指一切喉症，狭义的则是指有痰声，犬吠声，哮吼声，拽锯声者。故临床很难将中医以喉症病名一对一地加以对照。在喉风治疗中，主要以单纯喉风与白缠喉风为主，二者同是有哮吼之声，但前者轻，后者重。从现代医学角度来讲，前者大致与今日之急性喉炎，声门水肿等相仿，而后者则属喉头白喉范畴。本章所述以单纯喉风为主。中医讲辨证论治，临床有其证即可用其药。

摘自《中国百年百名中医临床家丛书·耿鉴庭》。

附 气管插管术、气管切开术及环甲膜切开术

一、气管插管术

气管插管术（trachea intubation）是指将特制的气管导管，通过口腔或鼻腔插入患者气管内，是一种气管内麻醉和抢救患者的技术，也是保持上呼吸道通畅的最可靠手段。气管内插管在危重患者的抢救中发挥了重要作用。

（一）适应证

（1）病情危急，不能承受气管切开术者，可行气管插管以迅速解除呼吸困难。如新生儿呼吸困难、颈部肿瘤压迫等而致的呼吸困难。

（2）呼吸困难短期内可缓解而不必行气管切开者。

（3）下呼吸道分泌物潴留，需要及时抽吸。

（4）各种原因引起的呼吸功能衰竭需进行机械通气者。

（二）禁忌证

喉部水肿较重，气道急性炎症、喉部异物、喉部烧灼伤及咽喉部脓肿者不宜行气管插管术。

（三）器械准备

准备合适的麻醉喉镜，选择合适的气管导管，导管内导丝，吸引器，牙垫，注射器等。

（四）插管方法

1. **经口插管**　用 1%~2% 丁卡因喷涂咽部及喉部行表面麻醉。患者取仰卧位，用麻醉喉镜压低舌根，挑起会厌，暴露声门，将型号合适有金属管芯的插管轻巧地经声门插入气管，拔除管芯，调整深度，吸除气管内分泌物，固定插管，保持呼吸道通畅。

2. **经鼻插管**　以 1%~2% 丁卡因作鼻腔黏膜表面麻醉，并滴入 3% 麻黄素使鼻腔黏膜的血管收缩。选用型号合适涂有润滑剂的鼻导管，自鼻腔进入，经鼻咽部及口咽部，调整头位后，经喉插入气管。插管的保留时间以不超过 48 小时为宜。

（五）并发症

气管插管术常见的并发症有喉、气管擦伤，溃疡，水肿及肉芽形成，环杓关节脱位，严重者可引起喉狭窄。引起并发症的常见原因有：操作技术不熟练或不规范，选管不当，插管时间过长或继发感染等。

（六）术后护理

（1）随时观察气管插管固定情况及导管外露的长度，保持管腔通畅，并保持清洁。

（2）湿化气道，保持口腔及鼻腔清洁。

（3）气囊松紧适宜，每小时放气 5~10 分钟，防止气囊长时间压迫气管黏膜引起缺血、坏死。

二、气管切开术

气管切开术（tracheotomy）是一种抢救危患者的常用手术，将颈段气管前壁切开，插入气管套管，建立新的人工呼吸通道，使患者直接经套管呼吸。

（一）应用解剖

颈段气管于颈前正中，上接环状软骨下缘下至胸骨上窝，前面依次覆有皮肤、皮下组织、筋膜、两侧胸骨舌骨肌、胸骨甲状肌和气管前筋膜，共 7~8 个气管环。甲状腺位于气管的两侧，甲状腺峡部约占第 2~4 气管环，被气管前筋膜包绕，手术时应将甲状腺峡部向上推开或切断后再切开气管。在行气管切开时，切口必须在颈部安全三角区内（以胸骨上窝为顶，两侧胸锁乳突肌前缘为边的三角形区域）沿中线进行，避免损伤位于气管两侧的颈总动脉、颈内静脉及迷走神经等重要结构。气管后壁无软骨，与食管相连，故切口不可过深以免伤及食道前壁。并且切开气管的位置不应低于第 5 气管环，以免损伤胸膜顶和血管。

（二）适应证

（1）喉阻塞　如急性喉炎，白喉，喉水肿，咽喉部肿瘤，瘢痕狭窄等各种原因所引起的 Ⅲ～Ⅳ 度喉阻塞。

（2）下呼吸道分泌物潴留造成的呼吸困难　如颅脑外伤、颅内或周围神经疾患、破伤风、呼吸道烧伤、重大胸部外伤、胸腹部手术后等所致的下呼吸道分泌物积存。

（3）其他手术的前置手术　如口腔、颌面部、咽部及喉部手术时，为避免血液或呕吐物流至下呼吸道，或术后局部肿胀影响呼吸，可行预防性气管切开术。

（4）下呼吸道异物，无法经口取出者，可先行气管切开术后再加以取出。

（5）呼吸功能不全需长期机械通气者。

（三）术前准备

（1）手术器械　圆刀及尖刀，剪刀，拉钩，直、弯止血钳，气管切开扩张器，缝针，丝线，消毒巾，注射器等。

（2）气管套管的选择　根据年龄、性别和需要配备气管套管（图36-3、36-4，表36-1）。

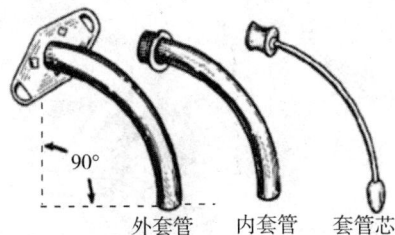

图 36-3　普通气管套管组成　　　　　图 36-4　带气囊气管套管

表 36-1　气管套管型号选用表

型别	00	0	1	2	3	4	5	6
直径（mm）×长度（mm）	4.0×40	4.5×45	5.5×55	6.0×60	7.0×65	8.0×70	9.0×75	10×80
适用年龄	1~5月	1岁	2岁	3~5岁	6~12岁	13~18岁	成年女性	成年男性

（3）备好氧气及抢救物品。

（四）手术方法

1. **体位**　取仰卧位，头后仰，垫肩，颈前部气管能充分暴露，下颌、喉结及胸骨上切迹三点成一直线，即保持正中位。呼吸困难严重者可先作切口后再垫肩。不能仰卧者可采用半坐位或坐位。

2. **麻醉**　一般采用局部浸润麻醉。用1%利多卡因作颈前皮下及筋膜下浸润。

3. **切口**　有纵横两种。纵切口操作方便，较常采用，在颈前正中，自环状软骨下缘至胸骨上切迹上一横指切开皮肤、皮下组织及浅筋膜（图36-5）。横切口术后瘢痕不明显，在环状软骨下3cm处沿颈前皮肤横纹作4~5cm切口。

4. **分离颈前组织**　沿正中线纵行钝性分离，用相等的力量向两侧牵开胸骨舌骨肌及胸骨甲状肌，保持气管位于正中位。并用左手食指触摸气管，以防气管移位（图36-6）。

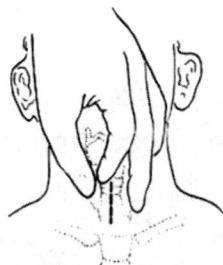

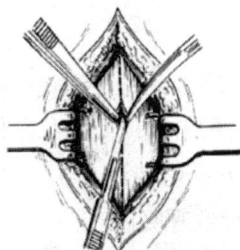

图 36-5　手术切口　　　　图 36-6　切开颈深筋膜

5. 暴露气管　此时见甲状腺峡部横跨于第 2~4 气管环前壁，适当分离气管前筋膜，将峡部向上牵拉暴露气管（图 36-7）。若峡部较宽暴露有困难时，可切断、结扎。气管前筋膜、胸骨上窝及气管旁组织不宜过多分离，以免发生纵隔气肿或气胸。

6. 气管内麻醉　暴露气管后，先用空注射器刺入气管内，会有空气吸出者，便可确认气管，后向气管内注入 1% 丁卡因或 1% 利多卡因行气管内表面麻醉，以防切开气管后发生剧烈咳嗽。

7. 切开气管环　用尖刀沿正中自下向上挑开第 3~4 气管环前壁（图 36-8），刀尖不能刺入太深，以免损伤气管后壁发生气管食管瘘。不要切断第 1 气管环及环状软骨以防发生喉狭窄。切口不能低于第 5 气管环，避免损伤血管及胸膜顶。

8. 插入气管套管　气管切开后，即用弯止血钳或气管插管扩张器撑开气管切口，插入带管芯的套管（图 36-9）。如无气体进出，应拔出气管套管。重新放置。

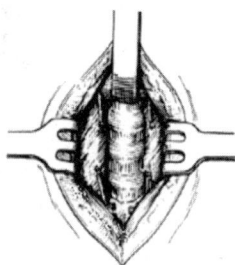

图 36-7　向上牵拉甲状腺峡部，暴露气管　　图 36-8　切开气管

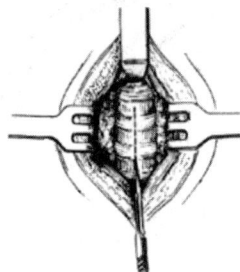

9. 固定套管及缝合切口　将固定带牢缚于颈部，带结应松紧适宜，过松时套管易脱出，造成窒息；过紧时，可因术后局部肿胀而影响头部静脉回流（图 36-10）。切口多不需缝合。如切口过长，仅缝合套管上 1~2 针，但不宜过紧，避免发生皮下气肿。在切口与套管间垫专用纱布垫以防感染。如应用带气囊的套管时，需注入 3ml 左右空气。

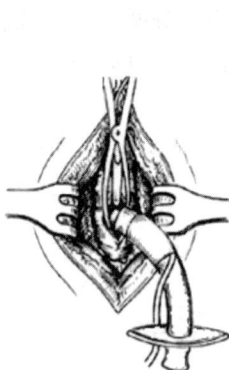

图 36-9　安放气管套管　　图 36-10　固定套管，缝合切口

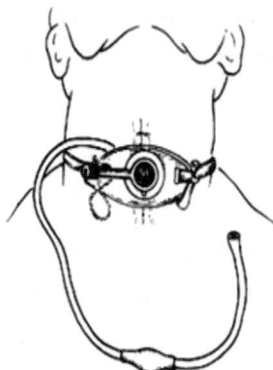

（五）术后处理

1. 体位　取半卧位或平卧位。鼓励患者经常翻身，以防并发或加重肺部感染。

2. 保持套管通畅　保持内套管清洁是术后护理的关键。及时清理分泌物，内套管应定时清洗消毒，一般每 4~6 小时清洗 1 次，并煮沸消毒后立即放回。若分泌物过多则增加清洗次数，以防堵塞管腔导致呼吸困难。

3. 保持室内适宜的温度及湿度　室内保持清洁，空气新鲜，温度在 18~22℃ 左右，相对湿度 70% 以上。每日更换湿盐水纱布遮盖套管口，增加吸入空气的湿度，避免痰痂形

成，防止灰尘及异物吸入。

4. 维持下呼吸道通畅 若气管内分泌物黏稠者，可定时向气管内滴入抗生素、α-糜蛋白酶等溶液以稀释痰液，软化痂皮，防止干燥。亦可给予雾化吸入。

5. 防止伤口感染 术后每日换药1次，保持伤口清洁，若分泌物较多污染纱布，需酌情增加换药次数。

6. 防止套管脱出 常见套管脱出的原因有套管缚带太松或为活结而松脱；套管过短；气管切口过低或过长；皮下气肿；剧烈咳嗽、挣扎；换管时不慎带出套管等。一旦脱管，应立即重新插管。

7. 拔管 呼吸困难或下呼吸道分泌物阻塞等症状已解除可拔管。拔管前须先堵管，最好为逐步堵管，即先堵1/3，再堵1/2，依次类推直至全堵，均观察24~48小时呼吸、睡眠均正常，增加活动量也无呼吸困难时方可拔管。拔管后48小时内严密观察呼吸。注意堵管栓子或胶布要固定牢靠，以免吸入气管内或咳出。拔管后伤口不必缝合，可用蝶形胶布拉拢，1周左右伤口即可愈合。

（六）术后并发症

1. 皮下气肿 是气管切开术的常见并发症。主要原因有：暴露气管时，过多地分离气管前组织；切开气管或插管时剧烈咳嗽促使皮下气肿形成；切口缝合太紧。多见于气管切开时，也可于术后1~2天出现。轻者局限于切口周围，重者可波及面部、胸腹等处。多不需处理，数日后可自行吸收，但严重气肿需及时将切口缝线拆除，便于气体逸出。

2. 纵隔气肿或气胸 是气管切开术严重并发症。纵隔气肿多因过多分离气管前筋膜所致。少量纵隔气肿症状不明显，无须处理，可自行吸收；纵隔气肿明显时，影像学检查可见纵隔增宽，可在胸骨上方切开皮肤，沿胸骨柄分离放出纵隔内积气。气胸的形成多因暴露气管时分离过低，损伤胸膜顶所致。气胸明显时可引起呼吸困难，应抽除积气或作闭式引流。

3. 出血 原发性出血较多见，多因术中止血不彻底，血管结扎线松脱，或因术后剧烈咳嗽，使已止血的出血点再出血。可用明胶海绵或凡士林纱条在气管套管周围填充压迫止血；出血较多时，应立即打开伤口，结扎出血点。继发性出血较为少见，可因气管切口过低，或因选用气管套管不当，使无名动脉或静脉破损引起大出血。一旦发生，应立即换用带气囊的套管，保持呼吸道通畅，同时采取积极抢救措施。继发性出血预后凶险，抢救成功率不高，故重在预防。

4. 肺部并发症 呼吸困难时间较长的患者，气管切开后肺内压力骤降，毛细血管壁通透性增高，易发生急性肺水肿，可用加压给氧疗法，严重者可静脉予以利尿剂。气管切开术后可引发支气管炎、支气管肺炎或肺炎。需加强呼吸道管理。

5. 喉、气管狭窄 喉狭窄多因气管切口过高，损伤环状软骨或合并感染所致，可行喉扩张术或整形术。气管狭窄多发生在气管切口处，狭窄明显时应行气管整形术。

6. 拔管困难 常见拔管困难的原因有：引起喉阻塞的原因尚未完全解除；损伤环状软骨或第1气管环形成喉、气管狭窄；套管太粗；儿童因功能性呼吸困难而不能拔管等。应根据原因不同而采用相应的处理方法。

三、环甲膜切开术

环甲膜切开术（cricothyrotomy）仅用于紧急情况下抢救患者，是一种来不及或不具备作气管切开术条件时所采用的暂时性救治方法。

局部浸润麻醉或无麻醉，情况允许时体位同气管切开术。左手食指摸清甲状软骨与环状软骨之间的间隙，并以拇指和中指固定甲状软骨，右手持刀于甲状软骨和环状软骨之间做一长3~4cm横行皮肤切口，并分离颈前肌层，迅速横形切开环甲膜，直至喉腔完全切通，用血管钳撑开切口，顺势插入气管套管，后止血、固定气管套管。术中应避免损伤环状软骨，同时不宜使用金属套管，以免发生喉狭窄。插管放置时间不宜超过48小时，一旦呼吸困难缓解，需行常规气管切开术。若情况十分危急，来不及行环甲膜切开时，可行环甲膜穿刺，暂时缓解呼吸困难，赢得抢救时间，随后可行气管插管或常规气管切开术。

（张铁英）

扫码"练一练"

第三十七章　嗓音保健

👉 **要 点 导 航**

了解　嗓音保健的重要意义及常用保健方法。

嗓音保健是指保护发音器官的健康。这对于文艺工作者如歌唱、话剧演员，以及教师、干部等平时工作主要使用嗓音者，其意义尤为重要；对于声带术后患者也是必须掌握的内容。发声是一种运动，需要气息（呼出的气体）、喉部（声带）和共鸣三个组成部分在中枢神经系统协调下，有机的配合，才发出悦耳的声音。如气息运动失常，声带关闭不良或运动障碍，都将发生嗓音病变。

我国早在唐代《乐府杂录》中记述有："善歌者必先调其气，氤氲自脐间出。至喉乃噫其词，即分抗坠之音。即得其术，即可致遏云响谷之妙也。"近一百多年来，随着耳鼻咽喉科学的发展，嗓音言语医学在国内亦获较大进展。

嗓音障碍的病因较复杂，表现形式多样，除临床内、外科治疗外，保健是必不可少的。嗓音保健方法较多。下列介绍几种常用的保健方法。

一、一般保健

（一）保持良好的健康状态

锻炼身体，预防上感，上呼吸道感染可致鼻、鼻咽、喉黏膜充血，影响声带振动、影响共鸣。要注意劳逸结合，剧烈运动后，最好不要练声或歌唱，因此时发音器官的肌肉已处于疲劳状态，易发生嗓音疾病。调整情绪，保持心情舒畅，情绪最易影响话声音高，在激动喊口号时声音立即提高，声门完全挤卡，声门下压增高，因此过于激动、悲伤都易出现喉肌过度疲劳、声带充血、肿胀，易发声带疾病。有研究表明：性格与声带疾病有直接关系，爱激动的人不仅讲话多而且声音越大，语速越快，声带发病率明显增高。因此演唱者及从事嗓音工作者要多方面提高自己的涵养，培养良好的心理素质。

（二）培养健康的生活习惯

1. 保证充足睡眠，使喉部肌肉放松　①饮食要适量规律，不可暴饮暴食，饭后短时间不要急促练声、演唱、辩论、演讲，以免影响气息的运用。②少食甘腻生痰之品，少食干燥及刺激性食物，力戒烟酒，以免引起咽喉及口腔黏膜的慢性炎症和对声带刺激，影响发音及共鸣。③用声前后不要饮用太凉太热的饮品，尽量减少对咽喉黏膜和喉肌突然剧烈的刺激，引起短暂的失声。④发音过度易耗伤气阴，对于从事嗓音工作者，要经常注意饮用益气养阴、润喉生津的中药，如沙参、麦冬、五味子、胖大海、木蝴蝶、菊花、罗汉果等饮品。饮食宜选用荸荠、藕汁、百合、大枣、梨汁、蜂蜜水等具有养阴润喉的食物。

2. 培养良好的用声习惯　讲话要适量，切勿过度用嗓，讲话尽量应用中等话声音高，选择适合自己的音调，不要过大起伏，宜慢条斯理。强调软起音尽量使气流与声门闭合同

步，让每一句话的第一个字轻轻发出，减少硬发音，声时要短，中间换气，不要将吸入的气体消耗殆尽，不要声嘶力竭，强调喉部肌肉在松弛情况下发音，亦强调颈部及胸部肌肉放松。

3. 喉部按摩 用拇指和食指按住喉结两旁上下移动，不可用力过大，指压力量以感觉舒适为度，每次约2~3分钟。

二、儿童嗓音保健

儿童患者嗓音障碍发病率较高，多由于无节制的狂呼乱叫，发音不当或滥用嗓音所致。由于儿童违背生理的尖叫致声带猛烈摩擦、碰撞易生声带溢血、肿胀、小结，故由家属戒其滥用音，避免过度长期用嗓，以减轻喉部负担。原则是尽量减少讲话机会，避免噪音环境的喧闹，授意家长指导患儿。具体方法如下。

（1）教会小儿用柔弱声音叫人、讲话。

（2）用手势、点头、摇头等方式代替说话，避免尖叫声。

（3）吟唱古代诗词 吟唱古代诗词时，一般用平铺直叙的拖腔言语方式进行发声训练。这种吟唱对发声过强及硬起音有矫治作用。

（4）酌用其他小儿感兴趣的诱导方式如堆积木、玩魔方等转移患儿注意力。

三、嗓音工作者的噪音保健

对于嗓音工作者，必须懂得正确的发音方法，注意嗓音保护。歌唱演员要注意发声训练。教师要避免过度用嗓。一般认为应当注意以下几点。

（1）教师应做到课前认真备课，熟悉所讲内容，避免精神紧张语塞。人多嘈杂的场合要带扩音器。

（2）连续讲话、歌唱时间要短，中间要休息，连续发音最好不要超过50分钟。

（3）注意室内湿润，常洒水，养花，以净化、湿润室内环境。

（4）注意呼吸训练 呼吸和躯体姿势要放松而正确，讲话时要收下颌，放松口底肌肉，收小腹，支持呼吸；忌扬头伸颈部（脖子）和鼓腹说话。正确的运用呼吸既可以减轻喉部肌肉在演唱时的负担，又可以使嗓音保持长期优美。演唱时的呼吸一般是呼气时间长，吸气时间短，通常短吸一口气，用缓慢而持久平稳的呼气来维持唱完乐曲中所要求的一定长度的唱词，所以必须掌握这样的呼吸。

（5）注意发音训练 常用咀嚼哼鸣练习。咀嚼活动，如同口内在咀嚼食物样的活动下颌骨，使磨牙做上下左右的着力运动。哼鸣是由喉内发出的"鸣"音，应能感到声音自口腔的后部发出，不应使"鸣"音单纯发自喉内或鼻腔。从事声乐工作者亦可用其他的发音练习方式。

（6）歌唱演员应选择正确的音部进行训练。对初学者要进行嗓音鉴定，选择音部合适的曲目演唱。一般从低调到高调、声音由小到大、从易至难的次序进行训练。

四、特殊时期的嗓音保健

1. 变声期保健 少年进入青春期，由于受内分泌的作用，喉迅速发育长大，声带变长、变宽、变厚，引致嗓音突变，此时发出声音低沉，男女开始有别，此为变声，戏剧界称为

"倒嗓"。此期间，如果不注意保护、用声过度，会影响喉部正常发育，该过程一般需要半年到一年，个别人则需要几年，此时精力旺盛，表现欲强，往往不注意保护用嗓，喜欢高声喊叫，大声吵闹，没有节制，故变声期保护尤为重要。所以应根据每个学员嗓音变化情况，声带发育程度区别对待，减少练唱，严重变声嘶哑者要噤声。

2. 月经期保健　由于激素水平的变化，个别人声带可发生充血、水肿、闭合不全，此期声带组织娇嫩，耐受性下降，创伤后不易恢复，要根据具体情况声休或减少歌唱。

3. 孕产期保健　一般孕后 6 个月应停止演唱，产后膈肌、腹肌松弛，呼吸控制能力大为减弱，应根据身体条件做仰卧起坐等腹肌恢复锻炼，循序渐进，增加演唱时间，提高音强、音调。

此外，有条件的文艺单位，应定期作发音器官的健康检查。使用药物要慎重，有些药物可致嗓音变化，如睾丸酮和蛋白合成激素类可使女性男音化，尽量避免服用；抗组胺药可使咽部发干并嗜睡，演出前不宜服用。

（张　雄）

第四篇
耳鼻咽喉肿瘤科学

第三十八章 中医耳鼻咽喉肿瘤学概述

一、"瘤""癌"的命名及临床特征

中医学称良性肿瘤为"瘤"。"瘤"的临床特征正如隋代巢元方《诸病源候论》中所谓："瘤者，皮肉中忽肿起，初梅李大，渐长大，不痛不痒，又不结强，言留结不散，谓之为瘤，不治，乃至增大，则不复消，不能杀人。"

对"瘤"的最早记载，可见于殷墟甲骨文。《黄帝内经》根据"瘤"发生的部位不同，将其分为筋瘤、肠瘤、骨瘤等。《黄帝内经》之后，中医学对瘤的认识更加深入。文献中记载有粉瘤、脓瘤、血瘤等。

中医关于"癌"的类似记载可见于《黄帝内经》。如《素问·至真要大论》曰："胃脘当心而痛，上肢……，饮食不下，舌本强，食则呕。"此与当今食道癌、胃癌、贲门癌的症状特征非常类似。现存古籍中，宋《卫济宝书·卷上》最早使用"癌"字，指出："癌疾初发，却无头绪……紫赤微肿，渐不疼痛……只是不破。"此与某些恶性肿瘤的发病情况颇相类似。宋《仁斋直指方·卷之二十二》对癌的基本形态、特征及其危害作了进一步的描述："癌者，上高下深，岩穴之状，颗颗累垂……毒根深藏，穿孔透里。"

除"癌"之外，中医文献中，恶核、失荣石疽、石痈等病的临床特征也与某些恶性肿瘤很相类似。

二、命名及临床特征

中医耳鼻咽喉科学属中医学的分支学科，中医对耳鼻咽喉肿瘤的命名及临床特征的认识也包含在以上描述中。另外，中医文献尚有耳蕈、鼻痔、控脑砂、失荣、喉瘤、喉菌等病的记载，从中可以发现，这些疾病的临床特征分别与耳部肿瘤、鼻部肿瘤、咽喉部肿瘤等很相类似。

1. **咽喉部肿瘤** 明·方贤《奇效良方·卷六十一》中记载："咽喉间生肉，重重相叠，渐渐肿起，不痛，多日乃有窍子，臭气自出，遂退饮食。"清·高秉均《疡科心得集·卷上》谓："喉菌状如浮萍，略高而厚，紫色，生于喉旁。"清·许槤《咽喉脉证通论·喉菌第十七》谓："此证因食高粱炙煿厚味过多，热毒积于心脾二经，上蒸于咽喉，结成如菌，面色紫软如猪肺，或微痛，或木而不痛，梗塞喉间，饮食有碍。"

2. 耳部肿瘤　清·吴谦《医宗金鉴·卷六十五》谓：耳痔、耳菌、耳挺"此三症皆生耳内，耳痔形如樱桃，亦有形如羊奶者；耳蕈形类初生蘑菇，头大蒂小；耳挺形若枣核，细条而长，努出耳外。"

3. 鼻部肿瘤　清·吴谦《医宗金鉴·卷六十五》曰："此症……鼻窍中时流黄色浊涕……若久而不愈，鼻中淋沥腥秽血水，头眩虚晕而痛者，必系虫蚀脑也，即名控脑砂。"清·陈士铎《疡科捷径·卷上》：谓"鼻痔初生榴子形，久垂紫硬气难行"。

4. 咽喉部肿瘤颈部转移　明·《外科正宗·卷之四》："失荣者，先得后失……其患多生于肩上，初起微肿，皮色不变，日久渐大，坚硬如石，推之不移，按之不动；半载一年，方生阴痛，气血渐衰，形容瘦削，破烂紫斑，渗流血水，或肿泛如莲，秽气熏蒸，昼夜不歇，平生疙瘩，愈久愈大，越溃越坚……"

三、病因病机概述

（一）病因

肿瘤的发生，与外感六淫时邪、内伤七情、饮食劳倦、不良嗜好、家族遗传、生活环境等诸多因素有关。

1. 外感六淫　早在《黄帝内经》中就有关于外感六淫导致肿瘤的记载。如《灵枢·九针论》谓："四时八风之客于经络之中，为瘤病者也。"外感六淫之邪，客于经络，可致气血瘀阻，津液停聚，日久成积，形成肿块。六淫中，寒、热、燥、湿均可引起耳鼻咽喉肿瘤的发生。

2. 内伤七情　突然、强烈或持久的情志刺激，如大喜、大悲，久郁、久思、惊恐等可使五脏受损，气血逆乱，经脉瘀阻或邪毒入侵，久羁体内，发生肿瘤。

3. 过度劳累　劳力、劳心或房劳，均可耗伤人体正气，致气血精液亏虚，脏腑功能紊乱，正不胜邪而致肿瘤的发生。

4. 饮食不节　过食油炸烧烤、发霉变质、腌腊制品等可使脾胃损伤，咽喉不利而致肿瘤的发生。

5. 不良嗜好　长期过量的烟酒刺激可损伤肺胃肝脾，引起肿瘤的发生，如喉癌等。

6. 家族遗传　先天禀赋缺陷，抗病力弱是肿瘤具有家族聚集性的原因之一。如鼻咽癌的发病就有较为明显的种族遗传性。

7. 环境污染　环境污染，如水、空气污染，长期接触有害有毒物质也可导致肿瘤的发生。

（二）病机

1. 痰浊凝结　中医认为，水液代谢，与肺、脾、肾、三脏及三焦功能密切相关，若长期受污染空气刺激，热毒蕴肺，热灼津液成痰，或七情内伤，肝郁化热，或肝郁乘脾，脾失健运，火热痰浊结聚日久形成肿瘤。

2. 气血瘀阻　外感寒邪，经脉拘急，气血凝涩；或七情内伤，脏腑气机失调，气血逆乱，阻滞经络，日久形成肿瘤。

3. 火毒困结　平素嗜食辛辣肥甘，或过食油炸烧烤、发霉变质、腌腊制品等，脾胃蕴热或情志郁结化火，或外感热邪，或六淫化火，火毒困结，形成肿瘤。

4. 脏腑虚衰　先天禀赋缺陷，或素体虚弱，或年老体虚，或病后失调，正气不足，无

力抵御外邪及各种致病因素的侵害，易引起疾病的发生，或患病后，邪毒久羁，变生肿瘤。

四、辨证要点

（一）辨证与辨病相结合

耳鼻咽喉肿瘤的辨证，应与辨病相结合，根据肿瘤的临床表现，借助现代检测仪器及手段，尽早辨明其发病部位以及有无他脏受累。耳鼻咽喉肿瘤早期可无任何症状，或症状一般较隐匿而不易被发现，或症状易与普通疾病相混淆而被误诊。因此，对前来就诊的患者应仔细询问病史，详细局部检查，尽可能早发现、早诊断。

（二）辨证分型

1. 痰湿结聚型　痰浊凝结是耳鼻咽喉肿瘤的基本病机之一。临床常表现为局部肿块隆起，色灰白或淡白，表面光滑或呈结节状凹凸不平。患者可有头昏头重、胸闷脘痞、恶心欲呕，咳嗽痰多等症，舌淡，苔腻，脉滑或滑数。

2. 气滞血瘀型　多表现为局部肿块暗红或紫红，或表面血丝缠绕；或肿块坚硬，触之易出血，或有胀痛或刺痛。患者烦躁易怒，或情绪低落，舌质暗，可有瘀斑瘀点，脉涩。

3. 火毒困结型　多表现为肿块色红灼热、边界不清，表面糜烂或溃烂，流臭脓血，疼痛明显。全身可见发热不退，口渴、口苦口干，大便干结，呼气臭秽，舌红，苔黄燥，脉数。

4. 脏腑虚衰型　常见于手术、放、化疗之后，多为正虚邪滞之虚实夹杂证。正气虚突出表现在气血不足、阴津亏耗和脾胃失调等方面。患者多有头晕乏力、失眠多梦、心悸怔忡、频繁呕恶、面色苍白、头发稀疏脱落，舌质淡，脉细弱；或口燥咽干、局部痂壳、吞咽不便，痰黏稠不易咯出，舌干红少津，脉细数或胃纳差、腹胀便溏、恶心呕吐、腹痛，舌质淡，苔白厚等。

以上各型可单独出现，也可相互兼见，肿瘤晚期，多同时并见。

五、治法概要

（一）中医药治疗思路

手术、放疗、化疗及分子靶向治疗是目前肿瘤治疗的主要手段。中医药补充与替代作用体现如下。

（1）不能从放化疗获益的晚期患者可以用单纯中医药替代治疗。

（2）中医药与放化疗联合、分子靶向药物联合应用可减轻症状或作为减毒、增效的补充治疗。

（3）老年人或体弱患者的替代治疗。

（4）中医药与新技术（体外高频热疗、粒子植入和射频消融等）结合的补充治疗。

（5）中医药可明显改善生活质量并延长生存期。

（6）治未病：高危人群（癌前病变或无瘤患者）的预防。

（二）常用中医治法

目前，用于治疗耳鼻咽喉肿瘤的主要治法有下述几种。

1. 内治法

（1）清热解毒法　用具有清热泻火，解毒消肿作用的中药组成方剂，治疗火毒困结型

肿瘤患者。常用药物如：山豆根、马勃、白花蛇舌草、七叶一枝花、山豆根、青黛、紫草根、穿心莲、夏枯草、龙胆草、龙葵、天葵子等。

（2）祛痰散结法　用具有祛痰散结作用的中药组成方剂，治疗痰湿结聚型肿瘤患者。常用药物如：贝母、瓜蒌、半夏、天南星、山慈姑、生川乌、生草乌、白芥子、海浮石、昆布、海藻等。

（3）活血行气法　用具有活血化瘀，理气行气作用的中药组成方剂，治疗气滞血瘀型肿瘤患者。常用药物如：桃仁、三棱、莪术、泽漆、麝香、红花、三七、水蛭、穿山甲、郁金、丹参、当归、赤芍、川芎、丹皮、香附、枳壳、柴胡、木香、延胡索、青皮、陈皮、厚朴、紫苏梗、瓜蒌等。

（4）软坚散结法　常用味咸（如寒咸、甘咸、酸咸、苦咸等）的中药组成方剂，用以使肿块软化或消散。常用药物如：牡蛎、鳖甲、龟板、土鳖虫、瓦楞子、海螵蛸、海浮石、昆布、海藻、地龙等。此法多与其他治法合用。

（5）镇痉止痛法　常用具有镇痉止痛的中药组成方剂，用以缓解肿瘤引起的疼痛。常用药物如：蜈蚣、全蝎、露蜂房、僵蚕、地龙等。

（6）补益气血法　用具有补益气血作用的中药组成方剂，用以治疗气血虚弱型肿瘤患者。代表方剂如归脾汤或人参养荣汤。常用药物如：人参、白术、黄芪、苡仁、刺五加、灵芝、茯苓、山药、黄精、五加皮、当归、熟地、制首乌、柏子仁、阿胶、龟胶、大枣、枸杞子、甲珠、鸡血藤等。

（7）养阴生津法　常用具有养阴生津作用的中药组成方剂，用以治疗阴津亏损型肿瘤患者。代表方剂如沙参麦冬汤。常用药物如：天冬、麦冬、石斛、玉竹、女贞子、墨旱莲、生地、知母等。

（8）健脾和胃止呕法　用具有健脾和胃止呕作用的中药组成方剂，以治疗脾胃失调型肿瘤患者。代表方剂如陈夏六君子汤。常用药物如陈皮、半夏、茯苓、党参、生姜、竹茹、白术、茯苓、扁豆、山药、建曲、谷芽、麦芽等。

2. 外治法

（1）外敷　将中药研成细粉，用酒或水或香油调成糊状或饼涂敷于患部痛处，以消肿止痛等。适用于外耳道肿瘤、上颌窦、筛窦、额窦肿瘤、咽喉部肿瘤出现颈部包块者。

（2）雾化　常用超声雾化或氧气雾化法，以减轻局部水肿或缓解局部疼痛。适宜于咽喉部肿瘤，局部红肿溃烂疼痛者。常用药物如双黄连粉针剂、当归注射液等。

（3）滴药法　用清热解毒药液滴入局部，以解毒消肿止痛。适用于耳、鼻部肿瘤。

3. 针灸疗法　临床多用以缓解肿瘤患者的疼痛。常取迎香、合谷、百会、上星等穴。也可配合耳针等。

此外，针对肿瘤尚有饮食疗法、心理疗法等。

（贾德蓉）

第三十九章　西医耳鼻咽喉肿瘤学概述

一、咽部肿瘤

（一）发生部位和性质

咽部分成鼻咽部、口咽部、喉咽（下咽）部。

1. **鼻咽部**　良性肿瘤常见的是鼻咽纤维血管瘤、脊索瘤和颅咽管瘤，恶性肿瘤主要是鼻咽癌，以低分化鳞癌最为常见，是我国高发肿瘤之一，占头颈部恶性肿瘤之首。

2. **口咽部**　良性肿瘤常见的是乳头状瘤、纤维瘤、潴留囊肿、混合瘤、血管瘤等，少见脂肪瘤、淋巴管瘤、畸胎瘤。扁桃体癌为最常见的口咽部恶性肿瘤，口咽部的扁桃体组织中恶性淋巴瘤的发病比例较鳞状细胞癌高，鳞状细胞癌居次位。

3. **喉咽部**　良性肿瘤比较罕见，偶见血管瘤、纤维瘤、脂肪瘤和乳头状瘤。喉咽部的恶性肿瘤的发病类型中鳞状细胞癌的发生比例最高，根据原发部位，可分为梨状窝癌、环状软骨后区癌、喉咽后壁癌，绝大部分为分化较差的鳞癌。

（二）临床表现

1. **咽喉异常感**　尤其下咽癌常有咽喉单侧异常感。

2. **疼痛**　吞咽疼痛久治不愈。

3. **血痰**　咽喉癌表面溃疡出血时痰中带血。

4. **吞咽困难**　下咽肿瘤持续长大阻碍食物通过。

5. **呼吸困难**　咽部肿瘤太大时，可导致呼吸道阻塞出现呼吸困难。

6. **颈淋巴肿大**　发生于咽部恶性肿瘤淋巴转移时。鼻咽癌早期可表现为同侧淋巴结肿大。

7. **声音沙哑**　下咽癌末期侵犯喉部时也有沙哑现象。

8. **其他**　如不明原因的体重减轻，食欲不振。

（三）诊断

对于咽部肿瘤而言，组织活检是确诊的必要手段，对表面有正常黏膜的深部肿瘤，可以细针穿刺做细胞学检查，或者用活检穿刺针取组织送病理检查。在影像学检查当中，CT水平摄影除可见到咽侧肿物外，对于有无咽旁间隙侵犯，有无下颌骨破坏或判断颈淋巴结是否肿大，对于判断有无可疑转移有一定帮助。磁共振成像技术在临床应用有利于区别肿瘤与正常组织，而且能在不同方位现实显示病变解剖部位。

（四）治疗原则

患者一旦确诊为咽部恶性肿瘤，应根据具体病理类型采取不同的治疗方案，例如恶性淋巴瘤以化疗为主，而鳞癌则以手术治疗为主并辅以一定的放、化疗。鼻咽癌首选放疗，辅以化疗，对于放化疗不敏感的患者，手术治疗也是需要采纳的手段。

二、喉部肿瘤

（一）肿瘤性质

1. 良性肿瘤　喉乳头状瘤是喉部良性肿瘤中最常见者。喉部的其他良性肿瘤，如腺瘤、血管瘤、纤维瘤、软骨瘤以及神经纤维瘤均较少见。喉乳头状瘤可发生于各年龄，但儿童和成人的喉乳头状瘤各有不同的特点。儿童喉乳头状瘤多发生于 3~12 岁儿童，可能由病毒感染引起，常在喉黏膜多处发生，很少发生恶性变，但易复发。成人喉乳头状瘤常为单发性，往往位于声带的下侧面。被覆乳头之鳞状上皮每呈较显著的角化，较易发生癌变，故被视为癌前病变。

2. 恶性肿瘤　喉癌是头颈肿瘤中的高发病，仅次于鼻咽癌和鼻腔癌。是较常见的上呼吸道恶性肿瘤，约占所有癌症的 2%~3%。喉肉瘤很少见，约占喉肿瘤的 1%，其中以纤维肉瘤较常见，横纹肌肉瘤、软骨肉瘤较少，此外，喉恶性淋巴瘤和恶性黑色素瘤极少。

（二）发病部位及临床表现

喉癌因肿瘤侵犯的部位、类型、大小以及病程长短不同而临床表现各异，临床上按喉的解剖部位分为以下 3 个区段。

1. 声门上癌　癌种侵犯自会厌上端至喉室（包括会厌喉面、杓会厌襞、杓状软骨、声带及喉室）。临床表现早期仅为喉部异物感，病变进展，出现喉痛，患者多因此而就诊。疼痛向耳部放射，累及会厌软骨时，疼痛向中耳放射，吞咽时加剧。肿瘤破溃后引起咳嗽，咯出脓臭血痰。晚期出现声哑，少数杓会厌襞癌因颈淋巴结肿大而就诊，行喉镜检查可发现喉癌。声门上区淋巴组织丰富，癌细胞分化较差，常较早出现淋巴结转移，转移率一般约 30%，杓会厌襞约为 50%，多转移至舌腹肌下淋巴结。

2. 声门癌　癌侵及声带、前联合及后联合部。病始即音哑，持续存在并进行加重，可有刺激性干咳，痰中带血，常伴发呼吸困难，晚期亦可出现喉痛，颈淋巴结肿大少见。声带癌早期较少转移，除非病变超出声带范围时，其转移率约为 10%，多转移至气管前、气管旁或颈内静脉中区淋巴结。

3. 声门下癌　癌侵及声带以下至环状软骨下缘处，早期症状不明显，或仅有咳嗽，如果及环杓关节或声带，则产生音哑及呛咳，有时咯血痰，肿物压迫气管时可产生呼吸困难。声门下癌因发现较晚，转移率 10% 以上，多转移至气管旁或颈内静脉中或下区淋巴结。出现相应部位淋巴结肿大且质地坚硬。

（三）诊断检查

1. 影像检查　喉部侧位片、喉正位体层摄影、喉造影、CT 扫描。

2. 内镜检查　直接或间接喉镜检查、光导纤维喉镜、显微喉镜。

3. 取组织活检　是确诊喉癌的重要手段。

（四）治疗原则

包括手术、放疗、化疗及免疫疗等。根据癌肿的范围及扩散情况，选择合适的治疗方案，目前多主张手术加放疗的综合治疗。

1. 手术　喉裂开或 CO_2 激光肿瘤切除术，适用于原位癌、T_1 病变单侧喉癌；喉垂直部分切除术，适用于 T_1 选择性 T_2、T_3；喉水平部分切除术，适用于声门平面以上的肿瘤，T_2~T_3；全喉切除术，适用于 T_3、T_4，在条件具备时，可进行发声重建术；依患者的情况，

进行功能性或根治术颈廓清术。

2. 放射治疗 原位癌，可在支撑喉镜下行肿瘤切除术，术后放疗；对病变范围广者，可行术前放疗，放疗结束后 2~4 周内行手术治疗；喉部分切除术或全喉切除术后 2~4 周放疗；化疗主要用于晚期癌肿的姑息疗法，也可作为术前的辅助治疗。

三、鼻部肿瘤

（一）发生部位和性质

鼻、鼻窦的良、恶性肿瘤临床多见。由于鼻、鼻窦与前颅窝、眼眶、泪器、鼻咽、翼腭窝及口腔等部位解剖关系密切，鼻及鼻窦肿瘤常可侵及这些部位；部分来自于前颅窝、鼻咽、眼眶等部位的肿瘤也常常累及鼻部；原发于鼻－颅、鼻－口、鼻－眶等交界部位的肿瘤可双向发展，引起鼻腔和鼻窦并发症。即使是良性肿瘤，如果病变累计临近重要器官，造成功能受损，也会产生类似恶性肿瘤的局部破坏，而产生相应的症状。鼻腔鼻窦的良性肿瘤种类繁多，但临床以血管瘤、乳头状瘤和骨瘤较多见。鼻腔鼻窦的恶性肿瘤较为常见，据国内统计，占全身恶性肿瘤的 2.05%~3.66%。癌肿和肉瘤的发病率约为 8.5:1。癌肿发病年龄偏大，多见于中老年人，肉瘤多发于青年人或儿童。鼻窦的恶性肿瘤多数原发于鼻腔，尤以上颌窦最为多见，可高 60%~80%，部分为上颌窦癌伴筛窦癌，其次为筛窦癌，占 3.8%，额窦癌少见，仅占约 2.5%，蝶窦癌罕见。此外，原发于鼻腔鼻窦的肿瘤在早期可局限于某个部位，但在发展中晚期，常因超出解剖位置，进入临近部位，造成难以判断其原发部位。

鼻腔鼻窦的恶性肿瘤的病理类型，以鳞癌最为多见，为 70%~80%，好发于上颌窦，腺癌居次，好发于筛窦，其他如淋巴上皮癌、移行细胞癌、基底细胞癌、黏液表皮样癌和恶性黑色素瘤少见。

肉瘤约占鼻腔鼻窦恶性肿瘤的 10%~20%，主要好发于鼻腔和上颌窦，其中，恶性淋巴瘤最常见，其次为纤维肉瘤。其他的肉瘤如网状细胞肉瘤、软骨肉瘤、横纹肌肉瘤、黏液肉瘤和骨肉瘤等罕见。

（二）临床表现

1. 良性肿瘤 一般为鼻塞、嗅觉减退、可有涕血，后期也可因肿瘤侵犯周围结构，出现类似恶性肿瘤的表现。

2. 恶性肿瘤早期 可出现单侧进行性鼻塞、鼻涕带血、头痛、上颌牙痛、眼痛、面颊及上唇麻木与疼痛。

3. 恶性肿瘤晚期 鼻内流恶臭脓血，鼻腔完全堵塞，面颊隆起、眼球移位、复视及视力减退，张口困难，鼻腔外侧壁内移，鼻腔或中鼻道内息肉或菜花状肿物，触之易出血。硬腭下榻、牙槽变形、颈部包块。

（三）诊断检查

（1）鼻镜检查、面部扣诊、眼部、耳部的专科检查是早期诊断鼻部肿瘤必不可少的手段。

（2）鼻内镜检查，常是发现鼻腔鼻窦肿瘤最方便易行的门诊检查措施。

（3）X 线、CT 或 MRI 检查，以了解病变范围、明确周围骨质破坏程度及邻近间隙侵犯情况。CT 及 MRI 可清楚了解肿瘤的全貌及其与周围结构的关系。对血管瘤需用数字减影

血管造影（DSA），了解肿瘤的血供情况及其与颅内血管的关系。

（4）病理学检查可明确诊断。但对于某些部位特殊的占位性病变、术前无法进行活组织检查，或术前多次病检不能确诊但临床高度怀疑为恶性肿瘤者，可手术术中取活检。

（四）治疗原则

良性肿瘤应尽早手术切除。累及周边器官的，需考虑并发症的防治和功能保全。

1. 手术治疗　是大多数鼻 – 鼻窦恶性肿瘤首选的治疗手段，尤其是早期、肿瘤范围较局限者。视须切除的范围选择不同的术式，彻底切除原发部位肿瘤，有颈淋巴结转移者，同时作颈部淋巴结廓清手术。

2. 放射治疗　单纯根治性放射治疗只适用于对放射线敏感者。如肉瘤、未分化癌等，但疗效并不完全满意。对晚期病例无法手术根治者，作单纯放射治疗，称为姑息性放射治疗。目前多倾向于手术前采用足量的根治性放射治疗，术后不需再用放射治疗；惟有对手术不彻底者，才加用术后放射治疗。手术前适量的放射治疗使癌瘤缩小，并使周围血管与淋巴管闭塞，阻断局部淋巴引流，减少术中机械性播散机会

3. 化疗　对大多数鼻 – 鼻窦恶性肿瘤，不应首选化学治疗。对不愿接受或不适合放射治疗及手术或手术不彻底者，可采用化学治疗。化学治疗亦可用于术后复发、不能再手术者的姑息治疗。

四、耳部肿瘤

（一）发生部位和性质

耳部肿瘤的发病率较低，分良性和恶性两种，良性较恶性多见。良性肿瘤原发于耳郭的有血管瘤等；原发于外耳道的有乳头状瘤、骨瘤等，其中以乳头状瘤较为多见。

恶性肿瘤可发生于耳郭、外耳道和中耳。

1. 外耳恶性肿瘤　无论发生于耳郭或外耳道均以鳞状细胞癌最常见。其次常见者耳郭为基底细胞癌，外耳道为腺样囊性癌。其他恶性肿瘤如横纹肌肉瘤、恶性黑色素瘤均极少见。

2. 中耳癌　占全身癌的 0.06%，占耳部肿瘤的 1.5%。中耳癌以鳞状上皮癌最多见，40~60 岁为好发年龄。性别与发病率无显著差别。大多数的中耳癌患者有慢性化脓性中耳炎病史。中耳乳头状瘤亦可发生癌变。鼓室体瘤是局限于鼓室内的起源于鼓室的舌咽神经鼓室支及迷走神经耳支的化学感受器瘤，早期主要在鼓室内生长。

（二）临床表现

位于耳郭的肿瘤，通过专科检查、扪诊就可确认，常见的耳郭血管瘤主要表现为耳郭色泽变红或变紫红色，且可能有耳郭变形增大。局部温度升高。耳郭鳞癌早期表现为屑状斑丘疹、有痒感、搔抓易引起出血、表面糜烂、溃烂或形成菜花样肿物，初期无疼痛，晚期侵及软骨膜时疼痛较明显。

位于外耳道及中耳的肿瘤，常见临床表现如下。

（1）早期无明显疼痛，病情重者可出现明显耳痛，以夜间疼痛为主，表现为耳部的刺痛或者跳痛，可向耳后及咽部放射。

（2）耳阻塞感或听力减退、耳鸣。

（3）可能出现耳道出血。

（4）同侧周围性面瘫　肿瘤侵犯面神经可出现周围性面瘫。

（5）听力障碍　多数患者表现为传导性耳聋，病变累计内耳即可表现为混合型耳聋或感应神经性耳聋。

（6）张口困难　晚期中耳癌侵犯到颞颌关节或翼肌，造成张口困难。

（7）眩晕　内耳受到侵犯时可出现眩晕。

（三）诊断检查

1. 影像学检查

（1）CT　表现为中耳腔或者乳突有不规则的软组织病灶，中耳乳突有不规则的大面积的骨质破坏，边缘不整。尤其当中耳炎伴外耳道骨壁的破坏，形成外耳道软组织肿块，要高度怀疑中耳癌。肿瘤可累及颅中窝，颅后窝、乙状窦、颈静脉球窝，颈动脉管，内耳迷路及颞颌关节。

（2）MRI　中耳癌的组织含水量与脑组织相仿，其信号与脑组织近似。增强后病灶有强化表现。MRI 可显示肿瘤向颅内或者腮腺侵犯。

2. 病理检查　中耳腔肉芽或者外耳道肉芽摘除后做病理检查可以明确诊断。取材时尽量不要牵拉中耳腔肉芽，防止误伤面神经。

（四）治疗原则

1. 手术治疗　耳部肿瘤，不管良恶性还是不同部位，首选手术治疗。耳郭的手术，应在保证肿瘤彻底切除的基础上，尽可能保留耳郭外形。外耳道的手术，在病损切除后，要保证外耳道通畅和术后引流。外耳道和中耳手术，如果术前面神经未受累，保存面神经功能是切除肿瘤时必须重点考虑的问题，累计中耳、内耳的手术，如属良性肿瘤，术前患耳听力尚好，应尽量保存听力。如为恶性肿瘤，为保证患耳肿瘤彻底切除，听力可不予过多考虑。

肿瘤范围广泛侵及邻近组织并有颈部淋巴转移者，则需行改良颞骨切除术及颈部清扫术，必要时尚需会诊切除腮腺及下颌关节。

2. 放射治疗　由于中耳肿瘤被颞骨包裹，放疗难以根治，因此手术加放疗可以明显提高疗效。对肿瘤侵犯到颈动脉管，无法清除时，可考虑先行放疗，缩小肿瘤范围，再行手术治疗。

（周　立）

方剂索引

D

滴鼻灵（经验方）

鹅不食草650g、辛夷花150g水煎二次，将药液混合，浓缩成1.5L，加入盐酸麻黄素3.75g、葡萄糖粉15g，过滤消毒，瓶装备用。

当归芍药汤（药验方）

当归　赤芍药　白术　茯苓　泽泻　黄芩　辛夷　白菊花　地龙　薄荷　川芎　甘草

大黄扫毒汤（《医学衷中参西录》）

大黄　花粉　薄荷　乳香　没药　炮山甲　皂角刺　蜈蚣

地黄饮（《医宗金鉴》）

生地黄　熟地黄　首乌　当归　丹皮　玄参　白蒺藜　僵蚕　红花　甘草

导痰汤（《重订严氏济生方》）

半夏　天南星　橘红　枳实　赤茯苓　甘草

涤痰汤（《奇效良方》）

制半夏　制南星　陈皮　枳实　茯苓　人参　石菖莆　竹茹　甘草　生姜

丹栀逍遥散（《内科摘要》）

当归　芍药　茯苓　白术　柴胡　牡丹皮　栀子　甘草　生姜　薄荷

E

二陈汤（《太平惠民和剂局方》）

半夏　橘红　白茯苓　甘草

耳聋左慈丸（《重订广温热论》）

熟地黄　山萸肉　淮山药　牡丹皮　泽泻　茯苓　磁石　石菖蒲　五味子

F

复元活血汤（《医学发明》）

柴胡　瓜蒌根　当归　红花　甘草　穿山甲　大黄　桃仁

附子理中汤（《阎氏小儿方论》）

党参　白术　干姜　附子　炙甘草

G

甘露消毒丹（《温热经纬》）

滑石　茵陈　黄芩　石菖蒲　木通　川贝母　射干　连翘　薄荷　白蔻仁　藿香

归脾汤（《济生方》）

白术　茯苓　人参　炙甘草　龙眼肉　酸枣仁　黄芪　木香　当归　远志　生姜　大枣

H

黄连膏（《医宗金鉴》）

黄连　当归尾　黄柏　生地黄　姜黄　麻油　黄蜡

黄连解毒汤（《外台秘要》引崔氏方）

黄连　黄芩　黄柏　栀子

黄连温胆汤（《六因条辩》）

黄连　半夏　陈皮　茯苓　甘草　竹茹　枳实　生姜

黄芩汤（《医宗金鉴》）

黄芩　甘草　麦冬　桑白皮　栀子　连翘　赤芍　桔梗　薄荷　荆芥穗

会厌逐瘀汤（《医林改错》）

桃仁　红花　甘草　桔梗　生地　当归　玄参　柴胡　枳壳　赤芍

J

胶艾四物汤（《太平惠民和剂局方》）

熟地　当归　川芎　白芍　阿胶　艾叶　甘草

金匮肾气丸（汤）（《金匮要略》）

附子　熟地黄　山茱萸　泽泻　肉桂　丹皮　山药　茯苓

L

龙胆泻肝汤（《医方集解》）

龙胆草　柴胡　泽泻　车前子　木通　生地黄　当归　栀子　黄芩　甘草

六君子汤（《妇人良方》）

陈皮　半夏　茯苓　甘草　人参　白术

六味地黄丸（《小儿药证直诀》）

熟地黄　山茱萸　牡丹皮　山药　茯苓　泽泻

六味汤（《喉科秘旨》）

荆芥　防风　桔梗　僵蚕　薄荷　甘草

M

蔓荆子散（《东垣十书》）

蔓荆子　赤芍　生地黄　桑白皮　甘菊花　赤茯苓　川升麻　麦门　冬木通　前胡　炙甘草

N

硇砂散（《医宗金鉴》）

硇砂　轻粉　冰片　雄黄

Q

青黛散（《杂病源流犀烛》）

黄连　黄柏　牙硝　青黛　朱砂　雄黄　牛黄　硼砂　冰片

杞菊地黄丸（《医级》）

生地　山茱萸　茯苓　山药　丹皮　泽泻　枸杞子　菊花

七厘散（《良方集腋》）

血竭　冰片　红花　麝香　乳香　没药　儿茶　朱砂

清气化痰丸（录自《医方考》）

陈皮　瓜蒌仁　黄芩　茯苓　枳实　杏仁　胆南星　制半夏　生姜汁为丸服。

清瘟败毒饮（《疫诊一得》）

石膏　生地　玄参　竹叶　犀角（水牛角代）　黄连　栀子　桔梗　黄芩　知母　赤芍连翘　牡丹皮　甘草

清胃散（《兰室秘藏》）

当归　黄连　生地　牡丹皮　升麻

清咽利膈汤（《喉症全科紫珍集》）

连翘　栀子　黄芩　薄荷　牛蒡子　防风　荆芥　玄明粉　金银花　玄参　大黄　桔梗　黄连　甘草

清燥救肺汤（《医门法律》）

桑叶　石膏　麻仁　麦冬　阿胶　党参　杏仁　枇杷叶　甘草

牵正散（《杨氏家藏方》）

白附子　白僵蚕　全蝎

R

人参紫金丹（《医宗金鉴》）

人参　丁香　五加皮　甘草　茯苓　当归　血竭　骨碎补　五味子　没药

S

三拗汤（《太平惠民和剂局方》）

甘草　麻黄　杏仁　生姜

疏风清热汤（《中医耳鼻喉科学　》第四版）

荆芥　防风　牛蒡子　金银花　连翘　桑白皮　赤芍　桔梗　天花粉　玄参　浙贝母　甘草

桑菊饮（《温病条辨》）

桑叶　菊花　杏仁　连翘　薄荷　桔梗　甘草　芦根

参苓白术散（《太平惠民和剂局方》）

人参　白术　茯苓　炒扁豆　陈皮　山药　炙甘草　莲子肉　薏苡仁　桔梗　砂仁

肾气丸（《金匮要略》）

熟地黄　山药　山茱萸　泽泻　茯苓　牡丹皮　桂枝　附子

四七汤（《太平惠民和剂局方》）

法半夏　茯苓　紫苏叶　厚朴

三仁汤（《温病条辨》）

杏仁　白蔻仁　薏苡仁　滑石　通草　竹叶　厚朴　半夏

沙参麦冬汤（《温病条辨》）

北沙参　玉竹　麦冬　天花粉　扁豆　桑叶　生甘草

四物消风饮（《外科证治全书》）

生地　当归　川芎　赤芍　荆芥　薄荷　柴胡　黄芩　甘草　蝉蜕

T

桃红四物汤（《医宗金鉴》）

熟地　当归　白芍　川芎　桃仁　红花

托里消毒散（《外科正宗》）

人参　川芎　白芍　黄芪　当归　白术　茯苓　金银花　白芷　甘草　皂角刺　桔梗

天麻钩藤饮（《杂病证治新义》）

天麻　钩藤　石决明　山栀　黄芩　川牛膝　杜仲　益母草　桑寄生　夜交藤　朱茯神

通窍活血汤（《医林改错》）

赤芍　川芎　桃仁　红花　老葱　鲜姜　红枣　麝香

调胃承气汤（《伤寒论》）

大黄　甘草　芒硝

W

温肺汤（《证治准绳》）

升麻　黄芪　丁香　葛根　羌活　防风　麻黄　葱白　甘草

温肺止流丹（《疡医大全》）

人参　荆芥　细辛　诃子　甘草　桔梗　鱼脑骨

五味消毒饮（《医宗金鉴》）

金银花　野菊花　蒲公英　紫花地丁　天葵子

X

泻白散（《小儿药证直决》）

桑白皮　地骨皮　甘草　粳米

仙方活命饮（《校注妇人良方》）

白芷　贝母　防风　赤芍药　当归尾　甘草节　皂角刺　穿山甲　天花粉　乳香

没药　金银花　陈皮

消风散（《外科正宗》）

当归　牛地　防风　蝉蜕　知母　苦参　胡麻　荆芥　苍术　牛蒡子　石膏　木通　甘草

犀角地黄汤（《备急千金要方》）

犀角（用水牛角代）　生地　赤芍　丹皮

消瘰丸（《医学心悟》）

贝母　玄参　牡蛎

辛夷清肺饮（《医宗金鉴》）

辛夷花　生甘草　石膏　知母　栀子　黄芩　枇杷叶　升麻　百合　麦冬

辛夷散（《重订严氏济生方》）

辛夷　白芷　升麻　藁本　防风　川芎　细辛　木通　甘草　羌活

逍遥散（《太平惠民和剂局方》）

柴胡　白芍　当归　白术　茯苓　生姜　薄荷　炙甘草

芎芷散（《世医得效方》）

白芷　石菖蒲　陈皮　苍术　细辛　紫苏　木通　川芎　肉桂　半夏　炙甘草　厚朴

Y

银花解毒汤（《疡科心得集》）

金银花　紫花地丁　犀角　赤茯苓　连翘　丹皮　黄连　夏枯草

玉露膏（经验方）

芙蓉叶研细末，以凡士林调成 20% 油膏。

玉屏风散（《世医得效方》）

黄芪　白术　防风

银翘散（《温病条辨》）

连翘　银花　苦桔梗　薄荷　竹叶　生甘草　荆芥穗　淡豆豉　牛蒡子　芦根

益气聪明汤（《东垣试效方》）

黄芪　人参　升麻　葛根　蔓荆子　白芍　黄柏　甘草

Z

知柏地黄汤（《小儿药证直诀》）

熟地　山茱萸　山药　泽泻　丹皮　茯苓　知母　黄柏

知柏地黄丸（《医宗金鉴》）

知母　熟地黄　山茱萸　怀山药　茯苓　泽泻　丹皮　黄柏

正骨紫金丹（《医宗金鉴》）

丁香　木香　血竭　儿茶　熟大黄　红花　当归　莲肉　茯苓　白芍　丹皮　甘草

紫连膏（经验方）

黄连　黄柏　当归　生地黄　紫草　冰片　凡士林

真武汤（《伤寒论》）

茯苓　白芍　白术　附子　生姜

（梁方洪）